Verfassungsgerichtsbarkeit im Bundesstaat

Europäische Hochschulschriften
Publications Universitaires Européennes
European University Studies

Reihe II
Rechtswissenschaft

Série II Series II
Droit
Law

Bd./Vol. 4436

PETER LANG
Frankfurt am Main · Berlin · Bern · Bruxelles · New York · Oxford · Wien

Kristina Fiedler

Verfassungsgerichtsbarkeit im Bundesstaat

PETER LANG
Europäischer Verlag der Wissenschaften

Bibliografische Information Der Deutschen Bibliothek
Die Deutsche Bibliothek verzeichnet diese Publikation in der Deutschen Nationalbibliografie; detaillierte bibliografische Daten sind im Internet über <http://dnb.ddb.de> abrufbar.

Zugl.: Greifswald, Univ., Diss., 2004

Lektorat + Layout
www.kumpernatz-bromann.de

9
ISSN 0531-7312
ISBN 3-631-53183-4

www.peterlang.de

Vorwort

Die folgende Arbeit lag im Sommersemester 2004 der Rechts- und Staatswissenschaftlichen Fakultät der Ernst-Moritz-Arndt-Universität Greifswald als Dissertation vor. Herrn Prof. Dr. Maximillian Wallerath, meinem Doktorvater, danke ich für die geduldige Betreuung, Herrn Prof. Dr. Classen für die zügige Erstellung des Zweitgutachtens.

Weiterhin gilt mein besonderer Dank dem Vizepräsidenten des Verwaltungsgerichts Greifswald, Herrn Dr. Joachim Kronisch, der mich motiviert hat, das fast aufgegebene Dissertationsvorhaben neben der Berufstätigkeit wieder aufzunehmen und zu Ende zu führen.

Gegenüber der Dissertationsfassung hat die Rechtsprechung des Bundesverfassungsgerichts bis Dezember 2005 Berücksichtigung gefunden.

Schwerin, im Mai 2005 *Kristina Fiedler*

Inhalt

Abkürzungsverzeichnis

a.F.	alter Fassung
Abs.	Absatz
AöR	Archiv für öffentliches Recht
Art.	Artikel
Aufl.	Auflage
BaWüVBl.	Baden-Württembergische Verwaltungsblätter
BaySchwHEG	Bayerisches Schwangerenhilfeergänzungsgesetz
BayVBl.	Bayerische Verwaltungsblätter
BayVerf	Verfassung des Freistaates Bayern
BbgVerf	Verfassung des Landes Brandenburg
BbgVerfGG	Gesetz über das Verfassungsgericht des Landes Brandenburg
BerlVerf	Berliner Verfassung
BerlVerfGHG	Gesetz des Verfassungsgerichtshofes des Landes Berlin
BGB	Bürgerliches Gesetzbuch
BremVerf	Verfassung des Landes Bremen
BRV	Bismarcksche Reichsverfassung
BVerfGG	Bundesverfassungsgerichtsgesetz
bzw.	bzw.
d.h.	das heißt
DDR	Deutsche Demokratische Republik
DJZ	Deutsche Juristenzeitung
DöD	Der öffentliche Dienst
DÖV	Deutsche Öffentliche Verwaltung
DRiZ	Deutsche Richterzeitung
DtZ	Deutsch-Deutsche Rechts-Zeitschrift
DVBl.	Deutsches Verwaltungsblatt
EMRK	Europäische Menschenrechtskonventionen
etc.	et cetera
EuGRZ	Europäische Grundrechte Zeitschrift
f.	folgende
ff.	fortfolgende
FRV	Frankfurter Reichsverfassung
FS	Festschrift
GG	Grundgesetz
ggf.	gegebenenfalls

HessVerf	Verfassung des Landes Hessen
HessStGHG	Gesetz des Staatsgerichtshofes des Landes Hessen
Hrsg., hrsg.	Herausgeber, herausgegeben
i.S.d.	im Sinne des
i.S.v.	im Sinne von
i.V.m.	in Verbindung mit
JA	Juristische Arbeitsblätter
JGG	Jugendgerichtsgesetz
JöR n.F.	Jahrbuch des öffentlichen Rechts, neue Folge
JURA	Juristische Ausbildung
JuS	Juristische Schulung
JZ	Juristenzeitung
KritJ	Kritische Justiz
KritV	Kritische Vierteljahresschrift für Gesetzgebung und Rechtswissenschaft
LKV	Landes- und Kommunalverwaltung
LVerfGG M-V	Landesverfassungsgerichtsgesetz des Landes Mecklenburg-Vorpommern
M-VVerf	Verfassung des Landes Mecklenburg-Vorpommern
NBV	Verfassung des Norddeutschen Bundes
NdsVBl.	Niedersächsische Verwaltungsblätter
NJ	Neue Justiz
NJW	Neue Juristische Wochenschrift
NordÖR	Zeitschrift für öffentliches Recht in Norddeutschland
Nr., Nrn.	Nummer, Nummern
NRWVerfGHG	Gesetz des Verfassungsgerichtshofes des Landes Nordrhein-Westfalen
NS	National-Sozialismus
NVwZ	Neue Zeitschrift für Verwaltungsrecht
NWVBl.	Nordrhein-Westfälische Verwaltungsblätter
PDS	Partei des Demokratischen Sozialismus (heute: Links-Partei)
RhPfVerf	Rheinland-Pfälzische Verfassung
RhPfVerfGHG	Gesetz des Verfassungsgerichtshofes des Landes Rheinland-Pfalz
S.	Seite
SaarlVerf	Saarländische Verfassung
SaarlVerfGHG	Gesetz des Verfassungsgerichtshofes des Saarlandes
SächsVBl.	Sächsische Verwaltungsblätter

SächsVerf	Sächsische Verfassung
SGB VI	Sozialgesetzbuch, Sechstes Buch
SMAD	Sowjetischen Militäradministratur
sog.	sogenannt / e / n / r
StGB	Strafgesetzbuch
StPO	Strafprozessordnung
ThürVBl.	Thüringische Verwaltungsblätter
Var.	Variante
VerfLSA	Verfassung des Landes Sachsen-Anhalt
VerwArch	Verwaltungsarchiv
VVDStRL	Veröffentlichungen der Vereinigung der Deutschen Staatsrechtslehrer
VwGO	Verwaltungsgerichtsordnung
WürttVerf	Verfassung des Landes Württemberg
z.B.	zum Beispiel
ZG	Zeitschrift für Gesetzgebung
Ziff.	Ziffer
ZPO	Zivilprozessordnung
ZRP	Zeitschrift für Rechtspolitik

Wegen weiterer verwendeter **Abkürzungen** wird verwiesen auf:

Kirchner, Hildebert / *Butz*, Cornelie: Abkürzungsverzeichnis der Rechtssprache, 5. Aufl., Berlin / New York 2003

Einleitung

Das Bundesverfassungsgericht hat für die Verfassungsordnung und Verfassungswirklichkeit in der Bundesrepublik Deutschland eine zentrale Rolle gespielt und spielt diese auch heute noch. Seine Rechtsprechung hat die Staatlichkeit mitgeprägt. Seine Autorität wird von den staatlichen Gewalten respektiert. In der Bevölkerung genießt es Wertschätzung und Vertrauen.[1] Die Existenz von Landesverfassungsgerichten fand dagegen lange Zeit wenig Beachtung.[2] Wie den Landesverfassungen kam den Landesverfassungsgerichten als „Hüter der Landesverfassung" nur geringe Bedeutung zu. Noch in den 1960er Jahren wurde sie als „überflüssiger Luxus" bezeichnet.[3] Angesichts des hohen Ranges des Bundesverfassungsgerichts und seiner vorherrschenden Stimme für Entfaltung und Entwicklung des Grundgesetzes ist es nicht überraschend, dass die Verfassungsgerichtsbarkeit der Länder in dessen Schatten steht. Im Bewusstsein der Bevölkerung ist sie nach wie vor wenig verankert.[4] Die Vorrangstellung des Bundesverfassungsgerichts lässt sich mit seinen umfassenden Zuständigkeiten und der daraus resultierenden Funktion als „Wächter" der Verfassung und der verfassungsrechtlich geschützten Rechte der Bürger, als „Kampfinstrumentarium" der Minderheiten und „Schiedsrichter des politischen Prozesses" erklären. Im Bund-Länder-Verhältnis ist die Stellung des Gerichts auf seine Schlichterfunktion bei Streitigkeiten zwischen dem Zentralstaat und den Gliedstaaten zurückzuführen. Hier besteht eine wesentliche Aufgabe des Bundesverfassungsgerichts darin, ausgleichend in der bundesstaatlichen Ordnung zu wirken.[5]

Es stellt sich die Frage, ob eine derartige Bewertung der Stellung des Bundesverfassungsgerichts gerechtfertigt ist, insbesondere ob sie im Hinblick auf die in fast allen Bundesländern eingerichteten Landesverfassungsgerichte der heutigen Struktur der Bundesrepublik Deutschland als Bundesstaat hinreichend Rechnung trägt.[6] Die Entwicklung in den letzten Jahren hat gezeigt, dass im Verhältnis zwischen dem Bundesverfassungsgericht und den Landesverfassungsgerichten im Einzelfall Konkurrenz- und Kollisionsverhältnisse entstehen können. Ausgangspunkt für eine vehemente Diskussion über die Kompetenzabgrenzung zwischen der Bundes- und Landesverfassungsgerichtsbarkeit ist die „Honecker-Entscheidung" des Bundesverfassungsgerichts gewesen.[7] Mit dieser Entschei-

---

1 *Stern*, Einführung, in: Starck / Stern, Landesverfassungsgerichtsbarkeit I, S. 1.

2 *Bachof*, in: FS für Stern (1968), S. 18.

3 *Ossenbühl*, in: M. Schröder / Löwer, Freiheit, Verantwortung, Kompetenz, S. 372.

4 *Stern*, Einführung, in: Starck / Stern, Landesverfassungsgerichtsbarkeit I, S. 2.

5 Vgl. *Laufer*, Verfassungsgerichtsbarkeit und politischer Prozess, S. 16.

6 *Stern*, JA 1984, S. 386.

7 BerlVerfGH, Beschluss vom 12.1.1993, NJW 1993, S. 515 ff.

dung sind die landesverfassungsgerichtlichen Möglichkeiten zur Intensivierung des Grundrechtsschutzes in den Mittelpunkt der Diskussion gestellt worden. Die Entscheidung wird als Auftakt einer Entwicklung zum „föderalen Pluralismus" der Verfassungsrechtsprechung bezeichnet. Initiiert durch diese Entscheidung wird erörtert, ob durch eine vermehrte Rechtsprechungstätigkeit der Landesverfassungsgerichte – insbesondere beim Verfahren der Urteilsverfassungsbeschwerde – die Gefahr einer Rechtszersplitterung besteht, die auch die auch die bundesstaatliche Ordnung nicht unberührt lässt.[8]

Schon vor der „Honecker-Entscheidung" war ein Bedeutungswandel der Landesverfassungsgerichtsbarkeit zu beobachten. Bereits auf der Jahrestagung der Vereinigung der Deutschen Staatsrechtslehrer 1987 in Passau wurde der Landesverfassungsgerichtsbarkeit eine wichtige Rolle für das „gliedstaatliche Verfassungsrecht der Gegenwart" zugewiesen.[9] Der Prozess der Verfassungsgebung in den „neuen" Bundesländern hat zur Fortentwicklung des gemeindeutschen Verfassungsrechts insgesamt beigetragen und der deutschen Föderalismusdiskussion ebenfalls ein neues Gepräge gegeben.[10] Die landesverfassungsrechtliche Kodifikation von Grundrechten in den neuen Landesverfassungen führte zu einer deutlichen Ausweitung der Entscheidungskompetenzen der Landesverfassungsgerichte im Verfassungsbeschwerdeverfahren. Angesichts der seit Jahren beim Bundesverfassungsgericht ansteigenden Verfahrensbestände wird das Potenzial der Landesverfassungsgerichte auch unter Entlastungsgesichtspunkten gesehen. In der zu diesem Zwecke vom Bundesminister für Justiz am 15. Juli 1996 einberufenen „Benda-Kommission"[11] hat man sich allerdings nicht zu einer Verlagerung der Entscheidungsbefugnis im Verfassungsbeschwerden auf die Landesverfassungsgerichte entschieden. Die Kommission befürwortete weder eine bloße Auffangzuständigkeit des Bundesverfassungsgerichts noch eine Einbeziehung der Landesverfassungsgerichte in den vor Anrufung des Bundesverfassungsgerichts zu erschöpfenden Rechtsweg.[12] Geleitet von der Prämisse, dass allein die Verfassungsstreitigkeiten innerhalb eines Landes vom Landesverfas-

---

8 *Sobota*, DVBl. 1994, S. 793.

9 *Graf Vitzthum*, VVDStRL 46 (1988), S. 35; *Stern*, VVDStRL 46 (1988), S. 138 ff.; *Bachof*, VVDStRL 46 (1988), S. 141 ff.; *Ipsen*, VVDStRL 46 (1988), S. 164 ff.

10 Vgl. auch *Häberle*, der in diesem Zusammenhang von einem „Legitimationsschub in Sachen Föderalismus" spricht, in: Deutschlands aktuelle Verfassungslage, VVDStRL 49 (1990), S. 156.

11 Vgl. Bericht der vom Bundesministerium der Justiz eingesetzten Kommission „Entlastung des Bundesverfassungsgerichts", hrsg. vom Bundesministerium der Justiz, Bonn (Dez. 1997).

12 Kommissionsbericht, S. 128.

sungsgericht selbst zu entscheiden seien, wurde alles abgelehnt, was die Bundesländer stärker in die Pflicht genommen hätte[13].

Die Arbeit wird zeigen, dass in der verfahrensmäßigen Überlastung des Bundesverfassungsgerichts nicht das Hauptproblem der heutigen Verfassungsgerichtsbarkeit zu sehen ist. Kernpunkt ist, und zwar mehr noch als bisher, die richtige Bestimmung der Grenzen und Befugnisse einer Verfassungsgerichtbarkeit auf der Bundes- und auf der Landesebene. Die Verfassungsgerichtsbarkeit insgesamt ist gefragt, wenn es um ein sinnhaftes Ausbalancieren der Staatsgewalten und die gemeinsame Pflicht von Bund und Ländern zur Wahrung und Herstellung der bundesstaatlichen Ordnung geht. Voraussetzung dafür ist, dass die Länder im Rahmen des Zumutbaren die gemeinsame Verantwortung im Bundesstaat auch im Bereich des Verfassungsrechtsschutzes annehmen und die Landesverfassungsgerichte die ihnen eingeräumten Befugnisse ausnutzen. In diesem Zusammenhang wird eine Rolle spielen,

- welche Auswirkungen Verfassungsrechtsprechung auf die Entwicklung der Verfassung, insbesondere auf die Ausgestaltung des Bundesstaatsprinzips hat,
- in welchem Verhältnis die „Verfassungsgerichtsbarkeit“ und die „Bundesstaatlichkeit“ zueinander stehen,
- welche Gefahren eine Verfassungsinterpretation durch Verfassungsrechtsprechung auf der Bundes- und der Landesebene mit sich bringt,
- wie sich diese Art der Verfassungsentwicklung im historischen Vergleich darstellt.

---

13 Die Kommission empfahl die Aufhebung der nach geltendem Recht noch bestehenden subsidiären Zuständigkeiten des Bundesverfassungsgerichts zur Entscheidung sonstiger Landesverfassungsstreitigkeiten nach Art. 93 Abs. 1 Nr. 4 (3. Var.) GG und die Aufhebung der Ersatzzuständigkeit des Bundesverfassungsgerichts nach Art. 99 GG. Dem Bestreben Schleswig-Holsteins zur Errichtung eines eigenen Landesverfassungsgerichts sollte jedoch nicht vorgegriffen werden, vgl. Kommissionsbericht, S. 135 f.

Die historische Verknüpfung der „Verfassungsgerichtsbarkeit" mit der „Bundesstaatlichkeit"

Die nationale Verfassungsgeschichte gibt Aufschluss darüber, dass das beschriebene, dem bundesstaatlichen Gefüge immanente Spannungsverhältnis in früheren Verfassungsepochen auf andere Weise aufgelöst wurde. Der Rückblick verdeutlicht den Weg und die bewusste Entscheidung zum gegenwärtig verfassten Bundesstaat mit einer starken, diesen bewahrenden Verfassungsgerichtsbarkeit.[1] Die Verfassungsgeschichte liefert die Kontrastfolie, auf deren Hintergrund die Besonderheiten und auch die Gefährdungen des gegenwärtigen bundesstaatlichen Systems zu erfassen sind.

Der Bundesstaat des Grundgesetzes ist „Staatsform deutscher Herkunft und deutscher Prägung".[2] Als „Organisations- und Strukturprinzip politischer Systeme"[3] und als Ausdruck eines „politischen Handlungsstils"[4] hat der Föderalismus im Sinne einer politischen Idee und eines Gestaltungsprinzips der Gesellschaft eine alte Tradition.[5] Er ist ein Traditionsgut deutscher Verfassungsgeschichte.[6] Der Rückgriff auf den Föderalismus als Ordnungsprinzip war ursprünglich aufgrund der territorialen Bedingungen zwingend.[7] Das bundesstaatliche Prinzip als staatsverfassungsrechtlicher Ausdruck des Föderalismus hat es seit dem Westfälischen Frieden (1648) in allen deutschen Verfassungen bis hin zur Weimarer Reichsverfassung gegeben.[8]

Mit dem Bundesverfassungsgericht ist im Jahre 1951 eine Institution geschaffen worden, die auf eine Reihe historischer Vorläufe zurückblicken kann. Von den wichtigsten verfassungsrechtlichen Aufgaben – Streitschlichtungen zwischen Bund und Ländern, Überprüfung der Verfassungsgemäßheit von Bundes- und Landesvorschriften, Schutz der verfassungsgemäßen Rechte des Einzelnen, Sicherung des Verfassungsbestandes – lässt sich einiges bis in das alte Deutsche

---

1 Vgl. *Stern*, JA 1984, S. 389.

2 *Isensee*, in: HdbStR IV, § 98 Rn. 2; *Ossenbühl*, in: M. Schröder / Löwer, Freiheit, Verantwortung, Kompetenz, S. 365.

3 *Oberreuter*, in: Staatslexikon II, S. 632 f.; *Dennewitz*, Föderalismus, S. 15, 21; *Dreuerlein*, Föderalismus.

4 *Schreckenberger*, VerwArch. 69 (1978), S. 341 ff.

5 *Ossenbühl*, in: M. Schröder / Löwer, Freiheit, Verantwortung, Kompetenz, S. 365.

6 *Holste*, Der deutsche Bundesstaat im Wandel, S. 25.

7 Vgl. *Kimmenich*, in: Probleme des Föderalismus, S. 3.

8 *Kimmenich*, in: Probleme des Föderalismus, S. 3; *Laufer*, Das föderative System der Bundesrepublik Deutschland, S. 23 ff.

Reich zurückverfolgen.[9] Die einzelnen Entscheidungsbereiche des Bundesverfassungsgerichts weisen dabei eine gesonderte Entwicklung auf; eine erste, die verschiedenen Aufgaben bei einem Gericht zusammenfassende Behandlung enthält der Entwurf der Frankfurter Paulskirchenverfassung von 1848 für das Reichsgericht.[10] Verfassungsgerichtsähnliche Zuständigkeiten auf Länderebene sind erstmals in den Verfassungen der deutschen Länder nach 1818 enthalten.[11]

Die funktionale Bezogenheit beider Institute durchzieht die gesamte Entwicklung des Verfassungsstaates. Seit jeher wird in föderalen Staatengebilden die Verfassungsgerichtsbarkeit als wesentlicher Bestandteil der bündischen Ordnung anerkannt.[12] Historisch gilt der Bundesstaat als Geburtshelfer der Verfassungsgerichtsbarkeit überhaupt.[13] Bundesstaatlichkeit und Verfassungsgerichtsbarkeit stehen in einem engen Beziehungsgeflecht zueinander; beide bedingen und unterstützen sich gegenseitig. Dementsprechend wird von einer „historisch gewachsenen Affinität“ dieser beiden Phänomene gesprochen[14] und das föderalistische Prinzip als eine der „Wurzeln“ bezeichnet, von der die Verfassungsgerichtsbarkeit ihren Ausgang genommen hat[15]. Die Verfassungsgerichtsbarkeit dient der Wahrung der bundesstaatlichen Ordnung. Das bündische Prinzip und das Nebeneinander mehrerer Herrschaftsebenen lässt die Einrichtung einer Streitentscheidungsstelle, die die verfassungsgemäßen Rechte beider Seiten garantiert, zum natürlichen Zubehör funktionierender Bundesstaatlichkeit werden.[16] Der Schutz der wesentlichen Strukturen durch eine Verfassungsgerichtsbarkeit ist eine bedeutsame Voraussetzung für die Effektivität des bundesdeutschen Föderalismus.[17] Die Sicherung der Machtverhältnisse zwischen Bund bzw. Reich und Ländern ist in der Vergangenheit unterschiedlichen Institutionen[18] übertragen worden, wobei der Impuls für eine Weiterentwicklung gleich einem „Pendelschlag“[19] von den Bundes- bzw. Reichsinstitutionen zu den Landesinstitutionen und umgekehrt wechselte.

---

9 Vgl. *Simon*, in: Benda/Maihofer/Vogel, Handbuch des Verfassungsrechts, S. 1639.

10 *Limbach*, Bundesverfassungsgericht, S. 13 f.

11 *Robbers*, JuS 1990, S. 261.

12 *Kelsen*, VVDStRL 5 (1929), S. 81; *Scheuner*, DÖV 1980, S. 473.

13 *Kelsen*, VVDStRL 5 (1929), S. 81.

14 *Bethge*, BayVBl. 1985, S. 257.

15 *Schlaich/Korioth*, Bundesverfassungsgericht, S. 284.

16 *Menzel*, Landesverfassungsrecht, S. 282.

17 *Bethge*, BayVBl. 1985, S. 257.

18 Vgl. *Hoke*, in: Starck/Stern, Landesverfassungsgerichtsbarkeit I, S. 28.

19 *Stern*, in: Starck/Stern, Landesverfassungsgerichtsbarkeit I, S. 3.

I. Verfassungsgerichtsbarkeit in den deutschen Ländern in der Tradition der deutschen Staatsgerichtsbarkeit

1. Austrägalgerichtsbarkeit

Nur kurz soll auf die Austrägalgerichtsbarkeit des 14. Jahrhunderts als einen der Vorläufer der Verfassungsgerichtsbarkeit eingegangen werden. Die Befugnisse dieser Gerichtsbarkeit bezogen sich auf die Schlichtung von Streitigkeiten zwischen einzelnen Kurfürsten, später auch zwischen Prälaten, Städten und Rittern. Sie war Ausdruck der „Hierarchie zwischen Reich und Ländern" und nicht der „Hierarchie zwischen Verfassung und Gesetz", die heute die Verfassungsgerichtsbarkeit konstituiert.[20] Für sie kann daher von einer „Gewähr oder Garantie der Verfassung" als Aufgabe höchster Gerichte und als Voraussetzung für Verfassungsgerichtsbarkeit im modernen Sinne nicht gesprochen werden. Gleichwohl finden die Bund-Länder-Streitigkeiten und die Länderstreitigkeiten, die heute gemäß Art. 93 Abs. 1 Nrn. 3 und 4 GG zum Zuständigkeitskatalog des Bundesverfassungsgerichts gehören, hier ihre frühen „Wurzeln".[21]

2. Reichskammergericht und Reichshofrat

Auch die Befugnisse von Reichskammergericht und Reichshofrat beruhten nicht auf der Vorherrschaft einer Verfassung, sondern auf dem kaiserlichen Amt der Friedensbewahrung und der „Hierarchie zwischen Reich und Ländern"[22]. Obwohl es mit den „leges fundamentales"[23] des Reiches eine Art Reichsverfassung und damit eine verbindliche Rangordnung von Rechtsnormen gab, ist auch die Bedeutung der Reichsgerichtsbarkeit in der Sicherung der territorialen Ordnung im Reich zu sehen.[24] Die Rechtsprechungsgewalt resultierte aus der aus dem Mittelalter übernommenen obersten Gerichtsgewalt des Reichsoberhaupts. Die Wahrung der Unterordnung der Länder bzw. des (partiellen) Vorrangs des Reiches erfolgte im Wege der (Rechts-)Aufsicht.[25] Das Reichskammergericht wirkte u.a. als Rechtsmittelinstanz gegenüber den Landesgerichten und entfaltete damit Auf-

---

20 *Schlaich / Korioth*, Das Bundesverfassungsgericht, S. 347 f.

21 *Bethge*, BayVBl. 1985, S. 257.

22 *Schlaich / Korioth*, Das Bundesverfassungsgericht, S. 347 f.

23 Dazu zählten Normen, wie die Goldene Bulle, die die Wahl des Reichsoberhaupts und die Stellung der Kurfürsten regelte, des Augsburger Religionsfriedens und der Reichsexekutionsordnung von 1555, des Westfälischen Friedens von 1648, und insbesondere die Reichskapitulationen, die Thronfolgeregelungen, grundlegende Vereinbarungen zwischen Kaiser und Reichständen, sonstiges Fürsten- und Staatsrecht sowie Religionsfreiheiten regelten; vgl. dazu *Boldt*, Verfassungsgeschichte I, S. 263; *Menger*, Verfassungsgeschichte, S. 27; *v. Unruh*, Der Verfassungsbegriff des Grundgesetzes, S. 39 ff.; *Hoke*, in: Starck / Stern, Landesverfassungsgerichtsbarkeit I, S. 31.

24 *Holste*, Der deutsche Bundesstaat im Wandel, S. 35.

25 Vgl. *Schlaich / Korioth*, Das Bundesverfassungsgericht, S. 347.

sichtsfunktion gegenüber der Jurisdiktion.[26] Ausdruck dieser Aufsicht war auch die Beschwerdemöglichkeit der Landesstände gegen ihre Landesherren wegen Verletzung ihrer „wohlerworbenen" Rechte[27]. Die richterliche Gewalt der Reichsgerichte erstreckte sich dabei auf „Rechtsverletzungen [...], welche durch landesherrliche Staatsgewalt entstanden".[28] Aus heutiger Sicht stellt sich die Entscheidung über diese Klagen der Landesstände angesichts der dualistischen landesständischen Verfassung der Länder als Entscheidung über „innere Verfassungsstreitigkeiten der Länder" dar.[29] Durch die zum großen Teil das Steuerbewilligungsrecht der Landstände betreffende Rechtsprechung der Reichsgerichte konnte den absolutistischen Bestrebungen der deutschen Landesherren entgegen gewirkt werden.[30]

Als ein Ausdruck der Aufsicht des Reiches über die Länder kann auch der Umstand gesehen werden, dass das Reichskammergericht nicht nur als Berufungsinstanz für die Urteile der Territorien und Reichsstädte zuständig war, sondern auch unmittelbar wegen Rechtsverweigerung oder Rechtsverzögerung angerufen werden konnte.[31] Das den Landesherren zustehende „privilegium de non appellando"[32], wonach eine Appellation der Untertanen an das Reichskammergericht gegen Sprüche der Landesgerichtsbarkeit grundsätzlich ausgeschlossen war[33], griff dann nicht ein, wenn Beschwerde von Untertanen wegen Rechtsverweigerung geführt wurde.[34] Bei Beschwerden wegen verweigerter oder verzögerter Justiz devolvierte nach vergeblicher ein- oder mehrmaliger Aufforderung durch das angerufene Reichsgericht, dass der Partei in ihrem Lande ein ordnungsgemäßes Verfahren zuteil werde, die Entscheidungskompetenz in der Sache an das betreffende Reichsgericht.[35] Die Beschwerde trat gehäuft mit zunehmender Festigung des Absolutismus im Reich auf. Bei dieser Möglichkeit, einen Gewaltmissbrauch durch die Landesherren zu rügen, dürfte es sich, zwar nicht im Hin-

---

26 *Holste*, Der deutsche Bundesstaat im Wandel, S. 35.

27 Zu den Zuständigkeiten des Reichskammergerichts und des Reichshofrats vgl. *Conrad*, Rechtsgeschichte II, S. 158.

28 *Gönner*, Staatsrecht, S. 486.

29 *Hoke*, in: Starck / Stern, Landesverfassungsgerichtsbarkeit I, S. 36.

30 *Bloem*, Verfassungsgerichtliche Probleme von 1495 bis 1806, S. 72 ff.

31 *Kimminich*, Rechtsgeschichte, S. 238; *Robbers*, JuS 1990, S. 258; *K.-P. Schroeder*, JuS 1987, S. 371.

32 Vgl. dazu ausführlich *Conrad*, Rechtsgeschichte II, S. 160.

33 Vgl. dazu *Holste*, Der deutsche Bundesstaat im Wandel, S. 35, der der Auffassung ist, dass das „privilegium de non appellando" zu einer Aushöhlung der Zuständigkeit der Reichsgerichte als Berufungsinstanz führte.

34 Zur „Neubewertung der privilegia de non appellando" vgl. *Sydow*, Der Staat 41 (2002), S. 263.

35 *Häberlin*, Handbuch des teutschen Staatsrechts II, S. 446 f.

blick auf die Verfahrensausgestaltung, aber der Idee nach um ein der Verfassungsbeschwerde ähnliches Verfahren gehandelt haben.[36]

Deutlich wird die Hierarchie der Reichsgewalt über die Glieder des Reiches[37] und die fehlende Souveränität der Einzelglieder[38] auch in der Normenkontrollkompetenz des Reichskammergerichts, die sich auf die formelle und materielle Rechtmäßigkeit von landesrechtlichen Normen bezog.[39] Geprüft wurde, ob sich das Landesgesetz in den durch die Rechte der Untertanen gezogenen Grenzen hielt und nicht gegen Reichsgesetze verstieß.[40]

Dürfte die Einordnung der Reichsgerichte als Verfassungsgerichte eher problematisch sein[41], so bildeten bestimmte Zuständigkeiten der Reichsgerichte unzweifelhaft den Ausgangspunkt für die spätere historische Entwicklung.[42] Finden sich auch Stimmen in der Literatur, die den Weg zu einer Verfassungsgerichtsbarkeit insgesamt nur andeutungsweise vorgezeichnet sehen[43] und die die Reichsgerichte für nicht geeignet erachteten, die absolutistische Macht der Landesherren zu zügeln und das Rechtsempfinden des Volkes zu stärken[44], so verdeutlicht das Gesagte doch, dass der Föderalismusgedanke bei der Etablierung der Gerichte eine wesentliche Rolle gespielt hat. Sowohl das Reichskammergericht als auch der Reichshofrat haben durch die Bereitstellung rechtlich geordneter Verfahren zur Konfliktbewältigung modernisierend und vereinheitlichend gewirkt. Die Rechtsprechungstätigkeit beider Gerichte führte zu der für Deutschland folgenreichen Überzeugung, politische Konflikte ließen sich im Prinzip in Rechtsfälle transformieren und gerichtlich entscheiden.[45] Beide Gerichte haben den Prozess der Verrechtlichung der Reichsverfassung vorangetrieben, den professionellen Umgang mit ihr eingeübt[46] und das Reich auf den Weg der Staatlichkeit gebracht, ohne dass dieser Weg zu Ende gegangen wurde[47]. Mit ihnen entstanden erste Ansätze gemeinsamer staatlicher Institutionen[48], die eine Art „institutionelles Minimum" staatlicher Integration darstellten[49].

---

36 Vgl. *Robbers*, JuS 1990, S. 258.

37 *Schlaich / Korioth*, Das Bundesverfassungsgericht, S. 347.

38 *Scheuner*, in: Festgabe 25 Jahre Bundesverfassungsgericht II, S. 15.

39 Hinsichtlich der Reichsgesetze kam dem Gericht ein lediglich formelles Prüfungsrecht zu.

40 *Robbers*, JuS 1990, S. 258.

41 *Hoke*, in: Starck / Stern, Landesverfassungsgerichtsbarkeit I, S. 31.

42 *Scheuner*, in: Festgabe 25 Jahre Bundesverfassungsgericht II, S. 13.

43 Vgl. *Stern*, Staatsrecht II, § 44 III 4.

44 *Smend*, Das Reichskammergericht I.

45 *Stolleis*, Geschichte des öffentlichen Rechts I, S. 138, 140.

46 *Stolleis*, Geschichte des öffentlichen Rechts I, S. 140.

47 *Diestelkamp*, Zur Krise des Reichsrechts im 16. Jahrhundert, in: Angermeier, Säkulare Aspekte der Reformationszeit, S. 49–64.

48 *Boldt*, Verfassungsgeschichte I, S. 253 ff.

49 *Oeter*, Integration und Subsidiarität, S. 20; *Boldt*, Verfassungsgeschichte I, S. 262.

II. Verfassungsgerichtsbarkeit und Bundesstaatlichkeit in Deutschland während des 19. Jahrhunderts

1. Die Bundesverfassung von 1815 und ihre Aussagen zur Verfassungsgerichtsbarkeit

Nach dem Zusammenbruch des Heiligen Römischen Reiches Deutscher Nation 1806 und dem Scheitern des Rheinbundes (12. Juli 1806–30. Mai 1814) als Napoleons europäische Neuordnungsmaßnahme[50] bedurfte die Frage der Neugestaltung Deutschlands einer Antwort. Die die deutsche Verfassungsgeschichte beherrschende Frage einer straffen Zusammenfassung Deutschlands unter einer starken Zentralgewalt gegenüber dem Erhalt der Einzelstaaten durch Schaffung einer nur schwachen Föderation trat in den Vordergrund. Die bekannten Probleme des Neubeginns nach Staatskatastrophen wurden offenkundig. Innerhalb kurzer Zeit ging es um die Findung jenes „fiktiven archimedischen" Punktes in einer staatsrechtlichen „Stunde Null", in der sich eine neue Rechtsordnung als Anknüpfungspunkt einer neuen Legitimität etablierte. Es war zu beobachten, wie zäh die bisherigen Überzeugungen, Denkgewohnheiten, Lehrtraditionen und Interessenlagen samt dem alten Personal erhalten blieben. Alt und Neu schob sich auf diese Weise übereinander. Zunächst war offen, welche Kräfte sich durchsetzen würden.[51] Staat oder Bund so lautete die Alternative.[52] *Fichtes* „Reden an die deutsche Nation" (1807/1808) in der Berliner Akademie taten ihre Wirkung zu einem nationalen Aufbruch. Auch die Philosophie *Hegels* vom Staat als der Verwirklichung der höchsten sittlichen Vernunft[53] sowie *Herders* Vorstellungen vom natürlichen Staat, der nur ein Volk umfasst, fanden Aufnahme in die Verfassungspläne[54], die zwischen 1812 und 1815 entworfen wurden. Als herausragende Arbeiten sind die Verfassungspläne des *Freiherrn vom und zum Stein*[55] sowie die des *Wilhelm von Humboldt*[56] und des *Karl August von Hardenberg*[57] zu nennen. Plädiert wurde für eine gemeinsame Staatsgewalt mit Volksvertretungen und Bürgerrechten. Die Nation sollte eine autonome politi-

---

50 Insgesamt kann der Rheinbund nicht nur als Episode der deutschen Verfassungsgeschichte oder als „undeutsches Werkzeug napoleonischer Machtpolitik" begriffen werden; vorweg genommen wurden wesentliche Zielsetzungen und Grundstrukturen der kommenden staatenbündischen Ordnung Deutschlands, *Stern*, Staatsrecht V, § 126, S. 282; vgl. dazu auch *Holste*, Der deutsche Bundesstaat im Wandel, S. 52 ff.; *Grzeszick*, Vom Reich zur Bundesstaatsidee, S. 163 ff.

51 *Stolleis*, Geschichte des öffentlichen Rechts II, S. 76.

52 *Stern*, Staatsrecht V, § 126, S. 282.

53 Vgl. *Hegel*, Grundlinien der Philosophie des Rechts, S. 399.

54 *Kröger*, Einführung in die jüngere deutsche Verfassungsgeschichte, 1806 bis 1933, S. 13 ff.

55 Vgl. zu den Plänen Steins *Grzeszick*, Vom Reich zur Bundesstaatsidee, S. 197 ff.

56 Vgl. zu den Plänen Humboldts *Grzeszick*, Vom Reich zur Bundesstaatsidee, S. 201 ff.

57 Vgl. zu den Plänen Hardenbergs *Grzeszick*, Vom Reich zur Bundesstaatsidee, S. 205 ff.

sche Wesenheit sein, die ein Recht auf staatliche Einheit, Selbstbestimmung und Selbstentfaltung besitzt.[58]

Der 1815 gegründete Deutsche Bund war ein Staatenbund[59], kein Bundesstaat. Die Deutsche Bundesakte[60] und später die Wiener Schlussakte von 1820 als Zweites Bundesgrundgesetz[61] ließen keinen Zweifel daran, auch wenn sich der Bund zur Durchsetzung seiner Ziele in der Folgezeit zunehmend „bundesstaatlicher" Mittel bediente. Dem Deutschen Bund, einem „Zwitter zwischen Staatenbund und Bundesstaat"[62], mangelte es an Integrationskraft. Sein Hauptzweck war die „Erhaltung der äußeren und inneren Sicherheit Deutschlands und der Unabhängigkeit und Unverletzlichkeit der einzelnen deutschen Staaten".[63] Nicht die Förderung des Gemeinwohls von Bund und Einzelstaaten war seine Aufgabe, sondern die Abwehr von Gefahren; der Bund hatte eine lediglich defensive Funktion.[64] Diese Aufgabe lag im Wesentlichen in den Händen des Bundestages.[65] Es bestand daneben kein Organ der bündischen Integration: keine eigene Exekutive, kein echtes Bundesgericht, keine Homogenitätsgarantien zugunsten der einzelstaatlichen Verfassungen mit entsprechenden Interventionsrechten.[66] Die preußisch-österreichische Doppelhegemonie[67] und der daraus folgende Dualismus, die das Funktionieren des Bundes prägten, ließen eine Intensivierung der Mechanismen bündischer Integration nicht zu. Der Deutsche Bund war insgesamt ein Instrument zur Absicherung und Bewahrung des monarchisch-partikularstaatlich geprägten Status quo.

Nachdem 1806 das Reichskammergericht und der Reichshofrat als höchste Gerichte weggefallen waren, stellte sich die Frage, ob und ggf. wie die in ihrem Souveränitätsbewusstsein gestärkten Staaten unter eine Gerichtsbarkeit gestellt werden konnten. Bei den Beratungen des Wiener Kongresses wurde die Errich-

---

58 *E.R. Huber*, Verfassungsgeschichte I, S. 477.

59 Der den Bund schaffende Vertrag ist dementsprechend völkerrechtlicher Vertrag und Verfassungsvertrag, vgl. *Stern*, Staatsrecht V, S. 126, 193.

60 Art. 1 der Deutschen Bundesakte definierte den Bund als Bündnis der einzelstaatlichen Fürsten und freien Städten Deutschlands.

61 Nach Art. 1 und 2 der Wiener Schlussakte ist „der deutsche Bund [...] ein völkerrechtlicher Verein der deutschen souveränen Fürsten und freien Städte. [...] Dieser Verein besteht in seinem Innern als eine Gemeinschaft selbständiger, unter sich unabhängiger Staaten, mit wechselseitigen gleichen Vertragsrechten und Vertragsobliegenheiten, in seinen äußeren Verhältnissen aber, als eine in politischer Einheit verbundene Gesamt-Macht".

62 *Stolleis*, Geschichte des öffentlichen Rechts II, S. 97.

63 Art. 2 der Deutschen Bundesakte.

64 *Grimm*, Deutsche Verfassungsgeschichte, S. 65; *Holste*, Der deutsche Bundesstaat im Wandel, S. 65.

65 *E.R. Huber*, Verfassungsgeschichte I, S. 588 ff., 594 ff.

66 *Kimminich*, Verfassungsgeschichte, S. 322 ff.

67 Vgl. dazu *Holste*, Der deutsche Bundesstaat im Wandel, S. 61 ff.

tung *eines* Bundesgerichts erwogen, dem die Entscheidung über Streitigkeiten zwischen den Bundesgliedern und über die Verletzung der in der Bundesverfassung gesicherten Rechte der Untertanen obliegen sollte.[68] In den entsprechenden Vorschlägen der Großmächte Österreich und Preußen trat der Wunsch zu Tage, den Deutschen Bund – wie das alte Reich – mit einer über den Einzelstaaten stehenden Gerichtsbarkeit auszustatten.[69] Nach den Entwürfen Preußens für ein Bundesgericht sollten sich die Untertanen oder zumindest die Stände an das Gericht wegen Verletzung der Bundesverfassungen durch die Landesgewalt wenden können.[70] Folgte Österreich letztendlich diesen Vorschlägen, musste die Absicht der Errichtung eines Bundesgerichts an dem Widerstand der Süddeutschen Staaten scheitern.[71]

Trotz alledem war die konstituierte Bundesverfassung nicht ohne Aussagen zur Gerichtsbarkeit. Von besonderer Bedeutung waren die Verfahren, die sich aus den strukturellen Spannungen und Störungen des Föderativsystems ergaben. Es bedurfte auch hier Instrumentarien, die auf die Schlichtung der in der Natur eines Staatenbundes liegenden Rivalität der gleichgeordneten Gliedstaaten und zwischen Gruppen von Gliedstaaten und dem Gesamtstaat angelegt waren.[72] Vorgesehen waren Gerichtsverfahren für Streitigkeiten zwischen mehreren Gliedstaaten des Bundes in der Form des Austrägalverfahrens nach Maßgabe der Austrägalordnung vom 16. Juni 1817. Art. 11 Abs. 4 der Deutschen Bundesakte verwies die Bundesglieder, falls die vorrangig anzurufende Bundesversammlung in einem zwischen ihnen bestehenden Streit erfolglos vermittelt hatte, auf „eine wohlgeordnete Austrägalinstanz“. Dieses war nach der Austrägalordnung die oberste Justizstelle eines unbeteiligten Bundesstaates, deren Entscheidung für die streitenden Bundesglieder Verbindlichkeit entfaltete. Tätig wurde ein Landesgericht, aber im Bundesauftrag.[73] Pläne, ein bestimmtes Landesgericht als permanente Austrägalinstanz zu schaffen, scheiterten. Materiell maßgebliches Recht war das in Deutschland geltende „hergebrachte gemeine Recht“. Rechtsmittel gab es nicht; lediglich eine „restitutio ex capite novorum“, d.h. eine Wiederaufnahme wegen neu aufgefundener Tatsachen oder Beweismittel. Zu Austrägalverfahren kam es in zahlreichen Fällen. Staatsschuldensachen, Zollsa-

68 *Robbers*, JuS 1990, S. 260.

69 *Scheuner*, in: Festgabe 25 Jahre Bundesverfassungsgericht II, S. 13.

70 Vgl. 9. Protokoll des Ausschusses für die deutschen Angelegenheiten vom 7.11.1814 (Johann Ludwig Kübler, Akten des Wiener Kongresses (1815), Bd. 2, S. 167 f.).

71 *Hoke*, in: Starck / Stern, Landesverfassungsgerichtsbarkeit I, S. 42.

72 *E.R. Huber*, Verfassungsgeschichte I, S. 620.

73 *Stern*, Staatsrecht V, S. 201; das tätigwerdende Gericht war eine Einrichtung der Bundesaustragsgerichtsbarkeit, ihre Entscheidungsgewalt leitete sie von der Bundesversammlung ab, an deren Stelle sie zu urteilen hatte. Die Übernahme dieses Bundesmandats war für das Gericht eine Bundespflicht. Die Austrägalinstanz hatte unabhängig von allen Weisungen oder sonstigen Einwirkungen und endgültig zu entscheiden.

chen, Grenzkonflikte, Sukzessionskonflikte zwischen den Nachfolgeländern der 1815 aufgelösten Rheinbundstaaten, Eigentums-, Besitz-, Vertrags- und Erbschaftsstreitigkeiten zwischen fürstlichen Häusern wurden vor die Austrägalgerichte gebracht. In fast allen Streitigkeiten waren rechtliche und politische Streitfragen eng miteinander verwoben.

Im Deutschen Bund gab es zunächst keine Vorkehrung zur gerichtlichen Beilegung von Landesverfassungsstreitigkeiten. Dies resultierte daraus, dass in einem Staatenbund kraft der den Einzelstaaten gewährleisteten Verfassungsautonomie die inneren Verfassungsstreitigkeiten eines Bundesgliedes grundsätzlich nach Maßgabe der Landesverfassung in dem dort vorgesehenen Verfahren zu entscheiden sind. Da jedoch in keinem Land des Deutschen Bundes ein entsprechendes Verfahren eingerichtet wurde, wurden Streitigkeiten *innerhalb* eines Mitgliedstaates des Bundes, zwischen Regierung und Ständen bzw. in freien Städten zwischen Senat und Bürgerschaft durch Bundesbeschluss vom 30. Oktober 1834 einem Bundesschiedsgericht anvertraut, das ein echtes Bundesgericht war.[74] Die Legitimation des Gesamtstaates zur Errichtung einer derartigen Einrichtung beruhte darauf, dass die auf gliedstaatlicher Ebene getroffene Machtentscheidung die innere Homogenität und Ordnung des Gesamtstaates bedrohen konnte. Der Gesamtstaat musste ein erhebliches Interesse daran haben, dass gliedstaatliche Verfassungsstreitigkeiten als Rechtsfragen behandelt und erledigt wurden. Das Bundesschiedsgericht ist allerdings in der Praxis nie aktiv geworden. Das lag u.a. daran, dass das Bundesschiedsgericht nur dann in Funktion treten konnte, wenn entweder durch ein Landesgesetz generell seine Zuständigkeit eingeführt wurde oder wenn die streitenden Parteien im Einzelfall seine Zuständigkeit vereinbarten.[75]

Für Streitigkeiten zwischen dem Bund und einem Gliedstaat gab es kein gerichtliches oder gerichtsähnliches Verfahren. Auf derartige Streitigkeiten war das Austrägalverfahren nicht erstreckt. Wenn also der Bundestag einen Bundesbeschluss fasste, den ein von ihm betroffener Gliedstaat als bundeswidrig ansah, oder wenn der Bund mit effektiven Maßnahmen, etwa der Bundesexekution oder der Bundesintervention, in einem Gliedstaat vorging, bestand für den betroffenen Gliedstaat keine Möglichkeit, dieses Vorgehen durch eine gegen den Bund gerichtete Klage vor Gericht zu bringen.

Insgesamt waren die Ansätze einer Verfassungsgerichtsbarkeit im modernen Sinne auf der Bundesebene im Deutschen Bund nur schwach entwickelt.[76] Die Idee der Verfassungsgerichtsbarkeit war bekannt, doch fand sie keine Erledigung durch ein echtes Verfassungsgericht.

---

74 *Stern*, Staatsrecht V, S. 201; *E.R. Huber*, Verfassungsgeschichte I, S. 616.

75 *E.R. Huber*, Verfassungsgeschichte I, S. 624.

76 Vgl. *Hesse*, JöR (n.F.) 46 (1998), S. 3.

2. Verfassungsgebung in den Ländern des Deutschen Bundes und der Schutz der Landesverfassungen durch eigene (Verfassungs-)Gerichte

Schon frühzeitig wurde erkannt, dass die wesentlichen Impulse für eine Weiterentwicklung des Verfassungsrechts, inklusive der Verfassungsgerichtsbarkeit, von den Einzelstaaten ausgingen. Im Jahre 1821 erklärte der Jenaer Staatsrechtslehrer *Karl Ernst Schmid*:

> „Das Staatsrecht des Deutschen Bundes und der Bundesstaaten ist erst im Werden; nur durch eine Ausbildung der Landesverfassung kann die Bundesverfassung Kraft und Haltbarkeit gewinnen; das Gemeinsame muss sich im Besonderen entfalten".[77]

Eine wirkliche Identifikation mit der Bundesverfassung fand nicht statt. Die Gründung des Deutschen Bundes schloss eine turbulente Epoche sichtbar ab und eröffnete zunächst neue Hoffnungen. Jedoch blieben die Dinge im Wesentlichen in der Schwebe.[78] Es vollzog sich weder ein klarer Durchbruch in die vom Bürgertum mehrheitliche Richtung noch ein eindeutiger Rückschritt in vorrevolutionäre Zustände. Die Spannungen zwischen den politischen Wünschen der Mehrheit und dem schwachen Gebilde, das weder altes Reich noch moderner Staat war, blieben ungelöst.[79] Je mehr sich der Deutsche Bund unter Führung Österreichs und Preußens festigte und in Routine erstarrte, desto mehr rückten die Verfassungsverhältnisse in den Ländern in den Vordergrund. Von ihnen erhoffte man sich eine fortgeschrittene, dem Zeitgeist entsprechende Entwicklung. Die in der Epoche des Konstitutionalismus in der ersten Hälfte des 19. Jahrhunderts in allen Ländern eingeführten „landständischen" Verfassungen hatten den Konflikt zwischen monarchischem und ständischem Prinzip zum Ausgleich zu bringen. In zahlreichen Verfassungen fand sich ein Abschnitt über die „Gewähr" und den „Schutz" der Verfassung. In vielen Verfassungen war die Ministeranklage aber auch die Verfassungsklage (bzw. Verfassungsbeschwerde) vorgesehen. In der gerichtlichen Entscheidung innerstaatlicher Verfassungskonflikte wurde bereits die Grundidee späterer Verfassungsgerichtsbarkeit erkennbar: politisches Handeln einer justizförmigen Kontrolle durch ein unabhängiges Gericht zu unterwerfen.[80]

Die Verfassungsgebung der Länder im Deutschen Bund vollzog sich in drei Phasen. Verfassungen waren schon damals Instrumente der Innovation, der Selbsterhaltung der Monarchien sowie der Integration neu erworbener Landesteile. Das galt vor allem für die erste Phase der Verfassungsgebung im sog. Frühkonstitutionalismus (1814–1820).[81] Diese Phase begann schon vor dem Wiener Kongress und betraf insgesamt 15 deutsche Staaten. Neben den Verfas-

---

77 *Schmid*, Lehrbuch des gemeinen deutschen Staatsrechts, § 123.

78 *Stolleis*, Geschichte des öffentliche Rechts II, S. 77.

79 *Stolleis*, Geschichte des öffentliche Rechts II, S. 77.

80 *Hesse*, JöR (n.F.) 46 (1998), S. 3 f.

81 Vgl. *Stolleis*, Geschichte des öffentlichen Rechts II, S. 100.

sungen einiger mitteldeutscher Staaten sind insbesondere die Verfassungen der süddeutschen Staaten Bayern (26. Mai 1818)[82], Baden (22. August 1818)[83] und Württemberg (25. September 1819)[84] zu nennen. Hervorzuheben ist die Verfassung Bayerns. Diese sah allgemeine Rechte und Pflichten „teils für jedermann, teils nur für bayerische Staatsbürger“ (Titel IV) vor. Die „Gewähr der Verfassung“ war insbesondere durch den Verfassungseid und die Ministeranklage verbürgt. Die Verfassung des Großherzogtums Baden vom 22. August 1818 entsprach im Wesentlichen der Verfassung Bayerns. Diese gewährte „staatsbürgerliche und politische Rechte der Badener und besondere Zusicherungen“. In der Verfassung Württembergs wurde zum Schutz der Verfassung ein Staatsgerichtshof geschaffen (§§ 195 ff. WürttVerf.). Andere Kleinstaaten erhielten Verfassungen mehr oder weniger nach dem Muster der vorstehenden Verfassungen.

Nach der französischen Julirevolution 1830 begann die zweite Periode der Verfassungsgebung in Deutschland. Betroffen waren die nord- und mitteldeutschen Länder. Trotz der Karlsbader Beschlüsse war erkennbar, dass die ständisch-konstitutionellen Kräfte stärker geworden waren.[85] Die „Neue Landschaftsordnung“ vom 12. Oktober 1832[86] für das Herzogtum Braunschweig war eine echte Repräsentativverfassung und sah u.a. Grundrechte und eine Ministeranklage zum Staatsgerichtshof vor. Die Verfassung galt mit einigen Änderungen (1899, 1903 und 1912) bis 1918. Als die liberalste und weitestgehende unter den Verfassungen des Vormärz gilt die maßgeblich durch den Staatsrechtler *S. Jordan* geprägte Verfassung von Kurhessen vom 5. Januar 1831.[87] Vorgesehen war die Ministeranklage vor dem Oberappellationsgericht und die Möglichkeit einer Anklage von Beamten. Die Verfassung gewährte Grundrechte und hatte letztendlich trotz einiger Schwierigkeiten bis 1918 Bestand. Die Verfassung von Kursachsen vom 4. September 1831 sah ebenfalls Grundrechte und die Ministeranklage vor dem Staatsgerichtshof vor. Die Verfassung von Hannover vom 27. September 1833 entsprach im Wesentlichen den übrigen Verfassungen dieser zweiten Periode der Verfassungsgebung. Die Aufhebung dieser Verfassung durch den regierenden König Ernst August mit Patent vom 1. November 1837[88] löste einen langwierigen und schweren Verfassungskonflikt aus, der bis 1840

---

82 *Möckl*, Der moderne bayerische Staat, in: Dokumente zur Geschichte von Staat und Gesellschaft in Bayern I, S. 16.

83 *Andreas*, Geschichte der badischen Verwaltungsorganisation und Verfassung in den Jahren 1802–1818, S. 396–484.

84 *Brandt*, Parlamentarismus in Württemberg.

85 *Stern*, Staatsrecht V, S. 220.

86 Abgedruckt in *H.A. Zachariae*, Die deutschen Verfassungsgesetze der Gegenwart, S. 695 ff.

87 *Seier*, in: Schulz, Die Geschichte Hessens, S. 160.

88 Abgedruckt bei *E.R. Huber*, Dokumente zur Geschichte von Staat und Gesellschaft in Bayern I, Nr. 61.

dauerte. Im Verlauf dieses Verfassungsstreits protestierten sieben Göttinger Universitätsprofessoren[89] in Treue zu ihrem Verfassungseid am 18. November 1837 gegenüber dem Universitätskuratorium gegen die Aufhebung der Verfassung. Der König verfügte daraufhin die Entlassung der Gelehrten und beschuldigte sie des Hochverrats. Diese Vorgehensweise gegen die „Göttinger Sieben“[90] erregte die Öffentlichkeit in ganz Deutschland.[91] Quintessenz war, dass „die Institution Verfassung sich erstmals stärker erweisen sollte als der Urheber der Verfassung“[92].

Die dritte und letzte Phase der Verfassungsgebung begann mit dem Revolutionsjahr und dem als bedeutsamstes Verfassungsjahr gekennzeichneten Jahr 1848. Erstmals gaben sich nun auch Preußen und Österreich, die beiden Großstaaten des Deutschen Bundes, Verfassungen. Beide Staaten waren sich während des Vormärz in der politischen Notwendigkeit einig, ein Gegengewicht gegen den Nationalismus und Liberalismus bilden zu müssen, die konstitutionelle Bewegung insgesamt einzudämmen und in einigen Ländern sogar zu unterdrücken. Dies ist ihnen jahrzehntelang gelungen. Beide haben sich erst unter dem Druck der Revolution zur Errichtung von Verfassungen entschlossen. Es handelte sich dabei um Verfassungen, die nur die notwendigsten Zugeständnisse an Einschränkungen des monarchischen Prinzips machten. Nach den innerpolitischen Kräfteverschiebungen in Preußen in den Jahren 1819 bis 1822 blieben die Verfassungsversprechungen von 1810, 1811 und 1815 unerfüllt. Aus den Wirren der Revolution ging dann die provisorisch in Kraft gesetzte (oktroyierte) Verfassung vom 5. Dezember 1848 und aus ihr die revidierte Verfassung vom 31. Januar 1850 hervor.[93] Bemerkenswert war an letztgenannter Verfassung, dass diese bereits „im Lichte“ der Frankfurter Nationalversammlung Festlegungen von Grundrechten als „Rechte der Preußen“ enthielt (Titel II, Art. 3–42). Der preußische Grundrechtskatalog beschränkte sich dabei nicht nur auf die Gewährung individueller Freiheitsrechte. Vielmehr wurde auch die Grundordnung bestimmter öffentlicher Einrichtungen (Schule, Kirche und Armee) verfassungsgemäß festgelegt.[94] Die Verfassung schuf Ordnungsbestimmungen, für die später der Begriff „institutionelle Garantien“[95] prägend wurde. Diese Verfassung galt nach mehreren Änderungen bis zur Revolution 1918. Österreich war im Vormärz eine

89 Dies waren der Staatsrechtler W.E. Albrecht, die Historiker F.Ch. Dahlmann und G.G. Gervinus, die Germanisten J. und W. Grimm, der Orientalist H. Ewald sowie der Physiker W. Weber.

90 *Smend*, Die Göttinger Sieben; *Link*, JuS 1979, S. 191 ff.; *Dilcher*, Der Protest der Göttinger Sieben.

91 Vgl. *E.R. Huber*, Verfassungsgeschichte II, S. 105.

92 *Stern*, Staatsrecht V, S. 223.

93 *E.R. Huber*, Verfassungsgeschichte III, S. 35 ff., 51 ff.

94 *E.R. Huber*, Verfassungsgeschichte III, S. 101 f.

95 Vgl. zum Begriff *Schmitt*, Verfassungslehre, S. 170 ff.

absolute Monarchie geblieben. Erst mit Ausbruch der Revolution in Wien am 13. März 1848 und dem Sturz Metternichs kam es zu einem in der gesamten Monarchie geltenden Verfassungsversprechen.[96] Nach mehreren gescheiterten Verfassungsentwürfen wurde dann die sog. Dezemberverfassung verabschiedet, die aus insgesamt fünf Staatsgrundgesetzen bestand.[97] Die Verfassungsgesetze blieben bis 1918 weitgehend unverändert in Kraft. Die Verfassung Österreichs wahrte die Autorität und Macht des Kaisers. Die Verfassung gewährte den Untertanen nur in einem eingeschränkten Umfang Grundrechte, die zum Teil in ihrem Gehalt durch Einzelgesetze mit grundrechtsbeschränkendem Charakter noch weiter reduziert waren.[98]

Unberührt von den konstitutionellen Bestrebungen blieb die Verfassungslage in den Großherzogtümern Mecklenburg-Schwerin und Mecklenburg-Strelitz.[99] Diese haben ihre altertümliche Doppelverfassung, von einer kurzfristigen Störung in Schwerin abgesehen[100], bis zum Ende des Ersten Weltkrieges beibehalten. Die Großherzogtümer bildeten staatsrechtlich ein beinahe vollständig erhaltenes Stück Mittelalter.[101] Allerdings war die Entscheidung von einzelnen verfassungsrechtlichen Fragestellungen einem Schiedsgericht übertragen.[102]

III. Die Paulskirchenverfassung von 1848 – die Idee eines modernen Verfassungsgerichts

Die Verfassungsbewegungen in den Mitgliedstaaten des Deutschen Bundes hatten bis zur Mitte des 19. Jahrhunderts beachtliche Erfolge erzielt. Die Frankfurter Reichsverfassung vom 28. März 1849 (FRV) ging noch weiter. Die Umformung der Einzelstaaten in konstitutionelle Staaten parlamentarischer Prägung sollte mit der Bewahrung dieser Staaten in einem wirklichen Bundesstaat ein-

---

96 *Sante*, Geschichte der Deutschen Länder II.

97 Im Einzelnen waren dies das „veränderte Grundgesetz über die Reichsvertretung" (RGBl. S. 389), das „Staatsgrundgesetz über die allgemeinen Rechte der Staatsbürger" (RGBl. S. 394), das „Staatsgrundgesetz über die Einsetzung des Reichsgerichts" (RGBl. S. 397), das „Staatsgrundgesetz über die richterliche Gewalt" (RGBl. S. 398) und das „Staatsgrundgesetz über die Ausübung der Regierungs- und Vollzugsgewalt" (RGBl. S. 400).

98 *E.R. Huber*, Verfassungsgeschichte III, S. 29.

99 Vgl. *Büsing*, Das Staatsrecht der Großherzogtümer Mecklenburg-Schwerin und Mecklenburg-Strelitz; *Wiggers*, Das Verfassungsrecht im Großherzogtum Mecklenburg-Schwerin.

100 Vgl. zur Doppelverfassung und zu dem Versuch des Herzogs Carl Leopold, die Macht der Landstände zu brechen, auch *Wick*, Versuche zur Errichtung des Absolutismus in Mecklenburg in der ersten Hälfte des 18. Jahrhunderts, S. 29 ff.

101 *Stolleis*, Geschichte des öffentlichen Rechts II, S. 120.

102 Gesetz von 1817.

hergehen.[103] Mit dieser Verfassung wurde erstmals ein Modell für einen demokratischen Bundesstaat in Deutschland entworfen.[104] Zu den bedeutsamsten Ideen der Nationalversammlung gehörte die Schaffung eines Reichsgerichts. Dieses war bereits im Siebzehnerausschuss des Bundestages als ein Teil der Reformen der Bundesverfassung enthalten. Eine Vorkommission des Verfassungsausschusses der Nationalversammlung griff diesen Vorschlag auf und erweiterte die Kompetenz des Gerichts. Zugewiesen wurden ihm Zuständigkeiten eines modernen Verfassungsgerichts[105], das die Entscheidungsgewalt der Gliedstaaten klar beschränken sollte.[106]

Als föderatives Verfassungsstreitverfahren war in § 126a FRV die Klage eines Einzelstaates gegen die Reichsgewalt wegen Verletzung der Reichsverfassung durch Erlass von Reichsgesetzen und durch Maßregeln (Verordnungen) der Regierung sowie Klagen der Reichsgewalt gegen einen Einzelstaat wegen Verletzung der Reichsverfassung vorgesehen.[107] Alle Verfassungskonflikte zwischen Reich und Ländern, so z.B. die Zuständigkeitskonflikte, Aufsichtskonflikte und Konflikte aus der Anwendung der Reichsintervention oder der Reichsexekution, wären bei Verwirklichung der Paulskirchenverfassung in die Zuständigkeit des Reichsgerichts gefallen, wobei das Reich sowie das jeweils betroffene Land die Aktivlegitimation besessen hätten. Dieser Vorschlag war geprägt von der Vorstellung, dass das Reich als bundesstaatliche Gliederung bemüht sein musste, den Frieden zwischen Reich und Ländern oder zwischen mehreren Ländern auf dem Weg der verbindlichen Gerichtsentscheidung zu wahren. Das Reichsgericht sollte die Aufgabe übernehmen, die im älteren Reichsrecht das Reichskammergericht und der Reichshofrat wahrgenommen hatten.

Die Verfassungsstreitfälle innerhalb eines Landes unterwarf die Frankfurter Paulskirchenverfassung ebenfalls der obligatorischen Verfassungsgerichtsbarkeit. Das Reichsgericht sollte für Streitigkeiten über Thronfolge, Regierungsfähigkeit und Regentschaft in einem Einzelstaat (§ 126d FRV) sowie für Streitigkeiten zwischen der Regierung eines Einzelstaates und dessen Volksvertretung über die Gültigkeit und die Auslegung der Landesverfassung (§ 126c FRV) zuständig

---

103 *Nipperdey*, Deutsche Geschichte 1800–1866, S. 605 f. Die Grundentscheidung für den Bundesstaat dokumentierte § 5 FRV: „Die einzelnen deutschen Staaten behalten ihre Selbständigkeit, soweit dieselbe nicht durch die Reichsverfassung beschränkt ist; sie haben alle staatlichen Hoheiten und Rechte, soweit diese nicht der Reichsgewalt ausdrücklich übertragen sind."

104 *Holste*, Der deutsche Bundesstaat im Wandel, S. 78; vgl. auch *Anschütz / Thoma*, Handbuch des Deutschen Staatsrechts I, S. 41.

105 *Hoke*, in: Starck / Stern, Landesverfassungsgerichtsbarkeit I, S. 53.

106 *Oeter*, Integration und Subsidiarität, S. 26.

107 Inwieweit dieses Verfahren als abstrakte Normenkontrolle zu bezeichnen ist, ist umstritten, vgl. *Hoke*, in: Starck / Stern, Landesverfassungsgerichtsbarkeit I, S. 50, Fn. 175.

sein. In Organstreitverfahren der Länder sollte das Reichsgericht die ausschließliche Kompetenz besitzen. Die in den Landesverfassungen vorgesehenen Staatsgerichtshöfe sollten ihrer Kompetenzen in diesen Fragen enthoben sein.

Die Reichsverfassung von 1849 eröffnete zudem jedem Angehörigen eines Einzelstaates die Möglichkeit, vor dem Reichsgericht Klage wegen verfassungswidriger Aufhebung oder Änderung der Landesverfassung zu erheben (§§ 126 f. FRV). Diese Popularklage bei Verletzung der Landesverfassung durch die Landesregierung war nach Erschöpfung der innerstaatlichen Beschwerdemöglichkeiten zulässig.

Obwohl die Paulskirchenverfassung keine Geltung erlangte, hat sie auf ihr nachfolgende Verfassungen bedeutenden Einfluss ausgeübt.[108] Die Nationalversammlung in Frankfurt am Main war Höhepunkt und vorläufiger Abschluss einer jahrzehntelangen Bewegung in Deutschland. In der Verfassung vom 28. März 1849 wurden erstmals auf deutschem Boden nationalstaatliche, rechtsstaatliche, demokratische und soziale Elemente miteinander verbunden. Die Normen der Verfassung verknüpften den Wunsch nach Freiheit mit dem Einheitsgedanken.[109] Geschaffen wurde ein Grundrechtskatalog, der nicht nur deutlich über die Grundrechte der Landesverfassung hinausreichte und als „wohldurchdacht im Lichte“ eines weiten Grundrechtsverständnisses betrachtet werden konnte, sondern auch als für seine Zeit überaus fortschrittlich betrachtet werden musste.[110] Erstmals waren auch soziale Grundrechte in einer Verfassung vorgesehen, wenn auch diesen bei weitem nicht die gleiche Aufmerksamkeit galt wie den Freiheits-, Gleichheits- und Justizgrundrechten.[111] Der Grundrechtskatalog beanspruchte gemäß § 130 FRV[112] auch für die Landesstaatsgewalt Geltung. An vielen Stellen der Paulskirchenverfassung stößt man auf Bestimmungen, die in ihrem Kern 100 Jahre später Eingang in das Grundgesetz gefunden haben. Hierzu zählen neben dem Grundsatz „Bundesrecht bricht Landesrecht“ und den zahlreichen anderen homogenitätssichernden Vorschriften[113] die Errichtung eines Reichsgerichts, das mit seinen weitreichenden Kompeten-

---

108 *Vogel*, NJW 1998, S. 1534; *Hesse*, JöR (n.F.) 46 (1998), S. 4.

109 *Vogel*, NJW 1998, S. 1535.

110 *Vogel*, NJW 1998, S. 1535; *Kühne*, NJW 1998, S. 1516; *Weber-Fas*, Der Verfassungsstaat des Grundgesetzes, S. 63 ff.

111 *Stern*, Staatsrecht V, S. 254.

112 „Dem deutschen Volke sollen die nachstehenden Grundrechte gewährleistet sein. Sie sollen den Verfassungen der deutschen Einzelstaaten zur Norm dienen, und keine Verfassung oder Gesetzgebung eines deutschen Einzelstaates soll dieselben je aufheben oder beschränken können.“

113 Vgl. *Menzel*, Landesverfassungsrecht, S. 23; vgl. auch *Boldt*, Texte zur deutschen Verfassungsgeschichte, S. 420.

zen ohne Zweifel ein direkter Vorgänger des Bundesverfassungsgerichts war[114]. Wieweit diese Verfassung ihrer Zeit voraus war, zeigt sich insbesondere an der Verfassungsbeschwerde: Nach Scheitern der Frankfurter Reichsverfassung wurde diese erst 1969, also 120 Jahre später, in das gesamtstaatliche Verfassungsrecht aufgenommen.[115]

Die bürgerliche Revolution von 1848/1849 wollte das demokratische Prinzip und den Nationalstaat durchsetzen. Dafür war, wie der Misserfolg zeigt, die Zeit noch nicht reif, d.h. das monarchische Prinzip noch zu stark. Das Scheitern des Verfassungswerks der Paulskirche, das in Anbetracht des bündisch-zentralen Machtaufbaus Deutschlands vielleicht von vornherein unabwendbar war, mindert nicht die Leistung der Nationalversammlung in der Erarbeitung einer Reichsverfassung.[116] Der Bundesstaat, den die Paulskirchenverfassung konstituieren sollte, war der pragmatische Versuch, die staatliche Einheit der Nation zu verwirklichen und dabei den Umständen, die sich aus der historisch überkommenen partikularen Prägung Deutschlands ergaben, Rechnung zu tragen.[117] Die Verfassungsvorgaben der Paulskirchenverfassung für die Länder sind in ihren Formulierungen konkreter als diejenigen späterer demokratischer Verfassungen und gehen weit über das hinaus, was sich historischen Vorbildern entnehmen lässt. Hinsichtlich der Grundstrukturen des Bundesstaates (Verfassungsgerichtsbarkeit, Verfassungsautonomie, Homogenitätsprinzip, Vorrang des Bundesrechts, Grundrechtsbindung der Länder) wurde eine weitere Weiche für die Entwicklung der deutschen Bundesstaatlichkeit gestellt.[118]

IV. Das Ende des Deutschen Bundes und der Weg zum Norddeutschen Bund – ein Rückschlag für die Idee der Verfassungsgerichtsbarkeit

Die Entwicklung in der zweiten Hälfte des 19. Jahrhunderts bedeutete sowohl auf Bundes- als auch auf Landesebene einen Rückschlag für die Idee der Verfassungsgerichtsbarkeit[119] und für das Streben nach mehr Bundesstaatlichkeit. Nach dem Scheitern der Nationalversammlung wurde der Deutsche Bund reaktiviert, konnte aber die anstehenden politischen und rechtlichen Probleme noch weniger

---

114 *Vogel*, NJW 1998, S. 1535.

115 *Bock/Bock*, LKV 1991, S. 183.

116 Vgl. *Menzel*, Landesverfassungsrecht, S. 21 f.; *Dippel*, JöR (n.F.) 51 (2003), S. 22.

117 *Holste*, Der deutsche Bundesstaat im Wandel, S. 94.

118 *Menzel*, Landesverfassungsrecht, S. 24.

119 Vgl. *Stern*, Staatsrecht V, S. 972.

lösen als vorher.[120] Die Mitgliedstaaten des Deutschen Bundes, vor allem die beiden Großstaaten Österreich und Preußen, prägten das Geschehen.[121] Alle Versuche der Weiterentwicklung oder der allmählichen Umwandlung des staatenbündischen Gefüges in eine bundesstaatliche Konstruktion wurden in der Folgezeit blockiert.[122] Die Lösung lag entsprechend dem damaligen Stand der Entwicklung und Möglichkeiten in der Verknüpfung des monarchischen und des demokratischen Prinzips im Sinne des Konstitutionalismus.[123] Die Instrumentarien zum Schutze der Verfassung nach dem Revolutionsjahr 1849 dienten dazu, divergierende und opponierende Richtungen konsequent zurückzudrängen. Im ersten Jahrzehnt nach der Revolution, der sog. „Reaktionszeit", gab es nur geringe Impulse zu einer neuen Aktivierung des Landesverfassungsrechts.[124] Bereits 1851 begannen die Großmächte Preußen und Österreich, die dem monarchischen Prinzip widerstreitenden Bestandteile in den Landesverfassungen zu beseitigen. Die Verfassungen, die Wahlgesetze und die Pressegesetze der Einzelstaaten wurden auf bundeswidrige Bestandteile überprüft. Ziel war die Stabilisierung des monarchischen Prinzips und die Entliberalisierung und Entdemokratisierung der Landesverfassungen. Zum Teil erhielten die Einzelstaaten die Anweisung, bestimmte Vorschriften ihres Landesstaatsrechts aufzuheben oder abzuändern. Als Mittel zur Verwirklichung dieses Zieles dienten u.a. die Bundesintervention und die Bundesexekution. In Bremen bedurfte es z.B. einer unmittelbaren Intervention des Bundes, um die Änderung des Landesverfassungsrechts durchzusetzen. Auch Länder, mit denen sich der sog. „Reaktionsausschuss" nicht unmittelbar beschäftigte, sahen sich aufgrund des Druckes der Zeitverhältnisse veranlasst, ihre Verfassungen rückschrittlich zu revidieren. Sachsen stellte die Verfassung von 1831 wieder her. In Württemberg führte der König die Verfassung auf den Stand von 1819 zurück. Baden kehrte nach Niederschlagung der Aufstandsbewegung zu seiner alten Verfassung von 1818 zurück.[125]

Eine eigene, die Reichszuständigkeit ausschließende Landeszuständigkeit zur Entscheidung von Meinungsverschiedenheiten über die Auslegung einzelner Verfassungsvorschriften gab es nur in Sachsen[126], Mecklenburg[127], Oldenburg[128], Braunschweig[129], Sachsenaltenburg[130] sowie Reuß[131]. Sofern ein „güte-

---

120 *Willoweit*, Verfassungsgeschichte, S. 240 ff., 256 ff.; *Nipperdey*, Deutsche Geschichte 1866–1918, Bd. 2, S. 12 ff.; *Gall*, Bismarck, S. 283 ff.; *Engelberg*, Bismarck, S. 641 ff.; *Maurer*, in: FS für Stern, S. 29, 32.

121 Vgl. dazu auch *Holste*, Der deutsche Bundesstaat im Wandel, S. 95 ff.

122 *Oeter*, Integration und Subsidiarität, S. 27.

123 *E.R. Huber*, in: HdbStR I, S. 35, 47 f.

124 Vgl. *Stolleis*, Geschichte des öffentlichen Rechts II, S. 282.

125 Vgl. dazu *E.R. Huber*, Verfassungsgeschichte III, S. 136.

126 § 153 der Verfassung von 1831.

127 Gesetz von 1817.

128 §§ 209 bis 212 der Verfassung von 1852.

licher" Ausgleich bei Verfassungsstreitigkeiten nicht möglich war, konnte das jeweils zuständige Gericht angerufen werden. Dies war in Sachsen der Staatsgerichtshof, in Braunschweig das Kompromissgericht und in Mecklenburg, Oldenburg und Sachsenaltenburg das Schiedsgericht. In der Mehrzahl der deutschen Gliedstaaten bestand jedoch kein Verfahren zur Erledigung von Verfassungsstreitigkeiten.

Die zunehmende Rivalität zwischen den beiden Großstaaten verstärkte in der Folgezeit die Spannungen.[132] Die Auseinandersetzungen drehten sich zwar vordergründig vor allem um Rechtsfragen, betrafen aber tatsächlich Machtfragen, insbesondere die Vorherrschaft in Deutschland.[133] Das Ende ist bekannt: Es kam zum Krieg, der schon kurze Zeit später mit dem Sieg der preußischen Truppen endete, und im Jahr 1866 wurde durch den preußisch-österreichischen Friedensschluss die neue Führungsmacht Preußen geschaffen. Bereits zwei Tage nach dem Ausscheiden aus dem Deutschen Bund am 6. Juni 1866 forderte Preußen die norddeutschen Staaten, mit denen es sich nicht im Kriegszustand befand, zum Abschluss von Bündnisverträgen[134] auf. Österreich erkannte letztendlich die Auflösung des Deutschen Bundes an.[135] Die Verfassung des Norddeutschen Bundes (NBV) trat mit Wirkung vom 1. Juli 1867 in Kraft.

V. Der Bundesrat als „Streitschlichter" im Norddeutschen Bund von 1867

In der Verfassung des Norddeutschen Bundes war die Errichtung eines (Bundes-)Verfassungsgerichts nicht vorgesehen.[136] Im Gegensatz zum Deutschen Bund war der Norddeutsche Bund kein Staatenbund, sondern ein Bundesstaat.[137] So betrachtet hatte sich die Integration verdichtet.[138] Die Schwäche der Verfas-

---

129 § 231 der Verfassung von 1832.

130 § 266 der Verfassung von 1831.

131 § 117 der Verfassung von 1852.

132 *Oeter*, Integration und Subsidiarität, S. 27 f.

133 *Maurer*, in: FS für Stern, S. 32.

134 Abgedruckt bei *E.R. Huber*, Dokumente zur Geschichte von Staat und Gesellschaft in Bayern II, S. 223.

135 Art. II des Prämliminarfriedens von Nikolsburg vom 26.7.1866, abgedruckt bei *E.R. Huber*, Dokumente zur Geschichte von Staat und Gesellschaft in Bayern II, S. 212.

136 Einem entsprechenden Antrag des Abgeordneten H.A. Zachariae wurde nicht entsprochen, vgl. Sten.Bericht des Norddeutschen Reichstages vom 9.4.1867, S. 674.

137 Die Verfassung des Nordeutschen Bundes selbst traf jedoch – anders als die Paulskirchenverfassung – über die Rechtsnatur des Bundes keine Aussage. Dies entsprach Bismarcks Neigung, jede theoretische Fixierung seines Staatsmodells zu vermeiden; vgl. dazu *Holste*, Der deutsche Bundesstaat im Wandel, S. 110, 118 f. m.w.N.

138 *Kimminich*, Verfassungsgeschichte, S. 409.

sung des Norddeutschen Bundes als reines Organisationsstatut[139] bestand allerdings darin, dass auf Vorschlag Bismarcks Grundrechte keine Berücksichtigung fanden. Er hielt eine Verankerung von Grundrechten wegen ihrer unitarisierenden Wirkung mit dem Föderativsystem des Norddeutschen Bundes für unvereinbar.[140]

Nach Art. 76 NBV waren Streitigkeiten nichtprivatrechtlicher Natur zwischen Bundesstaaten und Verfassungsstreitigkeiten in Bundesstaaten dem Bundesrat anvertraut. Verfassungsstreitigkeiten in einzelnen Bundesstaaten waren danach „gütelich auszugleichen" oder, wenn das nicht gelang, im Wege der Bundesgesetzgebung „zur Erledigung zu bringen". Auch bei der Beilegung von Streitigkeiten zwischen verschiedenen Bundesstaaten war der Bundesrat berufen, den Streit zu schlichten, wobei eine gütliche Einigung genauso wie ein Schieds- oder Rechtsausspruch in Betracht kam.

Hinsichtlich der Kompetenzen des Bundes orientierte sich die Verfassung von 1867 fast vollständig an der Paulskirchenverfassung.[141] Die Ausübung der obersten Regierungs- und Justizgewalt durch die Gliedstaaten selbst in Gestalt des Bundesrates – war im Vergleich zur Paulskirchenverfassung – neu und machte die Eigenart dieses Bundesstaates aus. Durch die Verbindung und das Zusammenwirken von Gesamtstaat und Einzelstaaten bei der Wahrnehmung ihrer Aufgaben und der staatlichen Willensbildung machten den Norddeutschen Bund zu einem neuen Modell des Bundesstaates, das seinerseits die Bundesstaatslehre stark beeinflusste.[142]

VI. Instrumentarien zur Beilegung verfassungsrechtlicher Streitigkeiten in der Bismarckschen Reichsverfassung von 1871

Nach dem Krieg mit Frankreich im Jahre 1870 kam es im Jahre 1871 zur Gründung des Deutschen Reiches.[143] Auch in der Verfassung vom 16. April 1871 wurde kein Verfassungsgericht etabliert.[144] Ebenso wie im Norddeutschen Bund sollte nach Art. 76 Abs. 1 der Bismarckschen Reichsverfassung (BRV) der Bun-

---

139 *Hartung*, Verfassungsgeschichte, S. 271.

140 Grundrechtsähnlichen Charakter hatten lediglich der Schutzanspruch des Bundesangehörigen gegenüber dem Ausland (Art. 3 Abs. 6 NBV), das Justizgewährleistungsgebot in Art. 77 NBV und das „gemeinsame Indigenat" des Art. 3 Abs. 1 und 2 NBV, vgl. *Stern*, Staatsrecht V, S. 307.

141 *Holste*, Der deutsche Bundesstaat im Wandel, S. 115.

142 *Anschütz*, Bismarck und die Reichsverfassung, S. 12 ff.

143 Vgl. dazu auch *Möckl*, in: FS für Schmitt Glaeser, S. 296 f.

144 *E.R. Huber*, Verfassungsgeschichte III, S. 1056.

desrat[145] über verfassungsrechtliche Streitigkeiten entscheiden. Der Verzicht auf eine Verfassungsgerichtsbarkeit sollte die Freiheit der Gliedstaaten von einer ihr übergeordneten judikativen Gewalt suggerieren.[146] Die Reichsverfassung sah weder ein Ministeranklageverfahren noch ein Verfassungsstreitverfahren oder ein Verfahren der Normenkontrolle vor. Das Fehlen einer Verfassungsgerichtsbarkeit mit seinen föderativen Streitverfahren wurde teils als Schwäche des Reiches gegenüber den Gliedstaaten angesehen.[147] Die Reichsverfassung enthielt darüber hinaus keine Normativbestimmungen für die Verfassungen der Gliedstaaten. Es gab keine Festlegungen einer Homogenität der verfassungsrechtlichen Grundprinzipien in Reich und Gliedstaaten, sodass prinzipiell der Autonomie der Gliedstaaten bei der Bestimmung ihrer Verfassungen keine Grenzen gesetzt wurden.[148] Weil alle Gliedstaaten zum Zeitpunkt der Reichsgründung bereits eigene Verfassungen besaßen[149], fand die Verfassungsautonomie ihren Ausdruck jedoch vor allem in der fortdauernden Geltung und der Weiterentwicklung dieser Verfassungen. Trotz dieses Freiraums enthielt auch die Bismarcksche Reichsverfassung Vorschriften, die – wenn auch auf andere Weise als durch ein Verfassungsgericht – den „Schutz der Verfassung" gewährleisten sollten und als Instrumentarium des gesamtstaatlichen Einflusses auf die Gliedstaaten angesehen werden konnten.

1. „Reichsrecht bricht Landesrecht"

In Art. 2 Satz 1 BRV war der Grundsatz „Reichsrecht bricht Landesrecht" festgelegt. Die Reichsgesetze entfalteten gegenüber allen Landesgesetzen derogierende Wirkung. Der Vorrang des Reichsrechts beschränkte sich nicht nur auf formelle Gesetze, sondern galt auch für anderes Reichsrecht, wie z.B. Rechtsverordnungen.[150] Bei einer Normenkollision trat die Nichtigkeit des Landesgesetzes automatisch ein; zur Beseitigung bedurfte es weder der förmlichen Feststellung der Unwirksamkeit noch der Aufhebung durch einen Reichs- oder Landesakt. Die nach Art. 2 Abs. 1 BRV eintretende Unwirksamkeit des Landesrechts konnte von jedermann geltend gemacht werden. Da im Deutschen Reich keine verfassungsgerichtliche Normenkontrolle bezüglich des Reichsrechts bestand, kam dem grundsätzlichen Vorrang des Reichsrechts besondere Bedeutung zu. So konnten auch Reichsgesetze, die kompetenzwidrig waren, weil keine Gesetzgebungskompetenz des Bundes bestand und auch die formellen Voraussetzungen

145 Vgl. zur verfassungsrechtlichen Stellung und zu den Kompetenzen des Bundesrates im einzelnen *Holste*, Der deutsche Bundesstaat im Wandel, S. 201 ff.

146 *Holste*, Der deutsche Bundesstaat im Wandel, S. 240.

147 *Mohl*, Deutsches Staatsrecht, S. 79.

148 *Holste*, Der deutsche Bundesstaat im Wandel, S. 137.

149 *Stoerk/v. Rauchhaupt*, Handbuch der Deutschen Verfassungen.

150 *Laband*, Staatsrecht II, S. 115; vgl. auch *März*, Bundesrecht bricht Landesrecht, S. 63 f.

zungen verfassungsändernder Gesetzgebung nicht beachtet wurden, sich gegenüber konkurrierenden Landesgesetzen durchsetzen.[151]

2. Die Bundesaufsicht in der Bismarckschen Reichsverfassung

Die allgemeine Bundes- bzw. Reichsaufsicht, die nebeneinander dem Bundesrat (Art. 7 Abs. 1 Nr. 3 BRV) und dem Kaiser (Art. 17 BRV) zustand, war ein Novum der Reichsverfassung von 1871.[152] Sie diente umfassend der Abwehr von Verfassungsstörungen seitens eines Gliedstaates und der Durchsetzung der verfassungsrechtlichen Pflichten eines Gliedstaates gegenüber dem Gesamtstaat. Aufgabe der Reichsaufsicht war die Herstellung, Behauptung und Festigung des gesamtdeutschen Verfassungsgefüges. Sie war damit Mittel der gesamtstaatlichen Integration.[153] Nach der Bismarckschen Reichsverfassung besaß das Reich die Aufsicht gegenüber den Ländern auf allen Gebieten, auf denen ihm die Rechtsetzungsgewalt zustand.[154] Das Reich hatte nach herrschender Meinung das Recht, auch in den Fällen, in denen es von seiner Gesetzgebungsgewalt noch keinen Gebrauch gemacht hatte, berichtigend gegen fehlerhaftes Verhalten eines Gliedstaates vorzugehen.[155] Abgeleitet wurde diese durchaus als umstritten anzusehende Aufsicht aus dem Grundsatz der Bundestreue der Gliedstaaten.[156] Sie zielte auf die „Erfüllung der Reichsverfassung selbst, genauer: auf die Erfüllung der verfassungsgemäßen Bundespflicht, die Interessen des Reichs oder andere von der Reichsverfassung anerkannte Gemeininteressen zu achten".[157]

3. Die Reichsexekution als Mittel zur Wahrung der bundesstaatlichen Ordnung

Ein weiteres Mittel zur Wahrung der bundesstaatlichen Ordnung war die Reichsexekution, d.h. die Vollstreckung von Maßnahmen des Reiches (Art. 19 BRV). Das Reich hatte die Befugnis, gegen ein Land einzuschreiten, um es zur Erfüllung seiner verfassungsmäßigen Bundespflichten zu zwingen. Voraussetzung waren allerdings Verstöße von ungewöhnlicher Schwere, ein das föderale

---

151 Holste, Der deutsche Bundesstaat im Wandel, S. 238.

152 *E.R. Huber*, Verfassungsgeschichte III, S. 1022.

153 *Dux*, Bundesrat und Bundesaufsicht, S. 1 ff.

154 Vgl. zur sog. abhängigen Rechtsaufsicht *Triepel*, Reichsaufsicht, S. 370; *Dux*, Bundesrat und Bundesaufsicht, S. 32 ff.

155 Sog. selbstständige Reichsaufsicht, vgl. *E.R. Huber*, Verfassungsgeschichte III, S. 1023; *Triepel*, Reichsaufsicht, S. 435 f.

156 Vgl. dazu *Smend*, Ungeschriebenes Verfassungsrecht, in: Festgabe für Otto Mayer, S. 51; *Bauer*, Bundestreue, S. 62 ff.; *Korioth*, Integration und Bundesstaat, S. 76.

157 *Triepel*, Reichsaufsicht, S. 451.

Grundverhältnis bedrohendes Verhalten des Gliedstaates.[158] Die Reichsexekution war ein Akt des Ausnahmerechts, der nur bei einer empfindlichen Störung des normalen Verfassungszustands in Frage kam.[159] Auch die Verletzung der Landesverfassung durch die Länder selbst konnte Anlass für eine Maßnahme der Reichsexekution sein. Die Verpflichtung der Länder, ihr eigenes Verfassungsrecht zu wahren, war zwar in der Bismarckschen Reichsverfassung, anders als in der Bundesverfassung des Deutschen Bundes[160], nicht ausdrücklich geregelt, doch ergab sich diese bundesrechtliche Pflicht der Länder zur Aufrechterhaltung der eigenen Landesverfassung aus dem Gesamtzusammenhang des Reichsverfassungsrechts. Die den Ländern von Reiches wegen eingeräumte Verfassungsautonomie stand unter dem stillschweigenden Vorbehalt, dass die Länder ihr autonomes Verfassungsrecht auch beachten. Zur Anwendung der Reichsexekution ist es nie gekommen[161], was man durchaus als Ausdruck der Stabilität der bundesstaatlichen Ordnung des Reiches werten kann.[162]

Erwähnenswert ist in diesem Zusammenhang das unterbliebene Vorgehen gegen die altertümliche Verfassungslage in Mecklenburg. Trotz zahlreicher Vorstöße des Reichstages, das Reich möge eingreifen, um die überkommene altständische Privilegien-Ordnung abzulösen, verweigerte sich der Bundesrat diesen Initiativen sogar, als die Regierung von Mecklenburg-Strelitz selbst um ein Einschreiten bat. Der Bundesrat lehnte ein Vorgehen mit dem Hinweis auf seine fehlende Kompetenz und auf die föderative Konstruktion des Reiches ab.[163]

VII. Verfassungsgerichte in der Weimarer Republik

1. Der Staatsgerichtshof der Weimarer Reichsverfassung

Nach dem Zurücktreten der Verfassungsgerichtsbarkeit in der zweiten Hälfte des 19. Jahrhunderts bedeutete die Einführung gerichtlicher Kompetenzen zur Entscheidung von Verfassungsstreitigkeiten in der Weimarer Reichsverfassung einen Neuanfang.[164] In der Reichsverfassung vom 11. August 1919 (WRV) war die Errichtung eines Staatsgerichtshofes durch ein Reichsgesetz vorgesehen.[165]

---

158 *Laband*, Staatsrecht I, S. 112 f.; *E.R. Huber*, Verfassungsgeschichte III, S. 1034.

159 *E.R. Huber*, Verfassungsgeschichte III, S. 1034.

160 Vgl. Art. 56 WSCHLA.

161 Vgl. dazu *Holste*, Der deutsche Bundesstaat im Wandel, S. 237.

162 *E.R. Huber*, Verfassungsgeschichte III, S. 1030.

163 Vgl. *John*, Die Entwicklung der beiden mecklenburgischen Staaten, S. 223 ff.

164 *Robbers*, JuS 1990, S. 262.

165 Vgl. Art. 108 WRV; bis zum Inkrafttreten des „Gesetzes über den Staatsgerichtshof für das Deutsche Reich“ vom 9.7.1921 standen die verfassungsgerichtlichen Kompetenzen einem vorläufigen Staatsgerichtshof zu (Art. 172 WRV).

Am 21. Juli 1921 nahm der Staatsgerichtshof seine Tätigkeit auf.[166] Es wurde damit erstmals „zum Schutz der Verfassung" eine echte gerichtliche Instanz geschaffen, die zur Entscheidung von Verfassungsstreitigkeiten in den Ländern und zur Entscheidung über föderale Konflikte unter den Ländern wie zwischen ihnen und dem Reich zuständig war.[167] Es ergab sich das Bild einer breit angelegten, verschiedene Bereiche umfassenden institutionell herausgehobenen Verfassungsgerichtsbarkeit.

Die Zuständigkeit des Staatsgerichtshofes hatte man nach dem Enumerativprinzip bewusst nur auf bestimmte Arten von Verfassungsstreitverfahren beschränkt und nicht durch eine Generalklausel auf alle Verfassungsstreitfälle erstreckt.[168] Dies sollte verhindern, dass der Staatsgerichtshof statt eines „Hüters" zum „Herrn der Verfassung" wurde.[169] Als wichtige föderative Verfassungsstreitverfahren fielen Streitigkeiten zwischen dem Reich und einem Land, Verfassungsstreitigkeiten zwischen den Ländern sowie die Verfassungsstreitigkeiten innerhalb eines Landes in den Zuständigkeitsbereich des Staatsgerichtshofes. Für den verfahrensmäßigen „Austrag" von Rechtsstreitigkeiten zwischen den einzelnen Staaten hatte schon das frühere Recht Vorkehrungen geschaffen.[170] Die Weimarer Reichsverfassung gestaltete dieses Verfahren zu einem Verfassungsstreitverfahren aus. Die Kompetenz zur Entscheidung nichtprivatrechtlicher Streitigkeiten zwischen Reich und Ländern, die nach früherem Recht nicht von der Zuständigkeit der Austrägalgerichtsbarkeit erfasst war, wurde neu in die Weimarer Reichsverfassung aufgenommen.[171] Bei diesen Streitigkeiten konnte es sich um Streitigkeiten aus Verträgen zwischen dem Reich und einem Land oder um Streitigkeiten bei der Ausübung der unabhängigen Reichsaufsicht handeln.[172] Für den Fall eines Zuständigkeitskonflikts konnte aufgrund der weiten Kompetenzregelung in Art. 19 Abs. 1 WRV die Zuständigkeit des Staatsgerichtshofes

---

166 *Hoke*, in: Starck / Stern, Landesverfassungsgerichtsbarkeit I, S. 80.

167 *Scheuner*, in: Festgabe 25 Jahre Bundesverfassungsgericht II, S. 45; *Triepel*, VVDStRL 5 (1928), S. 5.

168 Vgl. zu den Zuständigkeiten *Stern*, Staatsrecht II, S. 974.

169 *E.R. Huber*, Verfassungsgeschichte VI, S. 549.

170 Vgl. dazu unter 1. Teil, I. 1.

171 Als besondere Zuweisung einzelner Klagearten aus dem Reich-Länder-Verhältnis sind zu nennen:

1. Streitigkeiten im Verfahren der Rechtsaufsicht nach Art. 15 Abs. 3 WRV,
2. Streitigkeiten über den Umfang der auf das Reich übergegangenen Hoheitsrechte des Eisenbahnwesen nach Art. 90 WRV,
3. Streitigkeiten über die Übernahmebedingungen für die Post, Eisenbahnen, Wasserstraßen und Seezeichenverwaltung nach Art. 170, 171 WRV,
4. Streitigkeiten aus Staatsverträgen über die Übernahme der genannten Einrichtungen auf das Reich nach § 17 Nr. 3 des Gesetze vom 9.7.1921.

172 *Hoke*, in: Starck / Stern, Landesverfassungsgerichtsbarkeit I, S. 86.

begründet werden. Nach dieser Vorschrift entschied dieser auf Antrag über Verfassungsstreitigkeiten innerhalb eines Landes, soweit nicht ein anderer Gerichtshof zuständig war.[173]

Die abstrakte Normenkontrolle über die Vereinbarkeit von Landesrecht mit Reichsrecht war anders als die föderativen Streitverfahren gemäß Art. 13 Abs. 2 WRV dem Reichsgericht und anderen obersten Gerichten des Reiches zugewiesen.

Eine Verfassungsbeschwerde wegen Verletzung von Grundrechten kannte das Reichsrecht nicht.[174] Zwar war ein wesentliches Werk des Ausschusses zur Schaffung der Weimarer Reichsverfassung die Ausgestaltung von „Grundrechten und Grundpflichten der Deutschen"; die Wahrung der Grundrechte sah man jedoch als Aufgabe der Verwaltungsgerichte an, die Einrichtungen der Länder waren.[175] Zur Errichtung eines Reichsverwaltungsgerichts kam es allerdings nicht; erst 1941 wurde es durch Erlass Hitlers gegründet, blieb aber bedeutungslos.[176] Zudem hatte sich in der Weimarer Republik die Auffassung noch nicht durchgesetzt, dass Grundrechte allgemein verbindliches Recht darstellten. Bereits in den Ausschussarbeiten sowie im Plenum war es nicht gelungen, eine ausdrückliche Norm über die Bindung des Gesetzgebers an die grundrechtlichen Gewährleistungen durchzusetzen. Vielmehr hatte das Plenum in der Zweite Lesung die in Art. 107 des Ausschussentwurfs vorgesehene Bestimmung, wonach die Grundrechte und Grundpflichten „Richtschnur und als Schranke für Gesetzgebung, Verwaltung und Rechtspflege" sein sollten, gestrichen.[177] Die fehlende Verbindlichkeit der Grundrechte und die fehlende Absicherung durch ein richterliches Rechtsschutzverfahren bedeutete eine offene Flanke gegenüber dem verfassungsändernden Gesetzgeber und der Herrschaftsgewalt des Reichspräsidenten. Die Grundrechte standen ebenso wie die Staatsstrukturprinzipien zur Disposition.[178]

Zunächst wurde die Einführung einer Staatsgerichtsbarkeit in die Weimarer Reichsverfassung mit Zustimmung aufgenommen. Im Laufe der Zeit wurden allerdings die Stimmen lauter, die die Lücken der Einrichtung kritisierten und für eine Erweiterung der Aufgaben des Staatsgerichtshofes eintraten. Bemängelt wurde, dass die Zuständigkeiten auf verfassungsrechtlichem Gebiet noch nicht zu einer einheitlichen Struktur zusammengefasst waren. Der Einfluss des Staatsgerichtshofes auf die krisenreiche Entwicklung der Weimarer Republik ist gering geblieben. Sein Ausgleichsversuch im Kampf um die Einsetzung eines

---

173 *Hoke*, in: Starck / Stern, Landesverfassungsgerichtsbarkeit I, S. 83.

174 *Schumann*, in: Starck / Stern, Landesverfassungsgerichtsbarkeit I, S. 177.

175 *Robbers*, JuS 1990, S. 262.

176 *Wesel*, Geschichte des Rechts, S. 431; vgl. dazu auch *Kronisch*, in: Sodan / Ziekow, VwGO, § 1 Rn. 12.

177 Vgl. zur geschichtlichen Entwicklung der Grundrechte *Bumke*, Der Grundrechtsvorbehalt, S. 109 ff.

178 *Weber-Fas*, Der Verfassungsstaat des Grundgesetzes, S. 11, 66 f.

Reichskommissars in Preußen („Preußenschlag") ist wirkungslos geblieben und ein warnendes Beispiel dafür, dass verfassungsgerichtliche Entscheidungen nicht im Stande waren, tiefgreifende politische Erschütterungen zu überwinden oder doch wirksam zu ihrer Überwindung beizutragen.[179]

2. Entwicklung auf der Ebene der Länder

a) Zur Verfassungsautonomie der Länder

Im Vergleich zur Bismarckschen Reichsverfassung führte die Weimarer Reichsverfassung zu einer Schwächung der Länder. Bereits an den Beratungen zur Verfassung waren die Länder nicht beteiligt. Obwohl die Weimarer Republik ein Bundesstaat war[180], kam es zu einer Verstärkung der zentralistischen Strukturen.[181] Der Vorrang des Reiches zeigte sich nicht nur in einer bloßen Ausweitung seiner Kompetenzen und einer Schmälerung der Einflussrechte der Länder im Vergleich zum Bismarckschen Bundesstaat; die Reichsaufsicht[182], die Reichsexekutive, der Vorrang des Reichsrechts vor dem Landesrecht und die Etablierung einer Verfassungsgerichtsbarkeit waren in der Weimarer Reichsverfassung deutlicher als zuvor Ausdruck der Überordnung des Reiches gegenüber den Ländern.[183] War nach früherem Bundesstaatsrecht der Vollzug auch der Reichsgesetze den Einzelstaaten vorbehalten, konnte das Reich durch einfaches Gesetz alle Verwaltungsfunktionen an sich zu ziehen, die bisher zu dem Hausgut der Länder gehörten.[184] Trotz dieser streng unitarischen Tendenzen gab es eine Verfassungs- und Gebietshoheit der Länder.[185] Diese wurde allerdings dadurch wieder relativiert, dass die Existenz der einzelnen Länder verfassungsmäßig nicht garantiert, sondern vielmehr zur Disposition des Reiches gestellt war.[186] Die Verfassung wies dem Reich ausdrücklich die Kompetenz für eine Neuordnung der Gliederung zu (Art. 18 WRV).[187] Darüber hinaus enthielt die Weimarer Verfassung Homogenitätsgebote, die die Verfassungsautonomie der Länder begrenzten (Art. 17 WRV).[188] Die Länder mussten z.B. eine „freistaatliche Verfas-

---

179 *Hesse*, JöR (n.F.) 46 (1998), S. 4, 5.

180 Der erste Abschnitt der Weimarer Verfassung trug dementsprechend den Titel „Reich und Länder".

181 Vgl. *Wesel*, Geschichte des Rechts, S. 428; *Weber-Fas*, Der Verfassungsstaat des Grundgesetzes, S. 7.

182 Vgl. dazu *Holste*, Der deutsche Bundesstaat im Wandel, S. 473 m.w.N.

183 *Apelt*, Geschichte der Weimarer Verfassung, S. 163 ff.; *Anschütz*, in: HdbStR I, S. 296 ff.

184 *Weber-Fas*, Der Verfassungsstaat des Grundgesetzes, S. 7 f.

185 Vgl. *Bock/Bock*, LKV 1991, S. 183.

186 *Anschütz*, in: HdbStR I, S. 297.

187 Vgl. zur Neugliederungsoption *Preuß*, Art. 18 der Reichsverfassung (1922).

188 Vgl. dazu *Preuß*, Reich und Länder, S. 135 ff.; *Holste*, Der deutsche Bundesstaat im Wandel, S. 302.

sung" haben. Ihnen waren die Grundsätze der gleichen, allgemeinen, freien und geheimen Wahl sowie das Verhältniswahlrecht für ihre Volksvertretungen vorgeschrieben. Staatsform und Wahlvorschriften für die Länder waren den für das Reich geltenden Vorschriften[189] angeglichen. Trotz der engen Grenzen, die das Reich mit seinen Homogenitätsgeboten der Organisation der Landesstaatlichkeit setzte, versuchten die Länder die ihnen verbleibenden Freiräume zu nutzen.[190] Grundrechtskataloge fanden sich allerdings nur in sechs von insgesamt 24 Gliedstaaten, von denen vier bereits vor dem Inkrafttreten der Reichsverfassung ergangen waren. Mecklenburg-Strelitz inkorporierte entsprechende Passagen von Grundrechten der Weimarer Verfassung in seine Verfassung.[191]

b) Die Staatsgerichtshöfe der Länder

Auf der Ebene der Länder konnte an die während des 19. Jahrhunderts fortbestehende Verfassungsgerichtsbarkeit angeknüpft werden. Art. 19 Abs. 1 WRV räumte den Ländern die Kompetenz ein, den Staatsgerichtshof durch ein eigenes Gericht zu ersetzen, gab ihnen jedoch nicht das Recht, den durch die Reichsverfassung gewährten Schutz einzuschränken.[192] In Thüringen, Mecklenburg-Schwerin, Oldenburg und Lübeck waren Streitigkeiten über die Auslegung der Verfassung zwischen Regierung und Volksvertretung Staatsgerichtshöfen anvertraut. Die Verfassung von Preußen sah zwar die Entscheidung von Verfassungsstreitigkeiten in umfassender Weise vor, das erforderliche Gesetz zur Errichtung des Staatsgerichtshofes wurde aber nie erlassen. Einzigartig war die Verfassungsbeschwerde in Bayern gemäß Art. 93 der Bayerischen Verfassung vom 14. August 1919, wonach jedem Staatsangehörigen und jeder im Landesgebiet ansässigen juristischen Person das Recht zur Verfassungsbeschwerde an den Landesstaatsgerichtshof zustand.[193] Voraussetzung war, dass der Beschwerdeführer geltend machte, durch die Tätigkeit einer Landesbehörde und der Verletzung der Landesverfassung in seinen Rechten „geschädigt" zu sein. Als „Behörde" im Sinne dieser Vorschrift galten nach feststehender Praxis nur die Exekutivorgane, d.h. die Regierungs- und Verwaltungsbehörden, dagegen nicht die Organe der Gesetzgebung und Gerichtsbarkeit. Da die Gewährleistung der

---

189 Art. 1 Abs.1, Art. 22 Abs.1 Satz 1 WRV. Zu weiteren Verfassungsnormen, die die Verfassungsautonomie der Länder einschränkten, vgl. *Elleser*, Verfassungsautonomie, S. 41 ff.

190 Vgl. dazu *Vogels*, Grundriss des neuen Landesstaatsrechts; zu den Texten der Landesverfassungen vgl. *Ruthenberg*, Verfassungsgesetze des Deutschen Reichs und der deutschen Länder.

191 Vgl. *Holste*, Der deutsche Bundesstaat im Wandel, S. 306.

192 *Hoke*, in: Starck / Stern, Landesverfassungsgerichtsbarkeit I, S. 81; vgl. *Holste*, Der deutsche Bundesstaat im Wandel, S. 303.

193 Vgl. *Schumann*, in: Starck / Stern, Landesverfassungsgerichtsbarkeit I, S. 174 ff.; vgl. *Rumschöttel*, in: FS 50 Jahre Bayerischer Verfassungsgerichtshof, S. 147 f.

Grundrechte in den übrigen Ländern in den Zuständigkeitsbereich der Verwaltungsgerichte fiel, war das Verfahren der Verfassungsbeschwerde dort nicht als Verfassungsstreitigkeit im materiellen Sinne anzusehen, sondern es handelte sich dabei um eine „Sonderart" der Verwaltungsgerichtsbarkeit.

VIII. Situation während des Dritten Reichs

Nach dem Scheitern der Weimarer Republik und der Machtergreifung Hitlers im Jahre 1933 wurde der Wandel von einer parlamentarischen Demokratie zu einer Diktatur vollzogen. Mit dem Ermächtigungsgesetz, das im März 1933 in Kraft trat, wurde das Gewaltenteilungsprinzip abgeschafft. Kraft dieses Gesetzes war die Reichsregierung befugt, ohne Mitwirkung von Reichstag und Reichsrat praktisch alle Verfassungsänderungen und den Erlass einfacher Gesetze selbst zu beschließen. Sofort im Anschluss an das Ermächtigungsgesetz ergingen die „Gesetze zur Gleichschaltung der Länder mit dem Reich"[194], durch das die Zusammensetzung der Länderparlamente und Gemeindevertretungen dem Ergebnis der letzen Reichstagswahl angepasst wurde. Das „Gesetz über den Neuaufbau des Reichs" vom 30. Januar 1934[195] führte zur endgültigen Zerschlagung der bundesstaatlichen Struktur. Der Föderalismus wurde zugunsten des Einheitsstaates abgeschafft.[196] Die Länderparlamente wurden aufgehoben und die Landesregierungen zu nachgeordneten Behörden der Reichsregierung degradiert. Damit gab es keine Eigenstaatlichkeit und keine Verfassungsautonomie der Länder. Bei *Huber* heißt es dazu:

> „Die Vernichtung der Länderstaatlichkeit hat zur Folge, dass es keine eigentliche Verfassung der einzelnen Länder mehr gibt. Verfassung ist die politische Ordnung eines Gemeinwesens. Jede Verfassung setzt eine eigene und ursprüngliche Verfassungsgewalt der politischen Einheit, der sie angehört, voraus. Nur der mit Verfassungshoheit ausgestattete Staat hat eine Verfassung in diesem besonderen Sinne. [...] Im neuen Reich gibt es keine Verfassung der Länder in diesem echten Sinne mehr."[197]

Der nationalsozialistische Staat ersetzte die Bundesstaatlichkeit der Weimarer Republik durch ein streng zentralistisches Verfassungssystem, bei dem die gesamte Herrschaftsgewalt auf Hitler ausgerichtet war.[198] Diese war durch keinerlei Rechtsnormen begrenzt. Es gab keine Freiheit des Einzelnen, die der politischen Einheit gegenüber unantastbar war. Grundrechte widersprachen der totali-

---

194 Ländergleichschaltungsgesetze vom 31.3.1933 (RGBl. I, S. 153) und vom 7.5.1933 (RGBl. I, S. 173).

195 RGBl. I, S. 75.

196 Vgl. dazu auch *Menzel*, Landesverfassungsrecht, S. 34.

197 *E.R. Huber*, Verfassung des Großdeutschen Reichs, S. 329.

198 Vgl. *Menzel*, Landesverfassungsrecht, S. 34.

tären Struktur des Reiches.[199] Die Frage nach einer Verfassungsgerichtsbarkeit erübrigt sich deshalb von vornherein.

IX. Die Verfassungen der sowjetischen Besatzungszone und der DDR

In der ehemaligen DDR wurde jede Form von Verfassungsgerichtsbarkeit abgelehnt. Die Verfassung vom 7. Oktober 1949[200] enthielt keine Regelungen über eine Verfassungsgerichtsbarkeit. Auch die neue Verfassung von 1968 sowie deren Änderung aus dem Jahre 1974 sahen diese nicht vor. Das war ausgehend von der herrschenden Staats- und Rechtsideologie konsequent. Der Neuanfang war geprägt durch die Verarbeitung der traumatischen Erfahrungen des Niedergangs der Weimarer Republik, der nationalsozialistischen Herrschaft und der Kriegskatastrophe.[201] Im Mittelpunkt der Verfassungsdiskussion stand die Abkehr von der Gewaltenteilung, die ebenso wie die Hinwendung zur „Einheit der Staatsmacht" stark historische Züge trug.[202] Entgegen der eigentliche Grundkonzeption – Abkehr von der bürgerlichen Justiz der Weimarer Republik – zeigten sich in der Verfassung vom 7. Oktober 1949 ebenso wie in den frühen Länderverfassungen starke Anklänge an die Weimarer Reichsverfassung. Zwar waren sich die Verfassungsgeber darüber einig, dass die Weimarer Reichsverfassung erhebliche Mängel aufgewiesen habe, doch es bestand Übereinstimmung dahin, dass sie einen bedeutsamen Schritt auf dem Weg Deutschlands zu einer einheitlichen demokratischen Republik dargestellt und wesentliche Ansätze für den Ausbau eines demokratischen Staatswesens enthalten habe.[203]

1. Der Staatsrat bzw. die Volkskammer als „Hüter der Verfassung"

Ein wesentlicher Unterschied zur Verfassungslage Weimars bestand darin, dass den Richtern die Kontrolle ordnungsgemäß verkündeter Gesetze untersagt war: „Den Gerichten obliegt die Verpflichtung, die Gesetze durchzuführen, nicht aber, die Gesetze selbst auf ihre Durchführbarkeit zu prüfen. Das Gericht hat der Diener des Gesetzes zu sein, nicht aber der Herr über das Gesetz".[204] Gemäß Art. 89 Abs. 3 der Verfassung der Deutschen Demokratischen Republik vom 6. April 1968 in der Fassung des „Gesetzes zur Ergänzung und Änderung der Verfassung

---

199 *Weber-Fas*, Der Verfassungsstaat des Grundgesetzes, S. 24.

200 GBl. I S. 5.

201 Vgl. *Müller*, in: Heuer, Rechtsordnung der DDR, S. 212.

202 Vgl. *Müller*, in: Heuer, Rechtsordnung der DDR, S. 217.

203 *Grotewohl*, Bericht des Verfassungsausschusses des deutschen Volksrates am 22.10.1948, zitiert bei: *Mampel*, Die sozialistische Verfassung der Deutschen Demokratischen Republik, Präambel, Rn. 38, S. 60.

204 *Grotewohl*, Verfassungspläne, S. 62.

der Deutschen Demokratischen Republik" vom 7. Oktober 1974[205] entschied über Zweifel der Verfassungsmäßigkeit von Rechtsvorschriften der Staatsrat bzw. die Volkskammer. Bis zu seinem Kompetenzverlust durch die Verfassungsnovelle von 1974 war mithin der Staatsrat der „Hüter der Verfassung" und übte zugleich die Funktion eines Verfassungsgerichts aus. Durch die Verfassungsnovelle wurde die Volkskammer als oberstes staatliches Machtorgan zum alleinigen Hüter der Verfassung bestellt. Der dazu vorgesehene Verfassungsausschuss der Volkskammer ist allerdings kaum in Aktion getreten. Ein Grund dafür dürfte darin zu sehen sein, dass die Länder in der ehemaligen DDR bereits 1952 aufgegeben wurden, womit ein wesentlicher Aufgabenbereich, nämlich die Überprüfung von Verfassungsstreitigkeiten zwischen der Republik und den Ländern, entfallen war.

2. Aussagen zur Verfassungsgerichtsbarkeit in den Ländern und der Weg zur Zentralisierung der Staatsgewalt

Das Bundesstaatsprinzip war als Konstitutivprinzip in der ersten DDR-Verfassung vom 7. Oktober 1949 noch enthalten, musste dann aber dem demokratischen Zentralismus als tragendem Prinzip des Staatsaufbaus der DDR weichen.[206] Mit der Einführung des Zentralismus wurde ein Weg begangen, an dessen Ende die Auflösung der gliedstaatlichen Existenz der Länder auf dem Gebiet der DDR stand. Die Länder Mecklenburg-Vorpommern, Sachsen, Sachsen-Anhalt und Thüringen waren – jedenfalls dem Namen nach – zunächst 1946 in weitgehender territorialer Übereinstimmung von der Sowjetischen Militäradministratur (SMAD) in der sowjetischen Besatzungszone als Gliedstaaten der damals noch föderativ strukturierten DDR gebildet worden.[207] Diese Länder hatten sich in den Jahren 1946/1947 überwiegend auch unter Beteiligung bürgerlicher Kräfte eigene Verfassungen gegeben. Diese Länderverfassungen müssen im Lichte der Ablehnung der Gewaltenteilung gesehen werden.[208] Zwar fanden sich auf Landesebene zunächst durchaus produktive Auseinandersetzungen mit den staats- und grundrechtlichen Zielen. In den Landtagen – insbesondere in Sachsen-Anhalt – kam es wiederholt zu Auseinandersetzungen um die Einführung eines Wahl- und Verfassungsprüfungsgerichts. In Sachsen-Anhalt[209] einigte man sich schließlich auf die Bildung eines Sachverständigenausschusses. Jeder, der die Verfassungsmäßigkeit eines Gesetzes anzweifelte, sollte die Möglichkeit haben, sich mit Einwendungen an das Präsidium des Landtages zu wenden. Ähnli-

---

205 GBl. I S. 432–456.

206 Vgl. Art. 47 Abs. 2 der Verfassung der DDR vom 7.10.1949.

207 Vgl. Art. 1 Abs. 1 der Verfassung vom 7.10.1949.

208 *Friedrich*, in: Dilcher, Rechtserfahrung, S. 46.

209 Verfassung der Provinz Sachsen-Anhalt vom 10.1.1947, GBl. I S. 9.

che Bestimmungen enthielten die Verfassungen von Thüringen[210] und Sachsen[211]. Dagegen kannten die Verfassungen von Brandenburg[212] und Mecklenburg[213] weder Bestimmungen bezüglich eines parlamentarischen Prüfungsausschusses noch bezüglich einer Verfassungsgerichtsbarkeit. Übereinstimmend galt, dass ordnungsgemäß verkündete Gesetze vom Richter nicht auf ihre Verfassungsmäßigkeit hin zu überprüfen sind.

Nach dem im Jahre 1952 begonnenen radikalem Umbau der Deutschen Demokratischen Republik in einen zentralistischen Einheitsstaat blieb kaum noch Raum für den rechtlichen Fortbestand der Länder und deren Verfassungen, es sei denn als „desorientierte, organlose und handlungsunfähige Staaten".[214] Bereits das „Gesetz über die weitere Demokratisierung des Aufbaus und der Arbeitsweise der staatlichen Organe in den Ländern der Deutschen Demokratischen Republik" vom 23. Juli 1952[215], durch das den Ländern die Pflicht zur Bildung der Bezirke und die Abtretung ihrer gliedstaatlichen Kompetenzen auferlegt wurde, stellte nicht nur *de facto*, sondern bereits *de jure* eine Aufforderung zur Selbstauflösung dar. In logischer Konsequenz folgte durch verfassungsänderndes Gesetz vom 8. Dezember 1958[216] die Abschaffung der Länderkammern, die durch Art. 71 der DDR Verfassung von 1949 „zur Vertretung der Länder gebildet" und nach 1952 ohne gesetzliche Grundlage von den Bezirkstagen beschickt worden waren.[217] Die DDR-Verfassungen vom 6. April 1968 sowie vom 7. Oktober 1974 besiegelten schließlich auch förmlich das Ende der gliedstaatlichen Existenz der Länder und damit die endgültige Beseitigung des föderativen Systems vertikaler Gewaltenteilung in der DDR.

X. Bundesstaatlichkeit und Verfassungsgerichtsbarkeit in der Bundesrepublik Deutschland – eine Standortbestimmung

1. Zur Einführung und Fortentwicklung des Bundesstaatsprinzips im Grundgesetz

In Art. 20 Abs. 1 GG bekennt sich der Verfassungsgeber zu einem „demokratischen und sozialen Bundesstaat". Das Bundesstaatsprinzip wird zu einem der

---

210 Verfassung für das Land Thüringen vom 20.12.1946, RBl. I 1947, S. 1.

211 Verfassung für das Land Sachsen vom 28.2.1947, Gesetze / Befehle / Verordnungen / Bekanntmachungen, veröffentlicht durch die Landesregierung Sachsen, I S. 103.

212 Verfassung der Mark Brandenburg vom 6.2.1947, GVBl. I S. 45.

213 Verfassung für das Land Mecklenburg vom 15.1.1947, RGBl. S. 1.

214 A.A. *Röper*, ZG 1991, S. 164.

215 GBl. I S. 613.

216 GBl. I S. 867; hierzu *Beutler*, JöR (n.F.) 26 (1977), S. 23.

217 *Röper*, ZG 1991, S. 149, 161; *Mampel*, JöR (n.F.) 13 (1964), S. 527.

tragenden Strukturprinzipien der verfassungsgemäßen Ordnung und in Art. 79 Abs. 3 GG für unabänderlich erklärt. Die Bundesrepublik Deutschland ist Bundesstaat nach Maßgabe des Grundgesetzes. Das Grundgesetz erweist sich in seinen bundesstaatlichen Elementen als Rahmenordnung, in der die Handlungsspielräume des Bundes und der Länder durch kompetenzielle Regelungen voneinander abgrenzt sind.[218]

a) Der „oktroyierte" Bundesstaat

In den Jahren 1948/1949 war die Stärkung der föderalistischen Struktur eines der wichtigsten Ziele, um die Fehler zu vermeiden, die zum Scheitern der Weimarer Republik und der Etablierung des NS-Regimes geführt hatten. Die bundesstaatliche Struktur selbst hatten die westlichen Militärgouverneure im ersten „Frankfurter Dokument" vorgegeben.[219] Es heißt dort:

> „Die verfassungsgebende Versammlung wird eine demokratische Verfassung ausarbeiten, die für die beteiligten Länder eine Regierungsform des föderalistischen Typs schafft, die am besten geeignet ist, die gegenwärtig zerrissene deutsche Einheit schließlich wieder herzustellen, und die die Rechte der beteiligten Länder schützt, eine angemessene zentrale Instanz schafft und Garantien der individuellen Rechte enthält."

Die mit der Einführung des Bundesstaatsprinzips verbundene unantastbare Mitwirkung der Länder bei der Gesetzgebung enthält eine doppelte Verbürgung: Den Ländern wird ein Mindeststandard eigenständiger Gesetzgebung und eine angemessene Beteiligung an der Bundesgesetzgebung garantiert.[220]

Die Verpflichtung zur Einführung des Bundesstaatsprinzips durch die Besatzungsmächte bedeutete die Vorwegnahme einer Verfassungsentscheidung, über die aufgrund der Erfahrungen der Weimarer Republik und mit dem NS-Regime zweifellos eine ausgedehnte Diskussion entstanden wäre. Die Unterdrückung dieser Debatte durch die Besatzungsmächte hat später zum Schlagwort vom „oktroyierten Föderalismus"[221] geführt. In der Folgezeit war man um die Pflichten bemüht, die sich für den Bund und für die Länder aus dem bundesstaatlichen Verhältnis ergaben. Der Einfluss der Länder auf die Willensbildung des Bundes war ein besonders umstrittenes Thema bei der Ausgestaltung des neuen Bundes-

---

218 *Isensee*, in: FS 50 Jahre Bundesverfassungsgericht II, S. 724, *ders.* in: FS für Leisner, S. 391 ff.; BVerfGE 88, 203, 332.

219 Im Sommer 1948 übergaben die drei westlichen Militärgouverneure den elf Ministerpräsidenten ihrer Besatzungszonen auf der „Trizonenkonferenz" in Frankfurt die sog. „Frankfurter Dokumente", in denen u.a. die Einberufung einer verfassungsgebenden Nationalversammlung bis zum 1.9.1948 gefordert wurde.

220 *Weber-Fas*, Der Verfassungsstaat des Grundgesetzes, S. 171, 176.

221 Vgl. *Lindemann*, Das antiquierte Grundgesetz, S. 43.

staates.[222] Viele föderale Fragen gelangten insbesondere in den Anfangsjahren der Bundesrepublik Deutschland vor das Bundesverfassungsgericht.[223]

b) *Der „unitarische" Bundesstaat*

Trotz der Entscheidung des Parlamentarischen Rates für ein Grundgesetz mit stark föderalistischen Strukturen waren Veränderungen zu Lasten des föderalen Bundesstaates mit seiner „materiellen Vielfalt"[224] der Lebensverhältnisse schon früh spürbar.[225] *Hesse* charakterisierte die Bundesrepublik Deutschland bereits 1962 nach eingehender Analyse der Aufgabenverteilung als „unitarischen Bundesstaat".[226] Die Dominanz unitarischer Strukturen zeigt sich heute in fast allen staatlichen Aufgabenbereichen. Ein Element mit unitarisierender Wirkung ist die Neigung des Bundes die bestehenden Kompetenzen möglichst extensiv auszulegen.[227] Die Landesparlamente sind durch die Konzentration der Gesetzgebungskompetenzen beim Bund weitgehend bedeutungslos geworden.[228] Auch auf dem Gebiet der Verwaltung, der nach dem Grundgesetz den Ländern vorbehaltenen Domäne, erreichte der Bund eine Stärkung seiner Position.[229] Eine Vielzahl von Arbeitsgruppen und Kommissionen[230] hat sich auf Länder- und Bundesebene mit der Problematik der schwindenden Länderkompetenzen befasst, allerdings bisher mit nur geringem Erfolg. Ausgehend von dem Leitgedanken, dem Bund die Gesetzgebungszuständigkeit zu erhalten, die er zur Erfüllung seiner Aufgaben benötigt, aber zugleich den Bereich der eigenen Gesetzgebungskompetenzen der Länder zu festigen, wurde eine Reihe von Modellen

---

222 *Deuerlein/Schmidt-Brentano*, Föderalismus, S. 257 f.

223 Vgl. dazu 2. Teil unter I.

224 *Schneider*, NJW 1991, S. 2448, 2449.

225 *Schmalenbach*, Föderalismus und Unitarismus, S. 8.

226 *Hesse*, Der unitarische Bundesstaat, S. 14 ff.

227 *Heintzen*, DVBl. 1997, S. 690; *Gramm*, AöR 124 (1999), S. 216.

228 *Calliess*, DÖV 1997, S. 890; zur Schaffung immer neuer Zustimmungstatbestände im Grundgesetz, durch die die föderale „Systemverschiebung" schadensbegrenzend ausgeglichen werden soll, vgl. *Gramm*, AöR 124 (1999), S. 216; *Rozek* bezeichnet die regelungstechnische Residualkompetenz der Länder als „Restkompetenz", in: v. Mangoldt / Klein / Starck, GG-Kommentar II, Art. 70 Rn. 2.

229 Vgl. *Weber-Fas*, Der Verfassungsstaat des Grundgesetzes, S. 177 f.

230 Enquete-Kommission, eingesetzt vom 6. Bundestag am 8.10.1970, BT-Drucks. 6/3829, S. 9 ff., 54 ff.; Enquete-Kommission „Verfassungsreform", eingesetzt vom 7. Bundestag am 22.2.1973, BT-Drucks. 7/5924, S. 122 ff., 194 ff.; sog. Martin-Kommission, eingesetzt von den Fraktionsvorsitzenden der CDU/CSU, FDP und SPD, 1985 Bericht über die Sicherung der Länder-Eigenstaatlichkeit und die Stärkung der Länderparlamente, *Thaysen*, ZParl 1985, S. 179 ff.; sog. Ziegler-Kommission, Reformvorschläge zur Stärkung des Föderalismus in der Bundesrepublik Deutschland; Kommission „Verfassungsreform" vom 1.3.1991, Stärkung des Föderalismus in Deutschland und Europa sowie weitere Vorschläge zur Änderung des Grundgesetzes.

entwickelt. Am weitesten ging der Vorschlag, die Enumeration der Gesetzgebungszuständigkeiten des Bundes durch eine Generalklausel zu ersetzen. Diese „horizontale" Erweiterung der Bundeskompetenzen sollte durch einen Enumerationskatalog ausschließlicher Landeszuständigkeiten begrenzt und „vertikal" durch eine Beschränkung der Intensität der Regelungsbedürfnisse des Bundes ausbalanciert werden. Der Bundesgesetzgeber sollte die großen politischen Grundsatzentscheidungen treffen und den Landesgesetzgebern die Ausfüllung der Einzelheiten und die Durchführung im Rahmen der Richtlinien des Bundes überlassen.[231] Letztendlich konnte man sich nicht zu einem so radikalen Bruch mit der deutschen bundesstaatlichen Tradition entschließen, wie ihn die Umkehr der verfassungsrechtlichen Zuständigkeitsvermutung bedeutet hätte.[232]

Erneuten Auftrieb erhielt die Reformdebatte mit der Wiedervereinigung Deutschlands. In ihrem Gemeinsamen Beschluss vom 5. Juli 1990[233] forderten die Ministerpräsidenten der Länder eine Stärkung der Gesetzgebungsmacht der Länder u.a. durch die Errichtung höherer Schranken für den Bund bei der konkurrierenden Gesetzgebung. Die am 16. Januar 1992 zur Durchführung des im Einigungsvertrag erteilten Auftrags zusammengetretene „Gemeinsame Verfassungskommission" von Bundestag und Bundesrat konnte erstmals seit Bestehen des Grundgesetzes bei der Verteilung der Gesetzgebungskompetenzen Änderungen zugunsten der Länder durchsetzen.[234] Die Vorschläge zum Thema „Gesetzgebungskompetenzen und Gesetzgebungsverfahren im Bundesstaat" wurden zum großen Teil durch das 42. Gesetz zur Änderung des Grundgesetzes vom 27. Oktober 1994[235] in das Grundgesetz eingefügt.[236] Die Neuregelungen hielten im Wesentlichen an den Grundstrukturen fest, präzisierten und verschärften jedoch die Voraussetzungen, unter denen der Bund ein Gesetzgebungsrecht in Anspruch nehmen kann.[237] Die „Bedürfnisklausel" in Art. 72 Abs. 2 GG wurde durch eine „Erforderlichkeitsklausel" ersetzt. Durch die Neufassung der Vorschrift sollten „Akzentverschiebungen zugunsten der Länder"[238] erreicht werden. Eine umfassende Neustrukturierung des Verhältnisses von Bund und Ländern auf dem Gebiet der Rechtsetzung war von der Kommission nicht gewollt. Allerdings ist eine Stärkung föderativer Elemente bzw. ein Zurückdrängen unitari-

---

231 BT-Drucks. 7/5924, S. 127.

232 BT-Drucks. 7/5924, S. 127.

233 ZParl. 1990, S. 461 ff.

234 Siehe Abschlussbericht der Gemeinsamen Verfassungskommission, BT-Drucks. 12/6000.

235 BGBl. I S. 3146.

236 Vgl. zu den einzelnen Änderungen *Rybak / Hofmann*, NVwZ 1995, S. 230 ff.

237 Vgl. dazu *Neumeyer*, Der Weg zur neuen Erforderlichkeitsklausel für die konkurrierende Gesetzgebung des Bundes, S. 155 ff.

238 *Nierhaus / Janz*, ZG 1997, S. 322.

scher Verfassungselemente nicht zu übersehen.[239] Ob die beabsichtigte Wirkung wirklich eintritt, wird auch davon abhängen, in welchem Umfang der Bund von der Öffnungsoption in Art. 125a Abs. 2 Satz 2 GG Gebrauch macht.[240] Grundlegende Veränderungen sind durch die von der „Großen Koalition“ angestrebte Föderalismusreform zu erwarten. Kernpunkte der aktuellen Reformansätze sind die Abschaffung der Rahmengesetzgebungskompetenz, die Neuordnung des Katalogs der konkurrierenden Gesetzgebung, die Reduzierung des Anwendungsbereichs der Erforderlichkeitsklausel und die Einführung einer Ausweichungsgesetzgebung für ausgewählte Sachbereiche. Insbesondere die Aufgabe der einheitlichen Voraussetzungen der konkurrierenden Gesetzgebung des Bundes zugunsten eines nicht einheitlichen Systems, in dem teils auf die erst durch die Verfassungsreform im Jahre 1994 zu Gunsten der Länder eingeführte „Erforderlichkeit“ verzichtet wird, teils den Ländern unter Aufhebung des Vorrangs des Bundesrechts der nicht rückholbare Zugriff auf Rechtsmaterien eröffnet wird, die bislang der Rahmengesetzgebungskompetenz des Bundes unterliegen, sind kritisch zu betrachten. So sieht z.B. die Ausgestaltung der Ausweichungsgesetzgebung keine an qualifizierte Voraussetzungen gebundene Rückholbefugnis für den Fall vor, dass die Belange der Rechts- und Wirtschafteinheit bzw. der Gleichwertigkeit der Lebensverhältnisse dies gebieten. Insgesamt lässt die punktuelle Neuzuordnung der Kompetenzmaterien ein dahinter stehendes System nicht erkennen, was den Kompromisscharakter der Reform verdeutlicht. Äußerst zweifelhaft erscheint unter dem Gesichtspunkt der „Rechtseinheitlichkeit“ bzw. „der Vermeidung von Rechtszersplitterung“ die Verlagerung der Gesetzgebungskompetenz im Bereich des Strafvollzuges auf die Länder. Entsprechendes dürfte für die angestrebte Verlagerung der Gesetzgebungskompetenz für das Notariat und das öffentliche Dienstrecht auf die Länder gelten.[241]

2. Die Entscheidung für eine Verfassungsgerichtsbarkeit auf Bund- und Länderebene – das „duplex regimen“ der Verfassungsgerichtsbarkeit

Das Grundgesetz kennt in Anknüpfung an die deutsche verfassungsgeschichtliche Tradition neben dem Bundesverfassungsgericht den „Luxus“ einer Verfassungsgerichtsbarkeit auf Länderebene. Es geht ersichtlich von einer duplizierten

---

239 *Nierhaus/Janz*, ZG 1997, S. 322.

240 Nach der Bestandsklausel in Art. 125a Abs. 2 Satz 1 GG gilt Bundesrecht, das wegen der strengeren Filterwirkung des Art. 72 Abs. 2 GG nicht mehr erlassen werden könnte, als Bundesrecht fort. In den Fällen der Fortgeltung des Bundesrechts steht dem Landesgesetzgeber ein Gesetzgebungsrecht nicht ohne weiteres zu. Art. 125a Abs. 2 Satz 2 GG schaltet vor die Kompetenzwahrnehmung durch die Länder zunächst das Erfordernis eines Bundes-Öffnungsgesetzes; vgl. auch *Jarass*, in: Jarass/Pieroth, Art. 125a Rn. 2.

241 Vgl. dazu auch unter 2. Teil unter I. 4. a).

Verfassungsgerichtsbarkeit aus, die das „duplex regimen" des Bundesstaates durch die Doppelherrschaft über die Verfassungsinterpretation vervollständigt. Die Entscheidung für oder gegen eine Verfassungsgerichtsbarkeit auf der Länderebene fiel bereits vor Schaffung des Grundgesetzes durch die Aufnahme entsprechender Bestimmungen in die Vorentwürfe der jeweiligen Landesverfassungen; diese beruhten zum Teil auf Vorarbeiten, die schon während des Zweiten Weltkriegs stattgefunden hatten.[242] Dagegen erfolgte die Errichtung des Bundesverfassungsgerichts erst im Jahre 1951.

a) Die Motive für die Errichtung einer Landesverfassungsgerichtsbarkeit

Die Entstehung der Verfassungsgerichtsbarkeit auf der Ebene der westlichen Länder lässt sich weder als ein in sich geschlossener, homogener Prozess der Rechtsetzung noch als zeitlich klar eingrenzbarer Vorgang beschreiben. Ein gewisser zeitlicher Rahmen wird durch die Inkraftsetzung der einzelnen Landesverfassungen im Zeitraum von November 1946 (Württemberg-Baden) und November 1953 (Baden-Württemberg) gebildet.[243] Die Motive, die bei der Grundsatzentscheidung für oder gegen eine Landesverfassungsgerichtsbarkeit eine Rolle gespielt haben, sind vielfältig.

Der Einfluss der Besatzungsmächte auf Verfassung und Gesetzgebung und damit auch auf die Landesverfassungsgerichtsbarkeit vollzog sich unterschiedlich stark in den einzelnen Ländern und Besatzungszonen. Insbesondere in der Anfangsphase stand es angesichts der politischen und rechtlichen Gesamtsituation in der Kompetenz der Militärregierungen, die Errichtung von Verfassungsgerichten zu fördern bzw. zu verhindern. Die konkrete Ausgestaltung der Verfassungsgerichtsbarkeit vollzog sich in der amerikanischen und der französischen Besatzungszone unter strikter Überwachung durch die Besatzungsmächte. Die amerikanische Besatzungsmacht beharrte auf der gesicherten Unabhängigkeit einer Verfassungsgerichtsbarkeit, auf der fachlichen Qualifikation der Verfassungsrichter und deren hauptamtlichen Status nach dem Vorbild des US-Supreme-Court. Zweifel an einer eigenständigen Entscheidung hinsichtlich der Errichtung eines Landesverfassungsgerichts ergaben sich z.B. in Bremen. So heißt es in den Verhandlungsprotokollen der Bremischen Bürgerschaft unter dem 15. September 1947: „Aber nachdem die Militärregierung den Staatsgerichtshof verlangt hat [...], haben wir keine rechtliche Möglichkeit, diesen Staatsgerichtshof wieder verschwinden zu lassen".[244] Für die Errichtung eines Staatsgerichtshofes in Bremen wurde letztendlich der Übergang von der britischen zur ameri-

---

242 *Becker / Stammen / Waldmann*, Vorgeschichte der Bundesrepublik Deutschland; *Enders / Reiser*, Aufgaben, Handlungsspielräume und Tätigkeit der Bundesregierung im Jahre 1949, in: Die Kabinettsprotokolle der Bundesregierung, hrsg. von Booms, Bd. 1, S. 23.

243 *Fiedler*, in: Starck / Stern, Landesverfassungsgerichtsbarkeit I, S. 104 f.

244 Abgeordneter *Stockhinger (*SPD), S. 321.

kanischen Besatzungszone am 21. Januar 1947 entscheidend. Die Konzeption der britischen Besatzungsmacht hätte einen Staatsgerichtshof nicht zugelassen. Die Errichtung eines Staatsgerichtshofes wurde in den Verfassungen von Baden, Württemberg-Baden und Württemberg-Hohenzollern positiv beantwortet und durch Landesgesetze über die Errichtung der Gerichtshöfe konkretisiert. Die Entwicklung im Saarland muss im engen Zusammenhang mit der Tendenz der französischen Besatzungsmacht gesehen werden, das Saarland aus dem deutschen Staatsverband herauszulösen.[245] In Berlin war die Errichtung einer Verfassungsgerichtsbarkeit, obwohl ein Verfassungsgerichtshof bereits in Art. 72 der Landesverfassung vorgesehen war, bis zur Wiedervereinigung durch die besondere Situation Berlins verhindert. Denkbar knapp fiel die Entscheidung Schleswig-Holsteins gegen eine eigene Verfassungsgerichtsbarkeit aus. Die Protokolle über die Ausschussberatung weisen lediglich eine Bemerkung des Landesministers Dr. Katz auf. Dort heißt es: „Wir wollen nicht ein eigenes Landesverfassungsgericht schaffen".[246]

Soweit sich in den Materialien der einzelnen Länder überhaupt Begründungen für die Grundsatzentscheidung finden, handelt es sich um sehr unterschiedliche Ansätze.[247] Eine erhebliche Rolle spielte in den meisten Ländern die Anknüpfung an die Landestradition. Der dem Landtag vorgelegte Entwurf des hessischen Ministerpräsidenten für ein Gesetz über den Staatsgerichtshof vom 9. März 1947[248] setzte in seiner allgemeinen Begründung bei der Staatsgerichtsbarkeit des Vormärz ein, schilderte die spätere Entwicklung bis zum Ende der Weimarer Republik und leitete daraus die Notwendigkeit einer eigenen Staatsgerichtsbarkeit für Hessen ab.[249] Andere Länder lehnten sich bei der Formulierung und dem Grundverständnis an die Staatsgerichtshöfe der Weimarer Zeit an. Anknüpfungsversuche dieser Art zeigten sich vor allem in Bayern.[250] Hier durchzogen traditionelle Gesichtspunkte die gesamten Beratungen sowohl der Verfassung als auch des Gesetzes über den Verfassungsgerichtshof. In diesen und auch in den übrigen Ländern galt allerdings, dass die „Einbettung" der nach 1945 geschaffenen Verfassungsgerichte in der Tradition der deutschen Staatsge-

245 *Stöber*, Die saarländische Verfassung vom 15.12.1947, S. 13 f.

246 Ausführliche Protokolle über die gemeinsamen Sitzungen der Ausschüsse für Verfassungen und Geschäftsordnung und Innere Verwaltung vom 8.11. bis 6.12.1949 zur Beratung des Entwurfs einer Landessatzung für Schleswig-Holstein, S. 113; vgl. auch *Barschel / Gebel*, Landessatzung für Schleswig-Holstein, Art. 37.

247 *Heimann*, Die Entstehung der Verfassungsgerichtsbarkeit, S. 19.

248 Hessischer Landtag, Drucks., Abt. I, 9.3.1947, S. 121.

249 Zur historischen Anknüpfung vgl. *Zinn / Stein*, Kommentar zur Hessischen Verfassung, Vorbem. Art. 130 bis 133, II.; *H. Schröder*, in: 30 Jahre Hessische Verfassung: 1946–1976, S. 293 f.

250 Vgl. *Streicher*, in: FS 25 Jahre Bayerischer Verfassungsgerichtshof, S. 195.

richtsbarkeit nicht als institutionelle Fortführung verstanden werden sollte.[251] Dem föderalistischen Argument kam bei der Grundsatzentscheidung für bzw. gegen eine Landesverfassungsgerichtsbarkeit nur eine geringe Bedeutung zu. Das gewichtigste Argument lieferte der Gesichtspunkt des „Schutzes der Verfassung". Auch hier war es eine tiefgehende, aus der unmittelbaren Erfahrung mit dem Nationalsozialismus resultierende Motivation, die – im Gegensatz zur Entwicklung in der sowjetischen Besatzungszone[252] – gerade zur Errichtung von Verfassungsgerichten führte. In den Materialien zur Errichtung der Verfassungsgerichtsbarkeit fast aller westlicher Bundesländer findet sich die charakteristische Bezeichnung der Landesverfassungsgerichte als „Hüter der Verfassung". *Nawiasky* sah sie in dieser Funktion als „Garant für die oberste staatsrechtliche verfassungsrechtliche Ordnung des Bayerischen Staates" als „Antithese gegenüber der jüngsten Vergangenheit"[253].

Das Jahr 1949 bildete für die Entwicklung der Landesverfassungsgerichtsbarkeit eine Zäsur. Die Schaffung des Grundgesetzes und die Vorarbeiten zur Errichtung des Bundesverfassungsgerichts zeigten Rückwirkungen auf den Prozess der Verfassungsgebung in den Ländern und veränderten dort die rechtliche Ausgangssituation.

b) Die Entscheidung für eine Verfassungsgerichtsbarkeit auf der Bundesebene

Mit seiner beispielslosen Kompetenzfülle[254] ist das Bundesverfassungsgericht zweifellos als Reaktion auf das totalitäre Regime der Nationalsozialisten zu sehen. In der Bundesrepublik Deutschland entschied man sich bewusst zu einem anderen Weg als in der sowjetischen Besatzungszone und in der späteren DDR: Sämtliche Staatsgewalt wurde der Kontrolle einer unabhängigen richterlichen Institution unterstellt.[255] Gemäß § 1 BVerfGG ist das Bundesverfassungsgericht ein allen übrigen Verfassungsorganen gegenüber selbstständiger und unabhängiger Gerichtshof des Bundes.[256] Der Schutz des „Vorrangs der Verfassung", der erstmals durch das Grundgesetz eine umfassende Realisierung erfahren hat[257], manifestiert sich – neben der Sicherung der Grundrechte – insbesondere in der

---

251 *Fiedler*, in: Starck / Stern, Landesverfassungsgerichtsbarkeit I, S. 110.

252 Siehe dazu unter 1. Teil, IX.

253 Verhandlung des Verfassungsausschusses der Bayerischen verfassungsgebenden Landesversammlung, Sten.Bericht Bd. 2, S. 420, Sitzung vom 21.8.1946.

254 Vgl. dazu auch *Schlaich / Korioth*, Das Bundesverfassungsgericht, S. 3.

255 *Laufer*, Verfassungsgerichtsbarkeit und politischer Prozess, S. 20; vgl. auch *Ipsen*, Über das Grundgesetz, S. 9.

256 Vgl. zum verfassungsrechtlichen Status *Häberle*, JöR (n.F.) 45 (1997), S. 93.

257 Vgl. *Schlaich / Korioth*, Das Bundesverfassungsgericht, S. 10; *Weber-Fas*, Der Verfassungsstaat des Grundgesetzes, S. 44.

Bewahrung der bundesstaatlichen Kompetenzverteilung durch das Bundesverfassungsgericht.[258] Der Letztentscheid in bundesstaatlichen Streitigkeiten kommt dem Bundesverfassungsgericht zu.[259] Bundesstaatliche Streitigkeiten sollen „schiedlich-friedlich" ausgetragen und durch den Rechtsspruch einer beidseitig anerkannten, neutralen Autorität entschieden werden.[260]

War das Bund-Länder-Prinzip eines der Kernprobleme in den Unterausschüssen[261] des Herrenchiemseer Konvents, wurde dem Komplex „Verfassungsgerichtsbarkeit" weit weniger Aufmerksamkeit und Zeit gewidmet, als deren Bedeutung aus heutiger Sicht vermuten lässt.[262] Dies mag daran gelegen haben, dass es den Ausschussmitgliedern anfänglich an einer genauen Konzeption und hinreichender Erfahrung im Hinblick auf die Frage nach einer künftigen Verfassungsgerichtsbarkeit fehlte.[263] *Laufer* geht mit dem Vorwurf der Unkenntnis noch weiter: Er führt an, dass es für den geistig politischen Habitus sowohl der damaligen Ministerpräsidenten als auch ihrer Bevollmächtigten und deren Mitarbeiter symptomatisch zu sein schien, dass diese fast völlig unvorbereitet an eine für die politische Neuordnung Deutschlands so relevante Aufgabe gingen.[264] Innerhalb des Verfassungsausschusses gelangte man dennoch relativ schnell zu dem Ergebnis, dass die Institution einer Verfassungsgerichtsbarkeit ein „essentiale" der zu schaffenden Verfassung sein sollte.[265] Man hielt es am Ende des Verfassungskonvents für angebracht, „die Vorschriften über das Bundesverfassungsgericht zusammen zu fassen". Ziel war es, „die grundsätzliche Bedeutung dieser Institution und die Gleichberechtigung dieses höchsten Organs der Dritten Gewalt gegenüber den anderen Gewalten sichtbar" zu machen. Diese Absicht hat in den Zuständigkeiten des Gerichts zur Entscheidung föderativer Streitigkeiten Gestalt angenommen, mit denen sich das Grundgesetz im historischen Vergleich noch im Rahmen der herkömmlichen deutschen Verfassungsgerichtsbarkeit hält. Sind anfangs noch wichtige Entscheidungen zu föderativen Fragen

---

258 *Böckenförde*, NJW 1999, S. 10 f.; *Starck*, in: FS 50 Jahre Bundesverfassungsgericht I, S. 2; *Weber-Fas*, Der Verfassungsstaat des Grundgesetzes, S. 217.

259 Vgl. *Kelsen*, VVDStRL 5 (1929), S. 82.

260 *Isensee*, in: FS 50 Jahre Bundesverfassungsgericht II, S. 721; *Benda / Klein*, Verfassungsprozessrecht, S. 522 ff.; *Gebauer*, in: FS für Benda, S. 67.

261 Unterausschuss I war zuständig für Grundsatzfragen, der Unterausschuss II für Zuständigkeitsfragen auf dem Gebiet der Gesetzgebung, Rechtsprechung und Verwaltung, insbesondere für Fragen der Finanzverfassung, der Unterausschuss III für Organisationsfragen, insbesondere für Aufbau, Gestaltung und Funktionen der Bundesorgane.

262 *Laufer*, Verfassungsgerichtsbarkeit und politischer Prozess, S. 39.

263 *Simon*, in: Benda / Maihöfer / Vogel, Handbuch des Verfassungsrechts, S. 1646.

264 *Laufer*, Verfassungsgerichtsbarkeit und politischer Prozess, S. 39.

265 *Hesse*, JöR (n.F.) 46 (1998), S. 5.

ergangen[266], stehen diese Streitigkeiten heute nicht mehr im Vordergrund der Rechtsprechung des Bundesverfassungsgerichts.[267] Einen Neuanfang hat der Grundgesetzgeber mit der Schaffung derjenigen Zuständigkeiten unternommen, welche heute die einzigartige Bedeutung des Bundesverfassungsgerichts für die Bundesrepublik Deutschland und ihr Verfassungsleben begründen. Zu diesen gehören zunächst die Zuständigkeiten für Organstreitigkeiten. Zentrale Bedeutung kommt ferner den Zuständigkeiten zur abstrakten und konkreten Normenkontrolle zu. Mit diesen beiden Formen der Normenkontrolle, zu denen später die unmittelbare verfassungsgerichtliche Prüfung von Gesetzen aufgrund einer Verfassungsbeschwerde getreten ist, verbindet sich der entscheidende Schritt einer neueren Entwicklung der Verfassungsgerichtsbarkeit: die Erstreckung verfassungsgerichtlicher Kontrolle auf die gesetzgebenden Körperschaften, insbesondere auf das demokratisch gewählte Parlament. Neben einer Reihe weiterer, im Grundgesetz geregelter Zuständigkeiten bildet die Entscheidung über Verfassungsbeschwerden als „Schluss-Stein im System des gerichtlichen Rechtsschutzes des Bürgers gegen die staatliche Gewalt“ eine der Hauptaufgaben des Gerichts. Diese Kompetenz ist durch das Bundesverfassungsgerichtsgesetz 1951 eingeführt und 1969 in das Grundgesetz aufgenommen worden.[268] Alle Kompetenzen zusammen bewirken eine Einschaltung des Gerichts in das System der *vertikalen* und *horizontalen Gewaltenteilung* des Grundgesetzes.[269]

XI. Ergebnis des 1. Teils

Mit seiner Rechtsprechung entfaltet das Bundesverfassungsgericht heute eine hohe integrative Kraft, begründet eine Bedeutung der Verfassung, die weit über die Bedeutung früherer deutscher Verfassungen hinausgeht. Unter dem Grundgesetz vollzieht sich der staatliche Prozess der Integration erstmals mit Hilfe eines Verfassungsgerichts.[270] Auf den ersten Stufen ihrer Entwicklung – bis zum Scheitern der Weimarer Republik – war die Verfassungsrechtsprechung auf Teilbereiche des staatlichen Lebens beschränkt. Sie hatte in erster Linie Fragen zu entscheiden, die sich anhand eindeutiger Kompetenz- und Verfahrensvorschriften des positiven Rechts beurteilen ließen. Die Verfassungsgerichtsbarkeit spielte im übrigen staatlichen Leben nur eine Nebenrolle. Demgegenüber obliegt dem Bundesverfassungsgericht heute aufgrund seiner umfassenden Zuständig-

---

266 Z.B. BVerfGE 6, 309 (Konkordatsurteil); 8, 122 (Volksbefragung bei Atomwaffen); 12, 205 (Erstes Fernsehurteil).

267 *Häberle*, JöR (n.F.) 45 (1997), S. 96.

268 Vgl. *Weber-Fas*, Der Verfassungsstaat des Grundgesetzes, S. 77 f.

269 Vgl. *Hesse*, JöR (n.F.) 46 (1998), S. 7.

270 *Schlaich / Korioth*, Das Bundesverfassungsgericht, S. 24.

keiten die maßgebende, für alle staatlichen Organe verbindliche Deutung des Inhalts und der objektiven Grundlinien der Verfassung. Das Bundesverfassungsgericht trägt die Verantwortung für die autoritative „richtige" Interpretation der in der Verfassung festgelegten Sinnprinzipien des politischen Gemeinwesens, zu denen auch das Bundesstaatsprinzip zählt. Dem Bundesverfassungsgericht kommt in diesem Sinne die Stellung eines Garantenfaktors für die Wahrung der bundesstaatlichen Ordnung zu.[271] Seine Aufgabe macht es notwendig, anhand von Normierungen des Verfassungstextes zu judizieren, die im Unterschied zu den Kompetenz- und Verfahrensvorschriften häufig „offen" sind, weil sie nur umrisshafte, weitgefasste Gewährleistungen, Prinzipien und Direktiven enthalten, die in ihrer praktischen „Anwendung" einer konkretisierenden Ausgestaltung bedürfen.[272] Art. 20 Abs. 1 GG enthält lediglich das Bekenntnis der Bundesrepublik Deutschland zu einem „demokratischen und sozialen Bundesstaat". In diesem System föderaler Organisation kommt dem Bundesverfassungsgericht die Aufgabe zu, eine Bund und Ländern gerecht werdende Lösung zu finden.[273] Die Kompetenzen zwischen den Gliedstaaten und dem Gesamtstaat sind in einer Weise aufzuteilen, die die Verfassung des Verbandes bestimmt.[274] Ein lückenloses Kompetenzverteilungssystem wird heute als Herzstück der bundesstaatlichen Struktur bezeichnet.[275] Die Begriffe „Unitarismus" und „Föderalismus" bilden dabei die Gegenpole in dem dialektischen Spannungsverhältnis, die das Bundesverfassungsgericht in Ausgleich zu bringen hat.[276] Seit Aufnahme der Rechtsprechungstätigkeit lässt sich deutlich erkennen, dass das Gericht das föderative Verhältnis nicht als statisch und endgültig, sondern als dynamisch und sich fortentwickelnd angesehen hat. Dem Selbstverständnis des Gerichts entspricht es dabei, von Anfang an – ohne Rückblick auf frühere Verfassungsrechtsprechung – eine eigenständige Rechtsprechung zu entwickeln[277].

Die außergewöhnliche Rolle des Gerichts beruht auf dem weiten Ausbau seiner Zuständigkeiten und dem auf dieser Erweiterung beruhenden Umfang und dem Wandel des Charakters seiner Rechtsprechung. Verfassungswandel vollzieht sich heute vor allem durch ausdrückliche oder schleichende Änderungen der Rechtsprechung des Bundesverfassungsgerichts.[278] Aufgrund der scheinbar unbegrenzten Interpretationsmacht des Bundesverfassungsgerichts wird teils die

271 *Stern*, Staatsrecht I, § 19 I 1.

272 Vgl. *Bryde*, Verfassungsentwicklung, S. 80, 89; *Schlaich / Korioth*, Das Bundesverfassungsgericht, S. 10 f.; zum Begriff der „Ausgestaltungsnormen" vgl. *Walter*, AöR 125 (2000), S. 525.

273 Vgl. *Oeter*, Integration und Subsidiarität, S. 1.

274 *Stern*, Staatsrecht I, § 19 I 1.

275 *Stern*, in: FS für Huber, S. 329 f.

276 *Stern*, in: FS für Huber, S. 329 f.

277 *Simon*, in: Benda / Maihofer / Vogel, Handbuch des Verfassungsrechts, S. 1639.

278 *Walter*, AöR 125 (2000), S. 521.

Gefahr eines kaum gebremsten Verfassungswandels gesehen[279], der durch die Bindungswirkung verfassungsgerichtlicher Entscheidungen nach § 31 BVerfGG eine Verstärkung erfährt.[280] Die Weite und Offenheit der Verfassungsnormen führt dazu, dass die Grenzen der Tätigkeit des Bundesverfassungsgerichts nicht eindeutig bestimmt werden können.[281] Im Ergebnis ist es nicht der ausformulierte Zuständigkeitskatalog des Grundgesetzes und des Bundesverfassungsgerichtsgesetzes, der die Reichweite der Rechtsprechung des Gerichts bestimmt, sondern dessen „Auslegung“ der Verfassung.[282] Ob und inwieweit das, was der Verfassungsgesetzgeber in seinen aktualisierten Regelungswillen aufgenommen hat, rechtspraktisch als Verfassungsinhalt anerkannt, respektiert und umgesetzt wird, hängt davon ab, ob und inwieweit das Bundesverfassungsgericht als verfassungsanwendender „Letztinterpret“ den Regelungswillen des Verfassungsgesetzgebers mittels Auslegung im Prozess der Verfassungsanwendung steuernd wirksam werden lässt. Ob und wie die gesetzgeberische Intention sich rechtspraktisch realisiert, entscheidet sich an Art und Weise der verfassungsgerichtlichen Interpretation.[283]

Die unvergleichliche Interpretationsmacht des Bundesverfassungsgerichts hat sich bei der verfassungsgerichtlichen Bewältigung der Folgen der Teilung und der Wiedervereinigung Deutschlands gezeigt. Die Wiedervereinigung der beiden deutschen Staaten verlangte die „Integration“ eines sozialistischen Staates in ein rechtsstaatliches und demokratisches System.[284] Zu beantworten war z.B. die grundsätzliche Frage nach der Überführung des öffentlichen Dienstes. In dem Ziel, eine funktionierende Verwaltung in den neuen Bundesländern aufzubauen, sah das Bundesverfassungsgericht ein überragend wichtiges Gemeinschaftsgut, das als Anlass für einen Eingriff in die freie Wahl des Arbeitsplatzes ausreichen sollte.[285] Die Gewährleistung von fachlicher Qualifikation und demokratischer Zuverlässigkeit der Angehörigen des öffentlichen Dienstes wurde vom Gericht ebenfalls als ein überragend wichtiges Gemeinschaftsgut angesehen,[286] ebenso die Vermeidung einer Überforderung der Leistungsfähigkeit von Bund und Ländern.[287] Die Überführung des politischen Systems der DDR in das System der Bundesrepublik Deutschland hat das Bundesverfassungsgericht ferner z.B. bei

279 *Böckenförde*, in: FS für Lerche, S. 13 f.

280 *Hesse*, JZ 1995, S. 269.

281 *Kurt Vogel*, Das Bundesverfassungsgericht und die übrigen Verfassungsorgane, S. 33; *Schlaich/Korioth*, Das Bundesverfassungsgericht, S. 10 f.

282 *Schlaich/Korioth*, Das Bundesverfassungsgericht, S. 11.

283 *Jestaedt*, in: FS für Schmitt Glaeser, S. 270.

284 Vgl. *Michael*, AöR 124 (1999), S. 585.

285 BVerfGE 84, 133, 146; 85, 360, 372; 86, 81, 87.

286 BVerfGE 92, 140, 142; 96, 152; 96, 171; 96, 189; 96, 205.

287 BVerfGE 84, 133, 151 f.

den Entscheidungen über die erste gesamtdeutsche Wahl[288], die Entziehung des PDS-Parteivermögens[289] und die Überprüfung von Abgeordneten[290] beschäftigt. Jeweils ging es um die verfassungsrechtliche Bewertung von Gegebenheiten oder von Verhalten, die unter den spezifischen Bedingungen des alten Systems entstanden waren und sich im neuen System noch auswirkten.[291] In anderen Entscheidungen hatte das Bundesverfassungsgericht über die Verfassungsmäßigkeit der Strafbarkeit und Strafverfolgung von Regierungsorganen und Mitarbeitern staatlicher Einrichtungen für Taten zu entscheiden, die diese ihm Rahmen ihrer amtlichen Aufgaben begangen hatten. Zu nennen sind hier u.a. die Entscheidungen zur Strafverfolgung von DDR-Spionen[292] und zur Strafbarkeit der Tötung von Flüchtlingen an der innerdeutschen Grenze[293]. Im Blick auf die Transformation der sozialistischen Wirtschafts- und Eigentumsordnung in eine soziale Marktwirtschaft trafen unterschiedliche Konzeptionen von Eigentum und darauf beruhend diametral entgegengesetzte Wirtschaftsordnungen aufeinander.[294] Die Lösungen, die der Gesetzgeber für die Gestaltung des Transformationsprozesses fand, waren Gegenstand zahlreicher Verfahren.

Aus der Interpretationsmacht des Bundesverfassungsgerichts resultieren jedoch auch Gefahren von Fehlentwicklungen, die in der Zeit der früheren deutschen Entwicklung unbekannt waren und dem Bild der heutigen Verfassungsgerichtsbarkeit Züge einer gewissen Ambivalenz verleihen.[295] Seitens der Politik gipfelt die Kritik in dem Vorwurf, das Bundesverfassungsgericht maße sich eine Macht an, die ihm von Verfassungs wegen nicht zukomme; es gestalte politisch und dringe damit in Bereiche ein, in denen nur Regierung und Parlament agieren dürften.[296] Aus der Rechtsprechung des Bundesverfassungsgerichts sind u.a. als höchstpolitische Entscheidungen die „Kruzifix"-Entscheidung[297], die „Soldaten

---

288 BVerfGE 82, 322.

289 BVerfGE 84, 290.

290 BVerfGE 94, 351.

291 *Harms*, Verfassungsrecht in Umbruchsituationen, S. 86.

292 BVerfGE 92, 277; vgl. dazu auch *Classen*, JZ 1991 S. 717.

293 BVerfGE 95, 96.

294 *Harms*, Verfassungsrecht in Umbruchsituationen, S. 96 ff.

295 Zum engen Zusammenhang zwischen der Frage nach dem zulässigen Umfang einer Änderung der Rechtsprechung des Bundesverfassungsgerichts und der Lehre vom Verfassungswandel vgl. *Frowein*, DÖV 1971, S. 796; zur Kritik am Bundesverfassungsgericht vgl. *Geiger*, EuGRZ 1985, S. 402; *Krey*, JR 1995, S. 221; *Sendler*, DVBl. 1994, S. 1089; *Großfeldt*, NJW 1995, S. 2470.

296 *Bertrams*, in: FS für Stern, S. 1028; *Ossenbühl*, DVBl. 1995, S. 909 f.

297 BVerfGE 93, 1; vgl. dazu auch *v. Campenhausen*, AöR 121 (1996), S. 448 ff.; *Czermak*, NJW 1995, S. 3348 ff.; *Heckel*, DVBl. 1996, S. 453 ff.; *Isensee*, ZRP 1996, S. 10 ff.; *Link*, NJW 1995, S. 3353 ff.; *Müller-Volbehr*, JZ 1995, S. 996 ff.; *Renck*, ZRP 1996, S. 16 ff.

sind Mörder"-Entscheidung[298], die „Cannabis"-Entscheidung[299], die „Sitzblockaden"-Entscheidung[300], die Entscheidung zum militärischen Einsatz der Bundeswehr in Jugoslawien[301] oder die Entscheidung zum Einheitswert bei der Vermögens- und Erbschaftsbesteuerung[302] zu nennen. Obwohl die Einsetzung des Bundesverfassungsgerichts als Kontrollinstanz für den Gesetzgeber als die große Errungenschaft des Verfassungsstaates bezeichnet wird, werden Kompetenzüberschreitungen in den Bereich des Gesetzgebers zunehmend kritisiert.[303] Viel zitierte Beispiele sind die Entscheidungen zur Parteienfinanzierung und das Zweite Abtreibungsurteil[304]. Eine gewisse Ambivalenz lässt sich auch anhand der Rechtsprechung des Bundesverfassungsgerichts zu Themen der Wiedervereinigung aufzeigen. Als Beispiel einer in der Sache „eigenmächtigen Gesetzgebung" durch das Bundesverfassungsgericht ist der oben bereits zitierte „Spionage"-Beschluss[305] zu nennen[306], der die Verfolgung früherer Mitarbeiter und Agenten des Ministeriums für Staatssicherheit und des militärischen Nachrichtendienstes der früheren DDR betrifft. Für diesen Personenkreis hat das Bundesverfassungsgericht mit Hilfe des Verhältnismäßigkeitsprinzips aus der Verfassung rechtsschöpferisch ein Verfolgungshindernis für Spionagestraftaten abgeleitet. Nachdem eine Amnestie auf dem Gesetzgebungswege nicht zu erreichen war, hat das Bundesverfassungsgericht sie im Verfahren einer Verfassungsbeschwerde gegen Strafurteile gleichsam durch Verfassungsableitung ersetzt.[307] *Jestaedt* verbindet mit der unvergleichlichen Interpretationsmacht des Bundesverfassungsgerichts die Gefahr, dass die durch Verfassungsinterpretation hervorgerufene „rechtspraktische Abhängigkeit des Herrn von dem Hüter der Verfassung"[308] die Autorität des verfassungsgebenden Gesetzgebers untergräbt.

---

298 BVerfGE 93, 266; vgl. dazu auch *Mager*, JURA 1996, S. 405 ff.

299 BVerfGE 90, 145.

300 BVerfGE 92, 1; vgl. dazu auch *Amelung*, NJW 1995, S. 2584 ff.; *Gusy*, JZ 1995, S. 782; *Krey*, JR 1995, S. 221 ff.

301 BVerfGE 90, 286; vgl. dazu auch *Blumenwitz*, BayVBl. 1994, S. 641 ff.; *Heun*, JZ 1994, S. 1073 ff.

302 BVerfGE 93, 121; vgl. dazu auch *Arndt / Schumacher*, NJW 1995, S. 2603 ff.; *Bull*, NJW 1996, S. 281 ff.; *Leisner*, NJW 1995, S. 2591 ff.; *Klaus Vogel*, JZ 1996, S. 43 ff.

303 Zu den Möglichkeiten die Überschreitung in Kompetenzbereiche des Gesetzgebers zu verhindern vgl. *Bryde*, Verfassungsentwicklung, S. 351.

304 BVerfGE 88, 203; vgl. dazu auch *Hermes / Walther*, NJW 1993, S. 2337 ff.; *Starck*, JZ 1993, S. 816 ff.

305 BVerfGE 92, 277.

306 Vgl. zur Problematik der Grenzüberschreitungen auf dem Gebiet der Gesetzgebung auch *Steiner*, NJW 2001, S. 2919 ff.

307 *Ossenbühl*, in: FS 50 Jahre Bundesverfassungsgericht I, S. 46.

308 *Jestaedt*, in: FS für Schmitt Glaeser, S. 270.

Festzuhalten ist an dieser Stelle, dass die Masse der Entscheidungen des Bundesverfassungsgerichts in einem kontinuierlichen Aufgreifen bisher noch nicht entschiedener Fragen im Anschluss und unter Berücksichtigung seiner bisherigen Rechtsprechung besteht. Das Gericht wählt dabei bewusst oder unbewusst ohne Festlegung auf eine spezielle Auslegungsmethode jene Methode bzw. Methodenmischung, die sich – seiner Intention und Intuition nach – für den jeweiligen Fall anbietet.[309] Damit erklärt sich zum Teil auch die Ambivalenz, die der Rechtsprechung des Bundesverfassungsgerichts anhaftet. Die Offenheit seiner methodischen Aussage erleichtert dem Gericht die erforderliche Anpassung des Rechts an veränderte Umstände. Durch den Verzicht auf Präzisierung auslegungsbedürftiger Verfassungsbestimmungen wird dem Gericht die Möglichkeit belassen, auf zukünftige, noch nicht einschätzbare Probleme reagieren zu können. [310] Die Auseinandersetzung mit dem Einzelfall verlangt dabei allerdings die beständige Bewährung und Fortbildung rechtsdogmatischer Konzeptionen und Interpretationen.[311]

[309] *Jestaedt*, in: FS für Schmitt Glaeser, S. 283, der die Auslegungsmethode des Bundesverfassungsgerichts als „Methode von Fall zu Fall“ bezeichnet.

[310] *Bryde*, Verfassungsentwicklung, S. 167.

[311] Vgl. dazu *Korioth*, in: FS 50 Jahre Bundesverfassungsgericht II, S. 81.

2. Teil

Das Bundesverfassungsgericht – Hüter der Bundesstaatlichkeit

Der zweite Teil der Arbeit widmet sich einer Analyse der Rechtsprechung des Bundesverfassungsgerichts zu bundesstaatlichen Themen. Hier ist zunächst die Ausgestaltung des Bundesstaatsprinzips selbst durch das Gericht in den Blick zu nehmen. Ein wichtiges Thema für die Verwirklichung von Bundesstaatlichkeit ist die Frage nach dem Zuständigkeitsbereich und Bedeutungsgehalt der Landesverfassungsgerichte. Das Bundesverfassungsgericht hat sich intensiv der Klärung dieser Kompetenzfrage innerhalb der Verfassungsgerichtsbarkeit gewidmet und dabei – was insbesondere aktuellere Entscheidungen belegen[1] – der Forderung nach einer Begrenzung der eigenen Kompetenz Rechnung getragen. Kann die Rechtsprechung des Bundesverfassungsgerichts insgesamt als länderfreundlich und den Föderalismus fördernd bezeichnet werden, wird ein Blick auf die Rechtsprechung des Gerichts im Grundrechtsbereich zeigen, dass sich hier eine Gefährdungslage realisiert, die dem gegenwärtigen Verfassungssystem bundesstaatlicher Prägung mit einer starken Verfassungsgerichtsbarkeit immanent ist. Bereits weite Regelungsbereiche sind in den „unitarischen Sog“ der Grundrechtsinterpretation durch das Bundesverfassungsgericht geraten und damit weitgehend der Zuständigkeit der Länder entzogen.[2]

I. Das Bundesstaatsprinzip in der Rechtsprechung des Bundesverfassungsgerichts

Die Rechtsprechung des Bundesverfassungsgerichts hatte anfänglich viel mit der Bewältigung der „Tagesprobleme des Föderalismus“ zu tun.[3] Viele föderale Streitfragen waren noch nicht geklärt und gelangten unweigerlich vor das Bundesverfassungsgericht. Es hat von Anfang an eine wichtige Rolle bei der Ausformung der Bundesstaatlichkeit gespielt[4] und in diesem Bereich „Grundlagenarbeit“ geleistet.[5] Schon das erste Urteil des Gerichts, sechs Wochen nach seinem Zusammentritt, enthielt grundsätzliche Ausführungen zum Bundesstaats-

---

1 Vgl. auch unter 2. Teil, I. 5.

2 Vgl. auch unter 2. Teil, I. 4. e) und II.

3 *Weber*, Die Gegenwartslage des deutschen Föderalismus, in: Spannungen und Kräfte im westdeutschen Verfassungssystem, S. 311.

4 *Oeter*, Integration und Subsidiarität, S. 185.

5 Vgl. *Bethge*, BayVBl. 1985, S. 258; *Geiger*, BayVBl. 1957, S. 301; *Rudolf*, in: Festgabe 25 Jahre Bundesverfassungsgericht I, S. 234; *Alshut*, Der Staat in der Rechtsprechung des Bundesverfassungsgerichts, S. 117 ff.

prinzip.[6] Der Zweite Senat des Bundesverfassungsgerichts stellte in seiner Entscheidung vom 23. Oktober 1951 über die Neugliederungsgesetze über den Südweststaat fest, dass das Bundesstaatsprinzip „zu den elementaren Grundsätzen des Grundgesetzes" gehört.[7] Kurz nach dem grundlegenden „Südweststaat-Urteil" des Zweiten Senats hatte auch der Erste Senat seine erste große Entscheidung zu Bundesstaatsfragen zu treffen.[8] Streitgegenstand dieses als Normenkontrollverfahren geführten Prozesses war das Gesetz über den Finanzausgleich im Rechnungsjahr 1950 vom 16. März 1951[9] und die dazu erlassene Erste Durchführungsverordnung vom 26. Juni 1951[10], gegen die die Länder Baden-Württemberg und Hamburg Anträge vor dem Bundesverfassungsgericht gestellt hatten. Die gegen das Gesetz vorgebrachten Vorwürfe warfen erneut elementare Fragen der Bundesstaatskonstruktion auf. Im Verfahren über die Zustimmung der Bundesregierung zu dem zwischen dem Land Baden und dem Port Autonome de Strasbourg geschlossenen Vertrag vom 19. Oktober 1951 über eine gemeinsame Verwaltung des Hafens von Kehl beschäftigte sich das Bundesverfassungsgericht kurz darauf mit Fragen der auswärtigen Beziehungen der Länder bzw. der auswärtigen Gewalt im Bundesstaat. Das Gericht stellte fest, dass der Bundesstaat im völkerrechtliche Verkehr nach außen grundsätzlich als Einheit auftritt und eigene politische Beziehungen der Länder zu auswärtigen Staaten dem Wesen des Bundesstaates widersprechen.[11] Nach einer ersten Phase der „Grundlagenarbeit" trat die eigentliche Aufgabe des Bundesverfassungsgerichts, ausgleichend in der bundesstaatlichen Ordnung zu wirken, in den Vordergrund seiner Rechtsprechung.

1. Das Wesen des zweigliedrigen Bundesstaates

Nach einem nicht unbeachtlichen Ringen um die richtige Bundesstaatskonstruktion[12] hat sich das Bundesverfassungsgericht für einen zweigliedrigen Bundes-

---

6 BVerfGE 1, 14, 34.

7 BVerfGE 1, 14, 18.

8 BVerfGE 1, 117.

9 BGBl. 1951 I S. 198.

10 BGBl. 1951 I S. 408.

11 BVerfGE 2, 347, 378 f.

12 Einige Passagen im „Konkordats-Urteil" (E 6, 309, 340) und im „Fernseh-Urteil" (E 13, 54, 77) muten an, als folge das Gericht der Lehre vom dreigliedrigen Bundesstaat. Die auf *Kelsen* und *Nawiasky* zurückgehende Dreigliedrigkeitstheorie besagt, dass die Bundesrepublik Deutschland dreistufig aufgebaut sei. Dem Zentralstaat (Bund) stünden die Gliedstaaten (Länder) als gleichberechtigte Hoheitsträger gegenüber und Zentralstaat und Gliedstaat bildeten zusammen den Gesamtstaat; *Kelsen*, Allgemeine Staatsrechtslehre, S. 199 f.; *Nawiasky*, Allgemeine Staatsrechtslehre III, S. 115 ff.; vgl. dazu auch der Verfassungsrichter *Geiger*, Die wechselseitige Treuepflicht zwischen Bund und Ländern, in: Föderalistische Ordnung, Ansprachen und Referate der vom Bund deutscher Föderalisten und vom Institut für Staatslehre und Politik e.V. am 9. und 10.3.1961 in Mainz veranstal-

staat[13] entschieden: Es begreift den Bund als „Oberstaat", „der durch die Verbindung der Länder zu einem Bundesstaat bewirkt wird".[14] Die eigenständigen Länder sind in ihrer Kompetenz durch das Grundgesetz beschränkt, sodass der Bund ihnen insoweit übergeordnet ist. Das Überordnungsverhältnis von Bund und Ländern wird durch die bundesstaatliche Rechtsordnung bestimmt.[15] Es existiert nach der Rechtsprechung des Bundesverfassungsgerichts nur eine zentrale Organisation, die zusammen mit den gliedstaatlichen Organisationen im Geltungsbereich des Grundgesetzes als Bundesstaat die staatlichen Aufgaben erfüllt, die im Einheitsstaat einer einheitlichen Organisation zufallen würden.[16]

2. Zur Eigenstaatlichkeit der Länder

Das Bundesverfassungsgericht hat seit Beginn seiner Rechtsprechung die Eigenstaatlichkeit der Länder, die daraus fließende Organisationshoheit und die Trennung der Verfassungsräume von Bund und Ländern betont. Es hat wiederholt ausgeführt: „In dem föderativ gestalteten Bundesstaat des Grundgesetzes stehen die Verfassungsbereiche des Bundes und der Länder grundsätzlich selbständig nebeneinander".[17] „Die Eigentümlichkeit des zweigliedrigen Bundesstaates ist es, dass der Gesamtstaat Staatsqualität und die Gliedstaaten Staatsqualität besitzen".[18] Anerkannt ist, dass die Länder als Glieder des Staates mit eigener – wenn auch gegenständlich beschränkter – nicht vom Bund abgeleiteter, sondern von ihm anerkannter staatlicher Hoheitsmacht ausgestattet sind.[19] Den Ländern kommt mithin echte Staatsqualität zu. Sie selbst sind als Glieder des Bundes keine Körperschaften am Rande der Staatlichkeit, noch weniger bloße hochpotenzierte Gebietskörperschaften oder lediglich qualifizierte Selbstverwaltungseinheiten in einem dezentralisierten Einheitsstaat. Zu den Wesensmerkmalen der Länderstaatlichkeit gehört nach der Rechtsprechung des Bundesverfassungsgerichts, dass den Ländern ein Kern eigener Aufgaben als „Hausgut" unverzicht-

---

teten staatswissenschaftlichen Arbeitstagung, hrsg. von Süsterhenn (1961), S. 116 f. Im „Hessen-Urteil" (E 13, 54, 77) stellte es unmissverständlich klar, dass sich der föderativen Struktur des Grundgesetzes nicht die Denkfigur eines dreigliedrigen Bundesstaates unterlegen lässt.

13 Von den verschiedenen Bundesstaatslehren – die Lehre vom zweigliedrigen Bundesstaat, die Lehre vom dreigliedrigen Bundesstaat und die Teilstaatenlehre – hat sich auch in der wissenschaftlichen Literatur die erstgenannte durchgesetzt; einen Überblick über die verschiedenen Bundesstaatslehren gibt: *Ekkehart Stein*, Staatsrecht, S. 310 f.

14 BVerfGE 13, 54, 78.

15 BVerfGE 1, 14, 51 f.; 34, 216, 231; 36, 1, 24.

16 Vgl. auch *Lerche*, VVDStRL 21 (1964), S. 90 f., Fn. 87.

17 BVerfGE 64, 301, 317.

18 BVerfGE 36, 342, 360 f.

19 BVerfGE 1, 14, 34; 60, 175, 207.

bar verbleibt.[20] Dazu zählt insbesondere die Verfassungsautonomie, d.h. das Recht, Bestimmungen über die Organisation einschließlich der in den Länderverfassungen enthaltenen organisatorischen Grundentscheidung im Rahmen der Vorgaben des Art. 28 Abs. 1 GG zu treffen.[21]

3. Der „labile" Bundesstaat

Das Bundesverfassungsgericht hat in seinen Entscheidungen nie von einer „allgemeinen" Regel der Bundesstaatlichkeit gesprochen.[22] Allgemeine Regeln über den Bundesstaat seien zwar nicht zu leugnen, das Grundgesetz weiche aber von einer bestimmten behaupteten Regel ab.[23] Im „Südweststaat-Urteil" vom 12. Oktober 1951 heißt es zwar, dass das bundesstaatliche Prinzip (Art. 20, 28, 30 GG) eine Grundlage der Verfassung[24] sei. Das bedeutet jedoch nicht, dass das Bundesverfassungsgericht ein allgemeingültiges Prinzip entwickeln und seiner Rechtsprechung zugrunde legen wollte. Die Formulierung lässt allenfalls den Rang des Prinzips erkennen. Es ist mehr als eine schlichte Verfassungsnorm, etwas den Verfassungsnormen „Vorausliegendes", als deren Grundlage möglicherweise Höherrangiges. Im Übrigen wird das Prinzip in Anlehnung an Verfassungsnormen des Grundgesetzes nicht definiert, sondern in seinen unmittelbaren Folgen vorgestellt.[25] Das Bundesverfassungsgericht geht sogar so weit, den vom Grundgesetz vorgesehenen Bundesstaat als „labil" zu bezeichnen.[26] Diese Auffassung hat das Gericht auch in späteren Entscheidungen nie aufgegeben. Es lässt deutlich erkennen, dass das Prinzip als solches gegenüber den Bestimmungen des Grundgesetzes eine eher untergeordnete Rolle spielt.[27] Zwar wird wiederholt auf das Bundesstaatsprinzip Bezug genommen und ausgesprochen, dass die Verfassungsordnung der Bundesrepublik Deutschland auf diesem Prinzip beruhe und jede Verletzung als schwerer Nachteil für das gemeine Wohl angesehen werden müsse. Wesentlich war dem Bundesverfassungsgericht allerdings immer die konkrete verfassungsrechtliche Ausprägung, das Funktionieren des Bundesstaates aufgrund des Wirkens der Organe des Bundes und der Länder, namentlich in ihrer funktionalen und integrativen Zuordnung, die bundesstaatliche Ordnung erst hervorbringt.[28]

---

20 BVerfGE 34, 9, 20.

21 BVerfGE 1, 14, 34; 34, 9, 20; 36, 342, 361; 60, 175, 207; 64, 301, 317.

22 Vgl. *Rudolf*, Bund und Länder im aktuellen deutschen Verfassungsrecht, S. 8 f.

23 BVerfGE 1, 14, 47.

24 BVerfGE 1, 14, 34.

25 *Korioth*, Integration und Bundesstaat, S. 258 f.

26 BVerfGE 1, 14, 48; 5, 34, 38.

27 *Rudolf*, in: Festgabe 25 Jahre Bundesverfassungsgericht II, S. 234.

28 *Stern*, Staatsrecht I, S. 653.

4. Rechtsprechung des Gerichts zur Abgrenzung der Gesetzgebungskompetenz

Obwohl das Bundesverfassungsgericht die Eigenstaatlichkeit der Länder stets anerkannt hat, finden sich in seiner Rechtsprechung immer wieder „unitarisierende" Tendenzen, die Ausdruck seines ausgleichenden Wirkens im bundesstaatlichen Gefüge sind. Diese Tendenzen werden bewusst im Interesse der „Rechtseinheit" in Bund und Ländern vollzogen.

a) Die Leitvision von der Wahrung der „Rechtseinheit"

Die Entscheidungen des Gerichts in der Frühphase sind sehr stark als Korrekturbewegung zu dem von den Alliierten „oktroyierten" Föderalismus anzusehen. Die Frage der genauen Kompetenzabgrenzung zwischen Bund und Ländern im Bereich der Gesetzgebung hat sich schon früh zu einem Grundproblem in der Rechtsprechung des Bundesverfassungsgerichts entwickelt.[29] Das erkenntnisleitende Paradigma der verfassungsgerichtlichen Rechtsprechung lautete hier bereits zu Beginn: Die „weiteren Zersplitterung des bisher einheitlichen Rechts durch die Gesetzgebung der Länder" ist zurückzudrängen.[30] Das Bundesverfassungsgericht verband dabei argumentativ die „Rechtssicherheit" mit der „Rechtseinheit". Es heißt in seiner Entscheidung vom 20. Mai 1952 zum Badischen und Bremischen Ladenschlussgesetz[31], dass eine möglichst klare und eindeutige Regelung gefunden werden müsse, um der Rechtszersplitterung entgegenzuwirken und „einen Anspruch auf leidliche Rechtssicherheit für die Zukunft" zu bewahren.[32] Die Leitvision der Entscheidung ist die „Wahrung der Rechtseinheit".[33]

Auch in seiner Rechtsprechung zur Bedürfnisklausel des Art. 72 Abs. 2 GG a.F. zeigt sich prinzipiell dieses Bestreben. Im Jahre 1951 hat sich das Bundesverfassungsgericht erstmals zu Art. 72 Abs. 2 GG a.F. geäußert. Der Erste Senat hatte im Rahmen von drei Verfassungsbeschwerden gegen das „Gesetz zur Ordnung des Schornsteinfegerwesens" vom 22. Januar 1952 über die Grundsatzfrage der Justitiabilität bzw. des Kontrollumfangs in der Überprüfung der „Bedürfnisklausel" zu entscheiden. Er hat im Ergebnis diese Frage zwar offen gelassen; tendenziell zeichnete sich jedoch bereits ab, dass gewichtige Gründe dafür sprachen, die Zuständigkeit des Gerichts zur Prüfung der Bedürfnisfrage zu vernei-

---

29 *Oeter*, Integration und Subsidiarität, S. 201.

30 BVerfGE 1, 283, 294 f.

31 BVerfGE 1, 263.

32 BVerfGE 1, 283, 294 f.

33 *Oeter* sieht in der Entscheidung zum Ladenschluss den Siegeszug des unitarischen Denkens der Weimarer Ära in der Verfassungsrechtsprechung der Bundesrepublik Deutschland markiert, in: Integration und Subsidiarität, S. 205.

nen.[34] In seiner Entscheidung vom 22. April 1953 zum „Gesetz über die Gewährung von Straffreiheit"[35] stellte das Gericht fest, dass die Frage, ob ein Bedürfnis nach bundesgesetzlicher Regelung bestehe, „eine Frage pflichtgemäßen Ermessens des Bundesgesetzgebers sei, die ihrer Natur nach nicht justitiabel und daher der Nachprüfung durch das Bundesverfassungsgericht grundsätzlich entzogen" sei.[36]

b) Rechtsprechung zum Kompetenzkatalog

Die in den ersten Entscheidungen des Gerichts zum Ausdruck gebrachte Tendenz zur „Unitarisierung der Gesetzgebung" hat das Gericht in nachfolgenden Entscheidungen durch eine Tendenz zur restriktiven Auslegung des Kompetenzkataloges zu kompensieren versucht.[37] Dies zeigt sich insbesondere in seinen klärenden Ausführungen zur Interpretation der Kompetenztitel der Art. 73 ff. GG im Jahre 1954. Das am 16. Juni 1954 nach dem inzwischen aufgehobenen § 97 BVerfGG erstattete Gutachten über die Zuständigkeit des Bundes zur Gesetzgebung auf dem Gebiet des Baurechts[38] schaffte Klarheit über den Umfang der einschlägigen Gesetzgebungsbefugnisse des Bundes und die Auslegung des schlagwortartigen Zuständigkeitskataloges. Die Bundesregierung hatte unter Verweis auf den Begriff des „Bodenrechts" in Art. 74 Ziff. 18 GG das Recht des Bodenverkehrs, der Bodenverteilung und Bodennutzung als Gesamtmaterie, in die begrifflich das gesamte Baurecht einzubeziehen sei, für sich in Anspruch genommen.[39] Das Bundesverfassungsgericht versuchte auf diese Weise der in den Bundesministerien und im Bundestag vorzufindenden Tendenz, die Zuständigkeitskataloge möglichst weit auszulegen, unter Bezugnahme auf die historische Entwicklung des Kompetenzkataloges einen Riegel vorzuschieben.

c) Gesetzgebungskompetenz kraft Sachzusammenhangs

Entsprechendes lässt sich generell zur Rechtsprechung des Gerichts zur Gesetzgebungskompetenz des Bundes kraft Sachzusammenhangs sagen.[40] Das Bundesverfassungsgericht hat eine ungeschriebene ausschließliche Gesetzgebungskompetenz des Bundes kraft Natur der Sache nur anerkannt, wenn es um eine

---

34 Auch in der oben zitierten Ladenschluss-Entscheidung ließ das Gericht die Frage der verfassungsgerichtlichen Nachprüfbarkeit der Bedürfnisklausel offen, vgl. BVerfGE 1, 263.

35 BVerfGE 2, 213.

36 BVerfGE 2, 213, 224.

37 Vgl. *Starck*, in: FS 50 Jahre Bundesverfassungsgericht I, S. 16.

38 BVerfGE 3, 407.

39 BVerfGE 3, 407, 412.

40 Vgl. dazu *Starck*, in: FS für Maurer, S. 279; *Bullinger*, AöR 96 (1971), S. 235.

Angelegenheit geht, die begriffsnotwendig einer Regelung durch die Länder entzogen ist.[41] Dies ist nur der Fall,

> „wenn eine dem Bund ausdrücklich zugewiesene Materie verständigerweise nicht geregelt werden kann, ohne dass zugleich eine nicht ausdrücklich zugewiesene Materien mitgeregelt wird, wenn also ein Übergreifen in nicht ausdrücklich zugewiesene Materien unerlässliche Voraussetzung für die Regelung einer der Bundesgesetzgebung zugewiesenen Materie ist".[42]

Dabei knüpft das Gericht streng an die geschriebenen Kompetenzen an.[43] Es erscheint allerdings so, als habe es die in seiner Rechtsprechung zu beobachtende Zurückhaltung bei der Annahme einer Gesetzgebungskompetenz kraft Sachzusammenhangs in seinem Urteil vom 27. Oktober 1998 zum Bayerischen Schwangerenhilfeergänzungsgesetz (BaySchwHEG)[44] aufgegeben, indem es die Vorschriften mangels Gesetzgebungskompetenz des Landes für nichtig erklärte.[45] Zwar hat das Gericht unter Zitierung des Baurechtsgutachtens aus dem Jahre 1954 erneut betont, dass ungeschriebene Gesetzgebungskompetenzen des Bundes „nur in äußerst engen Grenzen anerkannt"[46] seien und „nur einen punktuellen Eingriff in eine Landeskompetenz" erlaubten.[47] Trotz eines Anknüpfens an seine bisherige Rechtsprechung hat es mit diesem Urteil einen erheblichen Schritt in Richtung einer Ausweitung der Gesetzgebungskompetenz des Bundes kraft Sachzusammenhangs getan. Dies kommt vor allem in der Aussage zum Ausdruck, dass konzeptionelle Entscheidungen des zuständigen Bundesgesetzgebers auch nicht durch auf Spezialzuständigkeiten gründenden Einzelentscheidungen eines Landesgesetzgebers verfälscht werden dürften.[48] Das verfassungsrechtlich bestehende Junktim zwischen dem Verzicht auf Strafrecht und der Normierung eines alternativen Konzepts zum Schutz des ungeborenen Lebens begründe eine Bundesgesetzgebungskompetenz für alle Einzelregelungen, die zur Verwirklichung des Schutzkonzepts unerlässlich sind.[49] Der bayerischen Regelung hält das Bundesverfassungsgericht entgegen, dass sie die Abgestimmtheit des bundesrechtlichen Schutzkonzepts störe und eine „Liberalisierung" sich nachteilig auf den Lebensschutz auswirke.[50] Es leitet erstmalig in dieser Entscheidung aus einem bundesgesetzlichen Regelungsverzicht eine Sperr-

---

41 BVerfGE 11, 89, 99; 84, 133, 148; 85, 360, 374.
42 BVerfGE 3, 407, 421; 88, 203, 331; 97, 332, 342.
43 *Starck*, in: FS für Maurer, S. 281, 283 ff.
44 BayGVBl. S. 328.
45 BVerfGE 98, 265, 298 ff.
46 BVerfGE 98, 265, 299.
47 BVerfGE 98, 265, 300; *Pieroth*, in: Jarass/Pieroth, GG-Kommentar, Art. 70 Rn. 5.
48 BVerfGE 98, 265, 301.
49 BVerfGE 98, 265, 301 f.
50 BVerfGE 98, 265, 304.

wirkung für den Landesgesetzgeber ab[51]; diese wurde bisher nur bei einer Inanspruchnahme konkurrierender Gesetzgebungskompetenz durch den Bund anerkannt.[52] Obwohl es der Mehrheit des Ersten Senats im Wesentlichen darum ging, die angegriffenen Regelungen des Bayerischen Schwangerenhilfeergänzungsgesetzes zu Fall zu bringen, entfaltet das Urteil über den Entscheidungsanlass hinaus faktisch Präjudizwirkung. Die Entscheidung könnte Anlass für weitere Eingriffe in die verfassungsrechtliche Abgrenzung der Gesetzgebungskompetenz von Bund und Ländern bieten.[53] Sie birgt die Gefahr in sich, dass Bundesgesetzgebungskompetenzen erheblich über den bisherigen Rahmen hinaus ausgedehnt werden und der Bund in weitere, bisher den Ländern vorbehaltene Materien vordringt.[54]

d) Betonung des „besonderen bundesstaatlichen Integrationsinteresses" in aktuellen Entscheidungen des Gerichts

Mit seiner Entscheidung vom 24. Oktober 2002 zum Altenpflegegesetz[55] entscheidet sich das Bundesverfassungsgericht für eine deutliche Stärkung der Eigenstaatlichkeit der Länder. Es nahm zur im Jahre 1994 novellierten Vorschrift[56] des Art. 72 Abs. 2 GG Stellung und sah in der Grundgesetzänderung eine Aufforderung, seine bisherige, als korrekturbedürftig bewertete Rechtsprechung zu ändern.[57] Unter Aufgabe seiner Rechtsprechung zur „Bedürfnisklausel" in Art. 72 Abs. 2 GG a.F.[58] stellte es fest, dass ein von verfassungsgerichtlicher Kontrolle freier gesetzgeberischer Beurteilungsspielraum nicht besteht. Indem das Gericht das „besondere bundesstaatliche Integrationsinteresse" betont[59], hob

---

51 BVerfGE 98, 265 (Leitsatz 2).

52 BVerfGE 2, 232, 236; 34, 9, 28; 49, 343, 358; 67, 299, 324.

53 *Starck*, in: FS 50 Jahre Bundesverfassungsgericht I, S. 16 f.; *ders.*, in: FS für Maurer, S. 295.

54 *Rüfner*, ZG 1999, S. 375.

55 BVerfG NJW 2003, 41 – 2 BvF 1/01.

56 42. Gesetz zur Änderung des Grundgesetzes vom 27.10.1994 (BGBl. I S. 3146).

57 Das Gericht rechtfertigt seine Rechtsprechungsänderung zudem mit dem geändertem Wortlaut der Vorschrift: Der in Art. 72 Abs. 2 GG a.F. enthaltene Textteil „soweit ein Bedürfnis nach bundesgesetzlicher Regelung besteht, weil", der als Anknüpfungspunkt für mangelnde Justiziabilität gedient habe, sei gestrichen und durch das Erforderlichkeitskriterium ersetzt worden.

58 Vgl. dazu 2. Teil unter I. 4. a).

59 BVerfG NJW 2003, 41 (Leitsatz 2b). Diese Auffassung leitet das Gericht aus der Entstehungsgeschichte des Art. 72 Abs. 2 GG n.F. ab: Der verfassungsändernde Gesetzgeber habe mit der Neufassung des Art. 72 Abs. 2 GG sowie der Einrichtung eines speziellen verfassungsgerichtlichen Verfahrens gemäß Art. 93 Abs. 1 Nr. 2a GG das Ziel verfolgt, die Position der Länder zu stärken und zugleich eine effektive verfassungsgerichtliche Überprüfung sicherzustellen; vgl. dazu auch *Jestaedt*, in: FS für Schmitt Glaeser, S. 284,

es die Entscheidung des verfassungsändernden Gesetzgebers zur Stärkung der Gesetzgebungskompetenzen der Länder deutlich hervor[60]. Dem Urteil lassen sich folgende Kernaussagen entnehmen:

Der durch Art. 72 Abs. 2 GG vorgesehene Schutz der Länder vor einer Auszehrung ihrer Gesetzgebungskompetenzen kann nur wirkungsvoll erreicht werden, wenn die Erforderlichkeitsklausel als gerichtlich kontrollierbare Beschränkung verstanden wird, die der Bundesgesetzgeber ebenso wie alle anderen verfassungsrechtlichen Schranken zu beachten hat.

Das durch Art. 70 Abs. 1 GG gewährleistete Gesetzgebungsrecht der Länder ist nur unter bestimmten tatbestandlichen Voraussetzungen einschränkbar. Dem Wortlaut der Vorschrift selbst ist kein Vorrang des Bundesgesetzgebers gegenüber den Ländern bei der Interpretation der Vorschrift oder bei der Kompetenzausübung zu entnehmen.

Das Erfordernis der „Herstellung gleichwertiger Lebensverhältnisse" ist nicht schon dann erfüllt, wenn es um das Inkraftsetzen bundeseinheitlicher Regelungen geht. Art. 72 Abs. 2 GG grenzt nicht bundeseinheitliche Bundes- von bundeseinheitlicher Ländergesetzgebung ab. Der Sinn der föderalen Verfassungssystematik liegt darin, den Ländern eigenständige Kompetenzräume für partikular-differenzierte Regelungen zu eröffnen.

Eine Bedrohung des bundesstaatlichen Rechtsguts gleichwertiger Lebensverhältnisse und eine Ermächtigung des Bundes zum Eingreifen ist anzunehmen, wenn sich die Lebensverhältnisse in den Ländern der Bundesrepublik Deutschland in erheblicher, das bundesstaatliche Gesamtgefüge beeinträchtigender Weise auseinander entwickeln oder wenn sich eine derartige Entwicklung konkret abzeichnet. Eine Gesetzesvielfalt auf Länderebene erfüllt die Voraussetzungen des Art. 72 Abs. 2 GG erst dann, wenn sie eine „Rechtszersplitterung" mit problematischen Folgen darstellt, die im Interesse sowohl des Bundes als auch der Länder nicht hingenommen werden kann. Gerade die Unterschiedlichkeit des Gesetzesrechts oder der Umstand, dass die Länder eine regelungsbedürftige Materie nicht regeln, muss das gesamtstaatliche „Rechtsgut der Rechtseinheit", verstanden als Erhaltung einer funktionsfähigen Rechtsgemeinschaft, bedrohen.

Im Kompetenzgefüge des Grundgesetzes gebührt bei gleicher Eignung von Regelungen zur Erfüllung der grundgesetzlichen Zielvorgaben grundsätzlich den Ländern der Vorrang (Art. 30 und 70 GG). Art. 72 Abs. 2 GG verweist den Bund auf den geringstmöglichen Eingriff in das Gesetzgebungsrecht der Länder.

Das Bundesverfassungsgericht betont mit dieser Entscheidung die Besonderheiten des bundesstaatlichen Gefüges. Unterschiedliche Rechtslagen für die Bürger

---

der das Urteil u.a. angesichts dieser Argumentationslinie als „Meilenstein subjektiv-historischer Verfassungsauslegung" qualifiziert.

60 Vgl. *Jochum*, NJW 2003, S. 29.

sind danach notwendige Folge des bundesstaatlichen Aufbaus: Das Grundgesetz lässt unterschiedliche rechtliche Ordnungen in den Gliedstaaten zu und begrenzt insoweit auch eine Berufung auf Art. 3 Abs. 1 GG. Unter Heranziehung der bereits bekannten Leitvision von der „Wahrung der Rechtseinheit“[61] werden einheitliche Regelungen vom Bundesverfassungsgericht mithin nur für erforderlich erachtet, wenn die unterschiedliche rechtliche Behandlung desselben Sachverhalts erhebliche Rechtsunsicherheiten und damit unzumutbare Behinderungen für den länderübergreifenden Rechtsverkehr erzeugt. Beginnend mit seiner Entscheidung zum Altenpflegegesetz hat das Bundesverfassungsgericht die konkurrierenden Gesetzgebungskompetenz und anschließend auch in den Entscheidungen zur Juniorprofessur[62] und zu den Studiengebühren[63] die Kompetenz des Bundes im Bereich der Rahmengesetzgebung enger verstanden als zuvor.

e) Unitarisierende Effekte bei der Auslegung der Grundrechte durch das Bundesverfassungsgericht

Erst auf den zweiten Blick wird deutlich, dass die Interpretation der Grundrechte durch das Bundesverfassungsgericht Einfluss auch auf die Gesetzgebungskompetenz der Länder haben und zu einem erheblichen „Unitarisierungsdruck“ im föderalistischen Gefüge führen kann.[64] Einen vielzitierten Markstein der „Unitarisierung“ durch Grundrechtsinterpretation setzte die Entscheidung des Ersten Senats des Bundesverfassungsgerichts vom 18. Juli 1972 zum „numerus clausus für das Medizinstudium“[65], die mit den Entscheidungen vom 8. Februar 1977[66] und vom 3. November 1981[67] eine Fortsetzung fand. Noch bevor der Bund von seiner Rahmengesetzgebungskompetenz für die allgemeinen Grundsätze des Hochschulwesens durch Verabschiedung des Hochschulgesetzes am 26. Januar 1976 Gebrauch gemacht hatte, leitete das Bundesverfassungsgericht in seinem Urteil vom 18. Juli 1972 aus dem Grundrecht des Art. 12 Abs. 1 GG eine subsidiäre Pflicht der Länder in ihrer Gesamtheit ab, gemeinsam – etwa durch Abschluss eines Staatsvertrages – Mitverantwortung für eine kooperative Verwirklichung des Grundrechtsschutzes zu übernehmen. Danach waren alle Studienplätze durch eine überregionale Stelle unter Anwendung einheitlicher Auswahl-

---

61 Vgl. unter 2. Teil, I. 4. a).

62 BVerfG NJW 2004, 2803.

63 BVerfG NJW 2004, 483; vgl. aber auch BVerfGE 110, 141 (Kampfhunde); 111, 10 (Ladenschluss); 111, 226 (5. HRG-Novelle); 113, 167 (Risikostrukturausgleich).

64 *Starck*, in: FS 50 Jahre Bundesverfassungsgericht I, S. 17; Oeter, Integration und Subsidiarität, S. 335.

65 BVerfGE 33, 303.

66 BVerfGE 43, 291.

67 BVerfGE 59, 1.

kriterien zu verteilen.[68] Die aufgrund von Kapazitätsengpässen an den medizinischen Universitäten verhängten absoluten Zulassungsbeschränkungen veranlassten das Gericht, das Grundrecht der Berufsfreiheit mit Blick auf die sozialstaatlichen Aspekte des Teilhaberechts weiter zu entwickeln. Es akzeptierte grundsätzlich, dass der Landesgesetzgeber innerhalb seines Kompetenzbereichs von der Gesetzgebung der Länder abweichende Regelungen trifft.[69] Einseitige Begünstigungen der Einwohner eines Landes bewirken nach Auffassung des Gerichts indes dann eine Ungleichbehandlung anderer Staatsbürger, wenn es sich

> „bei einer in die Zuständigkeit des Landesgesetzgebers fallenden Materie um einen Lebenssachverhalt handelt, der seiner Natur nach über die Landesgesetze hinausgreift und eine für alle Staatsbürger der Bundesrepublik in allen Bundesländern gleichermaßen gewährleistete Rechtsposition berührt".[70]

Die Reaktion der Länder auf diese Rechtsprechung folgte prompt. Innerhalb weniger Monate erarbeiteten sie einen Länderstaatsvertrag, mit dem ein einheitliches System der Zulassung errichtet wurde. Ähnliches zeigt sich auf dem Gebiet des Rundfunkrechts. Die Entwicklung der Rechtsprechung des Bundesverfassungsgerichts seit 1961 über Organisation, Aufgaben und Finanzierung der öffentlich-rechtliche Rundfunkanstalten, insbesondere über deren „Grundversorgungsauftrag", über das duale Rundfunksystem und über die öffentlichrechtliche Überwachung privatwirtschaftlich tätiger Rundfunkveranstalter ist von einer außerordentlichen Dichte.[71] Obgleich es keinerlei Gesetzgebungskompetenz des Bundes auf dem Gebiet des Rundfunkrechts gibt, hat das Bundesverfassungsgericht aus den Worten „die Freiheit der Berichterstattung durch Rundfunk [wird] gewährleistet" ein bundesverfassungsrechtliches Rundfunksystem nach Art eines Rahmengesetzes abgeleitet. Zu welchem Unitarisierungsdruck Grundrechte führen können, zeigt auch die Rechtsprechung des Gerichts zum Datenschutzrecht, die wesentlichen Einfluss auf die Ausgestaltung des Polizei- und Ordnungsrechts der Länder hatte. Insbesondere das Volkszählungsurteil[72] erwies sich als eine zweite Periode der Unitarisierung der Landespolizeigesetze. Weitere Beispiele finden sich auf dem Gebiet der Hochschulorganisation[73] und im Bereich des Schulrechts[74]. Nicht zuletzt ist die Kruzifix-Entscheidung[75] des Bundesverfassungsgerichts anzuführen.

---

68 BVerfGE 33, 303, 357f.

69 BVerfGE 33, 303, 352.

70 BVerfGE 33, 303, 352.

71 *Starck*, NJW 1992, S. 3257.

72 BVerfGE 65, 1, 4ff.

73 BVerfGE 35, 79, 112 ff.

74 BVerfGE 34, 165, 182 ff.; 41, 29; 65, 89; 45, 400, 415 ff.; 47, 194.

75 BVerfGE 93, 1, 15 ff.

Die angeführten Entscheidungen, die nicht als abschließend anzusehen sind, zeigen, dass zahlreiche Fragen des Gemeinwesens in den „Sog" der bundesverfassungsgerichtlichen Rechtsprechung geraten und durch die immer weiter ausgefeilte Auslegung der Grundrechte des Grundgesetzes einer Gestaltung durch die Länder entzogen werden[76], obwohl eine Gesetzgebungskompetenz des Bundes gerade nicht gegeben ist. Verschärfend kommt hinzu, dass diese unitarisierende und rechtsvereinheitlichende Wirkung nicht nur die Tätigkeit des Landesgesetzgebers erfasst, sondern auch eine eigenständige Entwicklung der Rechtsprechung der Landesgerichte weitgehend verhindert.[77]

5. Rechtsprechung des Bundesverfassungsgerichts zur Abgrenzung der Kompetenzen innerhalb der Verfassungsgerichtsbarkeit

Schon früh hat das Bundesverfassungsgericht die Auffassung vertreten, dass das prinzipielle selbstständige Nebeneinander der Verfassungsbereiche des Bundes und der Länder seine folgerichtige Entsprechung in einem prinzipiell selbstständigen Nebeneinander der Verfassungsgerichtsbarkeit des Bundes und der Länder hat[78]. Entsprechend der Selbstständigkeit der Verfassungsräume auf Bundes- und Länderebene bekleiden die Landesverfassungsgerichte innerhalb der Verfassungsordnungen der Länder die gleiche Stellung als Verfassungsorgan wie das Bundesverfassungsgericht innerhalb der Verfassungsordnung des Bundes.[79] Die Doppelspurigkeit des Verfassungsrechtsschutzes akzeptiert das Bundesverfassungsgericht ausdrücklich[80]. Zahlreiche Einzelfragen, die das Verhältnis der Verfassungsgerichtsbarkeiten auf der Bundes- und der Länderebene betreffen, haben erst durch das Bundesverfassungsgericht eine Klärung erfahren, was in der Natur der Sache liegt. Obwohl das Grundgesetz von einer duplizierten Verfassungsgerichtsbarkeit ausgeht, haben die Fragen der Abgrenzung der verschiedenen Ebenen der Verfassungsrechtsprechung weder im Grundgesetz noch im einfachen Bundesrecht eine präzise Regelung gefunden. Die Abschichtung der Befugnisse der Verfassungsgerichte beruht „auf einem filigranen und komplizierten Regelungswerk teils verfassungsrechtlicher teils einfachgesetzlicher Art mit zahlreichen Naht- und Schnittstellen".[81] Lange Zeit blieb der Problemkreis wenig beachtet.[82] Nach

---

76 *Lücke*, Der Staat 17 (1987), S. 341, 344; *Richter*, DÖV 1979, S. 186; *Simon*, in: Benda / Maihofer / Vogel, Handbuch des Verfassungsrechts, S. 953, 988 ff.

77 *Starck*, Praxis der Verfassungsauslegung, S. 41.

78 Vgl. BVerfGE 4, 178, 189; 6, 376, 381 f.; 22, 267, 270; 41, 88, 118; 60, 175, 209.

79 BVerfGE 69, 175, 213.

80 BVerfGE 36, 342, 368; vgl. dazu auch *Groschupf*, in: Starck / Stern, Landesverfassungsgerichtsbarkeit II, S. 97; *Tilch*, in: Starck / Stern, Landesverfassungsgerichtsbarkeit II, S. 563.

81 *Bethge*, in: Maunz / Schmidt-Bleibtreu / Klein / Ulsamer, BVerfGG, Vorbem. Rn. 243.

82 Vgl. zur älteren Literatur: *Geiger*, in: FS für Laforet (1952), S. 251; *Bachof*, in: FS für Stern (1968), S. 1; *Friesenhahn*, in: Festgabe 25 Jahre Bundesverfassungsgericht I

einer zwischenzeitlich heftig geführten Diskussion kann die Problematik der Kompetenzabgrenzung nicht mehr als „die am wenigsten geklärte Fundamentalfrage der Verfassungsgerichtsbarkeit überhaupt“[83] bezeichnet werden.

Ausgehend von den enumerativ im Grundgesetz festgelegten Verfahren bestimmt das Bundesverfassungsgericht durch seine Methoden der Interpretation der Verfassung auch die Reichweite seiner Kompetenzen im Verhältnis zu den Landesverfassungsgerichten.[84] Das Verfassungsgericht kann sich zurückhaltend oder großzügig, „politisch“ (gestaltend) oder ganz juristisch verhalten.[85] Je nachdem, welches Verfassungsverständnis das Bundesverfassungsgericht seiner Interpretation des Grundgesetzes unterlegt und in welchem Maße es die einzelnen Sätze der Verfassung inhaltlich ausfüllt, weitet es seinen Kontrollbereich aus oder begrenzt ihn. Im Verhältnis zu den Verfassungsgerichten der Länder besteht die Aufgabe des Bundesverfassungsgerichts darin, das eigene Selbstverständnis und seinem Verständnis von einer Verfassungsgerichtsbarkeit auf der Länderebene zum Ausgleich zu bringen. Auch auf diese Weise wirkt das Bundesverfassungsgericht durch seine Rechtsprechung im bundesstaatlichen Gefüge. Die klare Zuweisung von Zuständigkeiten erweist sich auch deshalb als eine schwierige Aufgabe, weil sie sich im Schnittfeld der sinnvariablen und auslegungsbedürftigen Begriffe „Bundesstaatlichkeit“ und „Verfassungsgerichtsbarkeit“ vollzieht.[86] Die Zuständigkeitsüberlagerung durch die Verfassungsgerichte der Länder könnte für das Bundesverfassungsgericht einen Kompetenzverlust und damit eine Gefährdung der eigenen Stellung als Verfassungsorgan bedeuten. Andererseits kann eine zu extensive Ausdehnung der eigenen Kompetenzen im Verhältnis zu den Landesverfassungsgerichten zu einem Kompetenzverlust auf der Länderebene führen.

Aktuellere Entscheidungen des Bundesverfassungsgerichts lassen eine Erweiterung der Kompetenzen der Landesverfassungsgerichte erkennen.[87] Das Bundesverfassungsgericht zieht sich bewusst aus Bereichen zurück, die in einem besonderen Maße die Länder betreffen; erkennbares Ziel ist auch hier eine Stärkung der Eigenstaatlichkeit der Länder.[88] Die vom Bundesjustizminister einge-

---

(1976), S. 748; *Stern*, BayVBl. 1976, S. 547; *Wolf*, Überschneidungen von Bundesverfassungsgerichtsbarkeit und Landesverfassungsgerichtsbarkeit (1955); *Hammerstein*, Das Verhältnis zwischen Bundes- und Landesverfassungsgerichtsbarkeit (1960); *Juhle*, Die Gegenstände der Landesverfassungsgerichtsbarkeit (1963).

83 *Burmeister*, in: Starck / Stern, Landesverfassungsgerichtsbarkeit II, S. 426.

84 Vgl. auch unter 1. Teil, XI.

85 *Schlaich / Korioth*, Das Bundesverfassungsgericht, S. 11.

86 *Bethge*, BayVBl. 1985, S. 257.

87 Vgl. *Menzel*, Landesverfassungsrecht, S. 310.

88 Vgl. *Tietje*, AöR 124 (1999), S. 282; *Menzel*, Landesverfassungsrecht, S. 310.

setzte Kommission zur Entlastung des Bundesverfassungsgerichts nahm mit ihren Vorschlägen[89] Bezug auf diese Rechtsprechungstendenzen.

a) *Prüfungs- und Entscheidungskompetenz im eigenen Rechtskreis*

Das Bundesverfassungsgericht hat stets verdeutlicht, dass dem Verfassungsgericht innerhalb des jeweiligen Verfassungsrechtskreises als „Hüter der Verfassung" die Aufgabe der letztverbindlichen Auslegung zukommt. Dies hat eine vorrangige Prüfungs- und abschließende Entscheidungszuständigkeit im betreffenden Rechtskreis zur Folge.[90] Da sich Bundes- und Landesverfassungsgerichtsbarkeit jeweils auf eine bestimmte Verfassung beziehen, wird folglich der Kompetenzbereich des Bundesverfassungsgerichts durch das Grundgesetz, der des Landesverfassungsgerichts durch die jeweilige Landesverfassung sowohl begründet als auch begrenzt.[91] Nur im Grundsatz gilt allerdings: Das Bundesverfassungsgericht ist zuständig, wenn es um Bundesverfassungsrecht, die Landesverfassungsgerichte, wenn es um Landesverfassungsrecht geht.[92]

aa) *Bundesverfassungsgericht und Bundesverfassung?*

(1) *Aufdrängende Sonderzuweisungen*

Prüfungsmaßstab für das Bundesverfassungsgericht ist nicht nur Bundesverfassungsrecht. Ausnahmen ergeben sich bereits aufgrund von verfassungsrechtlichen Sonderzuweisungen: Gemäß Art. 99 GG entscheidet das Bundesverfassungsgericht im Wege der Organleihe[93] über Verfassungsstreitigkeiten innerhalb eines Landes, wenn ihm dies durch Landesgesetz aufgetragen wird.[94] Das Bundesverfassungsgericht wird insoweit als Landesverfassungsgericht tätig. Prüfungsmaßstab ist mithin das Landesverfassungsrecht.[95] Das Grundgesetz sieht mit der Zuweisung von öffentlich-rechtlichen Streitigkeiten in den Ländern nach Art. 93 Abs. 1 Nr. 4 3. Var. GG eine subsidiäre Zuständigkeit des Bundesverfassungsgerichts zur Anwendung des Landesverfassungsrechts vor. Soweit die Länder kein eigenes Landesverfassungsgericht einrichten und auch nicht von der Regelung des Art. 99 GG Gebrauch machen, ist kraft autoritärer grundgesetzli-

---

89 Vgl. dazu *Benda*, Entlastung des Bundesverfassungsgerichts; *Kirchberg*, NVwZ 1999, S. 374 ff.

90 BVerfGE 69, 112, 117 f.

91 In diesem Sinne BVerfGE 10, 285, 293.

92 Inwieweit auch Bundesgrundrechte von den Landesverfassungsgerichten zu berücksichtigen sind, vgl. *Rozek*, Das Grundgesetz als Prüfungs- und Entscheidungsmaßstab der Landesverfassungsgerichte.

93 *Schlaich / Korioth*, Bundesverfassungsgericht, Rn. 108; *Bethge*, in: Starck / Stern, Landesverfassungsgerichtsbarkeit II, S. 19; *Menzel*, Landesverfassungsrecht, S. 286.

94 Vgl. *Rinken*, NordÖR 2000, S. 91, mit der Empfehlung, Art. 99 GG zu streichen.

95 *Pieroth*, in: Jarass / Pieroth, GG-Kommentar, Art. 99 Rn. 3.

cher Entscheidung das Bundesverfassungsgericht, und zwar als Bundesorgan, zur Entscheidung zuständig.[96] Prüfungsmaßstab ist gemäß § 72 Abs. 2 Satz 1 BVerfGG das jeweilige Landesverfassungsrecht. Die Auffangregelung wird zum Teil als Mittel der „prozessualen Unitarisierung" angesehen.[97] Eine „aufgedrängte Jurisdiktion über Landesverfassungsrecht", der das Land nicht durch eigene Verfahrensgestaltung entgehen kann, bildet Art. 98 Abs. 5 GG. Bei der Richteranklage ist die landesverfassungsgerichtliche Zuständigkeit ausgeschlossen, gleichzeitig aber den Landesverfassungen die Regelungskompetenz überlassen. Mit Art. 98 Abs. 5 GG weist das Grundgesetz dem Bundesverfassungsgericht das Monopol zu, nach dem Maßstab von Vorschriften der Landesverfassung zu entscheiden. Die Bestimmung wird daher auch „als erstaunlicher Einbruch in die grundgesetzliche Kompetenzverteilung zwischen Bund und Ländern" bezeichnet.[98]

(2) Vorfragenkompetenz zur Überprüfung von Landesgesetzen anhand der Landesverfassung

Prüfungsgegenstände des Bundesverfassungsgerichts sind „Akte der Bundesgewalt". Der Kompetenzbereich des Bundesverfassungsgerichts ist allerdings nicht allein auf den Bereich der Bundesgewalt begrenzt, vielmehr können je nach Verfahrensart auch Akte der Landesstaatsgewalt am Maßstab des Grundgesetzes gemessen werden. Das Bundesverfassungsgericht kann für die Überprüfung von Akten der Länder zuständig sein, da diese in der Ausübung ihrer staatlichen Gewalt an das Grundgesetz gebunden sind.[99] Aber: „Die Nachprüfbarkeit von Landesgesetzen auf ihre Vereinbarkeit mit der Landesverfassung ist grundsätzlich Sache der Landesverfassungsgerichte".[100]

In seinem Beschluss vom 17. Dezember 1975[101] bestätigte der Erste Senat des Bundesverfassungsgerichts im Verfassungsbeschwerdeverfahren gegen die Reform des Volksschulwesens in Nordrhein-Westfalen im Jahre 1969 diese Auffassung und führte aus, dass es dem Bundesverfassungsgericht untersagt sei, im Rahmen einer Verfassungsbeschwerde mit einer gerügten Verletzung von Art. 2 Abs. 1 GG die Vereinbarkeit von Landesrecht mit der Landesverfassung zu überprüfen.[102] Diese Einschränkung der eigenen Prüfungskompetenz war und ist auch weiterhin notwendig, weil sonst angesichts der extensiven Rechtsprechung

---

96 Vgl. zur Auslegung der Vorschrift *Pieroth*, in: Jarass / Pieroth, GG-Kommentar, Art. 93 Rn. 34; *Menzel*, Landesverfassungsrecht, S. 288.

97 *Menzel*, Landesverfassungsrecht, S. 287.

98 *Bettermann*, Grundrechte III 2, S. 685.

99 *Degenhart*, Staatsrecht I, Rn. 544, S. 228.

100 BVerfGE 6, 376, 382; 11, 89, 94.

101 BVerfGE 41, 88.

102 BVerfGE 41, 88, 118; unter Hinweis auf E 6, 376, 382; 11, 89, 94.

des Gerichts zur allgemeinen Handlungsfreiheit[103] die Gefahr einer weitgehenden Aushöhlung der Verfassungsgerichtsbarkeit der Länder bestünde.[104]

Seine Ansicht zur Nachprüfbarkeit von Landesgesetzen wiederholte das Bundesverfassungsgericht in seinem Beschluss vom 28. Juli 2002[105]. In der Entscheidung, die das 3. Gesetz zur Änderung des Brandenburgischen Schulgesetzes[106] betraf, führte es aus, dass sowohl die verfassungsrechtlichen Anforderungen an das Zustandekommen eines Landesgesetzes als auch „materielle" Verstöße in erster Linie nach Landesverfassungsrecht zu beurteilen seien. Unter Hinweis auf Art. 93 Abs. 1 Nr. 4a GG, § 90 Abs. 1 BVerfGG stellte es fest, dass eine Verletzung der Landesverfassung nicht mit der Verfassungsbeschwerde zum Bundesverfassungsgericht geltend gemacht werden kann.

Es stellt sich die Frage, ob und unter welchen Voraussetzungen Ausnahmen von dieser Aussage zu gelten haben. Kann das Bundesverfassungsgericht als Vorfrage die Vereinbarkeit einer Landesnorm mit der Landesverfassung überprüfen? In der Vergangenheit hat es wiederholt Fälle gegeben, in denen es sich unausweichlich mit der Frage nach der Vereinbarkeit von Landesrecht mit landesverfassungsrechtlichen Bestimmungen auseinandersetzen musste. Auch für diese Fälle gilt der Ausgangspunkt, dass „die Nachprüfbarkeit von Landesgesetzen auf ihre Vereinbarkeit mit der Landesverfassung grundsätzlich Sache der Landesverfassungsgerichte ist".[107]

Kommt es auf die Gültigkeit eines Landesgesetzes als Vorfrage für die dem Bundesverfassungsgericht nach Art. 126 GG obliegende Prüfung an, so hat das Bundesverfassungsgericht im Verfahren nach Art. 126 GG auszusprechen, ob eine (Landes-)Norm als Bundesrecht fortgilt.[108] Handelt es sich um ein Landesgesetz, das unter Herrschaft einer Landesverfassung vor Inkrafttreten des Grundgesetzes erlassen wurde, und bestehen Zweifel, ob das Landesgesetz mit der Landesverfassung vereinbar war, so ist die inzidente Bejahung der Gültigkeit nach Landesverfassungsrecht Voraussetzung, um zu jenem Ausspruch zu kommen.[109] Dass das Bundesverfassungsgericht dann befugt ist, die für die Entscheidung maßgeblichen Inzidenzfragen zu überprüfen, entspricht der ständigen Rechtsprechung des Gerichts.[110] So hat das Bundesverfassungsgericht die ent-

103 BVerfGE 6, 32, 37; 63, 45, 60; vgl. auch *Jarass*, in: Jarass / Pieroth, GG-Kommentar, Art. 2 Rn. 2.

104 BVerfGE 41, 88, 119.

105 Az.: 1 BvQ 25/02 (juris); vgl. dazu auch BVerfGE 104, 305; BVerfG DVBl. 2002, 973.

106 GVBl. S. 55.

107 BVerfGE 66, 376, 382.

108 Zur Zuständigkeit der Landesverfassungsgerichte und zur Frage, ob eine Norm als Landesrecht fortgilt, vgl. BVerfGE 1, 65.

109 *Friesenhahn*, in: Festgabe 25 Jahre Bundesverfassungsgericht I, S. 753.

110 BVerfGE 11, 89, 94 mit Hinweis auf E 4, 214, 216; 8, 186, 190; 2, 181, 193.

sprechende Prüfungskompetenz z.B. bei dem Verfahren über das Bremische Urlaubsgesetz[111] und beim Rheinland-pfälzischen Notargesetz[112] bejaht.

(3) Die Landesverfassung als Prüfungsgegenstand

Die Landesverfassung kann nicht nur – im beschriebenen engen Rahmen – Maßstab der Prüfung, sondern auch Gegenstand der Prüfung durch das Bundesverfassungsgericht sein. Als Landesrecht unterliegt die Landesverfassung dem Vorbehalt ihrer Vereinbarkeit mit den bundesrechtlichen Vorgaben. Entsprechende Verfahren kommen bei Verstößen der Landesverfassung gegen Art. 28 Abs. 1 Satz 1 GG in Betracht. Verfahren vor dem Bundesverfassungsgericht, in denen es um die Vereinbarkeit des formellen Landesverfassungsrechts mit dem Grundgesetz ging, sind allerdings bislang kaum vorgekommen. Für nichtig hat das Bundesverfassungsgericht noch keine landesverfassungsrechtliche Norm erklärt.

Der Zweite Senat des Bundesverfassungsgerichts äußerte sich in seiner Entscheidung vom 8. Februar 2001[113] zum Hessischen Wahlprüfungsrecht grundlegend zu Art. 28 Abs. 1 Satz 1 GG und zur eigenen Kompetenz zur Auslegung von Landesverfassungsrecht[114]: Bei der Auslegung von Landesverfassungsrecht ist größtmögliche Zurückhaltung zu wahren. Das Bundesverfassungsgericht ist ausschließlich befugt, am Maßstab des Art. 28 Abs. 1 Satz 1 GG zu überprüfen, ob eine Landesvorschrift als Bestandteil der verfassungsgemäßen Ordnung der Länder den Grundsätzen des republikanischen, demokratischen und sozialen Rechtsstaates im Sinne des Grundgesetzes entspricht. Soweit die aus Art. 28 Abs. 1 Satz 1 GG herzuleitenden Grundsätze Vorgaben für die Landesverfassung nicht enthalten, ist es nicht nur nicht berufen, sondern kraft der Verfassungsautonomie der Länder gar nicht befugt, die Auslegung der Landesverfassung zu präjudizieren. Hat das zuständige Landesverfassungsgericht in einer der Gesetzeskraft fähigen Entscheidung eine Norm des Landesverfassungsrechts ausgelegt, kommt dem Bundesverfassungsgericht nur dann eine „Verwerfungskompetenz“ zu, wenn die Auslegung des Landesverfassungsgerichts sich als nicht mit dem Grundgesetz vereinbar erweist. Steht eine Entscheidung des Landesverfassungsgerichts noch aus, ist der Auslegungsvorrang des Landesverfassungsgerichts so weit wie möglich zu bewahren. Nur wenn feststeht, dass eine

---

111 BVerfGE 11, 89, 94 ff.

112 BVerfGE 16, 6, 16 ff.

113 Az. 2 BvF 1/00.

114 Der Senat stellte im Rahmen eines abstrakten Normenkontrollverfahrens fest, dass Art. 78 Abs. 2 und 3 der Verfassung des Landes Hessen vom 1.12.1946 (GVOBl. Hessen, S. 299) und §§ 1 und 2 des Wahlprüfungsgesetzes des Landes Hessen vom 5.8.1948 (GVOBl. Hessen, S. 93) mit dem als bundesverfassungsrechtlichen Prüfungsmaßstab allein in Betracht kommenden Homogenitätsgebot des Art. 28 Abs. 1 GG vereinbar ist.

einzige Auslegung der Norm mit dem Grundgesetz vereinbar ist, darf es diese als verbindlich vorgeben.[115]

(4) Keine Prüfungskompetenz bei Akten, die in einem „besonderen Maße" die Landesstaatsgewalt betreffen

Von dem Grundsatz, dass das Bundesverfassungsgericht auch für die Überprüfung von Akten der Länder zuständig sein kann, ist bei Akten die in einem „besonderem Maße" die Staatsgewalt der Länder betreffen, eine Ausnahme zu machen. Seit dem Beschluss vom 16. Juli 1998[116] kann bei Wahlen zu den Volksvertretungen in den Ländern die Verletzung der Allgemeinheit und Gleichheit der Wahlen nicht mehr mit der Verfassungsbeschwerde zum Bundesverfassungsgericht angegriffen werden. Das Gericht argumentierte in seiner Entscheidung wie folgt: Während bei Bundestagswahlen die Verletzung aller fünf Wahlrechtsgrundsätze mit der Verfassungsbeschwerde gerügt werden kann, fehlt eine vergleichbare Gewährleistung, wenn es um die Durchsetzung dieser Grundsätze bei allgemeinen politischen Wahlen und Abstimmungen i.S.v. Art. 20 Abs. 2 Satz 2 GG auf der Ebene der Länder geht. Art. 38 GG erfasst unmittelbar nur die Wahlen zum deutschen Bundestag. Eine analoge Anwendung auf Wahlen und Abstimmungen in den Ländern scheidet schon mit Rücksicht auf die selbstständigen Verfassungsräume von Bund und Ländern aus.[117] Art. 28 Abs. 2 GG verlangt, dass die Grundsätze der allgemeinen, unmittelbaren, freien, gleichen und geheimen Wahl auch bei politischen Wahlen in den Ländern gelten; es ist Aufgabe der Länder, diesem Verfassungsauftrag bei der Regelung des Wahlrechts zu ihren Länderparlamenten und auf kommunaler Ebene Genüge zu tun. Dem Einzelnen vermittelt Art. 28 Abs. 2 GG keine mit der Verfassungsbeschwerde rügefähige subjektive Rechtsposition.[118] Das Grundgesetz gibt den Ländern Raum, den subjektiven Schutz des Wahlrechts zu den Volksvertretungen in Ausübung ihres Rechts auf Selbstorganisation auszugestalten und durch die Gerichtsbarkeit der Länder zu gewährleisten.[119] In diesem Rahmen können sie Wahlsystem und Wahlrecht zu ihren Parlamenten in den kommunalen Vertretungen des Volkes regeln. Das Grundgesetz bindet die Länder hierbei an die fünf Wahlrechtsgrundsätze, verlangt andererseits aber nicht deren landesverfassungsrechtliche Subjektivierung.

---

115 Vgl. *Sander*, NVwZ 2002, S. 46.

116 Az.: 2 BvR 1953/95; BVerfGE 99, 1.

117 Vgl. *Lange*, in: FS 50 Jahre Bundesverfassungsgericht I, S. 291.

118 So schon BVerfGE 1, 208, 236 f.; 3, 383, 390 f.

119 BVerfGE 99, 1, 11 f.

Mit dieser Entscheidung änderte das Bundesverfassungsgericht seine langjährige Rechtsprechung[120] und begrenzt seine Prüfungskompetenz bewusst auf eine „objektiv-rechtliche" Kontrolle der Wahlrechtsgrundsätze.[121] Erste Zweifel an seiner bisherigen Auffassung ließ es in einem Beschluss vom 12. Dezember 1991 erkennen.[122] In einem danach entschiedenen konkreten Normenkontrollverfahren, bei dem es allerdings nur auf die Übereinstimmung mit der objektiv rechtlichen Wahlrechtsgleichheit ankam, stellte es bereits nicht mehr auf Art. 3 Abs. 1 GG als Maßstab ab, sondern allein auf den speziellen wahlrechtlichen Gleichheitssatz aus Art. 28 Abs. 1 GG.[123] Mit seinem Beschluss vom 16. Juli 1998 entscheidet sich das Gericht ein weiteres Mal bewusst für eine Stärkung der Eigenstaatlichkeit der Länder. Es zieht sich aus einem Rechtsprechungsbereich zurück, der in einem besonderen Maße die Landesstaatsgewalt betrifft und daher von den Landesverfassungsgerichten wahrgenommen werden kann. Darauf, dass dieser Schluss nicht zwingend ist, deutet schon der Umstand hin, dass das Bundesverfassungsgericht bislang in ständiger Rechtsprechung die gegenteilige Auffassung vertreten hat.[124] Nur sofern auf Landesebene kein Verfassungsrechtsweg eröffnet ist, ist eine Zuständigkeit des Bundesverfassungsgerichts zur „subjektiv-rechtlichen" Kontrolle gegeben; in diesen Fällen wird es der Sache nach als „subsidiäres Landesverfassungsgericht" tätig.

bb) Landesverfassungsgerichte und Landesverfassung?

Prüfungsgegenstände der Landesverfassungsgerichte können nur Akte der Landesstaatsgewalt, Handlungen von Landesorganen sein.[125] Die Landesverfassungsgerichte besitzen „als Maßstab ihrer Prüfung nur die Landesverfassung"; verfassungsrechtlicher Prüfungsmaßstab der Landesverfassungsgerichte ist nicht das Grundgesetz und nicht sonstiges Bundesrecht.[126] Diese Ansicht des Bundesverfassungsgerichts, die in der Literatur vielfache Bestätigung gefunden hat, ist

---

120 Vgl. BVerfGE 1, 208, 237, 242; 3, 383, 390 f.; 4, 31, 39; 4, 375, 382; 6, 84, 91; 11, 266, 271; 11, 351, 360; 12, 10, 25; 12, 73, 76; 13, 1, 12; 13, 243, 246; 18, 172, 180; 24, 300, 340 f.; 28, 220, 225; 34, 81, 98; 41, 339, 413; 47, 253, 269; 48, 64, 79; 51, 222, 232; 52, 63, 89; 57, 43, 56; 58, 177, 190; 60, 162, 167; 69, 92, 106; 71, 81, 94; 78, 350, 357; 85, 148, 157.

121 Den Ländern verbleibt die Möglichkeit, eine Verletzung der Wahlrechtsgrundsätze im Wege des Normenkontrollverfahrens gemäß Art. 93 Abs. 1 Nr. 2 GG vor dem Bundesverfassungsgericht zu rügen.

122 BVerfGE 85, 100, 148, 157.

123 BVerfGE 93, 373, 376 ff.

124 Vgl. dazu *Lenz*, NJW 1999, S. 34; *Lange*, in: FS 50 Jahre Bundesverfassungsgericht I, S. 291.

125 BVerfGE 36, 342, 368.

126 BVerfGE 36, 342, 368; anders aber BVerfGE 69, 112, 117 f.; 60, 175, 206.

auch von den Landesverfassungsgerichten immer wieder bekräftigt worden[127]. Aber auch hier ergeben sich Ausnahmen.

(1) Inzidente Anwendung von Bestimmungen des Grundgesetzes durch die Landesverfassungsgerichte

Von der Frage des Prüfungsmaßstabs der Landesverfassungsgerichte ist die inzidente Anwendung des Grundgesetzes zu unterscheiden. Die Landesverfassungsgerichte haben als Teil der Judikative – wie andere Gerichte auch – auf die Vereinbarkeit ihres Prüfungsmaßstabs mit höherrangigem Recht zu achten. Das Bundesverfassungsgericht hat wiederholt festgestellt, dass die Landesverfassungsgerichte bei der Auslegung der für ihre Entscheidung maßgeblichen Normen der Landesverfassung inzident stets darauf zu achten haben, dass der anzulegende Prüfungsmaßstab mit dem Grundgesetz vereinbar ist[128], dem die Landesverfassung „normenhierarchisch" untergeordnet ist.[129] Diese „allgemeine" Prüfungskompetenz des Landesverfassungsgerichts resultiert nach Ansicht des Bundesverfassungsgerichts aus Art. 100 GG:[130] Ein grundgesetzliches Verbot der Berücksichtigung des Grundgesetzes würde dazu führen, dass die Landesverfassungsgerichte sehenden Auges bundesrechtswidriges Recht anzuwenden hätten und sich ihre Entscheidungen anschließend ggf. einer Verfassungsbeschwerde zum Bundesverfassungsgericht ausgesetzt sähen. Die Prüfung von Landesverfassungsrecht auf seine Grundrechtskonformität ist geboten.[131] Die Befassung muss auf den Vorgang der Prüfung beschränkt sein. Eine „Verwerfungskompetenz" im Falle der Verfassungswidrigkeit steht dem Landesverfassungsgericht allerdings nicht zu. Konsequenz einer angenommenen Verfassungswidrigkeit ist die Vorlagepflicht nach Art. 100 Abs. 1 GG, die auch das Landesverfassungsgericht trifft[132], wobei

---

[127] Vgl. *Rozek*, Das Grundgesetz als Prüfungs- und Entscheidungsmaßstab der Landesverfassungsgerichte, S. 58 m.w.N., vgl. dazu auch unter 2. Teil, III. 1.

[128] BVerfGE 36, 342, 356; 42, 312, 324 f.; BVerfG NVwZ-RR 1991, 365.

[129] Vgl. dazu auch in der Literatur *Rozek*, Das Grundgesetz als Prüfungs- und Entscheidungsmaßstab der Landesverfassungsgerichte, S. 59, m.w.N: „Die Differenzierung zwischen unzulässiger *prinzipaler* Anwendung und zulässiger *inzidenter* Anwendung des Grundgesetzes auf den landesverfassungsgerichtlichen Prüfungsmaßstab ist als Konsequenz der Grundgesetzgebundenheit des Landesverfassungsrechts dem gleichfalls bundesstaatlich fundierten Trennungsprinzip immanent"; *Bethge*, in: Starck / Stern, Landesverfassungsgerichtsbarkeit II, S. 28; *Tilch*, in: Starck / Stern, Landesverfassungsgerichtsbarkeit II, S. 558; *Rüfner*, DÖV 1967, S. 668; *Gehb*, DÖV 1993, S. 472; *Maunz*, in: Maunz/Dürig, GG-Kommentar, Art. 100 Rn. 12 ff.

[130] Vgl. aber auch unter 2. Teil, I. 5. (b) und 3. Teil, V. 3.

[131] BVerfGE 60, 175, 205.

[132] BVerfGE 6, 55, 63; 30, 170, 171; 36, 342, 356; 69, 112, 117; aus der Literatur vgl. *Tilch*, in: Starck / Stern, Landesverfassungsgerichtsbarkeit II, S. 559; *Dreier*, GG-Kommentar III, Art. 100 Rn. 49, 66; *Pieroth*, in: Jarass / Pieroth, GG-Kommentar, Art. 100 Rn. 3; *Storr*, ThürVBl. 1997, S. 123; *Menzel*, Landesverfassungsrecht, S. 293.

die Vorlage nach Art. 100 Abs. 1 GG durch die Vorlage nach Art. 100 Abs. 3 GG ersetzt werden kann.[133]

(2) Prinzipale Anwendung von Bestimmungen des Grundgesetzes durch die Landesverfassungsgerichte

Von der inzidenten Prüfung der Grundgesetzkonformität ist die Möglichkeit der Überprüfung von Akten der Landesstaatsgewalt anhand des Grundgesetzes und die prinzipale Überprüfung der Grundgesetzkonformität von Normen der Landesverfassung zu unterscheiden.[134] *Burmeister* ist der Auffassung, dass die Landesverfassungsgerichte zur Prüfung anhand des Grundgesetzes nicht nur berechtigt, sondern sogar berufen sind:

> „Ihre genuine Aufgabe innerhalb der gesamtverfassungsstaatlichen Kontrolltätigkeit ist [...], die Beachtung der für die Landesstaatsgewalt bestehenden normativen Bindungen zu kontrollieren, und dazu gehört im bundesstaatlichen Gefüge neben der Kontrolle der Akte der Landesstaatsgewalt am Maßstab der Landesverfassung auch die Kontrolle der Einhaltung der sich aus den übergeordneten bundesrechtlichen, insbesondere grundgesetzlichen Normen ergebenden Bindungen".[135]

Ansatzpunkt für diese Auffassung ist die Rechtsprechung des Bundesverfassungsgerichts zum „in die Landesverfassung hineinwirkenden Bundesrecht".[136] In seiner Entscheidung vom 5. April 1952[137] erklärte das Bundesverfassungsgericht Art. 21 GG zum Bestandteil der Schleswig-Holsteinischen Landesverfassung. Grund dafür war die Betonung der „Parteienstaatlichkeit" in der früheren Rechtsprechung des Gerichts. Nach der Terminologie des Bundesverfassungsgerichts gibt es Normen des Grundgesetzes, die zugleich und unmittelbar auch Bestandteile der Landesverfassungen sind, die das Landesverfassungsrecht über die formelle Landesverfassungsurkunde hinaus komplettieren und mitkonstituieren (sog. Bestandteilstheorie).[138] Ein und dieselbe Norm hat demzufolge sowohl grundgesetzlichen als auch landesverfassungsrechtlichen Rang. Daraus resultieren Konsequenzen für den Prüfungsmaßstab der Landesverfassungsgerichte: Ei-

---

133 BVerfGE 36, 342, 356.

134 Vgl. *Menzel*, Landesverfassungsrecht, S. 295.

135 *Burmeister*, in: Starck / Stern, Landesverfassungsgerichtsbarkeit II, S. 435.

136 Vgl. Rechtsprechung einzelner Landesverfassungsgerichte zum Hineinwirken der grundgesetzlichen Kompetenzordnung: HessStGH ESVGH 32, 20, 24; NRW VerfGH NWVBl. 1987, 13; DÖV 1992, 968 mit Anm. *Sachs*, JuS 1993, S. 334; RhPfVerfGH DÖV 2001, 247, vgl. auch unter 3. Teil, III. 1. bb).

137 BVerfGE 1, 208, 227; vgl. dazu auch BVerfGE 4, 375, 378; 6, 367, 375; 23, 33, 39; 27, 10, 17; 60, 53, 61; 66, 107, 114; 85, 353, 359.

138 Vgl. zum Begriff *Grawert*, NJW 1987, S. 2331; *Kersten*, DÖV 1993, S. 897.

ne Norm des Grundgesetzes avanciert zum Prüfungsmaßstab der Landesverfassungsgerichte.[139]

Das Bundesverfassungsgericht geht davon aus, dass die in Art. 5 Abs. 1 Satz 2 GG enthaltene Gewährleistung der Rundfunkfreiheit ein Teil der „in die Landesverfassungen hineinwirkenden Bundesverfassung" sein kann.[140] Auch diese soll zu den „seltenen Fällen" zählen, in denen das Grundgesetz in die Landesverfassungen „unmittelbar verpflichtend" hineinwirkt.[141] Angesichts der im Grundgesetz für die Bundesstaatlichkeit vorgegebenen Rahmenordnung stellt sich die Frage, ob nicht die im Grundgesetz normierten expliziten Einwirkungsmöglichkeiten auf den Landesverfassungsbereich eine abschließende Regelung bilden und es für das vom Bundesverfassungsgericht entwickelte Phänomen der „in die Landesverfassung hineinwirkenden Bundesverfassung" an der erforderlichen verfassungsrechtlichen Legitimation fehlt. Es ist zweifelhaft, ob es eine verfassungsrechtliche Rechtfertigung dafür gibt, das Verfassungsrecht der Länder um grundgesetzliche Normen zu vervollständigen, die im Landesbereich als Landesverfassungsrecht gelten.[142] Eine derartige „Implantation"[143] grundgesetzlicher Bestimmungen in das Landesverfassungsrecht gegen bzw. ohne den Willen des Landesverfassungsgebers widerspricht dem Charakter der Bundesrepublik Deutschland als Bundesstaat; eine Aufweichung des Bundesstaatsprinzips und eine fortschreitende Unitarisierung des Verfassungsrechts durch die Rechtsprechung des Bundesverfassungsgerichts wäre dann auch hier zu diskutieren.[144]

Diese Erkenntnis mag auch den Zweiten Senat des Bundesverfassungsgerichts geleitet haben, als er in seiner Entscheidung vom 7. Mai 2001[145] zum „Schleswig-Holsteinischen Gesetz zur Neufassung des Landschaftspflegegesetzes und zur Anpassung anderer Rechtsvorschriften" vom 16. Juni 1993[146] die Verfas-

---

139 So *Bethge*, in: Starck / Stern, Landesverfassungsgerichtsbarkeit II, S. 30; *Eller*, Bindung der Landesverfassungsgerichte, S. 149 f.

140 BVerfGE 13, 54, 79 f.; vgl. dazu *Bethge*, AöR 110 (1985), S. 196 f.

141 BVerfGE 13, 54, 79 f.; in der Literatur werden zu den in den Landesverfassung hineinwirkenden Normen auch Art. 28 Abs. 1 und Art. 33 Abs. 1 GG gezählt, vgl. *Schmidt*, AöR 87 (1962), S. 280; *Eller*, Bindung der Landesverfassungsgerichte, S. 148 ff.; *Burmeister*, in: Starck / Stern, Landesverfassungsgerichtsbarkeit II, S. 429; *Bethge*, in: Starck / Stern, Landesverfassungsgerichtsbarkeit II, S. 29 f.; *Friesenhahn*, in: Festgabe 25 Jahre Bundesverfassungsgericht I, S. 760.

142 *Rozek*, Das Grundgesetz als Prüfungs- und Entscheidungsmaßstab der Landesverfassungsgerichte, S. 107.

143 *März*, Bundesrecht bricht Landesrecht, S. 180.

144 Vgl. dazu *Menzel*, Landesverfassungsrecht, S. 298, der eine ausdrückliche Übernahme der grundgesetzlichen Wertungen in das eigene Landesverfassungsrecht unter Hinweis auf die Rechtsprechung verschiedener Landesverfassungsgerichte für zulässig erachtet.

145 BVerfGE 103, 332.

146 GVOBl. S. 215.

sungsautonomie der Länder hervorhob und sich äußerst restriktiv zur eigenen Lehre vom „hineinwirkenden Bundesrecht" äußerte:[147]

> „Aus der Sicht des Landes ist [...] zu berücksichtigen, dass seine Verfassungsautonomie und damit seine Staatlichkeit ganz nachhaltig beschädigt wird, je mehr Prinzipien oder Normen der Bundesverfassung in eine Landesverfassung hineingelesen werden. Auf diese Weise wird letztlich ein Eckpfeiler des Staatswesens der Bundesrepublik Deutschland untergraben: das föderale Prinzip des Art. 20 Abs. 1 GG."[148]

Das Bundesverfassungsgericht kommt für den Bereich Schleswig-Holsteins zu dem Ergebnis, dass ein „Hineinwirken" nach der Struktur der Landesverfassung abzulehnen sei.[149] In der Entscheidung deutet sich aber an, dass die Beantwortung der Frage, ob die Prüfung von Vorschriften des Grundgesetzes zu einem landesverfassungsgerichtlichen Gebot erhoben wird, zur Verfassungshoheit der Länder gehört und durch den Landesverfassungsgeber selbst zu entscheiden ist.[150] Es ist aus bundesrechtlicher Sicht nicht zu beanstanden, wenn sich das Landesverfassungsgericht bei der Prüfung auf die Vereinbarkeit einer hoheitlichen Maßnahme mit der Landesverfassung beschränkt. Eine Ausdehnung der Kognitionsbefugnis durch Landesverfassungsrecht ist zwar möglich, eine entsprechende Verpflichtung der Landesverfassungsgerichte lässt sich dem Grundgesetz jedoch nicht entnehmen.[151]

(3) Kassationsbefugnis bei gerichtlichen Entscheidungen, die in bundesrechtlich geordneten Verfahren ergangen sind

Zum wohl schwierigsten Problem in Bezug auf die Landesverfassungsgerichtsbarkeit, nämlich der Befugnis der Landesverfassungsgerichte zur Kassation gerichtlicher Entscheidungen, die in bundesrechtlich geordneten Verfahren ergangen sind, äußerte sich der Zweite Senat des Bundesverfassungsgerichts in seinem Beschluss vom 15. Oktober 1997[152] und schloss sich im Wesentlichen der Auffassung des Bayerischen Verfassungsgerichtshofes[153] an. Im konkreten Fall ging es darum, ob das Landesverfassungsgericht das Urteil eines Amtsgerichts, das in einem nach der Zivilprozessordnung geregelten Verfahren ergangen war, wegen Verletzung des in der Landesverfassung gewährleisteten Grundsatzes des rechtlichen Gehörs aufheben durfte. Das Bundesverfassungsgericht nahm die zu ihm erhobene Verfassungsbeschwerde nicht zur Entscheidung an. Der dann an-

147 Vgl. *Menzel*, Landesverfassungsrecht, S. 309.
148 BVerfGE 103, 332, 357.
149 BVerfGE 103, 332, 356.
150 BVerfGE 103, 332, 357.
151 Vgl. *Menzel*, Landesverfassungsrecht, S. 298.
152 BVerfGE 96, 345.
153 Vgl. dazu unter 3. Teil, III. 1. a).

gerufene Sächsische Verfassungsgerichtshof legte dem Bundesverfassungsgericht nach Art. 100 Abs. 3 GG die folgende – in der Rechtsprechung und der Literatur seit Jahrzehnten umstrittene – Frage vor: Ist ein Landesverfassungsgericht nach dem Grundgesetz gehindert, über eine gegen das Urteil eines Landesgerichts eingelegte Verfassungsbeschwerde zu entscheiden, mit der die Anwendung des Prozessrechts des Bundes beanstandet wird? Das Bundesverfassungsgericht beantwortete diese Frage mit „Nein", legte jedoch der Prüfungskompetenz der Landesverfassungsgerichte nicht unerhebliche Beschränkungen auf:

Das Grundgesetz hindert ein Landesverfassungsgericht nicht daran, die Anwendung von gerichtlichem Verfahrensrecht des Bundes (Zivilprozessordnung, Strafprozessordnung, Verwaltungsgerichtsordnung etc.) durch Gerichte des Landes an den Grundrechten und grundrechtsgleichen Gewährleistungen der Landesverfassung zu messen, sofern diese den gleichen Inhalt haben wie die entsprechenden Rechte des Grundgesetzes.[154] Dabei muss die Beschwer ausschließlich auf der Entscheidung eines Gerichts des Landes – und nicht auch des Bundes – beruhen.[155] Eine Landesverfassungsbeschwerde gegen die Entscheidung des Gerichts eines Landes kommt nicht in Betracht, soweit diese Entscheidung durch ein Bundesgericht in der Sache ganz oder teilweise bestätigt worden ist. Gleiches gilt für die Entscheidung des Gerichts eines Landes, soweit diese nach einer Zurückverweisung unter Bindung an die Maßstäbe des Bundesgerichts ergangen ist.[156] Das Bundesverfassungsgericht stellte klar, dass die föderale Kompetenzordnung des Grundgesetzes die Anordnung einer Kassationsbefugnis des Landesverfassungsgerichts nur unter der Voraussetzung zulässt, dass die Subsidiarität gegenüber dem fachgerichtlichen Rechtsweg Voraussetzung einer Landesverfassungsbeschwerde ist.[157] Der Beschluss des Bundesverfassungsgerichts bezog sich – orientiert am Vorlagegegenstand – nicht auf die Anwendung materiellen Bundesrechts (z.B. Bürgerliches Gesetzbuch, Strafgesetzbuch).[158]

Das Bundesverfassungsgericht legt in allen Einzelheiten die Vorgehensweise für die Landesverfassungsgerichte fest: Das Landesverfassungsgericht hat in einem ersten Schritt festzustellen, ob die vom Beschwerdeführer gerügte fehlerhafte Verfahrensgestaltung im Ausgangsverfahren ein Anwendungsfall für ein Landesgrundrecht begründen kann. Um festzustellen, ob das vom Beschwerdeführer mit seiner Verfassungsbeschwerde als verletzt gerügte landesverfassungsrechtliche Recht mit einem entsprechenden Recht des Grundgesetzes inhaltsgleich ist und daher Prüfungsmaßstab sein kann, muss das Landesverfassungsgericht in

154 BVerfGE 96, 345 (Leitsatz 3a).

155 BVerfGE 96, 345, 363.

156 BVerfGE 96, 345, 371.

157 BVerfGE 96, 345, 363.

158 Für eine Anwendung auch auf materielle Rechtsanwendungsakte sprechen sich *Hain*, JZ 1998, S. 615 und *v. Zerzschwitz*, NJW 1999, S. 49 aus.

einem nächsten Schritt prüfen, zu welchem Ergebnis die Anwendung des Grundgesetzes in dem Fall des Ausgangsverfahrens führt.[159] Hierbei ist das Landesverfassungsgericht gemäß § 31 BVerfGG an die Rechtsprechung des Bundesverfassungsgerichts gebunden und unterliegt auch der Vorlagepflicht des Art. 100 Abs. 3 GG, die der „Rechtszersplitterung" entgegenwirken soll.[160] Anschließend muss das Landesverfassungsgericht prüfen, ob das gerügte Landesverfassungsrecht im zu entscheidenden Fall zu demselben Ergebnis wie das Grundgesetz führt.[161] Falls dies bejaht wird, steht die Inhaltsgleichheit des Landesgrundrechts fest, sodass dieses Prüfungsmaßstab für das Landesverfassungsgericht sein kann. Hält die angegriffene Entscheidung Maßstäben des Grundgesetzes stand, genügt sie auch der inhaltsgleichen landesrechtlichen Gewährleistung. Verletzt der richterliche Hoheitsakt hingegen Grundrechte oder grundrechtsgleiche Gewährleistung des Grundgesetzes, so verstößt er auch gegen entsprechende inhaltsgleiche Landesverfassungsrechte und kann vom Landesverfassungsgericht aufgehoben werden.[162] Falls die Frage verneint wird – das Landesverfassungsrecht führt zu einem anderen Ergebnis, weil es abweichend vom Grundgesetz auszulegen ist –, ist die landesverfassungsrechtliche Gewährleistung nicht inhaltsgleich; an ihr kann die Anwendung bundesrechtlicher Verfahrensrechte nicht gemessen werden. Die Verfassungsbeschwerde zum Landesverfassungsgericht mit der Rüge der Verletzung dieser Gewährleistung ist unzulässig.[163]

(a) Zur Beschränkung des Prüfungsmaßstabs auf inhaltsgleiche Grundrechte

Als Prüfungsmaßstab der Landesverfassungsgerichte kommen nur Landesgrundrechte in Betracht, die inhaltsgleich mit den Grundrechten des Grundgesetzes sind. Dies ist der Fall, wenn die Grundrechte der Landesverfassungen den gleichen Gegenstand in gleichem Sinn und in gleichem Umfang mit gleichem Inhalt wie das Grundgesetz regeln.[164] Nur in diesem Sinne inhaltsgleiche Verfassungsrechte können nach Auffassung des Bundesverfassungsgerichts eine konkrete Rechtslage widerspruchsfrei gestalten. Liegt ein solcher Fall vor, hat der Richter die einschlägigen – parallel verbürgten – Grundrechte des Grundgesetzes und der Landesverfassung zu beachten. Einen Konflikt, der aus dieser gleichzeitigen Bindung resultiert, sieht das Bundesverfassungsgericht nicht, weil die Anwendung der inhaltsgleichen Grundrechte im konkreten Fall zu demselben Ergebnis

---

159 BVerfGE 96, 345, 373.

160 BVerfGE 96, 345 (Leitsatz 4b), 373, 375.

161 BVerfGE 96, 345 (Leitsatz 4a).

162 BVerfGE 96, 345, 374.

163 BVerfGE 96, 345, 374.

164 BVerfGE 96, 345 (1. Leitsatz).

führt. Aus der doppelten Bindung folge vielmehr ein verstärkter Grundrechtsschutz[165], wenn die Landesverfassungsgerichte im Gegensatz zum Bundesverfassungsgericht die Erfolgsaussicht der Verfassungsbeschwerde zu prüfen haben, weil ihre Verfahrensordnung – anders als § 93a Abs. 2b BVerfGG – keine besonderen Annahmevoraussetzungen vorsehen.[166] In den Fällen einer Divergenz zwischen der landesverfassungsrechtlichen Gewährleistung und dem entsprechenden Bundesrecht bleibt das Landesgrundrecht zwar nach Art. 142 GG wirksam; gemäß Art. 31 GG beansprucht das Bundesrecht nach Auffassung des Bundesverfassungsgerichts dann aber einen „Anwendungsvorrang". Dies hat zur Folge, dass die Landesverfassung als Prüfungsmaßstab ausscheidet und eine Prüfungskompetenz des Landesverfassungsgerichts zu verneinen ist[167], weil – wie bereits oben dargelegt – für dieses nur Landesverfassungsrecht als Prüfungsmaßstab in Betracht kommt.

Das Bundesverfassungsgericht befasste sich in der Entscheidung mit der Klärung einiger Grundsatzfragen zu Art. 142 GG. Es stellte im Sinne einer prinzipiellen Aussage über den Regelungsgehalt der Vorschrift und den Fortbestand von Landesgrundrechten fest, dass die inhaltsgleichen Grundrechte, aber auch die Mehr- und Mindergewährleistungen i.S.v. Art. 142 GG mit dem Grundgesetz „in Übereinstimmung" stehen.[168] Die Frage, wieso Prüfungsmaßstab der Landesverfassungsgerichte eigentlich nur solche Grundrechte sein können, die ihr gleichlautendes Pendant im Grundgesetz finden, bleibt unbeantwortet. Der Feststellung, dass eine Kollision des Landesgrundrechts mit dem Bundesrecht jedenfalls bei Inhaltsgleichheit von Bundes- und Landesgrundrecht ausgeschlossen ist, folgt die Aussage: „Nur in diesem Sinne inhaltsgleiche Verfassungsrechte können eine konkrete Rechtslage widerspruchsfrei gestalten".[169] Diese Aussage wirkt fragwürdig, weil das Bundesverfassungsgericht wenige Zeilen zuvor ausdrücklich die Befugnis des Landesverfassungsgebers hervorhebt, auch solche Grundrechte zu statuieren, die über das Schutzniveau des Bundesgrundrechts hinausgehen.[170] Alle weiteren Leitsätze der Entscheidung wenden sich dem Problem zu, dass auch nach Art. 142 GG prinzipiell weitergeltende Grundrechte gebrochen werden können bzw. ihre Anwendung in bestimmten Entscheidungs-

165 Vgl. BVerfG NJW 1996, 1464.

166 Vgl. dazu auch Kommissionsbericht, S 15 f., 42 ff., 90, 92: Eine Minderheit in der Kommission sah in der Stärkung des Instituts der Verfassungsbeschwerde die Chance, in gewissem Umfang die Einschränkung des subjektiven Grundrechtsschutzes auszugleichen, die mit der Einführung einer Annahme nach Ermessen beim Bundesverfassungsgericht verbunden ist.

167 BVerfGE 96, 345, 364.

168 Vgl. *Dreier*, Grundrechtsschutz durch Landesverfassungsgerichte, S. 27.

169 BVerfGE 96, 345, 365.

170 BVerfGE 96, 345, 365; vgl. dazu auch *J. Dietlein*, JURA 2000, S. 22; *Lange*, in: FS 50 Jahre Bundesverfassungsgericht I, S. 298.

kontexten ausgeschlossen ist. Hier verlagert sich der Blick auf Art. 31 GG. Der Zweite Senat stellte fest, dass sich diese Norm des Grundgesetzes nicht auf die Rechtsanwendung im Einzelfall erstreckt, sondern Kollisionen zwischen Normen bewältigen soll.[171] Zurückgewiesen werden damit Positionen, die die in Rede stehende Problemkonstellation mit der Bindung des Landesrichters an die im Verhältnis zu den Landesgrundrechten höhere Norm des Bundesverfahrensrechts lösen und auf diesem Wege eine Prüfungskompetenz der Landesverfassungsgerichte ablehnen.[172] Nicht ausschließen will das Bundesverfassungsgericht mit dieser Trennung zwischen dem Vorrang des Bundesrechts und dem fehlenden Vorrang der Anwendung von Bundesrecht die Möglichkeit, dass einfaches Bundesprozessrecht im Stande ist, Landesrecht einschließlich des Landesverfassungsrechts zu brechen.

Das Gericht stellte fest, dass Landesgrundrechte, die gemäß Art. 142 GG weiter gelten und deshalb nicht gemäß Art. 31 GG durch einfaches Bundesrecht gebrochen werden können, bei der Anwendung des Prozessrechts dann zur Geltung kommen, wenn die einschlägige Verfahrensvorschrift einen (Auslegungs-)Spielraum lässt. Ist eine bundesrechtliche Verfahrens- oder Prozessnorm soweit oder unspezifisch gefasst, dass sich bei ihrer Interpretation „Spielräume" ergeben, so könnten diese durch Heranziehung von Grundrechten und dann möglicherweise eben auch von Landesgrundrechten ausgefüllt werden. Dieses Ausfüllen von Spielräumen akzeptiert das Bundesverfassungsgericht im Grundsatz. An dieser Stelle setzt ein Bruch in der Argumentationslinie des Beschlusses vom 15. Oktober 1997 ein. Denn wenn es einerseits Spielräume für die Berücksichtigung von Landesgrundrechten gibt, dann müssten diese in den einzelnen Ländern auch unterschiedlich ausgefüllt werden können. Die Zuordnung von Entscheidungsspielräumen würde allerdings eine im Einzelfall unterschiedliche Handhabung der bundesrechtlichen Verfahrensnormen und im Ergebnis eine unterschiedliche Ausgestaltung des Zivil- oder Strafverfahrens nach sich ziehen.[173] Genau dies versucht das Bundesverfassungsgericht jedoch zu verhindern. Es entfaltet gewissermaßen ein „Sonderregime" für Fälle, in denen Landesverfassungsgerichte über Verfassungsbeschwerden entscheiden, in denen die Aufhebung der Entscheidung eines Landesgerichts mit dem Argument begehrt wird, bei der Anwendung von Bundesverfahrensrecht sei gegen Landesgrundrechte verstoßen worden. Weil das Bundesverfassungsgericht diese unterschiedlichen Prozessgeschehen vermeiden und „Rechtseinheitlichkeit" gewahrt wissen will, greift es zu einer Kombination von mehreren, für sich genommen nicht unproblematischen Aussagen. Dieses Ziel dürfte auch erklären, warum von den Mehr-

---

171 BVerfGE 96, 345, 364.

172 Vgl. *Gehb*, DÖV 1993, S. 473 f.; *Starck*, JZ 1993, S. 232; *Berkemann*, NVwZ 1993, S. 415; *Lemhöfer*, NJW 1996, S. 1720.

173 *Dreier*, Grundrechtsschutz durch Landesverfassungsgerichte, S. 31.

gewährleistungen, die das Gericht zu Beginn seiner Entscheidungsgründe noch ausdrücklich erwähnt, im weiteren Verlauf keine Rede mehr ist. Denn nur wenn die Grundrechtslage wegen der Identität von Bundes- und Landesgrundrechten gleich ist, können die Entscheidungen der Landesverfassungsgerichte überall gleich ausfallen, kann es also keine landesspezifischen Besonderheiten bei der Anwendung des Bundesverfahrensrechts geben.[174]

Eine Verschärfung erfährt dieser „Identitätswille" dadurch, dass die Inhaltsgleichheit der Grundrechte zur Ergebnisgleichheit der Einzelfallentscheidung gesteigert wird. Auch mit dieser Strategie wird sichergestellt, dass bei der Einwirkung der Grundrechte auf die bundesrechtlichen Verfahrensnormen und ihrer Handhabung zwischen Bund und Ländern – bzw. der Länder untereinander – keine Divergenz auftritt. Wegen des Erfordernisses der Ergebnisgleichheit muss sich die Prozessrealität in allen Bundesländern gleich darstellen. Denn was die Landesgerichte zu beachten haben und die Landesverfassungsgerichte überprüfen dürfen, wird durch exakt den bundesgrundrechtlichen Standard definiert, der ohnehin nach Art. 1 Abs. 3 GG überall Anwendung findet. Da Reichweite und Wirkungsintensität der Bundesgrundrechte genau kongruent mit jenen inhaltsgleichen Landesgrundrechten sind, muss sich die Prozessrealität in allen Bundesländern vollkommen entsprechen. Im Endergebnis stellt das Bundesverfassungsgericht damit sicher, dass Auslegung und Handhabung der bundesrechtlichen Prozessnormen in allen Ländern so vorgenommen werden, wie dies auf Bundesebene der Fall ist.[175]

(b) Ausdehnung der Vorlagepflicht bei abweichender Auslegung inhaltsgleicher Grundrechte

Kommt ein Landesverfassungsgericht zu dem Ergebnis, dass seine bisherige Auslegung des Landesgrundrechts von der Rechtsprechung des Bundesverfassungsgerichts zu dem Bundesgrundrecht abweicht, so muss es neuerdings seine Interpretation anpassen oder aber das Bundesverfassungsgericht im Wege der Vorlage nach Art. 100 Abs. 3 GG davon überzeugen, seine Rechtsprechung zu ändern.[176] Im Ergebnis bedeutet dies, dass die Vorlagepflicht nicht nur greift, wenn das Landesverfassungsgericht bei der Auslegung des Grundgesetzes von einer Entscheidung des Bundesverfassungsgerichts oder des Verfassungsgerichts eines anderen Landes abweichen will, sondern auch dann, wenn das Landesverfassungsgericht bei der Auslegung eines Landesgrundrechts von der Rechtsprechung des Bundesverfassungsgerichts zu dem entsprechenden Bundesgrundrecht abweichen will.[177] Das Bundesverfassungsgericht hat damit den Anwendungsbe-

174 *Dreier*, Grundrechtsschutz durch Landesverfassungsgerichte, S. 31.

175 *Dreier*, Grundrechtsschutz durch Landesverfassungsgerichte, S. 31.

176 BVerfGE 96, 345 (4. Leitsatz), vgl. dazu auch *Wittreck*, DÖV 1999, S. 641.

177 BVerfGE 96, 345 (4. Leitsatz).

reich des Art. 100 Abs. 3 GG ohne eine nähere Begründung, aber mit beachtlichen Folgen erweitert.[178]

Positiver Effekt der in diesem Sinne erweiterten Vorlagepflicht ist, dass die Landesverfassungsgerichte nunmehr – gewissermaßen als Kehrseite der Vorlagepflicht – die Berechtigung erhalten, in einem verstärkten Maße an der Rechtsfortbildung auf der Bundesebene mitzuwirken. Über die Vorlage nach Art. 100 Abs. 3 GG kann eine Fortentwicklung des Verfassungsrechts durch die Landesverfassungsgerichte initiiert werden, wenn sich das Bundesverfassungsgericht der Auffassung des vorlegenden Landesverfassungsgerichts anschließt und dessen Auslegung des Landesgrundrechts in Bezug auf das entsprechende Bundesgrundrecht zur (neuen) authentischen Grundrechtsinterpretation macht. Die in Art. 100 Abs. 3 GG angelegte Rechtsfortbildungsoption wird auch zum Anlass genommen, die Vorschrift als „grundlegende Norm für das Verhältnis von Bundes- und Landesverfassungsgerichtsbarkeit", als Instrument zur Überwindung von „Erstarrung und Versteinerung der Verfassungsrechtsprechung" zu würdigen.[179] Das Bestreiten des Zwischenverfahrens hat Anstoßwirkung im Sinne eines Impulses zur Rechtsfortbildung. Die abweichende Rechtsauffassung gelangt nur deswegen zur Vorlage an das Bundesverfassungsgericht, weil das vorlegende Landesverfassungsgericht seine neue Erkenntnis für zutreffend hält und gegenüber der tradierten Auslegung des Bundesgrundrechts als vorzugswürdig erachtet. Darin liegt gleichzeitig die Aufforderung an das Bundesverfassungsgericht zur Revision seiner bisherigen Rechtsauffassung.[180] Dies mag eine positive Auswirkung der Ausdehnung der Vorlagepflicht sein, deren praktische Relevanz sich bislang allerdings noch nicht so recht gezeigt hat[181].

Schwerer wiegt, dass durch die Ausdehnung der Vorlagepflicht der Entscheidungsspielraum der Landesverfassungsgerichte im Interesse der „Rechtsprechungseinheit"[182] eingeengt wird. Unabhängig davon, dass das Grundgesetz einen „Grundsatz der Rechtsprechungseinheit" nicht kennt[183], ist eine Vorlagepflicht der Landesverfassungsgerichte bei der Auslegung inhaltsgleicher, wort-

178 Vgl. *Dreier*, Grundrechtsschutz durch Landesverfassungsgerichte, S. 25; *J. Dietlein*, JURA 2000, S. 19.

179 *Stern*, in: Bonner Kommentar zum GG, Art. 100 Rn. 266; *Maunz*, in: Maunz/Dürig, GG-Kommentar, Art. 100 Rn. 49; *Burmeister*, in: Starck / Stern, Landesverfassungsgerichtsbarkeit II, S. 403; *Geiger*, in: FS für Laforet, S. 263.

180 *Rozek*, Das Grundgesetz als Prüfungs- und Entscheidungsmaßstab der Landesverfassungsgerichte, S. 80.

181 Dem Bundesverfassungsgericht ist bislang nur in fünf Fällen eine Rechtsfrage im Wege der Divergenzvorlage vorgelegt worden, vgl. *Schlaich / Korioth*, Das Bundesverfassungsgericht, S. 131.

182 Vgl. zu dem Begriff auch *Schlaich / Korioth*, Das Bundesverfassungsgericht, S. 247.

183 *Schlaich / Korioth*, Das Bundesverfassungsgericht, S. 247.

gleicher oder durch Rezeption[184] entstandener Landesgrundrechte aus mehreren Gründen verfassungsrechtlich problematisch. Voraussetzung für die Einleitung des Vorlageverfahrens ist, dass in dem bei einem Landesverfassungsgericht anhängigen Ausgangsstreitverfahren die Auslegung des Grundgesetzes in rechtlicher und tatsächlicher Hinsicht entscheidungserheblich ist[185] und das Landesverfassungsgericht seine Entscheidung auf eine Auslegung des Grundgesetzes gründen will, die von der Auslegung einer Grundrechtsbestimmung durch das Bundesverfassungsgericht oder eines anderen Landesverfassungsgerichts abweicht. Dies ist der Fall, wenn es um die Gültigkeit des Landesverfassungsrechts als Prüfungsmaßstab des Landesverfassungsgerichts geht. Die erweiterte Vorlagepflicht widerspricht nicht nur dem Wortlaut des Art. 100 Abs. 3 GG[186], sondern auch der Intention des Verfassungsgebers: Es geht darum, Auslegungsdivergenzen externer Natur, d.h. Außendivergenzen im Sinne von Auslegungsabweichungen zwischen institutionell selbstständigen Verfassungsgerichten, auszuräumen. Die Außendivergenz wird durch verbindliches, einheitsstiftendes Judikat des Bundesverfassungsgerichts ausgeräumt, noch bevor sie sich im Ausgangsverfahren vor dem Landesverfassungsgericht auswirken kann.[187] Auch wenn Art. 100 Abs. 3 GG damit ohne direktes verfassungsrechtliches Vorbild ist[188], ist die Vorschrift doch verfahrensrechtlichen Vorschriften verwandt, die im Bereich der Fachgerichtsbarkeit Vorlagepflichten im Interesse der Einheitlichkeit der Rechtsprechung begründen.[189] Art. 100 Abs. 3 GG soll gewährleisten, dass die Rechtsprechung der Verfassungsgerichte des Bundes und der Länder bezüglich der Auslegung des Grundgesetzes einheitlich bleibt, wobei „Einheitlichkeit“ hier durchaus auch im Sinne von „Uniformität“ zu verstehen ist. Die Wahrung von *Rechtseinheitlichkeit* bildete ursprünglich das Motiv für die

---

184 Vgl. zu den durch Rezeption entstandenen Grundrechten *Pestalozza*, Verfassungsprozessrecht, S. 223; *J. Dietlein*, AöR 120 (1995), S. 21.

185 BVerfGE 36, 342, 356.

186 *Burmeister* sieht die Qualität einer Vorschrift als Bundes- oder Landesrecht nicht als maßgebliches Kriterium für den Anwendungsbereich des Art. 100 Abs. 3 GG an. Maßgeblich sei vielmehr die Identität der sich aus ihr für die bundes- und landesstaatlichen Organe ergebenen Bindungen. Eine solche Identität des „Normenbefehls“ sei bei gleichlautenden Grundrechtsbestimmungen des Bundes- und Landesverfassungsrechts gegeben. Dieser Auffassung steht der Grundsatz der unabhängig voneinander bestehenden Verfassungsräume von Bund und Länder entgegen; siehe *Burmeister*, in: Landesverfassungsgerichtsbarkeit II, S. 414.

187 *Schlaich / Korioth*, Das Bundesverfassungsgericht, S. 130; *Burmeister*, in: Starck / Stern, Landesverfassungsgerichtsbarkeit II, S. 463; *Sachs*, Bindung des Bundesverfassungsgerichts, S. 423 f.; *Eller*, Bindung der Landesverfassungsgerichte, S. 263.

188 *Stern*, in: Bonner Kommentar zum GG, Art. 100 Rn. 263.

189 Vgl. § 121 Abs. 2 GVG, § 28 Abs. 2 FGG, § 79 GBO.

Einführung der Vorschrift.[190] Im gleichen Sinne äußerte sich in der Vergangenheit das Bundesverfassungsgericht: Der Sinn des Art. 100 Abs. 3 GG ist nicht, die Verfassungsgerichte der Länder an die Entscheidung des konkreten Streites zu binden, sondern zu sichern, dass in den Entscheidungen aller Verfassungsgerichte von Bund und Ländern das „Grundgesetz" einheitlich ausgelegt wird.[191] Nicht gemeint war damit die Einheitlichkeit der Auslegung von „übereinstimmendem" Bundes- und Landesverfassungsrecht.[192]

Das vom Bundesverfassungsgericht zugrunde gelegte neue Verständnis des Art. 100 Abs. 3 GG hat markante Auswirkungen auf das Verständnis des § 31 BVerfGG. Die Verknüpfung beider Vorschriften geht über den bisher in der Literatur erörterten Aspekt, ob Art. 100 Abs. 3 GG eine gegenüber § 31 Abs. 1 BVerfGG zur Vorlage berechtigende oder verpflichtende Norm ist[193], deutlich hinaus. Im Spannungsverhältnis beider Vorschrift wird diskutiert, ob Art. 100 Abs. 3 GG als eine „Durchbrechung" der aus § 31 Abs. 1 BVerfGG resultierenden Bindung der Landesverfassungsgerichte zu verstehen ist, mithin eine Privilegierung der Landesverfassungsgerichte gegenüber den anderen Staatsorganen vorsieht[194], oder ob Art. 100 Abs. 3 GG in Ergänzung zu § 31 BVerfGG die Funktion zufällt, ausnahmsweise eine Bindung der Landesverfassungsgerichte nicht nur an den Tenor, sondern an die „tragenden" Entscheidungsgründe von bundesverfassungsgerichtlichen Entscheidungen herzustellen, soweit darin Rechtsauffassungen über die Auslegung des Grundgesetzes enthalten sind.[195] Unabhängig davon, welche Auffassung man zum Verhältnis beider Vorschriften vertritt, legt die Ausdehnung der in Art. 100 Abs. 3 GG grundgesetzlich abgesicherten Vorlagepflicht eine Auslegung des normen-hierarchisch untergeordneten

---

190 *V. Doemming / Füßlein / Matz*, Entstehungsgeschichte der Artikel des Grundgesetzes, JöR (n.F.) 1 (1951), S. 736 f.

191 BVerfGE 3, 261, 265.

192 *Pestalozza*, Verfassungsprozessrecht, S. 223.

193 *Burmeister*, in: Starck / Stern, Landesverfassungsgerichtsbarkeit II, S. 411; *Kerbusch*, Die Bindung an Entscheidungen des Bundesverfassungsgerichts, S. 111 ff.; *Sachs*, Bindung des Bundesverfassungsgerichts, S. 103, 421 ff.; *Eller*, Bindung der Landesverfassungsgerichte an die Rechtsprechung des Bundesverfassungsgerichts, S. 116 ff.

194 *Burmeister*, in: Starck / Stern, Landesverfassungsgerichtsbarkeit II, S. 414; *Stern*, in: Bonner Kommentar zum GG, Art. 100 Rn. 279; *Maunz*, in Maunz / Schmidt-Bleibtreu / Klein / Ulsamer, BVerfGG, § 85 Rn. 5; *Benda*, in: Benda / Klein, Lehrbuch des Verfassungsprozessrechts, Rn. 1108; *v. Olshausen*, Landesverfassungsbeschwerde und Bundesrecht, S. 152; *Geiger*, in: FS für Laforet, S. 263; *Rupp*, in: FS für Kern, S. 413 f.; *Kauke*, Die Verfassungs- und Staatsgerichtsbarkeit in Bund und Ländern und ihr Verhältnis zueinander, S. 110 f.; *Lechner*, NJW 1956, S. 443; *Rudolph*, DVBl. 1964, S. 252.

195 *Eller*, Bindung der Landesverfassungsgerichte an die Entscheidungen des Bundesverfassungsgerichts, S. 118 ff., 121 m.w.N.; *Wischermann*, Rechtskraft und Bindungswirkung, S. 76 f.; *Kadenbach*, AöR 80 (1955/1956), S. 416; *Schneider*, DVBl. 1954, S. 186; *Willms*, DÖV 1955, S. 337.

§ 31 Abs. 1 BVerfGG nahe, die eine Bindung der Landesverfassungsgerichte an die „tragenden Gründe“, und zwar nun auch bei der Interpretation von Normen der Landesverfassung, vorsieht. Bislang hat das Bundesverfassungsgericht die Auffassung vertreten, dass die Landesverfassungsgerichte bei der Auslegung „ihrer“ Grundrechte nicht an die Interpretation des grundgesetzlichen Pendants gebunden sind.[196] Es hat die Landesverfassungsgerichte in diesem Sinne nicht in den von ihm definierten weiten Umfang der Bindungswirkung seiner Entscheidungen einbezogen.

Das Bundesverfassungsgericht geht in ständiger Rechtsprechung davon aus, dass Bindungswirkung die „tragenden Gründe“ der Entscheidung entfalten, soweit sie Ausführungen zur Auslegung der Verfassung enthalten.[197] Die Bindungswirkung erstreckt sich danach auf alle Teile der Entscheidungsgründe, die die Auslegung und Anwendung des Grundgesetzes betreffen. Die Entscheidungen enthalten eine über den Einzelfall hinausgehende Bindungswirkung; die sich aus dem Tenor und den tragenden Gründen der Entscheidung ergebenden Grundsätze müssen bei der Auslegung der Verfassung durch Gerichte und Behörde in allen künftigen Fällen beachtet werden.[198] Zu dieser Auffassung kommt das Bundesverfassungsgericht aufgrund seines Selbstverständnisses über seine Stellung im Verfassungsleben.[199] Das Gericht hält sich selbst für den „maßgebenden Interpreten und Hüter der Verfassung“, für die „verbindliche Instanz für Verfassungsfragen“.[200] Eine solche „Sonderstellung des Bundesverfassungsgerichts als dem zur verbindlichen Verfassungsinterpretation berufenen Verfassungsorgan“[201] wird zum Teil akzeptiert.[202] § 31 Abs. 1 BVerfGG enthält danach das an alle Staatsorgane gerichtete Gebot, „falltragende“ Ausführungen seiner Entscheidungen zum Inhalt der Verfassung künftig als allgemeine Handlungsmaxime zu beachten. Jedes rechtsanwendende Organ hat, ohne zu eigener Prüfung befugt zu sein, diese Verfassungsinterpretation seinem Handeln zugrunde zu legen.[203] Die verselbstständigte Bindung an die Auslegung des Bundesverfassungsgerichts beansprucht, wie die Bindung an die Auslegung der zugrunde lie-

---

196 BVerfG NVwZ 1994, 59, 60; NJW 1999, 1020, 1021, diese Entscheidung bezog sich auf die Entscheidung des BayVerfGH zur bayerischen Kruzifixregelung, BayVBl. 1997, 686.

197 BVerfGE 1, 14, 37 (Südweststaat-Urteil).

198 BVerfGE 1, 14, 37; 19, 377, 392; 20, 56, 87; 40, 88, 73 f.

199 *Schlaich / Korioth*, Das Bundesverfassungsgericht, S. 340.

200 BVerfGE 40, 88, 93.

201 *Kriele*, ZRP 1975, S. 74.

202 Im Schrifttum gibt es Stimmen, die diese Sonderstellung des Bundesverfassungsgerichts als dem zur verbindlichen Verfassungsinterpretation berufenen Verfassungsorgan akzeptieren und dem Gericht sogar die Teilhabe an der Verfassungsgesetzgebung zusprechen, vgl. *Böckenförde*, NJW 1976, S. 2099; *Benda*, DÖV 1979, S. 469.

203 *Rupp*, in: FS für Eduard Kern, S. 406; *Vogel*, in: Festgabe 25 Jahre Bundesverfassungsgericht I, S. 580 f.

genden Norm selbst, bundesweit abstrakt-generelle Wirkung.[204] Nach dieser extensiven Auslegung des § 31 Abs. 1 BVerfGG betreibt das Bundesverfassungsgericht Gesetzgebung im materiellen Sinne. Die mit dem Anspruch der Authentizität auftretende Verfassungsinterpretation beinhaltet für einen generellen Adressatenkreis (alle Träger der verfassungsgebundenen Staatsgewalt) die abstrakte (nicht auf einen konkreten Lebenssachverhalt zielende) rechtsverbindliche Anordnung, die Auslegung bei der Auslegung eigenen künftigen Handelns als Maßstab zugrunde zu legen.[205] Den Gründen der bundesverfassungsgerichtlichen Entscheidung kommt so betrachtet rechtssatzähnliche Kraft zu.[206] Diese extensive Auslegung der Bindungswirkung beinhaltet auf der horizontalen Ebene einen Kompetenzverlust für den einfachen Gesetzgeber.

Der über die Ausdehnung der Vorlagepflicht nach § 100 Abs. 3 GG neu definierte Umfang der Bindungswirkung zieht nun auch einen beachtlichen Kompetenzverlust auf der vertikalen Ebene, nämlich im Verhältnis zu den Ländern, nach sich. Für die Landesverfassungsgerichte als „Hüter der Landesverfassung" resultiert aus der (gesteigerten) Bindung an die Auslegung des Grundgesetzes durch das Bundesverfassungsgericht, die auch die Interpretation der Landesgrundrechte erfassen soll, der Verlust von Entscheidungsspielräumen.[207] Nur in einer einzigen Konstellation kann es – mit Ausnahme der weitergehenden Landesgrundrechte – zu einer „autonomen" Entscheidung eines Landesverfassungsgerichts kommen: Wenn es für eine bestimmte Fallgestaltung noch keine grundrechtsspezifische Auslegung des Bundesrechts gibt, sind die Landesverfassungsgerichte in ihrer Entscheidung nicht gebunden.[208] Einer Vorlagepflicht kann das Landesverfassungsgericht nur dadurch entgehen, dass es seine Auslegung des Landesgrundrechts von vornherein der Rechtsprechung des Bundesverfassungsgerichts zu dem entsprechenden Bundesgrundrecht anpasst. Eine derart weitgehende Auslegung hätte auch Auswirkungen auf die Überprüfbarkeit landesverfassungsgerichtlicher Entscheidungen.

b) *Kein Instanzenzug vom Landesverfassungsgericht zum Bundesverfassungsgericht*

Das Bundesverfassungsgericht ist keine dem Landesverfassungsgericht übergeordnete Rechtsmittelinstanz mit der Kompetenz, dessen Entscheidungen umfas-

---

204 *Hoffmann-Riem*, Der Staat 1974, S. 335.

205 *Jahrreiß*, in: FS für Nawiasky, S. 130 ff.; *Kadenbach*, AöR 80 (1955/1956), S. 413; *Scheuner*, DVBl. 1952, S. 617.

206 *Schäfer*, NJW 1954, S. 1466; *Scheuner*, DÖV 1954, S. 645.

207 Vgl. dazu auch unter 3. Teil, V. 3.

208 *Schlaich/Korioth*, Das Bundesverfassungsgericht, S. 246.

send zu kontrollieren.[209] In seinem Beschluss vom 3. Oktober 1961 gemäß § 24 BVerfGG über die Verfassungsbeschwerde der Deutschen Bundesbahn gegen die Entscheidung des Bayerischen Verfassungsgerichtshofes vom 19. Juni 1953[210] zur Lohnzahlung an gesetzlichen Feiertagen äußerte sich der Zweite Senat erstmals grundsätzlich zur Überprüfbarkeit landesverfassungsgerichtlicher Entscheidungen.[211] Mit der vor dem Bundesverfassungsgericht erhobenen Verfassungsbeschwerde machten die Beschwerdeführer geltend, der Bayerische Verfassungsgerichtshof habe durch seine Entscheidung Art. 101 Abs. 1 Satz 2 und Art. 103 Abs. 1 sowie Art. 3 Abs. 1, Art. 17 und 19 Abs. 4 GG verletzt, weil er es unterlassen habe, nach Art. 100 Abs. 3 GG eine Entscheidung des Bundesverfassungsgerichts einzuholen. Das Bundesverfassungsgericht entschied, dass die Entscheidung eines Landesverfassungsgerichts prinzipiell mit der Verfassungsbeschwerde zum Bundesverfassungsgericht angefochten werden könne, weil die Verfassungsgerichte der Länder zur „öffentlichen Gewalt" i.S.v. § 90 BVerfGG gehörten.[212] Für die Verfahren vor den Landesverfassungsgerichten seien – jedenfalls grundsätzlich – die Art. 101 Abs. 1 Satz 2 und 103 Abs. 1 GG verbindlich mit der Folge, dass ihre Verletzung mit der Verfassungsbeschwerde gerügt werden könne.[213] Eine Verletzung der Prozessgrundrechte und der Vorlagepflicht nach Art. 100 Abs. 3 GG lehnte das Bundesverfassungsgericht damals allerdings mit der Begründung ab, dass ein Landesverfassungsgericht nur dann die Entscheidung des Bundesverfassungsgerichts einholen müsse, wenn es „bei der Auslegung des Grundgesetzes" von einer Entscheidung des Bundesverfassungsgerichts abweichen will.

Diese Auffassung griff die Erste Kammer des Ersten Senats im Beschluss vom 19. April 1993[214] auf und vertiefte diese. In dem Verfahren ging es um eine Verfassungsbeschwerde gegen die vom Bayerischen Staatsministerium für Landesentwicklung und Umweltfragen erlassene Verordnung über den „Naturpark Oberer Bayerischer Wald" vom 24. Oktober 1989[215] und gegen die Abweisung der gegen diese Verordnung erhobenen Popularklage durch den Bayerischen Verfassungsgerichtshof[216]. Das Bundesverfassungsgericht nahm die Verfassungsbeschwerde nicht zur Entscheidung an, weil sie teilweise unzulässig war und im Übrigen keine hinreichende Aussicht auf Erfolg bot. In dem Beschluss wird er-

---

209 BVerfGE 6, 445, 449; 36, 342, 357; 43, 142, 115; 60, 175, 208; vgl. dazu auch *Friesenhahn*, in: Festgabe 25 Jahre Bundesverfassungsgericht I, S. 785.

210 Vf. 84-VII-51.

211 BVerfGE 13, 132.

212 BVerfGE 6, 445, 447; 13, 132, 140; 42, 312; 85, 148.

213 BVerfGE 13, 132, 140.

214 BVerfG NVwZ 1994, 59; *Sachs*, JuS 1994, S. 797.

215 BayGVBl. 1989, 659.

216 BayVerfGH NVwZ-RR 1992, 12.

örtert, ob der Bayerische Verfassungsgerichtshof die Garantie des gesetzlichen Richters dadurch verletzt habe, dass er bei der Auslegung einer im Wortlaut mit dem Grundgesetz übereinstimmenden Regelung der Bayerischen Verfassung von der Rechtsprechung des Bundesverfassungsgerichts abgewichen sei, ohne eine Divergenzvorlage zum Bundesverfassungsgericht nach Art. 100 Abs. 3 GG zu erheben. Dabei hielt er die Rüge einer Verletzung von Art. 101 Abs. 1 Satz 2 GG i.V.m. Art. 100 Abs. 3 GG für unzulässig, weil der Bayerische Verfassungsgerichtshof seiner Entscheidung ausschließlich Normen der Bayerischen Verfassung zugrunde gelegt und daher die Verordnung nicht an Grundrechten des Grundgesetzes gemessen habe. Auch diese Tendenz in der Rechtsprechung des Bundesverfassungsgerichts stellt die Ausdehnung der Vorlageverpflichtung nach Art. 100 Abs. 3 GG, sofern ein Landesverfassungsgericht die Anwendung von Bundesrecht anhand der Landesverfassung zu messen beabsichtigt, in Frage.

Zwischenzeitlich hat das Bundesverfassungsgericht seinen Überprüfungsanspruch unter Berufung auf die Verfassungshoheit der Länder noch weiter zurückgenommen. Eine Ausnahme von der Möglichkeit, unter Berufung auf Bundesgrundrechte gegen Entscheidungen eines Landesverfassungsgerichts vorzugehen, gilt nämlich nach dem Beschluss vom 7. September 1997[217] für die Geltendmachung von Prozessgrundrechten, wenn der Streit in der Sache endgültig durch das Landesverfassungsgericht zu entscheiden ist.[218] Das Bundesverfassungsgericht entnimmt diese Aussage Art. 93 Abs. 1 Nr. 4 GG und § 13 Nr. 8 BVerfGG: Diese Vorschriften erkennen an, dass ein Land interne – grundrechtlich geschützte Rechte nicht berührende – Streitigkeiten unter Funktionsträgern der Staatsgewalt im Land ohne jede bundesverfassungsgerichtliche Einwirkung in der Sache abschließend entscheiden kann. Die Unantastbarkeit der Landesverfassungsgerichtsbarkeit würde für einen Teilbereich wieder beseitigt, wenn das Bundesverfassungsgericht kontrolliere, ob die Landesverfassungsgerichte bei der Gestaltung des Verfahrens die grundrechtsgleichen prozessualen Gewährleistungen des Grundgesetzes beachtet hätten.[219]

Mit dieser Entscheidung wollte das Bundesverfassungsgericht ohne Zweifel eine (weitere) deutliche Stärkung der Landesverfassungsgerichtsbarkeit einleiten. Originäre Landesverfassungsstreitigkeiten sollen nicht mehr über die prozessrechtliche Hintertür auf die Ebene des Bundesverfassungsgerichts „hochgezont" werden können.[220] Der vom Bundesverfassungsgericht postulierte Vorbehalt bezieht sich allein auf die Einhaltung der in Art. 28. Abs. 1 GG niedergelegten Norma-

---

217 BVerfG NJW 1998, 293 – 2 BvR 389/94.

218 BVerfG NJW 1998, 293 (2. Leitsatz).

219 BVerfG NJW 1998, 295.

220 Vgl. *Menzel*, Landesverfassungsrecht, S. 309.

tivbestimmungen der Homogenitätsklausel. Das Gericht behält sich insoweit eine Überprüfungskompetenz vor.[221]

Im Bericht der „Benda-Kommission" vom Dezember 1997 wurde diese Entscheidung im Abschnitt über eine abschließende Zuständigkeit der Landesverfassungsgerichte und Landeswahlprüfungsgerichte im Bereich der Landeswahlprüfung als Erörterungsgrundlage herangezogen.[222] Die Kommission sprach sich mit den dargelegten Argumenten des Zweiten Senats mehrheitlich dafür aus, die Möglichkeit einer Verfassungsbeschwerde gegen Entscheidungen der genannten Landesinstitutionen auszuschließen, insoweit also das Landesverfassungsgericht entscheiden zu lassen.[223] Dies sollte insbesondere für die Rüge der Verletzung von Verfahrensrechten gelten und sich auch auf Verfahren zu Volksentscheiden und -begehren beziehen.

Die weitreichenden Konsequenzen der Entscheidung des Zweiten Senats zeigen sich auch in einem nicht veröffentlichen Beschluss der Ersten Kammer des Zweiten Senats vom 2. Februar 1998. In diesem Verfahren wandten sich zwei Gemeinden mit einer Kommunalverfassungsbeschwerde gegen Regelungen eines Gesetzes des Landes Sachsen-Anhalt und einer Urteilsverfassungsbeschwerde gemäß Art. 93 Abs. 1 Nr. 4a GG gegen ein Urteil des Landesverfassungsgerichts Sachsen-Anhalt, das auf eine entsprechende Landesverfassungsbeschwerde der Beschwerdeführer ergangen war. Bislang war es prozessual unproblematisch, dass Gemeinden im Rahmen einer Verfassungsbeschwerde eine Verletzung von Justizgrundrechten auch vor dem Bundesverfassungsgericht geltend machen konnten.[224] Diese Möglichkeit einer Bundesverfassungsbeschwerde einer Gemeinde wegen einer behaupteten Verletzung von Justizgrundrechten lässt sich mit den in der Entscheidung des Zweiten Senats vom 9. Juli 1997 ge-

---

221 Vgl. *Tietje*, AöR 124 (1999), S. 290; *Jutzi*, NJ 1997, S. 643. Der Erste Senat des Bundesverfassungsgerichts hat dagegen in einem Beschluss vom 10.7.1990 (E 82, 286) bei der Frage nach der Rechtmäßigkeit der Besetzung der Richterbank des Saarländischen Verfassungsgerichtshofes seine Prüfungskompetenz bejaht. Er stellte fest, dass Antragsteller in einem abstrakten Normenkontrollverfahren nach Landesverfassungsrecht eine Verletzung des Rechts auf den gesetzlichen Richter rügen könnten, und hat die Vereinbarkeit des Urteils des Saarländischen Verfassungsgerichtshofes mit Art. 101 Abs. 1 Satz 2 GG überprüft. Die Entscheidung wird vom Zweiten Senat im Beschluss vom 9.7.1997 nicht einmal erwähnt, obwohl es in dem Verfahren vor dem Ersten Senat auch um eine Sache ging, die das Landesverfassungsgericht abschließend zu entscheiden hatte.

222 Kommissionsbericht, S. 125 f., Fn. 24.

223 Kommissionsbericht, S. 125.

224 Zur grundsätzlich fehlenden Grundrechtsfähigkeit von Gemeinden und Gemeindeverbänden vgl. BVerfGE 61, 82, 101; *Pestalozza*, Verfassungsprozessrecht, S. 171; zur Grundrechtsfähigkeit in Bezug auf die Justizgrundrechte vgl. *Jarass*, in: Jarass / Pieroth, GG-Kommentar, Art. 19 Rn. 20 m.w.N.

troffenen Aussagen nun nicht mehr vereinbaren.[225] Die Länder haben fast durchgehend die kommunale Selbstverwaltungsgarantie in ihren Verfassungen verankert, mit Ausnahme der Stadtstaaten Berlin und Hamburg; die Gemeinden haben insoweit eine gesetzlich bestimmte Aufgabe im Verfassungsleben der Länder wahrzunehmen. Es wäre nur folgerichtig, auch in diesem Bereich die Möglichkeit einer Verfassungsbeschwerde gegen eine Entscheidung eines Landesverfassungsgerichts abzulehnen. Diesen Weg scheint die Erste Kammer des Zweiten Senats auch gegangen zu sein. Der Nichtannahmebeschluss vom 2. Februar 1998 ist zwar nicht mit einer Begründung im eigentlichen Sinne versehen (§ 93d Abs. 1 Satz 2 BVerfGG); ein Ansatz von Begründung findet sich jedoch im Tenor der Entscheidung, der lautet: „Die Verfassungsbeschwerde wird nicht zur Entscheidung angenommen (vgl. § 91 Satz 2 BVerfGG sowie Beschluss des Zweiten Senats vom 9. Juli 1997 – 2 BvR 389/94 –)“. Die Bezugnahme auf die Subsidiaritätsklausel für Kommunalverfassungsstreitigkeiten und auf die grundlegende Senatsentscheidung kann nur dahingehend gedeutet werden, dass Gemeinden die Rüge der Verletzung von grundrechtsgleichen Rechten durch das Landesverfassungsgericht nicht mehr mit der Verfassungsbeschwerde zum Bundesverfassungsgericht geltend machen können, da sie sich auf ein Verfahren bezieht, in dem das Landesverfassungsgericht eine landesverfassungsgerichtliche Streitigkeit abschließend entscheidet. Im Ergebnis besteht damit für Gemeinden nun überhaupt keine Möglichkeit mehr, in Verfahren, die das Recht auf Selbstverwaltung betreffen, eine Verfassungsbeschwerde zum Bundesverfassungsgericht zu erheben, wenn eine landesverfassungsgerichtliche Zuständigkeit gegeben ist. Die Entscheidung des Landesverfassungsgerichts ist nicht mehr angreifbar.[226]

c) Selbstständiges Nebeneinander von Bundes- und Landesverfassungsbeschwerde

In seinem Beschluss vom 18. Januar 1996[227] äußerte sich die Zweite Kammer des Ersten Senats zur Anwendung und Auslegung des § 90 Abs. 3 BVerfGG. Nach dieser Vorschrift bleibt das Recht, eine Verfassungsbeschwerde an das Landesverfassungsgericht nach dem Recht der Landesverfassung zu erheben, unberührt. Der Wortlaut der Vorschrift bringt nach Auffassung des Gerichts zum Ausdruck, dass Bundes- und Landesverfassungsbeschwerde selbstständig nebeneinander eingelegt und beide Verfahren nebeneinander betrieben werden können. Nur für den Fall, dass das Landesrecht einen Ausschluss der Landesverfassungsbeschwerde bei Erhebung der Bundesverfassungsbeschwerde vorsieht,

---

225 Vgl. *Tietje*, AöR 124 (1999), S. 291.

226 Vgl. *Tietje*, AöR 124 (1999), S. 292.

227 BVerfG NJW 1996, 1464.

muss der Betroffene wählen.[228] Aus § 90 Abs. 3 BVerfGG ergibt sich, dass die Möglichkeit der Verfassungsbeschwerde zu einem Landesverfassungsgericht nicht dem Begriff des Rechtsweges in § 90 Abs. 2 BVerfGG unterfällt. Diese Grundansicht hat prozessuale Konsequenzen: Die Monatsfrist des § 90 Abs. 2 Satz 1 BVerfGG beginnt bereits mit der Zustellung der Entscheidung des letztinstanzlichen Fachgerichts zu laufen, nicht erst mit Zustellung einer Entscheidung des angerufenen Landesverfassungsgerichts.[229] Das Bundesverfassungsgericht verwarf mit seinem Beschluss die Verfassungsbeschwerde wegen Versäumung der Einlegungsfrist von einem Monat gemäß § 93 Abs. 1 BVerfGG als unzulässig.

aa) Subsidiaritätsklauseln auf Länderebene

Ob ein Nebeneinander von Bundes- und Landesverfassungsbeschwerde besteht oder nicht, beurteilt sich allerdings primär nach dem jeweiligen Landesverfassungsrecht im materiellen Sinne. Es bleibt den Ländern überlassen, ein Konkurrenzverhältnis zum Bundesverfassungsgericht zu vermeiden, indem sie die landesrechtliche Verfahrensart in der Landesverfassung oder in den jeweiligen Ausführungsgesetzen zum Landesverfassungsgericht für subsidiär[230] erklären.[231]

(1) Die Subsidiaritätsklausel in § 55 Abs. 3 SaarlVerfGHG a.F.

Diesen Weg ging man bis vor kurzem im Saarland.[232] Hier sollte es ursprünglich nach der landesverfassungsrechtlichen Konzeption von vornherein zu keiner Zuständigkeitsüberschneidung kommen können. Im Saarland kann sich jedermann im Rahmen der generalklauselhaften Ermächtigung des Art. 97 Nr. 4 SaarlVerf i.V.m. §§ 9 Nr. 13, 55 Abs. 1 SaarlVerfGHG mit einer Verfassungsbeschwerde an das Landesverfassungsgericht wenden. Voraussetzung dafür ist, dass sich der Beschwerdeführer durch die saarländische öffentliche Gewalt in einem seiner Grundrechte oder sonstigen verfassungsmäßigen Rechten verletzt fühlt. Eine sehr weitgehende Einschränkung erfuhr diese Beschwerdebefugnis noch durch

---

228 Vgl. BVerfG NJW 1996, 1464.

229 BVerfG NJW 1996, 1464.

230 Im weiteren Verlauf der Ausführungen wird der Begriff der „Subsidiarität“ im Sinne einer Vorrangigkeit bzw. Nachrangigkeit von sowohl auf der Bundes- als auch der Landesebene eingeräumten Verfahrensarten gebraucht; nicht gemeint ist damit die „Rechtswegerschöpfung“, die das Verhältnis zwischen Verfassungsgerichtsbarkeit und Fachgerichtsbarkeit betrifft.

231 Vgl. dazu auch Kommissionsbericht, S. 115: Die Kommission empfahl die Aufhebung der nach geltendem Bundesrecht noch bestehenden subsidiären Zuständigkeiten des Bundesverfassungsgerichts. Verfassungsstreitigkeiten innerhalb eines Landes sollten danach durch die Landesverfassungsgerichte entschieden werden.

232 Vgl. u.a. *Tjarks*, Zur Bedeutung der Landesgrundrechte, S. 114.

§ 55 Abs. 3 SaarlVerfGHG in der Fassung des Rechtsbereinigungsgesetzes vom 26. Januar 1994[233], wonach das Rechtsmittel unzulässig sein sollte, wenn wegen der gleichen Verletzung eine Verfassungsbeschwerde vor dem Bundesverfassungsgericht zulässig ist. Aufgrund dieser Subsidiarität war die saarländische Verfassungsbeschwerde nahezu bedeutungslos geblieben.[234] Ein eigener Zuständigkeitsbereich konnte in der Vergangenheit nur dann bestehen, wenn Grundrechte der Landesverfassung über die Grundrechte hinausgehen.[235]

In seinem „Dörnröschenschlaf" ist der Verfassungsgerichtshof durch die Entscheidung des Bundesverfassungsgerichts vom 16. Juli 1998[236] zur Verlagerung von Verfassungsbeschwerden wegen Verletzung von Wahlrechtsgrundsätzen auf die Landesverfassungsgerichte gestört worden. Im Jahre 1960 hatte er noch in einer seiner wenigen Entscheidungen eine Verfassungsbeschwerde, die das saarländischen Kommunalwahlgesetz betraf, mit der Begründung zurückgewiesen, dass der gerügte Verstoß gegen den Grundsatz der Wahlrechtsgleichheit (Art. 126 i.V.m. Art. 65 SaarlVerf) im Falle seines Vorliegens zugleich auch ein Verstoß gegen Art. 3 Abs. 1 GG darstelle, sodass die „gleiche Verletzung" auch vor dem Bundesverfassungsgericht gerügt werden könne.[237] Konsequenz der Entscheidung vom 16. Juli 1998 ist, dass die Zulässigkeit einer Verfassungsbeschwerde vor dem Landesverfassungsgericht nicht mehr davon abhängig gemacht werden kann, dass eine Verfassungsbeschwerde zum Bundesverfassungsgericht unzulässig ist. Ohne Gesetzesänderung durch den saarländischen Gesetzgeber und da die Subsidiaritätsklausel des § 55 Abs. 3 SaarlVerfGHG a.F. keine Entsprechung in der Saarländischen Verfassung fand, konnte bereits die Entscheidung des Bundesverfassungsgerichts eine Änderung des saarländischen Landesverfassungsprozessrechts bewirken. Der Landesgesetzgeber hat zwischenzeitlich reagiert und mit „Gesetz Nr. 1453 zur Änderung des Gesetzes über den Verfassungsgerichtshof" vom 8. November 2000[238] die Subsidiaritätsklausel aufgehoben. Ob dadurch die Anzahl der vor dem Verfassungsgerichtshof erhobenen Individualverfassungsbeschwerden ansteigen wird, kann zurzeit noch nicht beurteilt werden.[239] Mit der Frage der eigenen Prüfungskompetenz bei In-

---

233 Saarl. Amtsbl. 1994, S. 509.

234 Vgl. nur SaarlVerfGH NVwZ 1983, 604.

235 Vgl. dazu z.B. das Recht auf Arbeit in Art. 45, das Recht auf angemessene Arbeitsbedingungen in Art. 47 und das verfassungsrechtlich garantierte Recht auf bezahlten Urlaub in Art. 48; dazu *Pestalozza*, Verfassungsprozessrecht, § 31 I Anm. 6; *Clausen*, Landesverfassungsbeschwerde und Bundesstaatsgewalt, S. 40; *Menzel*, Landesverfassungsrecht, S. 534; *Wermeckes*, Der erweiterte Grundrechtsschutz in den Landesverfassungen, S. 160.

236 BVerfGE 99, 1; vgl. dazu unter 2. Teil, 5. a) aa) (4).

237 SaarlVerfGH AS 8, S. 38, 40 ff.

238 Saarl. Amtsbl. 2001, S. 94.

239 Vgl. aber *Krause*, JöR (n.F.) 51 (2003), S. 443, der von keinem wesentlichen Zuwachs ausgeht.

dividualverfassungsbeschwerden hat sich der Verfassungsgerichtshof seit Aufhebung der Subsidiaritätsklausel noch nicht befasst, sodass sich hier eine Entwicklung noch nicht abzeichnet.

(2) Die Subidiaritätsklausel in Art. 53 Nr. 7 M-VVerf i.V.m. § 57 Abs. 3 LVerfGG M-V

In Mecklenburg-Vorpommern besteht eine geteilte Zuständigkeitszuweisung zum Landesverfassungsgericht je nachdem, ob die Verfassungsbeschwerde unmittelbar gegen ein Landesgesetz erhoben wird[240] oder ob sich der Beschwerdeführer gegen andere Maßnahmen der öffentlichen Gewalt wendet[241]. Nachdem in den Beratungen der Verfassungskommission zunächst erwogen worden war, die Verfassungsbeschwerden in einer Vorschrift zusammenzufassen, entschied man sich letztendlich aus Gründen der Klarheit zur Trennung.[242]

Die Verfassungsbeschwerde gegen „sonstige Hoheitsakte“ hat der Landesverfassungsgeber unter eine Subsidiaritätsklausel gestellt. Die Verfassungsbeschwerde kann „jeder mit der Behauptung erheben, durch die öffentliche Gewalt in einem seiner in Art. 6 bis 10 der Landesverfassung gewährten Grundrechte verletzt zu sein, soweit eine Zuständigkeit des Bundesverfassungsgerichts nicht gegeben ist“. § 57 Abs. 3 LVerfGG M-V ordnet die Subsidiaritätsklausel ausdrücklich als „absolutes“ Zulässigkeitshindernis ein. Die Beschwerde ist danach nicht zulässig, soweit eine Zuständigkeit des Bundesverfassungsgerichts gegeben ist. Die Einschränkung soll auch in Mecklenburg-Vorpommern Konkurrenzproblemen vorbeugen.[243] Abgrenzungsprobleme ergeben sich allerdings bei der Rechtssatzverfassungsbeschwerde.[244]

(3) Die Subsidiaritätsklauseln in Berlin, Brandenburg und Hessen

Berlin, Brandenburg und neuerdings auch Hessen machen die Zulässigkeit der Verfassungsbeschwerde davon abhängig, dass nicht in derselben Sache „Verfas-

---

240 Art. 53 Nr. 6 M-VVerf, §§ 11 Abs. 1 Nr. 8, 51 M-VVerfGG.

241 Art. 53 Abs. 1 Nr. 7 M-VVerf, § 11 Abs. Nr. 9, 57 ff. M-VVerfGG.

242 *Thiele*, in: Thiele / Pirsch / Wedemeyer, Die Verfassung des Landes Mecklenburg-Vorpommern, Art. 53 Anm. 15.

243 *Thiele*, in: Thiele / Pirsch / Wedemeyer, Die Verfassung des Landes Mecklenburg-Vorpommern, Art. 53 Anm. 21; vgl. dazu auch *Clausen*, Landesverfassungsbeschwerde und Bundesstaatsgewalt, S. 50, der die Subsidiäritätsklausel als „unklar“ ansieht, weil nicht deutlich werde, in welchem Sinne Art. 53 Nr. 7 M-VVerf davon ausgeht, dass für die Entscheidung am Maßstab der Grundrechte nach Art. 6–10 M-VVerf eine Zuständigkeit des Bundesverfassungsgerichts gegeben sein kann.

244 Vgl. dazu 3. Teil, III. 1. h).

sungsbeschwerde zum Bundesverfassungsgericht erhoben ist oder wird".[245] Hier bleiben angesichts des Wortlauts der Vorschrift einige Fragen offen.[246] Nach Ansicht des Berliner Verfassungsgerichtshofes ergebe sich daraus ein „absolutes" Zulässigkeitshindernis für ein paralleles Verfassungsbeschwerdeverfahren vor dem Verfassungsgerichtshof, soweit ein Beschwerdeführer Verfassungsbeschwerde zum Bundesverfassungsgericht erhoben hat oder noch erhebt. Dieses – endgültige und unabänderliche – Zulässigkeitshindernis bestehe auch dann, wenn die Verfassungsbeschwerde zum Bundesverfassungsgericht unzulässig ist, vom Bundesverfassungsgericht nicht zur Entscheidung angenommen oder zurückgewiesen, dort im „Allgemeinen Register" – und nicht im Verfahrensregister – erfasst oder aber vom Beschwerdeführer zurückgenommen worden sei. Das durch die Vorschrift (und § 49 BerlVerfGHG) begründete Wahlrecht sei allein mit der Anrufung des Bundesverfassungsgerichts verbraucht.[247] Die Auffassung bezieht der Verfassungsgerichtshof auch auf einen Antrag auf Erlass einer einstweiligen Anordnung beim Bundesverfassungsgericht.[248] Der Ansatz des Berliner Verfassungsgerichtshofes, dass die Endgültigkeit der Wahlentscheidung zur Vermeidung divergierender Entscheidungen zwischen den Verfassungsgerichten erforderlich sei, beruht auf der Annahme der Inhaltsgleichheit des Bundes- und Landesgrundrechts. Wie verhält es sich aber, wenn das Landesverfassungsgericht bei der Auslegung eines Grundrechts zu einem anderen Ergebnis kommt als das Bundesverfassungsgericht, oder wenn das Landesgrundrecht gegenüber dem Bundesgrundrecht einen weitergehenden Schutz gewährleistet? Teils wird deshalb die Auffassung vertreten, dass die Bestimmung angesichts der Trennung der Verfassungsräume von Bund und Ländern und im Interesse einer prozessualen Sicherung materieller Grundrechtsverbürgungen als zeitweilige Sperre für die Einlegung der Verfassungsbeschwerde beim Landesverfassungsgericht anzusehen ist.[249] Dafür wird auch der Wortlaut der Vorschrift herangezogen, der davon spricht, dass die Unzulässigkeit der Landesverfassungsbeschwerde nur dann eintritt, wenn Verfassungsbeschwerde zum Bundesverfassungsgericht „eingelegt ist oder wird", nicht aber eingelegt wurde.[250] Angesichts der prozessualen Verknüpfung der vor dem Bundesverfassungsgericht und vor dem Landeverfassungsgericht ergehenden Entscheidungen wird dies nur relevant, sofern die Verfassungsbeschwerde vor dem Bundesverfassungsgericht erfolglos geblieben ist. Ist die Verfassungsbeschwerde vor dem Bundesverfas-

---

245 Art. 84 Abs. 2 Nr. 5 BerlVerf, § 45 Abs. 1 BbgVerfGG, § 43 Abs. 1 Satz 2 HessStGHG; vgl. dazu auch *Tjarks*, Zur Bedeutung der Landesgrundrechte, S. 113 ff.

246 *Pestalozza*, JR 1991, S. 47 f.

247 LVerfGE 1, 152; 2, 3.

248 LVerfGE 2, 14.

249 *Menzel*, Landesverfassungsrecht, S. 533.

250 *Menzel*, Landesverfassungsrecht, S. 533.

sungsgericht dagegen erfolgreich, wird die Verfassungswidrigkeit der Maßnahme mit Bindungswirkung nach § 31 BVerfGG festgestellt. Damit entfällt die Beschwer und das Rechtsschutzbedürfnis für ein anschließend vor dem Landesverfassungsgericht anhängig gemachtes Verfahren. Der Gesetzgeber in Hessen hat dies erkannt und deshalb eine differenziertere Regelung geschaffen: soweit die Landesverfassung weitergehende Grundrechte gewährt, kann nach § 43 Abs. 1 Satz 3 HessStGHG der Hessische Staatsgerichtshof zusätzlich zum Bundesverfassungsgericht angerufen werden.

bb) Subsidiaritätsklausel bei der kommunalen Verfassungsbeschwerde

Eine ausdrückliche grundgesetzliche Regelung zum Verhältnis der Zuständigkeiten von Bundes- und Landesverfassungsgerichtsbarkeit besteht im Bereich der Kommunalverfassungsbeschwerde. Art. 93 Abs. 1 Nr. 4b GG legt den grundsätzlichen Vorrang der Landesverfassungsgerichtsbarkeit im Hinblick auf diese Verfahrensart fest.[251] Nach § 91 Satz 2 BVerfGG ist die Verfassungsbeschwerde zum Bundesverfassungsgericht ausgeschlossen, soweit eine Beschwerde wegen Verletzung des Rechts auf Selbstverwaltung nach dem Recht des Landes beim Landesverfassungsgericht erhoben werden kann.

Die Subsidiaritätsklausel kann – so das Bundesverfassungsgericht – den Vorrang der Landesverfassungsgerichtsbarkeit nur für den Fall statuieren, dass Gemeinden und Gemeindeverbände die Unvereinbarkeit von *Landes*gesetzen mit Art. 28 GG rügen.[252] Bei Kommunalverfassungsbeschwerden gegen bundesrechtliche Vorschriften ist die Subsidiaritätsklausel nicht anwendbar.[253] Bei einer Kommunalverfassungsbeschwerde gegen ein Bundesgesetz erstreckt das Bundesverfassungsgericht seine Prüfung auch auf die Frage, ob nach dem Grundgesetz eine Gesetzgebungskompetenz des Bundes gegeben ist.[254] Dies ist damit zu begründen, dass es zu dem historisch verfestigten verfassungsrechtlichen Bild der Selbstverwaltung gehört, dass die Kommunen in die Länder integriert sind und diesen die Regelung der Kommunalangelegenheiten obliegt. Kommunalregelungen des Bundes sind unstatthaft.[255] Bei einer Kommunalverfassungsbeschwerde gegen landesrechtliche Vorschriften erstreckt das Bundesverfassungsgericht seine Prüfung nicht auf die Frage, ob nach dem Grundgesetz eine Gesetzgebungskompetenz des Landes gegeben ist. Es spricht die Frage

---

251 *Pestalozza*, Verfassungsprozessrecht, S. 191; *Litzenburger*, Die kommunale Verfassungsbeschwerde in Bund und Ländern, *Hoppe*, in: Landesverfassungsgerichtsbarkeit II, S. 257 ff.; *Burmeister*, JA 1980, S. 17; *Sachs*, BayVBl. 1982, S. 37.

252 BVerfGE 1, 167, 173.

253 BVerfGE 1, 167, 173; 26, 172, 180; so im Ergebnis auch BVerfGE 56, 298, 309

254 BVerfGE 1, 167, 176, 177.

255 BVerfGE 1, 167, 176, 177; 56, 298, 310.

nicht einmal an.[256] Ebenso wenig verbleibt Raum zur Prüfung anderer formeller Fehler.[257]

In seinem Beschluss vom 2. Februar 1993[258] stellte das Bundesverfassungsgericht erneut klar und vertiefte die Aussage, dass die Kommunalverfassungsbeschwerde gemäß § 91 Satz 2 BVerfGG bei Eröffnung des Rechtsweges zu den Landesverfassungsgerichten generell ausgeschlossen ist, und zwar selbst dann, wenn das Landesverfassungsgericht die behauptete Verletzung des Rechts auf kommunale Selbstverwaltung ausschließlich an den Maßstäben der Landesverfassung geprüft hat. In dem Verfahren ging es darum, dass die beschwerdeführende Gemeinde eine Zweitwohnsitzsteuer erheben wollte. Sie erhob Verfassungsbeschwerde vor dem Bayerischen Verfassungsgerichtshof gegen Regelungen des Bayerischen Gesetzes zur Änderung des Kommunalabgabengesetzes vom 21. Juli 1989, die es Gemeinden untersagten, Steuern auf das Innehaben von Wohnungen zu erheben. Mit der gegen die Entscheidung des Bayerischen Verfassungsgerichtshofes erhobenen Kommunalverfassungsbeschwerde zum Bundesverfassungsgericht machte die Gemeinde geltend, dass das angegriffene Gesetz kompetenzwidrig erlassen worden sei, sodass hierdurch Art. 28 GG i.V.m. Art. 72, 105 Abs. 2a, 106 GG verletzt werde. Die angegriffene Entscheidung verletze Art. 105 Abs. 1, 101 Abs. 1 GG, da der Bayerische Verfassungsgerichtshof zur Vorlage an das Bundesverfassungsgericht nach Art. 100 Abs. 1 oder 3 GG verpflichtet gewesen wäre. Das Bundesverfassungsgericht nahm die Verfassungsbeschwerde nicht zur Entscheidung an. Zur Begründung führte es aus: Der Umstand, dass der Bayerische Verfassungsgerichtshof sich darauf beschränkt habe, das angegriffene Landesgesetz allein anhand der Maßstäbe der Bayerischen Verfassung zu überprüfen, überwinde die Sperrwirkung des § 91 Satz 2 GG nicht. Wenn Länder Landesverfassungsgerichte mit den entsprechenden Kompetenzen eingerichtet hätten, sei die Wahrung der Selbstverwaltungsgarantie ihnen anvertraut.[259] Die Gemeinden seien damit auf die Auslegung des in der jeweiligen Landesverfassung garantierten Selbstverwaltungsrechts und die sich aus der Landesverfassung ergebenden Prüfungsmaßstäbe verwiesen.[260] Diese Auffassung vertrat das Gericht in Ansätzen bereits im ersten Band der Entscheidungssammlung.[261] Mit der Entscheidung vom 2. Februar 1993 machte es nochmals deutlich, dass die Gewährleistung der kommunalen Selbstverwal-

256 Vgl. BVerfGE 26, 228, 237; 38, 258, 268; 50, 50; 59, 216, 227; 76, 107, 117; 79, 127, 143.

257 Dies hat das Bundesverfassungsgericht allerdings nicht immer konsequent durchgehalten, vgl. E 59, 216: das Gericht überprüft hier eine landesinterne Kompetenz.

258 BVerfG NVwZ 1994, 58.

259 BVerfG NVwZ 1994, 58, 59.

260 BVerfG NVwZ 1994, 58, 59.

261 BVerfGE 1, 167, 173.

tungsgarantie in einem ganz erheblichen Maße den Landesverfassungsgerichten obliegt.[262]

II. Ergebnis des 2. Teils: Auswirkungen auf die Prozessrealität in Bund und Ländern

Die vorstehenden Entscheidungen, die nicht als abschließend anzusehen sind, dokumentieren auf den ersten Blick eine deutliche Aufwertung der Eigenstaatlichkeit und der Verfassungsgerichtsbarkeit der Länder. Das Bundesverfassungsgericht zieht sich bewusst aus der früher von ihm beanspruchten Kontrolle von Verfassungsangelegenheiten der Länder zurück.[263] Die Entscheidung vom 15. Oktober 1997, mit der das Gericht prinzipiell eine Kassationsbefugnis der Landesverfassungsgerichte in Bezug auf landesgerichtlich in bundesrechtlich geregelten Verfahren ergangene Urteile bejaht, soll den Boden für eine zunehmende Arbeitsteilung zwischen Bundes- und Landesverfassungsgerichten bereiten.[264] Der Tätigkeitsbereich der Landesverfassungsgerichte wird insbesondere auf dem Gebiet der Durchsetzung der Justizgrundrechte gesehen.[265] Neben der vielfach gepriesenen Stärkung der Landesverfassungsgerichte ist eine verfahrensmäßige Entlastung des Bundesverfassungsgerichts nicht auszuschließen.[266] Ein Großteil derjenigen Verfassungsbeschwerden, die sich auf eine Verletzung des rechtlichen Gehörs stützen, können nun gewissermaßen von den Landesverfassungsgerichten „abgearbeitet" werden. Die beabsichtigte Wirkung wird jedoch bereits dadurch relativiert, dass eine Verpflichtung der Landesverfassungsgerichte zur Überprüfung nicht begründet wird. Dementsprechend hat sich das Bundesverfassungsgericht auch auf die Feststellung beschränkt, dass das Grundgesetz Landesverfassungsgerichte nicht daran „hindert", die Anwendung von bundesrechtlichem Verfahrensrecht durch die Landesgerichte an den inhaltsgleichen Grundrechten der Landesverfassung zu prüfen.[267] Darüber hinaus bleibt die Botschaft aus Karlsruhe ambivalent.[268] Die Entscheidung lässt einerseits Raum für eine eigenständige Kassationsbefugnis der Landesverfassungsgerichte. Andererseits erscheint es so, als wenn die vom Bundesverfassungsgericht avisierten Maßnahmen zur Sicherung der „Rechtseinheit" wenig von dem übrig lassen, was den Sinn und den Reiz einer eigenständigen Landesverfassungsgerichtsbarkeit ausmacht: ihr Potenzial an Kreativität, Experimentierfreude und

262 Vgl. *Tietje*, AöR 124 (1999), S. 297; vgl. dazu auch unter 3. Teil, III. 2.

263 *Kirchhof*, BaWüVBl. 2003, S. 142.

264 *J. Dietlein*, JURA 2000, S. 21.

265 *Tietje*, AöR 124 (1999), S. 287 f.

266 *Lange*, NJW 1998, S. 1279 f.; vgl. dazu auch Kommissionsbericht, S. 22 f.

267 *Lange*, NJW 1998, S. 1278.

268 *J. Dietlein*, JURA 2000, S. 21.

Innovationsanstößen.[269] Die Reaktionen auf die Entscheidungen reichen deshalb vom Beifall für eine „Stärkung der Landesverfassungsgerichte“[270] bis hin zum „Verdikt einer Gleichschaltung“[271] der Landesverfassungsgerichte und deren „Subalternation zu Hilfseinheiten des Bundesverfassungsgerichts“[272]. *Pestalozza* spricht von einer „überraschenden Reform des Verfassungsprozessrechts“.[273]

Seit der Entscheidung des Bundesverfassungsgerichts vom 15. Oktober 1997 erfasst die „Unitarisierung durch Grundrechtsinterpretation“ neben dem Bereich des Gesetzgebers und der fachgerichtlichen Rechtsprechung nun auch den Bereich der Verfassungsrechtsprechung.[274]

Es ist keine neue Erkenntnis, dass sich in der Rechtsprechung des Bundesverfassungsgerichts zu den Grundrechten seit Anbeginn Entwicklungstendenzen zeigen, die im Ergebnis eine deutliche Ausweitung seiner Kontrollbefugnis zur Folge hatten.[275] Der Parlamentarische Rat hat Grundrechte in den Text der Verfassung aufgenommen, die nähere Bestimmung ihres Schutzbereichs, ihrer Schranken und ihrer Wirkungsweise jedoch in erster Linie dem Bundesverfassungsgericht überlassen. Durch die Klärung und Festlegung des normativen Inhalts, der Tragweite der einzelnen Grundrechte, ihres Verhältnisses zueinander und der Voraussetzungen ihrer Begrenzungen hat das Bundesverfassungsgericht gegenüber den Grundrechtsgewährleistungen der Weimarer Reichsverfassung eine gesteigerte Bedeutung erreicht.[276] Das Jahr 1957 brachte das „Elfes“-Urteil[277] und damit die Entgrenzung des Grundrechtsschutzes. Das Bundesverfassungsgericht deutete Art. 2 Abs. 1 GG als allgemeine Handlungsfreiheit.[278] Es hat durch die Doktrin vom lückenlosen Grundrechtsschutz den Anwendungsbereich der Verfassungsbeschwerde und im gleichen Maße seine Jurisdiktionskompetenz erweitert.[279] Seit der Lüth-Entscheidung[280] im Jahre 1958 beeinflus-

---

269 *Wittreck*, DÖV 1999, S. 642; *Isensee*, in: HdbStR IV, § 98 Rn. 299 ff.; *Dreier*, in: K. Schmidt, Vielfalt des Rechts – Einheit der Rechtsordnung, S. 137 f.; *Häberle*, JöR (n.F.) 45, S. 106.

270 *Jutzi*, NJ 1998, S. 252.

271 *Hain*, JZ 1998, S. 615.

272 *Lange*, NJW 1998, S. 1281.

273 *Pestalozza*, in: Macke, Verfassung und Verfassungsgerichtsbarkeit auf Landesebene, S. 258.

274 Vgl. auch unter 2. Teil, I. 4. e).

275 *Schulze-Fielitz*, AöR 122 (1997), S. 4; *Hesse*, JZ 1995, S. 266.

276 Vgl. dazu 1. Teil, VII 1.

277 BVerfGE 6, 32.

278 Vgl. dazu *Schlaich/Korioth*, Das Bundesverfassungsgericht, S. 11 ff.

279 Zur Aufforderung des Verfassungsrichters *Grimm*, „diese vom Grundgesetz nicht vorgesehene Banalisierung der Grundrechte und die damit verbundene Ausuferung der Verfassungsbeschwerde rückgängig“ zu machen, vgl. Sondervotum zu BVerfGE 80, 137, 146 ff. (Reiten im Walde).

sen die Grundrechte das gesamte Recht einschließlich des Organisations- und Verfahrensrechts.[281] Das Bundesverfassungsgericht hat die tatsächliche Geltung der Grundrechte nicht nur für das staatliche Leben, sondern für das gesamte Rechtsleben in der Bundesrepublik Deutschland in allen Rechtsbereichen durchgesetzt und damit den Grund gelegt für die heute nahezu allumfassende praktische Bedeutung der Grundrechte. Je mehr jedoch das Gericht durch Auslegung die Tragweite eines Grundrechts ausdehnt oder die Bestimmung des Grundrechtsinhalts verfeinert, desto mehr wird das im konkreten Fall anzuwendende einfache Recht Verfassungsrecht. Die verfassungsdogmatisch geleitete Auslegung der Grundrechte trägt nicht nur zu einer rein numerisch bedeutsamen Vermehrung grundrechtlicher Norminhalte bei, sondern sie verändert in markanter Weise Charakter, Struktur und Wirkungsweise der Grundrechte selbst.[282] Der von der gewandelten Grundrechtsdeutung ausgehende und auf dem Gesetz und seinen Strukturen lastende Veränderungsdruck ist ein Faktor einer komplexen Gesamtentwicklung, die den einfachen Gesetzgeber bereits an nahezu allen Fronten in die Defensive gedrängt hat.[283] „Es vollzieht sich" – so heißt es bei *Böckenförde* – „ein gleitender Übergang vom parlamentarischen Gesetzgebungsstaat zum verfassungsgerichtlichen Jurisdiktionsstaat"[284]. *Kelsen* verband bereits 1928 sein Eintreten für eine Verfassungsgerichtsbarkeit mit der Forderung nach einer möglichst präzisen Bestimmung der vom Verfassungsgericht anzuwendenden „Grundsätze, Richtlinien, Schranken". Unbestimmte Verfassungsnormen könnten dem Verfassungsgericht eine „Machtvollkommenheit" einräumen, „die schlechthin als unerträglich empfunden werden muss".[285] Seit der Entscheidung vom 15. Oktober 1997 kommt verschärfend hinzu, dass die Auswirkungen auf das Verhältnis von Bund und Ländern und somit auf die bundesstaatliche Ordnung signifikant sind. Mit seiner umfassenden Rechtsprechungskompetenz nimmt das Bundesverfassungsgericht Einfluss auf die Verfassungsrechtsprechung und letztendlich auch – rein faktisch gesehen – auf die Verfassungsgebung in den Ländern. An dieser Stelle ist festzuhalten: Mit Rücksicht auf den bundesstaatlichen Staatsaufbau und die Verfassungshoheit der Länder muss der Bereich der Landesverfassungsgerichte soweit wie möglich

280 BVerfGE 7, 198, 205.

281 Vgl. dazu *Knies*, in: FS für Stern, S. 1174, der die Lüth-Entscheidung als „Urknall" für eine weitere Expansion und Dynamisierung der Grundrechte bezeichnet.

282 *Jestaedt*, Grundrechtsentfaltung im Gesetz, S. 42 f.

283 *Jestaedt*, Grundrechtsentfaltung im Gesetz, S. 54 f.; vgl. auch *Korioth*, in: FS 50 Jahre Bundesverfassungsgericht II, S. 81.

284 *Böckenförde*, Zur Lage der Grundrechtsdogmatik nach 40 Jahren Grundgesetz, S. 61; der Begriff des „verfassungsgerichtlichen Jurisdiktionsstaates" wird aufgegriffen von *Knies*, in: FS für Stern, S. 1155.

285 *Kelsen*, VVDStRL 5 (1929), S. 69 f.; vgl. auch *Püttner*, in: FS 125 Jahre juristische Gesellschaft zu Berlin, S. 573.

vom Bundesverfassungsgericht unangetastet bleiben.[286] Das Landesverfassungsgericht ist „Herr seiner Verfahren“.[287] Im Rahmen seiner rechtlichen Bindungen ist die Beurteilung der prozessualen Zuständigkeit der bei ihm anhängigen Verfahren, die Verfahrensgestaltung ebenso wie die Auslegung des Landesverfassungsrechts, was die Landesgrundrechte einschließt, und dessen Anwendung auf den Einzelfall grundsätzlich Sache des jeweiligen Landesverfassungsgerichts, das dabei vom Bundesverfassungsgericht nicht in größere Abhängigkeit gebracht werden darf, als es nach dem Grundgesetz unumgänglich ist.[288]

Ob die Bestrebungen der „Großen Koalition“ zur grundlegenden Neuordnung der Gesetzgebungskompetenzen und zur Reduzierung des Anwendungsbereichs der Erforderlichkeitsklausel in Art. 72 Abs. 2 GG die aufgezeigte Tendenz des Bundesverfassungsgerichts, eine Rechtsvereinheitlichung durch Grundrechtsinterpretation zu erwirken, noch verstärken wird, wird abzuwarten sein.[289] In einem besonderen Maße könnte dies für die beabsichtigte Übertragung der Gesetzgebungskompetenzen für den Strafvollzug und den Untersuchungshaftvollzug auf die Länder gelten. Bereits heute ist die Rechtsprechung des Bundesverfassungsgerichts zu den Grundrechten in diesen Bereichen bestimmend.[290]

---

286 BVerfGE 41, 88, 119.

287 BVerfGE 36, 342, 357; 60, 175, 213.

288 BVerfGE 36, 342, 357; 41, 88, 119; 60, 175, 209.

289 Vgl. zur „Leitvision von der Wahrung der Rechtseinheit“ 2. Teil, I. 4. a) und d).

290 Vgl. zur Verpflichtung des (Landes-)Gesetzgebers, ein wirksames Konzept des Strafvollzuges zu entwickeln, BVerfGE 98, 169; 109, 133.

3. Teil

Landesverfassungsgerichte – Hüter der Landesverfassung

Die Landesverfassungsgerichtsbarkeit bildet ein Konstitutivelement des bundesdeutschen Föderalismus.[1] Sie ist ein wesentliches Attribut der Eigenstaatlichkeit der Länder. In ihr offenbart sich die Stütze gliedstaatlicher Realexistenz. Die Landesverfassungsgerichte sind nicht nur „Hüter der Landesverfassung", sie sind auch Wahrer der staatlichen Existenz eines Landes, die sich in der jeweiligen Landesverfassung widerspiegelt.[2] Die grundlegende Funktion der Verfassungsgerichtsbarkeit ist die Wahrung des Verfassungsrechts gegenüber den Organen des Staates, der Schutz der Verfassung. Dieses ist das jegliche Verfassungsgerichtsbarkeit prägende Element. Dieser Funktion entspricht die Bezeichnung der Landesverfassungsgerichte als „Hüter der Identität" des Landes.[3] Eine eigene Landesverfassungsgerichtsbarkeit ist ein unaufgebbares „essentiale" der Verfassungsstaatlichkeit der Länder. Ihr kommt die Stellung einer „einzigartigen Interpretationsmacht"[4] zu; durch sie wird das „letzte Wort" über Inhalt und Geltung der Landesverfassung institutionalisiert.[5] Diese Umschreibungen lassen bereits erkennen, welche entscheidende Bedeutung der Landesverfassungsgerichtsbarkeit für die bundesstaatliche Ordnung des Grundgesetzes zuerkannt wird, und sie legen es nahe, der Landesverfassungsgerichtsbarkeit einen ähnlichen Bedeutungsgehalt wie der Bundesverfassungsgerichtsbarkeit zuzuerkennen. Dass dies in der Vergangenheit nicht so war, mag an unterschiedlichen Faktoren gelegen haben. So kam z.B. den Landesgrundrechten als Prüfungsmaßstab im Rahmen der Landesverfassungsbeschwerde keine nennenswerte, eigenständige und rechtspraktische Bedeutung zu.[6] Gesprochen wurde sogar von einer „Labilität"[7] insbesondere der „überschießenden" Grundrechtsaussagen in den Landesverfassungen sowie von einem „weithin unergiebigen Grundrechtskatalog".[8] Als Ursa-

---

1 *Leisner*, in: FS 25 Jahre Bayerischer Verfassungsgerichtshof, S. 183; *Krause*, JuS 1973, 159 f.; *Rozek*, Das Grundgesetz als Prüfungs- und Entscheidungsmaßstab der Landesverfassungsgerichte, S. 43.

2 *Leisner*, in: FS 25 Jahre Bayerischer Verfassungsgerichtshof, S. 193.

3 *Leisner*, in: FS 25 Jahre Bayerischer Verfassungsgerichtshof, S. 193.

4 Ausdruck zu finden bei *Simon*, in: Benda / Maihofer / Vogel, Handbuch des Verfassungsrechts, § 34 Rn. 56.

5 *Böckenförde*, NJW 1999, S. 10.

6 *Wermeckes*, Der erweiterte Grundrechtsschutz in den Landesverfassungen, S. 2; *Grawert*, NJW 1987, S. 2334; *Isensee*, AöR 115 (1990), S. 256.

7 *Jutzi*, ThürVBl. 1993, Sonderheft B 18; *ders.*, KritJ 1996, S. 143; *E. Klein*, DVBl. 1993, S. 1331.

8 *Schwabe*, Verfassungsrecht, in: Hoffmann-Riem / Koch, Hamburgisches Staats- und Verwaltungsrecht, S. 34.

che für dieses Bedeutungsdefizit der Landesgrundrechte wird die „Dominanz des egalisierenden Bundesrechts“[9] und die ausweitende, einen „unitarischen Sog“[10] erzeugende Interpretation der Bundesgrundrechte durch das Bundesverfassungsgericht angegeben.[11]

Es sind nicht allein die aktuellen Tendenzen in der Rechtsprechung des Bundesverfassungsgerichts, die auf eine Umgewichtung der Kompetenzen im Bereich der Verfassungsgerichtsbarkeit hindeuten. Das Bundesverfassungsgericht argumentiert mit der eingeleiteten restriktiveren Auslegung seiner eigenen Entscheidungskompetenzen auf einer Basis, die nicht zuletzt durch die Verfassungsgebung in den neuen Bundesländern bzw. durch Verfassungsänderungen in den alten Bundesländern geschaffen wurde.[12] Die nachfolgenden Ausführungen werden allerdings auch verdeutlichen, dass die Landesgrundrechte trotz vermehrter Berücksichtigung in den Verfassungen der Länder keinen wesentlichen Bedeutungszugewinn erfahren haben.

I. Neue Impulse durch die Verfassungsgebung und die Errichtung eigener Landesverfassungsgerichte in den neuen Bundesländern

Bis zur Wiedervereinigung waren keine grundlegenden Veränderungen im Hinblick auf die Verfassungsgerichtsbarkeit in den Ländern zu verzeichnen.[13] Dies hat sich erst mit dem Prozess der Verfassungsgebung in den neuen Bundesländern geändert.[14] Die „dritte Generation gliedstaatlicher Verfassungen“[15] sowie

---

9 *Pietzcker*, in: Isensee/Kirchhof, HdbStR IV, § 99 Rn. 41.

10 *Wermeckes*, Der erweiterte Grundrechtsschutz in den Landesverfassungen, S. 2.

11 *E. Klein*, DVBl. 1993, S. 1331; *Isensee*, AöR 115 (1990), S. 256; *Hufen*, BayVBl. 1987, S. 516; *Wermeckes*, Der erweiterte Grundrechtsschutz in den Landesverfassungen, S. 3; vgl. auch unter 2. Teil, II.

12 Vgl. auch *Schlaich/Korioth*, Das Bundesverfassungsgericht, S. 237.

13 *Heimann*, Die Entstehung der Verfassungsgerichtsbarkeit, S. 1.

14 Mit Erlass des Verfassungsgrundsätze-Gesetzes vom 17.6.1990 (GBl. I S. 229) konstituierte sich die Deutsche Demokratische Republik als freiheitlicher, demokratischer, *föderativer*, sozialer und ökologisch orientierter Rechtsstaat. Mit Verfassungsgesetz vom 22.7.1990 (sog. Ländereinführungsgesetz – LEG, GBl. I. Nr. 51 S. 955), dessen Inkrafttreten gemäß § 25 Abs. 1 LEG für den 14.10.1990 vorgesehen war, beschloss die Volkskammer mit Zweidrittelmehrheit, die Länder Brandenburg, Mecklenburg-Vorpommern, Sachsen, Sachsen-Anhalt und Thüringen aus den ehemals 14 Bezirken der DDR zu bilden. Mit Wirksamwerden des Beitritts der Deutschen Demokratischen Republik zur Bundesrepublik Deutschland gemäß Art. 23 GG am 3.10.1990 wurden die Länder Brandenburg, Mecklenburg-Vorpommern, Sachsen, Sachsen-Anhalt und Thüringen Gliedstaaten der Bundesrepublik Deutschland. Die Landtage setzten Ausschüsse und Kommissionen ein, die Entwürfe für die endgültigen Landesverfassungen erarbeiteten.

die Vielzahl vorbereitender Organisationsstatute[16] und Verfassungsentwürfe haben die Diskussion über die Funktion der Länder und die Perspektiven des Landesverfassungsrechts aufleben lassen.[17] Die Entstehung der „neuen" Bundesländer verlief dabei weitaus einheitlicher als die der „alten" Bundesländer. Der Wunsch der neuen Bundesländer, sich ein eigenständiges Profil zu verschaffen und damit der Eigenstaatlichkeit und dem föderalistischen Moment eine größere Bedeutung zu verleihen, zeigt sich insbesondere in der Tendenz zur „Vollverfassung"[18]; geschaffen wurden selbstbewusste Staatsverfassungen.[19]

Aber dies war nicht der einzige Aspekt, der bei dem Verfassungsgebungsprozess eine Rolle spielte. Wieder einmal muss die Etablierung einer Verfassungsgerichtsbarkeit eng verknüpft mit dem Aspekt der Vergangenheitsbewältigung gesehen werden.[20] In den Verfassungen der neuen Bundesländer spiegelt sich in einem besonderen Maße das Bestreben wider, unter Beibehaltung bewährter sozialer und kultureller Errungenschaften[21] dem „demokratischen Zentralismus" und dem Schrecken des „Stasistaates" durch ein bewusstes Hervorheben der Rechtsstaatlichkeit und der Bundesstaatlichkeit entgegenzuwirken. Dass im Zuge der Rechtsangleichung in den neuen Bundesländern eine Verfassungsgerichtsbarkeit zu etablieren war, verstand sich von selbst.[22]

---

15 Vgl. *Isensee*, SächsVBl. 1994, S. 31: gemeint sind die vorgrundgesetzlichen, die nachgrundgesetzlichen und die Verfassungen der neuen Bundesländer.

16 Vgl. Gesetz über die vorläufige Sicherung der Arbeitsfähigkeit des Landtages und der Regierung des Landes Brandenburg vom 1.11.1990, GVOBl. S. 2; Vorläufiges Statut für das Land Mecklenburg-Vorpommern vom 26.10.1990, GVOBl. S. 2, abgedr. in: JöR (n.F.) 40 (1991/1992), S. 369 ff.; Gesetz zur Herstellung der Arbeitsfähigkeit des Sächsischen Landtages und der Sächsischen Landesregierung, GVOBl. S. 1; Gesetz über die vorläufige Regierungsgewalt in Sachsen-Anhalt vom 28.10.1990, GVOBl. S. 1, abgedruckt in: JöR (n.F.) 39 (1991/1992), S. 455 ff.; zu diesen Übergangsverfassungen vgl. auch *Linck*, DÖV 1991, S. 730 ff.

17 Vgl. dazu *Starck*, Die Verfassungen der neuen deutschen Länder; *ders.*, ZG 1992, S. 1 ff.; *Mangoldt*, Die Verfassungen der neuen Bundesländer; *Menzel*, Landesverfassungsrecht, S. 365 ff.; *Katz*, Staatsrecht, § 15 Rn. 99; *Vogelsang*, DÖV 1991, S. 1045; *ders.*, NJ 1992, S. 147 ff.; *Sacksofsky*, NVwZ 1993, S. 235 ff.; *J. Dietlein*, Die Grundrechte in den Verfassungen der neuen Bundesländer, S. 4.; *ders.*, NWVBl. 1993, S. 402; *Feddersen*, DÖV 1992, S. 989 ff.; *Berlit*, KritJ 1992, S. 437; *Klatt*, VerwArch. 82 (1991), S. 439; *Bayer*, DVBl. 1991, S. 1014; *Stern*, in: Stern / Schmidt-Bleibtreu, Verträge und Rechtsakte zur deutschen Einheit II, S. 1, 25 ff.; *Magiera*, in: Stern, Deutsche Wiedervereinigung III, S. 145; *Berlit*, KritJ 1993, S. 440; *Boehl*, Der Staat 31 (1992), S. 586; *Tautz*, in: Stern, Deutsche Wiedervereinigung I, S. 26 f.; *Holscheidt*, DVBl 1991, S. 1066 f.; *Finkelnburg*, NJ 2004, S. 1.

18 *Starck*, ZG 1992, S. 1; *J. Dietlein*, Die Grundrechte in den Verfassungen der neuen Bundesländer, S. 5.

19 Vgl. *Menzel*, Landesverfassungsrecht, S. 365 f.

20 Vgl. auch unter 1. Teil, X. 2. a) und b).

21 Vgl. *Mangoldt*, Die Verfassungen der neuen Bundesländer, S. 15; *Kilian*, LKV 1993, S. 77.

22 Vgl. *Ullmann*, in: Neumann / Tillmann, Verfassungsrechtliche Probleme bei der Konstituierung der neuen Bundesländer, S. 71.

Die „neuen" Bundesländer haben zwischen 1990 und 1995 die gesetzlichen Grundlagen für eigene Landesverfassungsgerichte geschaffen. Diese Phase war mit der Gründung des letzten der sechs Gerichte, des Landesverfassungsgerichts Mecklenburg-Vorpommern, abgeschlossen. Die eigene Landestradition spielte – mit Ausnahme Berlins, wo die Errichtung eines Verfassungsgerichts seit langem in der Verfassung des Westteils der Staat vorgesehen war[23] – nach jahrzehntelangen Unterbrechungen keine wesentliche Rolle mehr.[24] In Übereinstimmung mit den „alten" Bundesländern war es auch hier in erster Linie wieder der „Schutz der Landesverfassung", teilweise unter bewusster Hervorhebung der Abwehrrichtung gegen die Exekutive, deren überragende Dominanz in der DDR gegenwärtig war.[25] In Berlin erfolgte die grundsätzliche Entscheidung für die Errichtung eines Verfassungsgerichts bereits 1950 mit der Aufnahme des Art. 72 in die Landesverfassung.[26] Der 1990 einsetzende Errichtungsprozess muss trotzdem als neue, eigenständige Entscheidung für ein Verfassungsgericht angesehen werden.[27] In den Beratungen herrschte parteiübergreifend Konsens über die Notwendigkeit eines eigenen Verfassungsgerichts. Die Länder sollten sich dadurch möglichst viel an Rechten erhalten und erkämpfen können; die Belastung des Bundesverfassungsgerichts blieb dabei nicht unangesprochen.[28] In Brandenburg zeichnete sich der Konsens in der Frage des zu errichtenden Verfassungsgerichts bereits in den Vorentwürfen zur Verfassung ab. Das „Ob" einer Verfassungsgerichtsbarkeit wurde nicht mehr in Frage gestellt.[29] In Mecklenburg-Vorpommern war zwar ursprünglich nach einem Verfassungsentwurf des ehemaligen schleswig-holsteinischen Staatssekretärs Poltsch-Heffter[30] kein eigenes Verfassungsgericht, sondern eine Überweisung der entsprechenden Streitigkeiten an das Bundesverfassungsgericht vorgesehen.[31] Dieser Gedanke wurde allerdings in den Verfassungsberatungen nicht weiter verfolgt. In Sachsen wurde die Grundsatzentscheidung nicht diskutiert.[32] Die Errichtung eines eigenen Verfas-

---

23 Vgl. dazu *Sodan*, DVBl. 2002, S. 645.

24 Vgl. *Heimann*, Die Entstehung der Verfassungsgerichtsbarkeit, S. 4.

25 Vgl. *Heimann*, Die Entstehung der Verfassungsgerichtsbarkeit, S. 22.

26 Vgl. zur Erichtung des Verfassungsgerichtshofes *S. Wille*, Der Berliner Verfassungsgerichtshof, S. 1–34.

27 Vgl. *Heimann*, Die Entstehung der Verfassungsgerichtsbarkeit, S. 22, m.w.N.

28 Vgl. *Heimann*, Die Entstehung der Verfassungsgerichtsbarkeit, S. 22.

29 Vgl. *Wolnicki*, in: Kluge / Wolnicki, Verfassungsgericht des Landes Brandenburg, S. 33; *Franke*, in: Simon / Franke / Sachs, Handbuch der Verfassung des Landes Brandenburg, § 18 Rn. 10.

30 Vgl. dazu *Wedemeyer*, in: Stern, Deutsche Wiedervereinigung III, S. 37.

31 Vgl. *Thiele*, in: Thiele / Wedemeyer / Pirsch, Die Verfassung des Landes Mecklenburg-Vorpommern, Art. 51 Anm. 1–3.

32 Vgl. auch *Meissner*, in: Degenhart / Meissner, Handbuch der Verfassung des Freistaates Sachsen, § 17 Rn. 7–9.

sungsgerichts wurde insgesamt als Möglichkeit angesehen, die Selbstbindung des Staates und seiner Institutionen an das Recht zu stärken.[33] In Sachsen-Anhalt enthielten alle Verfassungsentwürfe Regelungen über ein Landesverfassungsgericht; auch hier wurde das „Ob" einer Landesverfassungsgerichtsbarkeit nicht diskutiert. Der seinerzeitige Minister der Justiz Remmers bezeichnete eine eigene Verfassungsgerichtsbarkeit als sichtbaren Ausdruck der „Eigenstaatlichkeit" der Länder im föderativen System der Bundesrepublik Deutschland.[34] Auch in Thüringen bestand Einigkeit über die Schaffung eines Landesverfassungsgerichts; diese wurde in Beziehung zu den Erfahrungen der DDR-Zeit gesetzt: Wie durch das Bundesverfassungsgericht in Karlsruhe werde damit die Glaubwürdigkeit der öffentlichen Organe gestärkt und Rechtssicherheit vermittelt.[35]

Die Verfassungsgebung in den „neuen" Bundesländern hatte Impulswirkung für die übrigen Länder, die seit den 1990er Jahren ihre Verfassungen mehr oder weniger gründlichen Revisionen unterzogen haben.[36] Von dem durch die Wiedervereinigung ausgelösten Verfassungsreformprozess konnten auch die Verfassungen der „alten" Bundesländer profitieren.[37] Im Zusammenhang mit dieser Verfassungsbewegung spricht *Häberle* von der Einleitung eines wahren „Verfassungszeitalters" und zieht einen Vergleich zum Verfassungsjahr 1848.[38]

II. Intensivierung des Grundrechtsschutzes auf Länderebene

Die bewusste Entscheidung für eine eigene Verfassungsgerichtsbarkeit in den „neuen" Bundesländern wurde flankiert von der Aufnahme teils umfangreicher Kataloge eigener Grundrechte in die Landesverfassungen, die zu einer Wiederbelebung des landesverfassungsrechtlichen Grundrechtsschutzes beitragen sollten. Die Grundrechtsetzung – betrachtet man sämtliche Landesverfassungen – bewegt sich heute zwischen den Polen absoluter Abstinenz und detaillierter Grundrechtskataloge. Einen eigenen ausführlichen Grundrechtsteil enthalten sämtliche vorgrundgesetzlichen und noch geltenden Landesverfassungen sowie als nachgrundgesetzliche Verfassung die Verfassung von Berlin. Neben den klassischen libera-

---

33 Vgl. *Heimann*, Die Entstehung der Verfassungsgerichtsbarkeit, S. 24.

34 Landtag von Sachsen-Anhalt, Plenarprotokoll 1/40, S. 4490.

35 Vgl. *Heimann*, Die Entstehung der Verfassungsgerichtsbarkeit, S. 25.

36 Verfassung des Landes Schleswig-Holstein, GVOBl. S. 391; Niedersächsische Verfassung vom 19.5.1993, GVBl. S. 107; Bremen: Gesetz zur Änderung der Landesverfassung vom 1.11.1999, GBl. S. 289; vgl. *P.M. Huber*, ThürVBl. 2003, S. 73; *Kirchhof*, BaWüVBl. 2003, S. 138.

37 Vgl. z.B. *Niedobitek*, Neuere Entwicklungen im Verfassungsrecht der deutschen Bundesländer; *Hesse*, JöR (n.F.) 45 (1997), S. 1; *Berlit*, JöR (n.F.) 44 1996, S. 17; *Gusy / Wagner*, JöR (n.F.) 51 (2003), S. 386; *Cancik*, JöR (n.F.) 51 (2003), S. 272.

38 *Häberle*, JöR (n.F.) 41 (1993), S. 71.

len Freiheitsrechten, die später auch Eingang in das Grundgesetz gefunden haben, enthalten die erstgenannten Verfassungen in Anlehnung an die Weimarer Reichsverfassung zum Teil umfangreiche Bestimmungen zur Gestaltung der Gemeinschaftsordnung und der in sie eingebetteten Lebensordnung.[39] Den Bereichen Ehe und Familie, Bildung und Schule, Kirchen und Religionsgemeinschaften sowie Wirtschaft und Arbeit ist in diesen Verfassungen ein breites Feld eingeräumt worden. Einen besonderen Weg zur Schaffung eines eigenen Grundrechtsbestandes sind – bereits in der frühen nachgrundgesetzlichen Phase der Verfassungsgebung – die Länder Nordrhein-Westfalen und Baden-Württemberg gegangen. Sie erklärten die Grundrechte des Grundgesetzes zum „Bestandteil der Landesverfassung".[40] Diesem Vorbild ist in jüngerer Zeit Niedersachsen[41] gefolgt. Die Übernahme der Bundesgrundrechte in das Landesverfassungsrecht durch sog. Rezeptionsklauseln[42] bewirkt eine Verdopplung des Grundrechtsschutzes, indem das jeweilige Schutzgut nunmehr sowohl bundes- als auch landesverfassungsrechtlich einen eigenständigen Schutz erfährt.[43] Ziel der landesverfassungsrechtlichen Übernahmeklauseln ist nicht die deklaratorische Verweisung auf die Grundrechte des Grundgesetzes, sondern die Schaffung von Landesverfassungsrecht. Mit der Aufnahme von Übernahmeklauseln wird ein eigenstaatlicher Bestand an Grundrechten und damit eine normative Grundlage für die Rechtssprechungstätigkeit der Landesverfassungsgerichte geschaffen[44]. Die nach dem Inkrafttreten des Grundgesetzes verabschiedeten Verfassungen der Länder Hamburg und Schleswig-Holstein erhalten weder eine Rezeptionsklausel noch einen eigenständigen Grundrechtskatalog. Sie beschränken sich auf Regelungen der Staatsorganisation.[45] Jedoch enthalten auch diese Verfassungen vereinzelt Bestimmungen, die jeweils als Grundrechte im Sinne eines verfassungsgemäßen subjektiven Rechts des Einzelnen klassifiziert werden können.

---

39 Vgl. unter 1. Teil, VII. 1.

40 Vgl. Art. 4 Abs. 1 der Nordrhein-Westfälischen Verfassung vom 28.6.1950; Art. 2 Abs. 1 der Baden-Württembergischen Verfassung vom 11.11.1953.

41 Vgl. Art. 3 Abs. 2 der Niedersächsischen Verfassung vom 19.5.1993.

42 Zu den Rezeptionsklauseln vgl. *Wermeckes*, Der erweiterte Grundrechtsschutz in den Landesverfassungen, S. 31 ff.

43 *J. Dietlein*, AöR 1995 (120), S. 6, m.w.N.

44 A.A. *Friesenhahn*, der davon ausgeht, dass mittels der Übernahmeklauseln Bundesgrundrechte, gleichsam als bundesrechtliche Regelungsenklave, in die Landesverfassungen integriert werden, in: Die Verfassungsgerichtsbarkeit in der Bundesrepublik Deutschland, S. 26; vgl. auch *Kleinrahm*, in: Loschelder / Salzwedel, Verfassungs- und Verwaltungsrecht des Landes Nordrhein-Westfalen, S. 49, 57, der zu der Auffassung gelangt, dass die Grundrechtsrezeptionen als juristisch leer laufende Deklarationen verstanden werden müssten.

45 *Menzel* spricht in Bezug auf Schleswig-Holstein von einer „Selbstverleugnung", in: Landesverfassungsrecht, S. 327.

Als Reaktion auf die politischen, rechtlichen und gesellschaftlichen Verhältnisse in der ehemaligen DDR haben mit Ausnahme von Mecklenburg-Vorpommern[46], das sich für die Aufnahme weniger ausformulierter Grundrechtsartikel und im Übrigen für eine Rezeptionsklausel[47] entschieden hat, sämtliche „neuen" Bundesländer nach der Wiedervereinigung einen ausführlichen Katalog eigener Grundrechte in ihre Verfassungen aufgenommen. Im Wesentlichen handelt es sich dabei um Regelungen zur Beschränkung staatlicher Gewalt, zur verstärkten Teilhabe der Bürger am demokratischen, politischen Prozess, zur sozialen Absicherung[48] sowie zur Berücksichtigung ökologischer Entwicklungen und Fragestellungen. Teilweise sehen die Landesverfassungen im Verhältnis zum Grundgesetz eine Erweiterung des Grundrechtsschutzes vor. Für die Verfassungsgebung in den neuen Ländern ist die Grundrechtsetzung insgesamt prägend geworden.[49] Der gegenüber dem Grundgesetz erweiterte Grundrechtsschutz wird als wesentlicher Regelungsbereich der Landesverfassungen angesehen.[50] Was allerdings angesichts der „unitarisierenden" Rechtsprechung des Bundesverfassungsgerichts zu den Grundrechten tatsächlich davon übrig bleibt, wird noch an späterer Stelle zu erörtern sein.

III. Zur erweiterten Prüfungskompetenz der Landesverfassungsgerichte

Diese Entwicklung in ihrer Gesamtheit hat dazu geführt, dass die Landesverfassungsgerichte seit einigen Jahren vermehrt von ihren Befugnissen Gebrauch gemacht haben. Es kann gesagt werden, dass mit der Schaffung der Landesverfassungsgerichte in den neuen Bundesländern ein „Boom" zugunsten der Landesverfassungsbeschwerde eingesetzt hat. Ein wichtiges Aufgabenfeld der Landesverfassungsgerichte bildet neben der Zuständigkeit im Grundrechtsbereich die Rechtsprechung zum Inhalt und Umfang der verfassungsrechtlich garantierten kommunalen Selbstverwaltungsgarantie. Das Spektrum ihres Tätigwerdens umfasst des Weiteren die Ausprägungen des parlamentarischen Regierungssys-

---

46 Vgl. *Pirsch*, in: Thiele / Pirsch / Wedemeyer, Die Verfassung des Landes Mecklenburg-Vorpommern, Vorbem. zu Art. 5 Anm. 1.

47 Vgl. Art. 5 Abs. 3 der Mecklenburg-Vorpommerschen Verfassung vom 23.5.1993.

48 Vgl. zu den sozialen Grundrechten in den Verfassungen der „neuen" Bundesländer *Brenne*, Soziale Grundrechte in den Landesverfassungen, S. 37.

49 *Wermeckes*, Der erweiterte Grundrechtsschutz in den Landesverfassungen, S. 3; *E. Klein*, DVBl. 1993, S. 1331; *Fuchs*, Grundrechte: Der Stellenwert und die Ausgestaltung von landesverfassungsrechtlichen Grundrechten, in: ders., Landesverfassungsrecht im Umbruch, S. 283, 286.

50 *Ekkehart Stein*, Staatsrecht, S. 147; *Stiens*, Chancen und Grenzen der Landesverfassungen, S. 230; *Leisner*, Die bayerischen Grundrechte, S. 102; *M. Schröder*, DÖV 1997, S. 316.

tems und der Wahlgrundsätze. Den prozessualen Rahmen für diese unterschiedlichen Themen bieten allen voran die Individualverfassungsbeschwerde sowie das Organstreitverfahren, das Wahlprüfungsverfahren, die Kommunalverfassungsbeschwerde sowie die abstrakte Normenkontrolle.

In ganz unterschiedlicher Weise haben die Landesverfassungsgerichte bei den einzelnen Verfahrensarten – abhängig von der prozessualen Situation im jeweiligen Bundesland – für sich die Frage der eigenen Prüfungskompetenz beantwortet. Nicht nur für die Verfassungsbeschwerde, sondern für sämtliche verfassungsrechtliche Verfahrensarten gilt, dass eine entsprechende gesetzliche Ermächtigung zwingende Voraussetzung für ein Tätigwerden ist.[51]

1. Individualverfassungsbeschwerde

Die Individualverfassungsbeschwerde[52] war auf der Länderebene ursprünglich nur in den vorgrundgesetzlichen Verfassungen von Bayern, Hessen und dem Saarland vorgesehen.[53] Die Verfassung Bayerns vom 2. Dezember 1946 sah bereits in Art. 120 die Möglichkeit vor, dass „jeder Bewohner Bayerns, der sich durch eine Behörde in seinen verfassungsmäßigen Rechten verletzt fühlt, den Schutz des Bayerischen Verfassungsgerichtshofes anrufen kann".[54] Auf der

---

51 Bestimmungen über die Landesverfassungsgerichte und die jeweiligen Verfahrensarten finden sich an unterschiedlicher Stelle in den Länderverfassungen; etwa bei den Verfassungsorganen (Art. 60–69 der Verfassung des Freistaates Bayern vom 2.12.1994 (GVBl. S. 333); Art. 112 und 113 der Verfassung des Landes Brandenburg vom 20.8.1992 (GVBl. I S. 298); Art. 96 und 97 der Verfassung des Saarlandes vom 15.12.1947 (ABl. S. 1077); Art. 74–76 der Verfassung des Landes Sachsen-Anhalt vom 16.7.1992 (GVBl. S. 600)), als eigene Staatsfunktion (Art. 130–133 der Verfassung des Landes Hessen vom 1.12.1946 (GVBl. S. 229); Art. 52–54 der Verfassung des Landes Mecklenburg-Vorpommern vom 23.5.1993 (GVOBl. S. 372); Art. 75 und 76 der Verfassung für das Land Nordrhein-Westfalen vom 28.6.1950 (GVNW S. 127); Art. 79 und 80 der Verfassung des Freistaates Thüringen vom 25.10.1993 (GVBl. S. 625)), beim „Schutz der Verfassung" (Art. 134–136 der Verfassung für Rheinland-Pfalz vom 18.5.1947 (GVBl. S. 209)) oder dem Grundgesetz entsprechend im Rechtspflegeabschnitt (Art. 68 der Verfassung des Landes Baden-Württemberg vom 11.11.1953 (GBl. S. 173); Art. 84 der Verfassung von Berlin vom 23.11.1995 (GVBl. S. 779); Art. 139–142 der Landesverfassung der Freien Hansestadt Bremen vom 21.10.1947 (GBl. S. 251); Art. 65 der Verfassung der Freien und Hansestadt Hamburg vom 6.6.1952 (GVBl. S. 117); Art. 54 und 55 der Niedersächsischen Verfassung vom 19.5.1993 (GVBl. S. 107); Art. 81 der Verfassung des Freistaates Sachsen vom 27.5.1992 (GVBl. S. 243).

52 Vgl. zur Verfassungsbeschwerde (Grundrechtsklage) insgesamt *Schlaich / Korioth*, Das Bundesverfassungsgericht, S. 135.

53 Vgl. zur Prüfungskompetenz dieser Landesverfassungsgerichte bei der Individualverfassungsbeschwerde *v. Olshausen*, Landesverfassungsbeschwerde und Bundesrecht.

54 Vgl. „Gesetz über den Verfassungsgerichtshof" vom 22.7.1947 in der Fassung von 1962 (Bay. RS 1103–1–S); zur Bedeutung dieser Regelung für die Bundesverfassungsbeschwerde: *Roemer*, JZ 1951, S. 198.

Bundesebene wurde die Individualverfassungsbeschwerde dagegen erst 1951 in § 90 des „Gesetzes über das Bundesverfassungsgericht“ vom 12. März 1951[55] und 1969 in das Grundgesetz aufgenommen.[56] Der Parlamentarische Rat hatte sich bei der Schaffung des Grundgesetzes 1949 trotz entsprechender Vorschläge gegen die Aufnahme einer Individualverfassungsbeschwerde entschieden.[57] Am Vorbild der Individualverfassungsbeschwerde in der Bayerischen Verfassung wollte man sich nicht orientieren. Dies ist um so bemerkenswerter, als dass das Bundesverfassungsgericht nach deren Einführung in den Anfangsjahren wiederholt die Rechtsprechung des Bayerischen Verfassungsgerichtshofes bei seinen Entscheidungen berücksichtigte.[58]

Im Jahre 1990 hat das wiedervereinigte Berlin seinen Bürgern die Möglichkeit eingeräumt, mit der Individualverfassungsbeschwerde die Verletzung ihrer Grundrechte überprüfen zu lassen.[59] Seitdem haben sechs weitere, überwiegend „neue“ Bundesländer die Individualverfassungsbeschwerde als Verfahrensart in ihre Verfassungen aufgenommen. Nunmehr besteht die Möglichkeit einer Individualverfassungsbeschwerde also in den Bundesländern Bayern, Berlin, Brandenburg, Hessen, Mecklenburg-Vorpommern, Rheinland-Pfalz, Saarland, Sachsen, Sachsen-Anhalt und Thüringen.[60] Diese Bundesländer haben eine entsprechende Zuständigkeitszuweisung in ihre Landesverfassungen bzw. in die Gesetze über die Landesverfassungsgerichte aufgenommen.

Der seit der Wiedervereinigung einsetzende „Aufschwung“ zugunsten der Landesverfassungsbeschwerde hat die allgemeinen Überlegungen, wie sich die Kompetenzen der Verfassungsgerichtsbarkeit auf Bundes- und Länderebene ge-

---

55 BGBl. I S. 243.

56 Vgl. auch unter 1. Teil, X. 2. b).

57 *Zinn*, Schriftlicher Bericht über den Abschnitt IX „Die Rechtsprechung“, in: Parlamentarischer Rat, Bonn 1948/49, Anlage zum stenographischen Bericht des Parlamentarischen Rates am 6.5.1949, S. 43, 46. In Art. 98 Nr. 8 des Entwurfs von Herrenchiemsee sollte das Bundesverfassungsgericht „über Beschwerden wegen Verletzung der durch dieses Grundgesetz gewährleisteten Grundrechte“ entscheiden. Daneben eröffnete Art. 138 Abs. 1 des Entwurfs generalklauselartig gegen Behörden den Rechtsweg zu den Gerichten: „Wer sich durch eine Anordnung oder durch die Untätigkeit einer Verwaltungsbehörde in seinen Rechten verletzt oder mit einer ihm nicht obliegenden Pflicht beschwert glaubt, kann gerichtliche Hilfe in Anspruch nehmen“, vgl. dazu auch v. *Doemming / Füßlein / Matz*, Entstehungsgeschichte der Artikel des Grundgesetzes, JöR (n.F.) 1 (1951), S. 669, 670 f.

58 Vgl. *Lotz*, in: FS 50 Jahre Bayerischer Verfassungsgerichtshof, S. 115.

59 „Gesetz über den Verfassungsgerichtshof“ vom 8.11.1990 (GVBl. S. 2246), geändert durch Gesetz vom 11.12.1991 (GVBl. S. 280).

60 Vgl. Art. 66 und 120 BayVerf, Art. 84 Abs. 2 Nr. 5 BerlVerf, Art. 6 Abs. 2 und 113 Nr. 4 BbgVerf, Art. 131 Abs. 1 HessVerf (Grundrechtsklage), Art. 53 Nr. 6 und 7 M-V Verf, Art. 135 Abs. 1 Nr. 6 RhPfVerf, Art. 97 Nr. 4 SaarlVerf, Art. 81 Nr. 4 SächsVerf, Art. 75 Nr. 6 SaAnhVerf, Art. 80 Abs. 1 Nr. 1 ThürVerf; vgl. zur Frage, ob in Baden-Württemberg die Individualverfassungsbeschwerde einzuführen ist, *Kirchhof*, BaWüVBl. 2003, S. 139.

geneinander abgrenzen, verstärkt ins Blickfeld gerückt.[61] Dass Maßstab der Prüfung der Landesverfassungsgerichte grundsätzlich nur die Landesverfassung sein kann, wird an dieser Stelle als Selbstverständlichkeit vorausgesetzt[62]. Die Auswirkungen der „Doppelspurigkeit" des Verfassungsrechtsschutzes treten im Anwendungsbereich dieser Verfahrensart besonders hervor, wenn Prüfungsgegenstand ein Hoheitsakt eines Landes ist, der mit der Verfassungsbeschwerde sowohl vor dem Landes- als auch vor dem Bundesverfassungsgericht angefochten werden kann.[63] Verwaltungsakte von Bundesbehörden können bei Gerichten der Länder einer sachlichen Überprüfung unterzogen werden. Die vom Bundesverfassungsgericht in seiner Entscheidung vom 15. Oktober 1997[64] entschiedene Frage, ob der „Rechtsanwendung" durch die Landesverfassungsgerichte auch Bundesrecht zugrunde liegen kann, ist von wesentlicher Bedeutung für die Reichweite der Landesverfassungsbeschwerde und für die Zuständigkeit der Landesverfassungsgerichte.[65] Die folgenden Ausführungen dienen auch der Untersuchung, ob die vom Bundesverfassungsgericht in seiner Entscheidung angenommene „Rechtszersplitterung", mit der es die flankierende Vorlageverpflichtung nach Art. 100 Abs. 3 GG rechtfertigt, tatsächlich zu erwarten ist.

a) Rechtsprechung des Bayerischen Verfassungsgerichtshofes zur eigenen Prüfungskompetenz

Die ausgeprägteste Rechtsprechungspraxis zur Prüfungskompetenz seines Landesverfassungsgerichts bei der Individualverfassungsbeschwerde[66] ist im Bundesland Bayern zu verzeichnen[67]. Seine herausragende Position im Vergleich zu den anderen Verfassungsgerichten basiert auch darauf, dass es mit seiner Rechtsprechung Vorbildfunktion selbst für das Bundesverfassungsgericht entfalten konnte. Als ein Spezifikum im Bereich der Verfassungsgerichtsbarkeit ist die bayerische Popularklage in Art. 98 Satz 4 BayVerf anzusehen.[68] Mit dieser Verfahrensart kann jedermann geltend machen, dass Rechtsvorschriften des bayerischen Landesrechts (Gesetze, Verordnungen) wegen unzulässiger Einschränkung von Landesgrundrechten nichtig sind.

---

61 *Zierlein*, AöR 1995 (120), S. 209.

62 vgl. dazu ausführlich unter 1. Teil, 5. a) bb).

63 Vgl. *Schumann*, in: FS 25 Jahre Bayerischer Verfassungsgerichtshof, S. 297.

64 BVerfGE 96, 345; vgl dazu auch 2. Teil unter I. 5. a) bb) (3) (b).

65 *Zierlein*, AöR 120 (1995), S. 228.

66 Vgl. zur Verfassungsbeschwerde in Art. 120 BayVerf *Meder*, in: Die Verfassung des Freistaates Bayern, Art. 120 Rn. 1 ff.

67 Vgl. dazu *Knöpfle*, BayVBl. 1984, S. 257 ff. (1. Teil), S. 296 ff.; zu den Reformvorschlägen, die angesichts des hohen Geschäftsanfalls zum Zwecke der Entlastung des Verfassungsgerichtshofes gemacht wurden, vgl. *Pestalozza*, JöR (n.F.) 51 (2003), S. 164 ff.

68 *Menzel*, Landesverfassungsrecht, S. 338.

In mehreren Entscheidungen nahm der Verfassungsgerichtshof zur eigenen Prüfungskompetenz Stellung. Dabei war seine Rechtsprechung durchaus Schwankungen unterworfen. In seiner frühen Rechtsprechung stellte der Verfassungsgerichtshof fest, dass die bayerischen Gerichte auch dann seiner Gerichtsbarkeit unterfallen, wenn sie Bundesrecht anwenden.[69] Dabei wurde kein Unterschied zwischen der Konkretisierung von prozessualem und materiellem Bundesrecht gemacht. Auch später betonte der Verfassungsgerichtshof die Zulässigkeit einer Verfassungsbeschwerde gegen Urteile, die in bundesrechtlich geregelten Verfahren ergangen sind. Später sah er sich jedoch unter Hinweis auf die Höherrangigkeit des Bundesrechts gegenüber dem Landesrecht an einer kassatorischen Entscheidung gehindert. Entsprechend begnügte er sich mit der Feststellung der Verfassungswidrigkeit im Sinne eines Verstoßes gegen die Bayerische Verfassung.[70] Im Jahre 1973 näherte sich der Verfassungsgerichtshof wieder seiner ursprünglichen Auffassung an und gab die Einschränkung seiner Entscheidungsmöglichkeit im bundesrechtlich geregelten Gerichtsverfahren auf.[71] Bei Urteilen, die in bundesrechtlich geregelten Verfahren zustande gekommen seien, stehe ihm eine Befugnis zur kassatorischen Entscheidung zu.[72] Dies gelte zumindest im Falle der landesverfassungswidrigen Auslegung von materiellem Landesrecht durch bayerische Gerichte. Begründet wurde dies unter Hinweis auf eine Publikation des damaligen Präsidenten des Verfassungsgerichtshofes *Schäfer*, der die Auffassung vertrat, dass anders das Gebot des effektiven Rechtsschutzes in dem selbstständig neben dem Grundgesetz stehenden Landesverfassungsbereich nicht zu verwirklichen sei.[73] Seitdem wird in der Rechtsprechung des Verfassungsgerichtshofes wie folgt differenziert:

aa) Fehlerhafte Anwendung von prozessualem Bundesrecht

Landesgerichtliche Entscheidungen auf dem Gebiet des Bundesverfahrensrechts können bei Verstoß gegen die landesverfassungsrechtlichen Verfahrensgrundsätze durch das Landesverfassungsgericht aufgehoben werden.[74] Eine Überprüfung auch anhand der Bayerischen Verfassung ist bei Anwendung von Bundesverfahrensrecht immer dann möglich, wenn der Beschwerdeführer seine Rüge auf die Verletzung von solchen Verfahrensrechten der Bayerischen Verfassung stützt, die inhaltsgleich auch im Grundgesetz bestehen und somit auch neben dem Grundge-

---

69 BayVerfGE 3, 4, 7; 4, 21, 28.

70 BayVerfGE 11, 90.

71 BayVerfGE 26, 127 (2. Leitsatz); 27, 35 (1. Leitsatz); 36, 44, 46.

72 Vgl. *Meder*, in: Die Verfassung des Freistaates Bayern, Art. 120 Rn. 39 f.

73 *Schäfer*, in: FS 25 Jahre Bayerischer Verfassungsgerichtshof, S. 249 ff.

74 Ständige Rechtsprechung des Verfassungsgerichtshofes, BayVerfGHE 11, 90, 93; vgl. auch BayVerfGHE 11, 190, 194; 12, 64, 68; 14, 49, 53; 17, 59, 1. Leitsatz; 28, 14, 22.

setz weiter gelten würden.[75] Da die Verfahrensgarantien der Bayerischen Verfassung und des Grundgesetzes weitgehend inhaltlich identisch sind – dies gilt insbesondere für den am häufigsten als verletzt gerügten Anspruch auf rechtliches Gehör (Art. 103 GG bzw. Art. 91 BayVerf) und das Recht auf den gesetzlichen Richter (Art. 101 Abs. 1 Satz 2 GG bzw. Art. 86 Abs. 1 Satz 2 BayVerf) –, kann die Verletzung eines Bundesverfahrensrechts sonach in der Regel auch mit der Verfassungsbeschwerde nach Art. 120 BayVerf vor dem Bayerischen Verfassungsgerichtshof angefochten werden. Die Argumentationslinie entspricht der im Urteil des Bundesverfassungsgerichts vom 15. Oktober 1997.[76] Bemerkenswert ist, dass die bereits im Jahre 1973 durch den Bayerischen Verfassungsgerichtshof aus Gründen des effektiven (Landes-)Verfassungsrechtsschutzes eingeleitete Rechtsprechungsänderung erst fast 25 Jahre später Eingang in die Rechtsprechung des – inzwischen unter einem erheblichen Belastungsdruck stehenden – Bundesverfassungsgerichts hat finden können.

bb) Fehlerhafte Anwendung von materiellem Bundesrecht

Wird mit der Verfassungsbeschwerde die Verletzung subjektiver Rechte durch die Anwendung von materiellem Bundesrecht gerügt, vertritt der Verfassungsgerichtshof eine restriktive Auffassung. Die Anwendung vom materiellen Bundesrecht durch Landesgerichte will er „wegen seines höheren Ranges“ nicht überprüfen und geht im Grundsatz von dem durch Art. 31 GG begründeten „Vorrang des Bundesrechts“ gegenüber dem Landesverfassungsrecht aus. Die Anwendung von Bundesrecht könne von den Normen der Bayerischen Verfassung nicht beeinflusst und daher auch nicht an diesen gemessen werden.[77] Eine Ausnahme bildet nach der Auffassung des Gerichtshofes lediglich ein offensichtlicher Fall von willkürlicher Urteilsfindung. In einem solchen Fall handele es sich nicht um Anwendung von Bundesrecht, sodass die Voraussetzung des Art. 31 GG nicht gegeben seien.[78] Zur Willkür in gerichtlichen Entscheidungen wird ausgeführt:

> „Das Willkürverbot ist nicht schon dann verletzt, wenn die Rechtsanwendung oder das eingeschlagene Verfahren fehlerhaft ist. Hinzukommen muss, dass die Entscheidung bei verständiger Würdigung der die Verfassung beherrschenden Gedanken nicht mehr verständlich ist, und sich der Schluss aufdrängt, sie beruhe auf sachfremden Erwägungen. Das ist dann der Fall, wenn die angefochtene Entscheidung unter keinem Gesichtspunkt

---

75 Vgl. *Ebersperger*, Die Bayerische Verfassungsbeschwerde, S. 160.

76 Vgl. auch unter 2. Teil, I. 5. a) bb) (3).

77 BayVerfGHE 26, 118, 121 f.; 29, 38, 40; 34, 29, 31; 37, 75, 78; offengelassen in BayVerfGE 29, 11, 15.

78 BayVerfGE 29, 38, 41; 36, 44, 46; 37, 75, 78; 40, 1, 5; Entscheidung des BayVerfGH vom 10.6.1998, BayVBl. 1989, 699; Entscheidung des BayVerfGH vom 15.7.1988, Vs. 98-VI-87; zusammenfassend *Schmitt Glaeser / Horn*, BayVBl. 1992, S. 685.

rechtlich vertretbar ist. Die gerichtliche Entscheidung muss schlechthin unhaltbar, offensichtlich sachwidrig, eindeutig unangemessen sein:“[79]

cc) Ausschluss der Kontroll- und Kassationsbefugnis bei sachlicher Prüfung durch ein oberstes Bundesgericht

Seine in ständiger Rechtsprechung angenommene Prüfungskompetenz bei Urteilen von Landesgerichten, die in bundesrechtlich geordneten Verfahren ergangen sind, unterwirft der Verfassungsgerichtshof dahingehend einer Einschränkung, dass sich diese nicht auf Entscheidungen erstreckt, soweit diese aufgrund sachlicher Prüfung von einem obersten Bundesgericht in ihrem Inhalt abgeändert oder bestätigt worden sind.[80] Er habe den Urteilsspruch des Bundesgerichts zu respektieren und dürfe die landesgerichtliche Entscheidung nicht aufheben. Von einer Einschränkung seiner Kontroll- und Kassationsbefugnis ist der Verfassungsgerichtshof dagegen nicht ausgegangen bei der Zurückweisung einer Nichtzulassungsbeschwerde[81], bei der Ablehnung der Annahme der Revision[82] sowie bei der Verweigerung von Prozesskostenhilfe bei Aussichtslosigkeit[83] durch ein oberstes Bundesgericht.

dd) Landesverfassungsbeschwerde nach bundesgerichtlicher abgeschlossener Normenkontrolle

Nach der Rechtsprechung des Bayerischen Verfassungsgerichtshofes sind Verfassungsbeschwerden gegen Normenkontrollentscheidungen des Bayerischen Verwaltungsgerichtshofes nach § 47 VwGO unzulässig, soweit mit ihnen gerügt wird, der Verwaltungsgerichtshof habe Grundrechte der Bayerischen Verfassung dadurch verletzt, dass er die angegriffene Norm nicht unmittelbar daran gemessen habe. Danach kann weder geltend gemacht werden, der Verwaltungsgerichtshof habe eine Prüfung am Maßstab der Grundrechte der Bayerischen Verfassung unterlassen, noch habe er die Grundrechtsnormen fehlerhaft interpretiert.[84] Diese Rechtsprechung ist eine Konsequenz der Kompetenzabgrenzung zwischen dem Verwaltungsgerichtshof und dem Verfassungsgerichtshof. Gemäß § 47 Abs. 3 VwGO prüft der für verwaltungsgerichtliche Normenkontrollverfah-

---

79 BayVerfGHE 26, 127, 133; 40, 1, 5; 40, 132, 135; Entscheidung des BayVerfGH vom 19.4.1989, BayVBl. 1989, 430, 431; vgl. dazu auch *Lotz*, in: FS zum 50 Jahre Bayerischer Verfassungsgerichtshof, S. 115.

80 BayVerfGHE 22, 124; 25, 143, 145; 26, 127, 139; 28, 14, 22; vgl. dazu auch *Meder*, in: Die Verfassung des Freistaates Bayern, Art. 120 Rn. 40.

81 BayVerfGHE 23, 190; 24, 48; so zuletzt auch BayVerfGH BayVBl. 2002, S. 365.

82 Vf. 18-VI-79; Vf. 80-VI-78.

83 BayVerfGHE 28, 13.

84 BayVerfGHE 36, 173, 177 = BayVBl. 1984, 235; 37, 35, 38 = BayVBl. 1984, 460; vgl. dazu auch *Tilch*, BayVBl. 1984

ren zuständige Verwaltungsgerichtshof die Vereinbarkeit der prüfungsgegenständlichen Norm mit dem Landesrecht nicht, soweit diese Prüfung dem Verfassungsgerichtshof ausschließlich zugewiesen ist. Danach darf nur der Verfassungsgerichtshof die Vereinbarkeit von Rechtsnormen mit den bayerischen Landesgrundrechten prüfen. Der Verwaltungsgerichtshof darf die Normen, die den Prüfungsgegenstand des verwaltungsgerichtlichen Normenkontrollverfahrens bilden, nicht wegen des Verstoßes gegen Grundrechte der Bayerischen Verfassung kassieren. Daher kann der Verwaltungsgerichtshof durch die Abweisung eines Normenkontrollantrags nicht gegen ein Grundrecht des Antragstellers aus der Bayerischen Verfassung verstoßen, da ihm dieses als Prüfungsmaßstab nicht zur Verfügung steht. Eine entsprechend begründete Verfassungsbeschwerde müsste bereits in Ermangelung einer möglichen Grundrechtsverletzung an der fehlenden Beschwerdebefugnis scheitern.[85]

In den übrigen Fällen kann ein Urteil des Bayerischen Verwaltungsgerichtshofes im Normenkontrollverfahren grundsätzlich ein tauglicher Beschwerdegegenstand einer Landesverfassungsbeschwerde sein. Fraglich ist allerdings auch hier, ob nicht die den Verwaltungsrechtsweg abschließende Entscheidung des Bundesverwaltungsgerichts dazu führt, dass auch das vorangegangene Urteil des Bayerischen Verwaltungsgerichtshofes vom Bayerischen Verfassungsgerichtshof nicht mehr überprüft werden kann. Der Bayerische Verfassungsgerichtshof wies jüngst eine Verfassungsbeschwerde als „jedenfalls unbegründet" ab, die nach bereits abgeschlossenem bundesgerichtlichen Normenkontrollverfahren erhoben wurde.[86] Die Frage der Zulässigkeit der Landesverfassungsbeschwerde ließ der Verfassungsgerichtshof offen. Letztendlich bestätigte er mit dieser Entscheidung seine bisherige Rechtsprechung[87], wonach die Entscheidung eines Bundesgerichts einer Überprüfung der vorangegangenen gerichtlichen Entscheidung des Landesgerichts durch den Verfassungsgerichtshof nur dann entgegensteht, wenn das Bundesgericht eine Entscheidung *in der Sache* getroffen hat. In diesem Falle werde die landesgerichtliche Entscheidung in die Bundesgerichts-

---

85 Vgl. dazu auch *v. Coelln*, BayVBl. 2002, S. 361 f.

86 BayVerfGH BayVBl. 2002, 365: die Bayerische Landeszentrale für Medien hatte auf Grundlage des Bayerischen Mediengesetzes eine Satzung über die Nutzung von Hörfunkfrequenzen erlassen. Der Bayerischer Verwaltungsgerichtshof erklärte eine Regelung dieser Satzung in einem Normenkontrollverfahren gemäß § 47 VwGO für nichtig. Die gegen die Nichtzulassung der Revision eingelegte Beschwerde wurde vom Bundesverwaltungsgericht zurückgewiesen. Zwei Monate nach der Zustellung dieser Entscheidung wurde Verfassungsbeschwerde zum Bayerischen Verfassungsgerichtshof erhoben, da sich die Beschwerdeführerin durch die Teilnichtigkeit der Satzung in ihrem Grundrecht der Rundfunkfreiheit aus Art. 111a Abs. 1 Satz 1, Abs. 2 Satz 1 BayVerf verletzt fühlte.

87 Vgl. auch BayVerfGHE 23, 190, 191 = BayVBl. 1971, 184 (Leitsatz); 24, 48, 51 f. = BayVBl. 1971, 184; 25, 143, 145 = BayVBl. 1973, 71; 28, 181, 183; 37, 89, 92 f. = BayVBl. 1985, 45; 44, 33, 35 = BayVBl. 1991, 431; 46, 21, 29 = BayVBl. 1993, 206.

barkeit einbezogen und der Kognitionskompetenz des Landesverfassungsgerichts entzogen.

ee) Die Vorfragenkompetenz des Bayerischen Verfassungsgerichtshofes

Die Rechtsprechung des Bayerischen Verfassungsgerichtshofes zur Frage der Inzidentkontrolle von landesrechtlichen Vorschriften anhand des Grundgesetzes und einfachen Bundesrechts – insbesondere im Rahmen der Popularklage nach Art. 98 Abs. 4 BayVerf – ist nicht einheitlich.[88] Wiederholt ist der Verfassungsgerichtshof von dem Grundsatz, dass Prüfungsmaßstab im Verfahren der Popularklage nur die Bayerische Verfassung sein könne[89], abgewichen.[90] In manchen Entscheidungen untersuchte er „im Rahmen der Sachprüfung", ob die angefochtene Vorschrift durch (einfaches) Bundesrecht als „höherrangiges Recht nicht gedeckt oder beseitigt" worden ist.[91] Einer fortschreitenden, auf Art. 3 Abs. 1 BayVerf (Rechtsstaatsprinzip) gestützten Ausweitung der Vorfragenkompetenz hat der Verfassungsgerichtshof entgegengehalten, dass sich mit guten Gründen die Auffassung vertreten ließe, dass nicht jeder Verstoß gegen (einfaches) Bundesrecht unter dem Blickwinkel des bayerischen Verfassungsrechts, welches allein den Prüfungsmaßstab des Bayerischen Verfassungsgerichtshofes bilde, als so schwerwiegend anzusehen sei, dass darin zugleich ein Verstoß gegen das Rechtsstaatsprinzip gesehen werden müsse.[92]

b) Hessen

aa) Reaktion des Hessischen Staatsgerichtshofes auf die Entscheidung des Bundesverfassungsgerichts vom 15. Oktober 1997

Sehr restriktiv zog ursprünglich der Hessische Staatsgerichtshof seinen Prüfungsumfang. Bis zum Beschluss vom 9. September 1998[93], der als „Kopernikanische Wende" bezeichnet wird[94], führte der Staatsgerichtshof in ständiger Rechtsprechung aus, dass er die ihm vorgelegten Beschwerdegegenstände „nur insoweit, als Hessisches Landesrecht und nicht Bundesrecht angewendet" wird, überprüfen dürfe.[95] Zur Begründung verwies er auf den nach seiner Auffassung durch Art. 31 GG angeordneten „Vorrang des Bundesrechts" gegenüber dem

---

88 Vgl. *Meder*, in: Die Verfassung des Freistaates Bayern, Art. 98 Rn. 14a; *Lerche*, in: FS 25 Jahre Bayerischer Verfassungsgerichtshof, S. 247 ff.; *Schumann*, FS 25 Jahre Bayerischer Verfassungsgerichtshof, S. 297; *Angerer*, BayVBl. 1969, S. 274.

89 Vgl. dazu z.B. BayVerfGHE 26, 28; 26, 87, 92; 28, 59, 63; 29, 105, 129.

90 Vgl. BayVerfGHE 28, 75, 78; 28, 107, 119; 29, 191; 30, 167, 170 f.; 34, 39, 43; 35, 56, 63.

91 BayVerfGHE 28, 75, 78; 28, 107, 119.

92 BayVerfGHE 36, 1, 5; 36, 56, 65; 36, 93, 98.

93 P.St. 1299, NJW 1999, 49 = LVerfGE 9, 195.

94 *v. Zerzschwitz*, NJW 1999, S. 17.

95 HessStGH ESVGH 20, 5, 8; 22, 13, 17; 30, 1, 2; 31, 174, 175; 34, 12, 13; 40, 1, 3; 40, 75.

Landesrecht.[96] Anders als der Bayerische Verfassungsgerichtshof und der Sächsische Verfassungsgerichthof wich der Hessische Staatsgerichtshof von diesem Grundsatz auch dann nicht ab, wenn die Verletzung von Verfahrensgrundrechten im Rahmen eines bundesrechtlich geregelten gerichtlichen Verfahrens geltend gemacht wurde.[97] Im Hinblick auf die abweichende Rechtsprechung des Bayerischen Verfassungsgerichtshofes wurde eine Divergenzvorlage nach Art. 100 Abs. 3 GG vom Hessischen Staatsgerichtshof zwar erwogen, jedoch nicht durchgeführt, weil sich die Divergenz im konkreten Fall nicht ausgewirkt habe. Eine begrenzte Prüfungsbefugnis bejahte der Staatsgerichtshof trotz der Einschlägigkeit von Bundesrecht nur dann, wenn der Antragsteller geltend macht, der angegriffenen Entscheidung liege überhaupt kein Recht und damit auch kein Bundesrecht zugrunde.[98]

Unter dem Eindruck des Beschlusses des Bundesverfassungsgerichts vom 15. Oktober 1997[99] ist der Staatsgerichtshof umgeschwenkt und unterwirft sich nunmehr akribisch den Vorgaben des Bundesverfassungsgerichts. Bei der Prüfung der „Ergebnisgleichheit" sieht er sich gemäß § 31 BVerfGG an die Rechtsprechung des Bundesverfassungsgerichts gebunden. Zur Vermeidung von Auslegungsdivergenzen konstruiert er eine Verpflichtung zur Aussetzung des Verfahrens:

> „Ist ein Urteil eines hessischen Gerichts unter Berufung auf parallele Gewährleistungen in Grundgesetz und Hessischer Verfassung sowohl vor dem Bundesverfassungsgericht als auch vor dem Staatsgerichthof angegriffen, so ist zur Entscheidung der von beiden Verfassungsgerichten zu prüfenden Frage der Verletzung von Bundesgrundrechten zuvörderst das Bundesverfassungsgericht als der insofern maßgebliche Interpret berufen. In einem solchen Fall lässt sich nur dadurch, dass zunächst das Bundesverfassungsgericht entscheidet, sicherstellen, dass eine etwa unbeabsichtigt divergierende Auslegung des Grundgesetzes durch das Bundesverfassungsgericht einerseits und das Landesverfassungsgericht andererseits vermieden wird."[100]

Der Hessische Landesgesetzgeber führte in § 43a HessStGHG als erstes Land auch für die Landesverfassungsbeschwerde ein Annahmeverfahren ein. Auch diese Gesetzesänderung ist als Reaktion auf die Entscheidung des Bundesverfassungsgerichts vom 15. Oktober 1997[101] und die mit dieser Entscheidung einher-

---

96 HessStGH ESVGH 40, 75.

97 HessStGH ESVGH 40, 75.

98 HessStGH, P.St. 385; 389; 400; 622; 641; 645; 743; 793; 916; 1015; vgl. auch *Clausen*, Landesverfassungsbeschwerde und Bundesstaatsgewalt, S. 38.

99 BVerfGE 96, 345; vgl. dazu ausführlich unter 2. Teil, I. 5. (3).

100 LVerfGE 9, 195, 197 f.

101 BVerfGE 98, 345; vgl. auch unter 2. Teil, I. 5. a) bb) (3).

gehende Ausdehnung der Jurisdiktionsgewalt der Landesverfassungsgerichte anzusehen.[102]

bb) Die „Bundesgerichtsklausel" in § 44 Abs. 1 Satz 3 HessStGHG

Neben der in § 44 Abs. 1 Satz 1 HessStGHG geregelten Rechtswegerschöpfung[103] besteht nach § 44 Abs. 1 Satz 3 HessStGHG die Besonderheit, dass die Grundrechtsklage unzulässig ist, wenn das höchste in der Sache zuständige Gericht kein Gericht des Landes Hessen ist. Der einfache Gesetzgeber ist in Hessen tätig geworden und hat in das Gesetz über den Staatsgerichtshof eine Regelung aufgenommen, die den Ausschluss der Kontroll- und Kassationsbefugnis des Staatsgerichtshofes bei sachlicher Prüfung durch ein oberstes Bundesgericht ausdrücklich vorsieht. Die „Bundesgerichtsklausel" erfährt durch Satz 4 der Vorschrift eine Einschränkung, die in die gleiche Richtung weist, wie die Rechtsprechung des Bayerischen Verfassungsgerichtshofes zu dieser Fallkonstellation[104]: Hat das höchste in der Sache zuständige Gericht des Landes Hessen ein Rechtsmittel oder einen Rechtsbehelf gegen seine Entscheidung nicht zugelassen, so gilt der Rechtsweg mit dieser Entscheidung als erschöpft.

c) Die extensive Ausdehnung der Prüfungskompetenz durch den Berliner Verfassungsgerichtshof

Der Berliner Verfassungsgerichtshof ist seit Anbeginn seiner Rechtsprechung eigene Wege gegangen. Er beschäftigte sich bereits vor der „Honecker-Entscheidung" und vor der Entscheidung des Bundesverfassungsgerichts vom 15. Oktober 1997[105] mit den verfassungsgerichtlichen Kontrollmöglichkeiten über eine Landesgerichtsbarkeit, die Bundesrecht anwendet. Bezüglich der Bestimmung seiner Prüfungskompetenz geht er über die Positionen des Bayerischen Verfassungsgerichtshofes und des Hessischen Staatsgerichtshofes weit hinaus.[106]

aa) Der Beschluss vom 23. Dezember 1992[107]

Als grundlegend für den Standpunkt des Verfassungsgerichtshofes erweist sich dabei der Beschluss vom 23. Dezember 1992, auf den er in der Honecker-Entscheidung Bezug nimmt. Eine Beschränkung seiner Kontrollbefugnisse auf

---

102 So wohl auch *Menzel*, Landesverfassungsrecht, S. 533.

103 Vgl. dazu LVerfGE 9, 200, 207; 10, 279, 291; 11, 227, 234.

104 Vgl. auch unter 3. Teil, III. 1. dd).

105 BVerfGE 96, 345.

106 Vgl. zusammenfassend zur Rechtsprechung des Berliner Verfassungsgerichtshofes, *Driehaus*, Die neue Verfassung von Berlin im Spiegel der Rechtsprechung des Verfassungsgerichtshofes.

107 BerlVerfGH NJW 1993, 513.

die Überprüfung landesverfassungsrechtlicher Verfahrensgrundsätze und auf das Willkürgebot wird – unter Ablehnung der entsprechenden Rechtsprechung des Bayerischen Verfassungsgerichtshofes[108] – nicht anerkannt. Der Berliner Verfassungsgerichtshof stellte ausdrücklich fest, dass er berechtigt sei, Akte der Landesstaatsgewalt am Maßstab der Landesgrundrechte auch dann zu überprüfen, wenn die angegriffenen Akte auf Bundesrecht beruhen.[109] Entscheidend sei, dass es sich um Akte des Landes Berlin handele.[110] Da die in der Verfassung von Berlin gewährleisteten Grundrechte für die rechtsprechende Gewalt des Landes Berlin gemäß Art. 23 Abs. 1 BerlVerf verbindlich und in den Grenzen der Art. 142 und 31 GG auch dann beachtlich seien, wenn diese Bundesrecht anwende, könne der Verfassungsgerichtshof überprüfen, ob die Gerichte des Landes Berlin bei der Anwendung von Bundesrecht die Grundrechte der Verfassung von Berlin eingehalten hätten.[111]

Ausgangspunkt für die Überlegung des Verfassungsgerichtshofes ist der Umstand, dass Landesorgane, die bei der Anwendung von materiellem Bundesrecht und/oder Bundesverfahrensrecht tätig werden, in diesen Fällen Landesstaatsgewalt ausüben und deshalb zumindest im Grundsatz an die Landesverfassung und die Landesgrundrechte gebunden sind.[112] In seiner Entscheidung stellte der Verfassungsgerichtshof noch im Einklang mit der Rechtsprechung des Bundesverfassungsgerichts fest, dass sich ihm nicht die Frage stellen könne, ob das Bundesrecht mit der Verfassung von Berlin vereinbar sei, da es nicht um eine etwaige Verfassungswidrigkeit von Vorschriften des einfachen Rechts (im konkreten Fall von Vorschriften der Strafprozessordnung), sondern allein um die Verfassungsmäßigkeit ihrer „Anwendung“ durch ein Organ des Landes gehe. In derartigen Fällen handele es sich nicht um einen Akt der „Bundesnormerzeugung“, der einer landesverfassungsgerichtlichen Kontrolle nicht unterzogen werden könnte, sondern um einen landesgerichtlichen Akt der „Bundesnormanwendung“. Dementsprechend werde seine Entscheidungsbefugnis nicht durch Art. 31 GG, sondern durch das Verhältnis der Verfassungsgerichtsbarkeit zur sonstigen Gerichtsbarkeit bestimmt.[113] Für diese Beziehung gelte, dass alle Gerichte, die die Berliner Landesgrundrechte zu beachten hätten – also die Gerichte des Landes Berlin –, der Gerichtsbarkeit des Berliner Verfassungsgerichtshofes unterfallen. Ob sie in ihrem Verfahren Landes- oder Bundesrecht anwenden, spiele dabei keine Rolle. Entscheidungsmaßstab für die Überprüfung der Verfassungsmäßigkeit durch den Berliner Verfassungsgerichtshof sei einzig das Lan-

---

108 BerlVerfGH NJW 1993, 513, 514.
109 BerlVerfGH NJW 1993, 513, 514.
110 Vgl. § 49 Abs. 1 BerlVerfGHG.
111 BerlVerfGH NJW 1993, 513, 514.
112 *Rozek*, AöR 119 (1994), S. 458.
113 BerlVerfGH NJW 1993, 513, 514.

desgrundrecht. Der Verfassungsgerichtshof erkannte aber ebenfalls in Übereinstimmung mit dem Bundesverfassungsgericht eine Kompetenz zur Überprüfung der Vereinbarkeit der gerichtlichen Entscheidung mit dem Bundesgrundrecht als „Vorfrage" an.[114] Ein Verstoß gegen das Bundesgrundrecht impliziere zugleich auch einen Verstoß gegen das Landesgrundrecht.[115] Bei dieser Aussage stützte sich der Verfassungsgerichtshof ausdrücklich auf eine frühe Entscheidung des Bundesverfassungsgerichts.[116] Erheblich sei, dass sich die Landesgrundrechte im Rahmen des Art. 142 GG bewegen, also mit den Bundesgrundrechten übereinstimmen und nicht gegen das Bundesrecht verstoßen.[117]

Im Ergebnis sah das Berliner Verfassungsgericht einen hinreichenden, die landesverfassungsgerichtliche Kontrolle eröffnenden Bezug zum Landesrechtskreis allein in dem Umstand, dass die streitgegenständlichen Akte richterlicher Staatsgewalt von Gerichten des Landes gesetzt wurden.[118]

bb) Die Honecker-Entscheidung[119]

Mit der Honecker-Entscheidung setzte der Verfassungsgerichthof seine Rechtsprechung fort. Im dem Beschluss vom 12. Januar 1993[120] erklärte er eine Weiterführung des Prozesses gegen den ehemaligen Vorsitzenden des Staatsrates und des Nationalen Verteidigungsrates der ehemaligen DDR Erich Honecker mit dem Grundrecht auf Achtung der Menschenwürde für unvereinbar.[121] Entsprechendes nahm der Verfassungsgerichtshof für den die Untersuchungshaft anordnenden Haftbefehl an.[122] Da der Text der Verfassung des Landes Berlin selbst keine Art. 1 Abs. 1 GG entsprechende Gewährleistung der Menschenwürde und keine ausdrückliche Verpflichtung der staatlichen Gewalt, die Würde des Menschen zu achten und zu schützen, enthält, interpretierte der Verfassungsgerichtshof die Garantie der Menschenwürde in die Berliner Verfassung hinein. Er argumentierte dabei in zweierlei Hinsicht: Zum einen sei die Verfassung des Gliedstaates eines Bundesstaates, nicht in der Verfassungsurkunde, dem ge-

---

114 Vgl. dazu auch unter 2. Teil, I. 5. a) bb).

115 BerlVerfGH NJW 1993, 513, 514.

116 BVerfGE 22, 267.

117 BerlVerfGH NJW 1993, 513, 514.

117 BerlVerfGH NJW 1993, 515, 517.

118 Vgl. *Rozek*, AöR 119 (1994), S. 459.

119 Vgl. zum Honecker-Beschluss: *Bartlsperger*, DVBl. 1993, S. 333 ff.; *Wilke*, NJW 1993, S. 887 ff.; *ders.*, JöR (n.F.) 51 (2003), S. 193; *Pestalozza*, NVwZ 1993, S. 340; *Berkemann*, NVwZ 1993, S. 409 ff.; *Meurer*, JR 1993, S. 89 ff.; *Starck*, JZ 1993, S. 231 ff.; *ders.*, Praxis der Verfassungsauslegung, S. 239 ff.; *Löwer*, SächsVBl. 1993, S. 73 ff.

120 BerlVerfGH NJW 1993, 515.

121 BerlVerfGH NJW 1993, 515, 517.

122 BerlVerfGH NJW 1993, 515, 517.

schriebenen Verfassungstext, allein enthalten. In sie „hineinwirkten" vielmehr auch Bestimmungen der Bundesverfassung. Erst beide Elemente zusammen, die Verfassungsurkunde und die in sie hineinwirkende Bestimmung der Bundesverfassung, machten die Verfassung des Gliedstaates aus.[123] Indem Art. 1 Abs. 1 GG die Würde des Menschen für unantastbar erkläre und die staatliche Gewalt dazu verpflichte, die Würde des Menschen zu achten und zu schützen, stelle er die Menschenwürde in den Mittelpunkt der grundrechtlichen Werteordnung[124], er erhebe sie zum obersten Wert im System der Grundrechte.[125] Im Übrigen seien der Verfassung selbst gewichtige Anhaltspunkte dafür zu entnehmen, dass sie, wenn auch ohne ausdrückliche Erwähnung, die Würde des Menschen als obersten Wert im System der Grundrechte ansehe.

Unabhängig davon, ob die These des Verfassungsgerichtshofes zur „in die Landesverfassung hineinwirkenden" Garantie der Menschenwürde angesichts der aktuellen Rechtsprechungsänderung des Bundesverfassungsgerichts zu diesem Thema[126] haltbar ist, ist die Argumentationslinie in zweierlei Hinsicht als problematisch anzusehen. Im Ergebnis bereicherte der Berliner Verfassungsgerichtshof mit seiner Entscheidung nicht nur die strafprozessuale Maxime, dass ein Strafverfahren bei nachträglichem Eintreten von Verfahrenshindernissen einzustellen sei (§§ 206a Abs. 1, 260 Abs. 3 StPO), um einen landesverfassungsrechtlich indizierten Einstellungsgrund – Verfahrenshindernisse aufgrund beschränkter Lebenserwartung des Angeklagten –, sondern erweiterte auch den Katalog der Gründe, die gemäß § 120 Abs. 1 StPO zur Aufhebung eines Haftbefehls führen, um einen neuen „absoluten Aufhebungsgrund".[127] Überspitzt formuliert gilt also die Strafprozessordnung seit dem 12. Januar 1993 bis auf Weiteres nicht mehr einheitlich im gesamten Bundesgebiet, sondern in Berlin – nicht zuletzt wegen der Bindungswirkung des Urteils für alle Berliner Gerichte und Behörden (§ 30 Abs. 1 BerlVerfGHG) – in einer vom Berliner Verfassungsgerichtshof kreierten Variante.[128] Eine Verfassungsbeschwerde zum Bundesverfassungsgericht gegen den Beschluss des Berliner Verfassungsgerichtshofes wurde mangels hinreichender Aussicht auf Erfolg nicht zur Entscheidung angenommen.[129] Der Antrag auf Erlass einer einstweiligen Anordnung gemäß § 32 BVerfGG wurde zuvor gleichfalls abgelehnt.[130] Der Berliner Verfassungsge-

123 BerlVerfGH NJW 1993, 515, 516, unter Hinweis auf BVerfGE 1, 208, 232; 27, 440, 55; 66, 107, 114.

124 BVerfGE 36, 174, 188.

125 BVerfGE 35, 366, 376.

126 Vgl. dazu auch unter 2. Teil, I. 5. (2).

127 *Rozek*, AöR 119 (1994), S. 453; *Starck*, JZ 1993, S. 232; *Schoreit*, NJW 1993, S. 881; *Wilke*, NJW 1993, S. 887.

128 *Rozek*, AöR 119 (1994), S. 453.

129 BVerfG NJW 1993, 1577.

130 BVerfG NJW 1993, 915.

richtshof erachtet sich nunmehr in ständiger Rechtsprechung für befugt, Akte der Landesstaatsgewalt, die auf Bundesrecht beruhen, an solchen Landesgrundrechten zu messen, die mit den Grundrechten des Grundgesetzes übereinstimmen. Nicht deutlich wird, ob der Berliner Verfassungsgerichtshof nur solche Grundrechte der Berliner Verfassung heranziehen will, die sich mit den Grundrechten des Grundgesetzes decken, oder auch solche, die einen weitergehenden Schutz vermitteln, ohne Bundesrecht zu widersprechen.[131]

cc) Befugnis zur inzidenten Überprüfung der Vereinbarkeit von Bundesrecht mit dem Grundgesetz

In seinem Beschluss vom 12. Juli 1994[132] zur Überprüfung ausländerbehördlicher Maßnahmen ging der Verfassungsgerichtshof noch weiter. Er erachtete sich für befugt,

> „bei der Kontrolle von auf Bundesrecht beruhenden Entscheidungen der Berliner Verwaltungsbehörden und Gerichte am Maßstab der mit dem Grundgesetz inhaltsgleichen Grundrechte der Verfassung von Berlin inzident die Übereinstimmung der entscheidungserheblichen bundesrechtlichen Bestimmungen mit dem Bundesverfassungsrecht zu prüfen".

Er leitete aus Art. 100 Abs. 1 GG seine Verpflichtung ab, wie jedes andere Gericht ein für seine Entscheidung erhebliches Bundesgesetz auf dessen Bundesverfassungsgemäßheit hin zu überprüfen und dann, wenn er dieses für bundesverfassungswidrig hält, sein Verfahren auszusetzen und das Gesetz dem Bundesverfassungsgericht zur Prüfung vorzulegen.[133]

d) Sachsen

In Sachsen entscheidet der Sächsische Verfassungsgerichtshof über Verfassungsbeschwerden, die von jeder Person erhoben werden können, die sich durch die öffentliche Gewalt in einem ihrer in der Verfassung niedergelegten Grundrechte verletzt fühlt.[134] Die Sächsische Verfassung hat sich in Art. 81 Abs. 1 Nr. 4 für eine „vollwertige" Verdopplung des Verfassungsrechtsschutzes für den Fall entschieden, dass Akte der Landesstaatsgewalt sowohl gegen das Grundgesetz als auch gegen die Landesverfassung verstoßen.[135] Anders als in Berlin, Brandenburg, Hessen und auch Mecklenburg-Vorpommern ist die Individual-

---

131 *Uerpmann*, LKV 1996, S. 229.

132 VerfGH 94/93, NVwZ 1995, 784 (2. Leitsatz).

133 BerlVerfGH 94/93, NVwZ 1995, 784, 785.

134 Art. 81 Abs. 1 Nr. 4 SächsVerf i.V.m. § 7 Nr. 4, §§ 27 ff. SächsVerfGHG; vgl. dazu *K. Müller*, Verfassung des Freistaates Sachsen, S. 348 ff.; *Rinken*, NVwZ 1994, S. 29 ff.

135 SächsVerfGH, in: Jahrbücher SächsOVG 3, 97, 100 f.; vgl. auch *Degenhart*, in: Degenhart/Meissner, Handbuch der Verfassung des Freistaates Sachsen, § 13 Rn. 31.

verfassungsbeschwerde nicht unzulässig, wenn gleichzeitig Verfassungsbeschwerde zum Bundesverfassungsgericht erhoben wird.

aa) Fehlerhafte Anwendung von prozessualem Bundesrecht

Im Hinblick auf die Anwendung von Bundesrecht sah sich der Sächsische Verfassungsgerichtshof entsprechend der Rechtsprechung des Bayerischen Verfassungsgerichtshofes schon vor der Entscheidung des Bundesverfassungsgerichts vom 15. Oktober 1997[136] an der Überprüfung von Akten der Landesstaatsgewalt, die auf der Anwendung von gerichtlichem Verfahrensrecht des Bundes beruhen, nicht gehindert, wenn sie an Grundrechten der Sächsischen Verfassung zu messen sind, die den gleichen Inhalt haben wie entsprechende Gewährleistungen des Grundgesetzes.[137] Eine Auseinandersetzung mit den Vorgaben, die das Bundesverfassungsgericht auf die Divergenzvorlage des Sächsischen Verfassungsgerichtshofes in seiner Entscheidung vom 15. Oktober 1997 aufstellte, findet man an unterschiedlichen Stellen im Beschluss des Verfassungsgerichtshofes vom 14. Mai 1998[138]. Das vom Bundesverfassungsgericht aufgestellte dreistufige Prüfungsschema diente dem Verfassungsgerichtshof dabei als Orientierung. Im Rahmen der Zulässigkeit der Verfassungsbeschwerde bejahte er seine Prüfungsbefugnis damit, dass nicht auszuschließen sei, dass die Entscheidung des Amtsgerichts anders ausgefallen wäre, wenn sie sich nicht auf bundesrechtlichen Verfahrensvorschriften (§§ 271 Abs. 1, 282 Abs. 1, 296 Abs. 1 ZPO) gestützt hätte. Der Anspruch auf rechtliches Gehör aus Art. 78 Abs. 2 SächsVerf sei in Bezug auf den zu entscheidenden Fall auch im Grundgesetz inhaltsgleich gewährleistet. Die fehlerhafte Anwendung von Präklusionsvorschriften der Zivilprozessordnung könne einen Verstoß nicht nur gegen Art. 78 Abs. 2 SächsVerf, sondern mit gleicher Maßgabe und im selben Umfang ebenso gegen Art. 103 Abs. 1 GG darstellen. In der Begründetheit der Verfassungsbeschwerde bejahte der Verfassungsgerichtshof bei entsprechend gleicher Auslegung der Vorschriften sowohl einen Verstoß gegen das Landesgrundrecht als auch gegen das Grundrecht des Grundgesetzes.

bb) Keine Entscheidungskompetenz bezüglich der fehlerhaften Anwendung von materiellem Bundesrecht durch eine Bundesbehörde

Dagegen verneinte der Sächsische Verfassungsgerichtshof in seinem Beschluss vom 17. September 1998 seine Entscheidungskompetenz für Verfassungsbeschwerden, bei denen es um die Vereinbarkeit der Anwendung von materiellem

136 BVerfGE 98, 345; vgl. auch unter 2. Teil, I. 5. a) bb) (3).
137 SächsVerfGH NJW 1996, 1736, 1736 f.
138 SächsVerfGH NJW 1998, 3266, 3267.

Bundesrecht mit der Sächsischen Verfassung ging.[139] Im konkreten Fall richteten sich die Beschwerdeführer gegen Entscheidungen des Sozialgerichts und des Landessozialgerichts, durch die ein Bescheid der Bundesversicherungsanstalt für Angestellte über die Aufhebung des Auffüllbetrags nach § 315a Satz 1 SGB VI bestätigt worden war.

Der Verfassungsgerichtshof vertrat die Auffassung, dass er sich nach der grundgesetzlichen Kompetenzordnung jeder Kontrolle der Bundesstaatsgewalt jedenfalls dann zu enthalten habe, wenn deren Entscheidung auf Bundesrecht beruht. Zu einer mittelbaren Überprüfung käme es aber, wenn er die Entscheidungen von Landesgerichten in ihrem materiellrechtlichen Bereich an den mit grundgesetzlichen Verbürgungen inhaltsgleichen Grundrechten der Sächsischen Verfassung messe und hierdurch zu beurteilen habe, ob eine Bundesbehörde insoweit ihren Grundrechtsbindungen gerecht geworden ist.[140]

Auch diese Erkenntnis des Sächsischen Verfassungsgerichtshofes lässt sich auf die Entscheidung des Bundesverfassungsgerichts vom 15. Oktober 1997[141] zurückführen, obwohl sich diese ausdrücklich nicht auf die Anwendung materiellen Bundesrechts bezog. Nach der Rechtsprechung des Bundesverfassungsgerichts ist erst nach Erschöpfung des fachgerichtlichen Rechtsweges feststellbar, ob der zu überprüfende Hoheitsakt allein der Landesstaatsgewalt zuzurechnen ist. Kommt es hingegen zu einer Entscheidung des Bundesgerichts in der Sache, gleich ob im Sinne einer eigenen Entscheidung, einer Bestätigung des Landesgerichts oder in einer Zurückverweisung unter Bindung an die Maßstäbe des Bundesgerichts, so wäre der Hoheitsakt entweder unmittelbar ein solcher der Bundesgewalt oder zumindest von ihr maßgeblich geprägt. Die Erschöpfung des Rechtweges wird deshalb auch als „bundesverfassungsrechtliches Kriterium“ für die Zuständigkeit der Landesverfassungsgerichte und damit für die Zulässigkeit der Landesverfassungsbeschwerde angesehen.[142] Diese Argumentationslinie des Bundesverfassungsgerichts basiert auf den Grundsatz der getrennten Kompetenzordnungen von Bund und Ländern, die dem bundesstaatlichen Gefüge zu eigen ist.

Die Frage der Prüfungskompetenz im Hinblick auf Entscheidungen von Landesgerichten, die sich in der inhaltlichen Bestätigung einer in Anwendung materiellen Bundesrechts ergangenen Maßnahme einer Landesbehörde erschöpfen, hat der Verfassungsgerichtshof allerdings damit noch nicht ausdrücklich für sich beantwortet.

---

139 SächsVerfGH NJW 1999, 51.

140 Vgl. *Benda/Klein*, Verfassungsprozessrecht, S. 18.

141 BVerfGE 96, 345, 363, 371, vgl. auch unter 2. Teil, I. 5. a) bb) (3).

142 *Benda/Klein*, Verfassungsprozessrecht, S. 18.

e) Thüringen

Der Thüringer Verfassungsgerichtshof erkannte sich in seinem Beschluss vom 11. Januar 2001[143] ausdrücklich in Übereinstimmung mit der Rechtsprechung des Bundesverfassungsgerichts[144] die Befugnis zu, geltend gemachte Verfahrensverstöße eines Landesgerichts anhand der Verfahrensgrundrechte einer Sachprüfung zu unterziehen, sofern das Landesverfassungsrecht mit dem Grundgesetz deckungsgleich sei. Bemerkenswert sind die Ausführungen zu den Grenzen der eigenen Prüfungskompetenz: Im Ausgangsverfahren ging es um einen Einspruch gegen einen Vollstreckungsbescheid, den das Landgericht als nicht mehr fristgemäß verworfen hatte. Das Oberlandesgericht bestätigte diese Entscheidung. Der Thüringer Verfassungsgerichtshof sah sich nicht an einer Sachprüfung gehindert, obwohl es hier nicht um einen „einfachen Verstoß"[145] rechtlichen Gehörs, sondern um eine Verweigerung des rechtlichen Gehörs durch das Zurückweisen von Angriffs- oder Verteidigungsmitteln ging. Zwar gestand sich der Verfassungsgerichtshof nicht die Befugnis zu, sich mit den Bestimmungen des Zustellungsrechts „grundsätzlich" zu befassen. Nicht gehindert sei er allerdings an der Feststellung, ob ein Landesgericht bei der Anwendung des Bundesrechts soweit von dem durch den Gesetzeswortlaut vorgegebenen und durch Rechtsprechung und Schrifttum näher bestimmten Normenverständnis abgewichen ist, dass diese Divergenz nicht mehr mit dem bundesrechtlichen Rechtsbefund in seiner verfassungskonformen Auslegung übereinstimme; das konkrete „Rechtsanwendungsergebnis" falle dann aus dem den Fachgerichten überantworteten Aufgabenbereich der inhaltsbestimmenden Anwendung des einfachen Rechts zweifelsfrei heraus.[146] Der Verfassungsgerichtshof wählte hier noch für die Bestimmung seines Prüfungsumfangs einen extensiven Ansatz, der bereits aus der Entscheidung des Berliner Verfassungsgerichtshofes vom 23. Dezember 1992[147] bekannt ist: Es geht nicht um einen Akt der „Bundesnormerzeugung", sondern um einen Akt der landesgerichtlichen „Bundesnormanwendung".

In den folgenden Entscheidungen[148] näherte sich der Thüringer Verfassungsgerichtshof der Rechtsprechung des Bayerischen Verfassungsgerichthofes an, indem er – nunmehr in ständiger Rechtsprechung – seine Entscheidungszuständigkeit bejaht, wenn „durch einen Rechtsanwendungsfehler eines Thüringer Gerichts der Bereich des Bundesrechts verlassen worden ist"[149]. Dies sei der Fall,

143 ThürVerfGH LKV 2002, 227.

144 BVerfGE 96, 345; vgl. auch unter 2. Teil, I. 5. a) bb) (3).

145 ThürVerfGH LKV 2002, 227.

146 ThürVerfGH LKV 2002, 228.

147 BerlVerfGH NJW 1993, 513, 514; vgl. auch unter 3. Teil, III. 1. aa).

148 Siehe u.a. ThürVerfGH LKV 2004, S. 125.

149 ThürVerfGH LKV 2004, S. 127.

wenn das Ergebnis einer Rechtsfindung den tatsächlichen Normengehalt unter keinem denkbaren Gesichtspunkt berührt, sodass die Rechtsanwendung als keinesfalls vertretbar, schlechthin unhaltbar, offensichtlich sachwidrig und eindeutig unangemessen qualifiziert werden müsse.[150] Warum er sich nunmehr unter Aufgabe des ursprünglich gewählten Ansatzes an die restriktivere Auslegung der Prüfungskompetenz durch den Bayerischen Verfassungsgerichtshof anlehnt, begründete der Thüringer Verfassungsgerichtshof nicht.

f) Brandenburg

In Brandenburg entscheidet das Brandenburgische Verfassungsgericht nach Art. 6 Abs. 2 und 113 Nr. 4 BbgVerf i.V.m. § 12 Nrn. 4, 45 ff. BbgVerfGG über Landesverfassungsbeschwerden, die „jeder mit der Behauptung erheben kann, durch die öffentliche Gewalt in einem in dieser Verfassung gewährleisteten Grundrecht verletzt zu sein". Das Brandenburgische Verfassungsgericht sah sich seit Anbeginn seiner Tätigkeit durch das bundesrechtliche Prozessrecht nicht gehindert, Entscheidungen, die auf bundesrechtlichem Prozessrecht beruhen, als grundsätzlich zulässige Gegenstände der Individualverfassungsbeschwerde anzusehen.[151] In seinen frühen Entscheidungen gestand es sich diese Befugnis nur zu, sofern durch das Bundesrecht „Handlungs- und Ermessensspielräumen" eröffnet werden; abschließende und zwingend bundesrechtliche Regelungen sollten dagegen keinen Raum für eine Prüfung am Maßstab der Brandenburgischen Verfassung belassen.[152] Nach der Entscheidung vom 15. Oktober 1997[153] unterwirft es sich streng den Vorgaben des Bundesverfassungsgerichts.[154] Der Beschluss des Verfassungsgerichts vom 15. November 2001[155] zu den verfassungsrechtlichen Voraussetzungen für die Anordnung einer DNA-Erfassung zeigt deutlich, dass das Betätigungsfeld der Landesverfassungsgerichte zukünftig nicht nur auf dem Gebiet der Justizgrundrechte zu finden sein wird. Das Gericht sah in der Anordnung einer molekulargenetischen Untersuchung gemäß § 81g StPO das inhaltsgleich mit dem Grundgesetz gewährte Recht auf informationelle Selbstbestimmung in Art. 11 BbgVerf verletzt.

---

150 Vgl. zur Rechtsprechung des Bayerischen Verfassungsgerichtshofes 3. Teil, III. 1. bb).

151 BbgVerfG NJ 1995, 136; NJ 1997, 191; vgl. dazu auch *Clausen*, Landesverfassungsbeschwerde und Bundesstaatsgewalt, S. 47 f.

152 BbgVerfG NJ 1994, 414; NJW 1995, 1018, 1019.

153 BVerfGE 96, 345; vgl. auch unter 2. Teil, I. 5. a) bb) (3).

154 LVerfGE 8, 82, 84; vgl. *Finkelnburg*, LKV 2004, S. 17.

155 LVerfGE 12, 155, 159.

g) *Rheinland-Pfalz*

Seit Inkrafttreten des „Gesetzes zur Änderung des Landesgesetzes über den Verfassungsgerichtshof“ vom 10. November 1992[156] besteht auch in Rheinland-Pfalz die Möglichkeit, Verfassungsbeschwerde zum Verfassungsgerichtshof mit der Behauptung zu erheben, durch die öffentliche Gewalt des Landes in einem in der Landesverfassung enthaltenen Rechte verletzt zu sein.[157] Gesetzgeberisches Ziel der Novelle war es, die Bürgerrechte zu stärken, das Landesverfassungsrecht deutlicher ins Bewusstsein der Bevölkerung zu rücken und damit die Verfassungsautonomie des Landes zu betonen.[158]

aa) *Die „Bundesrechtsklausel“ in § 44 Abs. 2 Satz 1 RhPfVerfGHG*

Die überwiegende Zahl der von dem Rheinland-Pfälzischen Verfassungsgerichtshof entschiedenen Verfassungsbeschwerden scheiterten jedoch bereits an der Zulässigkeit,[159] weil die „Bundesrechtsklausel“ des § 44 Abs. 2 Satz 1 RhPfVerfGHG einer Sachentscheidung entgegenstand. Die im Jahre 1992 eingeführte und durch „Gesetz zur Änderung des Landesgesetzes über den Verfassungsgerichtshof“ vom 19. Mai 2000[160] geänderte Vorschrift ist deshalb etwas Besonderes, weil der Landesgesetzgeber die Aktualisierung der Landesgrundrechte bei der Anwendung von Bundesrecht durch ein Landesorgan besonders geregelt hat.[161] Die Vorschrift hat in den Verfassungsgerichtsgesetzen der anderen Bundesländer keine Entsprechung. Verfassungsbeschwerden sind in Rheinland-Pfalz unzulässig, soweit die „öffentliche Gewalt des Landes Bundesrecht ausführt oder anwendet“. Schon in der ursprünglichen Fassung galt dies gemäß § 44 Abs. 2 Satz 2 RhPfVerfGHG dann nicht, wenn die Landesverfassung weiterreichendere Rechte als das Grundgesetz gewährleistete. Bei der Schaffung der Vorschrift ist der Landesgesetzgeber offenbar von der grundsätzlichen Zulässigkeit einer Überprüfung der Bundesrechtsanwendung durch ein Landesverfassungsgericht ausgegangen, ansonsten hätte er eine Kontrolle für die Fälle, in denen bundeskongruente Landesgrundrechte verletzt sind, keinen Ausnahmetatbestand geschaffen.[162] Der Landesgesetzgeber ist damit im Grundsatz der Auffassung des Berliner Verfassungsgerichtshofes gefolgt, dass die Landesorgane grundsätzlich auch dann an die Landesverfassung gebunden sind, wenn sie Bun-

---

156 GVBl. S. 319.

157 § 44 RhPfVerfGHG.

158 Amtliche Begründung in LT-Drucks. 12/1643, S. 8.

159 *Held*, NVwZ 1995, S. 534.

160 GVBl. S. 207; vgl. zu dieser „großen" Verfassungsreform *Gusy / Wagner*, JöR (n.F.) 51 (2003), S. 386 ff.

161 *Menzel*, Landesverfassungsrecht, S. 534.

162 *Sobota*, DVBl. 1994, S. 796; vgl. dazu auch RhPfVerfGH NJW 1995, 444.

desrecht anwenden.[163] Zur Vermeidung von Kompetenzüberschneidungen soll für die Landesverfassungsbeschwerde jedoch dann kein Raum sein, wenn das Bundesverfassungsgericht wegen der geltend gemachten Grundrechtsverletzung angerufen werden kann. Im Unterschied zu den bereits erörterten Subsidiaritätsregelungen[164] im Saarland, in Hessen, Brandenburg, Berlin und Mecklenburg-Vorpommern ist keine umfassende Subsidiarität der Landesverfassungsbeschwerde vorgesehen, sondern diese auf die Fälle der Anwendung von Bundesrecht beschränkt. Der Landesgesetzgeber wollte damit der Gefahr begegnen, dass anderenfalls die Bedeutung der Landesverfassungsbeschwerde wegen der weitgehenden Grundrechtsverbürgung im Grundgesetz erheblich gemindert wird.[165] Durch die Regelung, die den landesverfassungsgerichtlichen Schutz eröffnet, soweit der landesgrundrechtliche Schutz weiter reicht als derjenige des Grundgesetzes, soll die materielle Eigenständigkeit der Landesverfassung und des Landesverfassungsgerichts unterstrichen werden.[166]

Mit der geänderten Fassung des § 44 Abs. 2 Satz 2 RhPfVerfGHG und mit dem im Rahmen der Verfassungsnovelle im Jahre 2000 eingefügten Art. 130a RhPfVerf ist auf die Entscheidung des Bundesverfassungsgerichts vom 15. Oktober 1997[167] reagiert worden. In die Verfassung von Rheinland-Pfalz ist nunmehr aufgenommen worden, dass „jeder mit der Behauptung durch die öffentliche Gewalt des Landes in einem seiner in dieser Verfassung enthaltenen Rechte verletzt zu sein, die Verfassungsbeschwerde zum Verfassungsgerichtshof erheben kann“. Nach dem neuen § 44 Abs. 2 Satz 2 RhPfVerfGHG wird die Verfassungsbeschwerde, soweit es um „die Durchführung des gerichtlichen Verfahrens“ geht, nun auch im Hinblick auf bundesrechtlich geordnete Verfahren gewährt. Im Hinblick auf die Restriktionen in der aktuellen Fassung des § 44 RhPfVerfGHG bestehen keine verfassungsrechtlichen Bedenken, weil Art. 135 Abs. 2 Satz 2 RhPfVerf diesbezüglich einen ausdrücklichen Regelungsvorbehalt vorsieht[168]. Die Verfassungsnovelle in Rheinland-Pfalz bringt insoweit nur eine unwesentliche Neuerung: Im Anwendungsbereich des Rechts der Verfassungsbeschwerde wird auf der Verfassungsebene lediglich nachvollzogen, was früher schon einfachgesetzlich geregelt war.[169]

---

163 Vgl. dazu *Sobota*, DVBl. 1994, S. 796, *Menzel*, Landesverfassungsrecht, S. 534; *v. Olshausen*, Landesverfassungsbeschwerde und Bundesrecht, S. 145 ff.

164 Vgl. unter 2. Teil, I. 5. aa).

165 Vgl. amtliche Begründung, LT-Drucks. 12/1643, S. 11.

166 *Menzel*, Landesverfassungsrecht, S. 535.

167 BVerfGE 98, 345; vgl. dazu unter 2. Teil, I. 5. a) bb) (3).

168 A.A. *Menzel*, Landesverfassungsrecht, S. 535, der angesichts eines fehlenden Regelungs- und Ausgestaltungsvorbehaltes Bedenken bezüglich der Zulässigkeit der Restriktionen in § 44 RhPfVerfGHG äußert.

169 *Gusy/Wagner*, JöR (n.F.) 51 (2003), S. 399.

bb) *Grundsätzlicher Ausschluss der Kontroll- und Kassationsbefugnis bei (sachlicher) Prüfung durch ein oberstes Bundesgericht*

Dem Beschluss des Rheinland-Pfälzischen Verfassungsgerichtshofes vom 16. August 1994[170] lässt sich noch die Tendenz entnehmen, dass sich dieser nicht an einer Entscheidung gehindert sieht, wenn im weiteren Rechtsmittelverfahren ein Bundesgericht mit der Sache befasst war. Bemerkenswert ist, dass der tragende Gesichtspunkt für diese Auffassung die Erkenntnis war, dass die Entscheidungen des Verfassungsgerichtshofes und des Bundesgerichts grundsätzlich innerhalb getrennter Rechtskreise ergehen. Er hat dies ursprünglich als zwangsläufige Folge des Bestehens unterschiedlicher Rechts- und Verfassungsräume im Bundesstaat gewertet. Wegen der jeweils unterschiedlichen Prüfungsmaßstäbe stelle die Feststellung des Verstoßes gegen die Landesverfassung durch den Verfassungsgerichtshof keine – und sei es auch nur eine mittelbare – Kontrolle der Entscheidung eines Bundesorgans dar.[171] Der Rheinland-Pfälzische Verfassungsgerichtshof sah in dem Umstand, dass die Entscheidung des Bundesgerichts bei einem Erfolg der Verfassungsbeschwerde und der Aufhebung der Entscheidung des Oberverwaltungsgerichts gegenstandslos würde, keinen Grund für eine Einschränkung seiner Jurisdiktionsgewalt.[172]

Der Rheinland-Pfälzische Verfassungsgerichtshof erkennt sich diese Befugnis nun nicht mehr zu.[173] In seinem Beschluss vom 15. November 2000[174] führte er aus, dass die landesverfassungsgerichtliche Kontrolle die Befugnis zur Aufhebung verfassungswidriger Entscheidungen der Gerichte der Länder, die nach den bundesrechtlichen Verfahrensordnungen formell und materiell rechtskräftig sind, unfasse. Er sah sich dabei ausdrücklich gemäß § 31 BVerfGG an die Rechtsprechung des Bundesverfassungsgerichts in seiner Entscheidung vom 15. Oktober 1997[175] gebunden.

h) *Zuständigkeitsüberschneidungen bei der Rechtssatzverfassungsbeschwerden in Sachsen-Anhalt und Mecklenburg-Vorpommern*

Die Rechtssatzverfassungsbeschwerde ist in beiden Bundesländern, anders als in Bayern, nicht als Popularklage ausgestaltet, sondern setzt wie die Verfassungsbeschwerde gegen sonstige Hoheitsakte eine unmittelbare Selbstbetroffenheit voraus.[176]

---

170 VGH B 15/93, NJW 1995, 444.

171 RhPfVerfGH NJW 1995, 444; anders BayVerfGHE 39, 9, 16.

172 Vgl. *Held*, NVwZ 1995, S. 536.

173 Vgl. *Gusy/Wagner*, JöR (n.F.) 51 (2003), S. 400.

174 RhPfVerfGH DÖV 2001, 209.

175 BVerfGE 96, 345; vgl. auch unter 2. Teil, I. 5. a) bb) (3).

176 *Clausen*, Landesverfassungsbeschwerde und Bundesstaatsgewalt, S. 50.

In Sachsen-Anhalt kann die Individualverfassungsbeschwerde ausschließlich mit der Behauptung erhoben werden, durch ein Landesgesetz unmittelbar in seinen Grundrechten verletzt zu sein.[177] Die Beschränkung der Individualverfassungsbeschwerde auf die Rechtssatzverfassungsbeschwerde führte zu der Konsequenz, dass Grundrechte nur in einer Entscheidung des Landesverfassungsgerichts im Mittelpunkt der Prüfung standen.[178] Wegen der Beschränkung auf die Rechtssatzverfassungsbeschwerde stellte sich für das Verfassungsgericht die Problematik von Prüfungsgegenständen, die sowohl durch das Land als auch durch den Bund beeinflusst werden, nicht.[179] Zu einer Zuständigkeitsüberschneidung könnte es in Sachsen-Anhalt nur dann kommen, wenn das Bundesverfassungsgericht von der schon in seinen frühen Entscheidungen vertretenen Auffassung, dass „die Nachprüfbarkeit von Landesgesetzen auf ihre Vereinbarkeit mit der Landesverfassung grundsätzlich Sache der Landesverfassungsgerichte ist“[180], wieder Abstand nehmen würde. Damit ist jedoch nicht zu rechnen. Gleiches gilt für die Rechtssatzverfassungsbeschwerde in Mecklenburg-Vorpommern nach Art. 53 Nr. 6 M-VVerf.[181]

2. Rechtsprechungsdivergenzen bei der kommunalen Verfassungsbeschwerde

Die Regelungen des Kommunalverfassungsrechts gehören von jeher zur Domäne der Landesgesetzgebung und sind Bestandteil der Verfassungsautonomie der Länder. Mit seiner Rechtsprechung zur Subsidiaritätsklausel nach § 91 Satz 2 BVerfGG verdeutlichte das Bundesverfassungsgericht auch hinsichtlich des verfassungsgerichtlichen Rechtsschutzes noch einmal, dass die Wahrung der Selbstverwaltungsgarantie vorrangig den Landesverfassungsgerichten obliegt.[182] Aus Art. 93 Abs. 1 Nr. 4b GG ergibt sich, dass einerseits die Länder nicht verpflichtet sind, die Kommunalverfassungsbeschwerde als Verfahrensart vorzusehen; andererseits ist den Ländern der Vorrang ihres Verfahrens garantiert, wenn sie es in die Landesverfassung oder in das Verfassungsgerichtsgesetz aufneh-

---

177 Art. 75 Nr.6 SachsAnhVerf i.V.m. §§ 2 Nr. 7, 47 ff. SachsAnhVerfGG; vgl. *Pestalozza*, LKV 1994, S. 11 ff.; *Reich*, Verfassung des Landes Sachsen-Anhalt, Art. 75.

178 Urteil vom 15.1.2002 – LVG 9, 12, 13/01 – zu den Grundschulen mit festen Öffnungszeiten, NJ 2002, S. 201; vgl. *Kluth*, JöR (n.F.) 51 (2003), S. 486.

179 *Clausen*, Landesverfassungsbeschwerde und Bundesstaatsgewalt, S. 49.

180 Vgl. dazu unter 2. Teil, I. 5. a) aa) (2).

181 Vgl. dazu unter 2. Teil, I. 5. c) aa) (2); *Thiele*, in: Thiele / Pirsch / Wedemeyer, Die Verfassung des Landes Mecklenburg-Vorpommern, Art. 53 Anm. 16, der auf die „Verknüpfung“ der vor dem Bundesverfassungsgericht und dem Landesverfassungsgericht ergehenden Entscheidungen hinweist.

182 Vgl. dazu unter 2. Teil, I. 5. c) bb).

men.[183] In den meisten Bundesländern wird die Möglichkeit der kommunalen Verfassungsbeschwerde vor dem Landesverfassungsgericht eröffnet.[184] Hervorzuheben ist, dass Niedersachsen diese Verfahrenart erst im Rahmen der Verfassungsnovellierung im Jahre 1993 aufgenommen hat[185]; Hessen ist diesem Beispiel 1994 gefolgt und hat die „kommunale Grundrechtsklage" einfachgesetzlich vorgesehen.[186] In Schleswig-Holstein ergibt sich das Fehlen dieser Verfahrensart aus dem Verzicht auf eine Landesverfassungsgerichtsbarkeit überhaupt. In den neuen Bundesländern hat man durchweg die kommunale Verfassungsbeschwerde in die Landesverfassungen aufgenommen.[187] In Berlin gilt seit der Verfassungsgebung im Jahre 1995 – zwangsläufig – die Besonderheit, dass die Bezirke gemäß Art. 84 Abs. 1 Nr. 3 BerlVerf den Verfassungsgerichtshof mit der Behauptung anrufen können, in ihren verfassungsrechtlich garantierten Zuständigkeiten beeinträchtigt zu sein.

Unterschiede in den einzelnen Bundesländern ergeben sich in Bezug auf die Ausgestaltung der materiellen Selbstverwaltungsgarantie. Rechtsprechungsdivergenzen können sich dadurch ergeben, dass die landesrechtliche Selbstverwaltungsgarantie nicht zwingend mit Art. 28 Abs. 2 GG inhaltsgleich sein muss.[188] Die Länder können auch über das Grundgesetz hinausgehende Bestimmungen vorsehen.[189] Art. 28 Abs. 2 GG enthält nur eine bundesverfassungsrechtliche „Mindestgarantie" der kommunalen Selbstverwaltung, die von den Ländern nicht unterschritten werden darf. Das Landesverfassungsrecht kann darüber hinausgehen, da die Länder für das Kommunalrecht zuständig sind und die Gemeinden und die Gemeindeverbände Gegenstand ihrer Organisationshoheit sind.[190]

Divergenzen ergeben sich auch bei der prozessualen Absicherung. Dies kann Auswirkungen auf die Reichweite der Sperrwirkung des Art. 93 Abs. 1 Nr. 4b GG i.V.m. § 91 Abs. 2 BVerfGG haben. In Baden-Württemberg kann sich die „kommunale Normenkontrolle" nach Auffassung des Staatsgerichtshofes nur gegen förmliche Landesgesetze richten,[191] was zur Konsequenz hat, dass für un-

---

183 *Löwer/Menzel*, ZG 1997, S. 90.

184 Art. 76 BaWüVerf, Art. 100 BbgVerf, Art. 53 Nr. 9 M-VVerf, Art. 53 Nr. 6 NdsVerf, Art. 130 Abs. 1 RhPfVerf, Art 123 SaarVerf, Art. 90 SächsVerf, Art. 75 Nr. 7 SachsAnhVerf, § 46 HessStGHG, § 12 Nr. 8 NRWVerfGHG; in Bayern dient die Popularklage gemäß Art. 98 Satz 4 BayVerf dem Schutz der kommunalen Selbstverwaltungsgarantie.

185 Vgl. *J. Ipsen*, NdsVBl. 1994, S. 9; *Starck*, NdsVBl. 1994, S. 2.

186 Vgl. *Schmidt De Caluwe*, Die kommunale Grundrechtsklage in Hessen.

187 Vgl. *Kettler*, LKV 1995, S. 132.

188 Vgl. *Menzel*, Landesverfassungsrecht, S. 529.

189 Vgl. *Böhm*, NVwZ 1999, S. 723; *Henneke*, ZG 2002, S. 96.

190 *Stern*, Staatsrecht I, S. 419, mit einer Auflistung der weitergehenden Selbstverwaltungsgarantien; vgl. zum NRWVerfGH *M. Dietlein*, in: FS 50 Jahre Verfassungsgerichtshof Nordrhein-Westfalen, S. 121 ff.

191 ESVGH 27, 185.

tergesetzliche Normen das Bundesverfassungsgericht zuständig ist.[192] Dieser Auffassung ist das Landesverfassungsgericht Sachsen-Anhalt in seiner Entscheidung vom 22. Juni 1996[193] gefolgt. Im konkreten Fall sah sich die beschwerdeführende Gemeinde durch eine Rechtsverordnung, mit der sie in eine Verwaltungsgemeinschaft eingebunden wurde, in ihrem verfassungsrechtlichen Status verletzt. Ein Normenkontrollverfahren gemäß § 47 VwGO blieb in der Sache erfolglos. Das Bundesverfassungsgericht nahm die daraufhin eingelegte Kommunalverfassungsbeschwerde unter Hinweis auf die Subsidiaritätsklausel nicht zur Entscheidung an. Das anschließend mit der Angelegenheit befasste Landesverfassungsgericht Sachsen-Anhalt verneinte die Zulässigkeit einer kommunalen Verfassungsbeschwerde mit der Begründung, dass diese nur auf formelle Gesetze bezogen sei und gegen Rechtsverordnungen durch die Möglichkeit der Normenkontrolle nach § 47 VwGO hinreichend und abschließend Rechtsschutz gewährt würde. Hiermit ist das Gericht bewusst von der Rechtsprechung des Bundesverfassungsgerichts abgewichen, dass die Normenkontrolle lediglich als vor der kommunalen Verfassungsbeschwerde zu erschöpfenden Rechtsweg behandelt.[194] Die Konsequenz der Entscheidung des Verfassungsgerichts Sachsen-Anhalt ist, dass das Bundesverfassungsgericht zukünftig wie in Baden-Württemberg gegenüber Rechtsverordnungen die Kommunalverfassungsbeschwerde als zulässig ansehen muss.[195] Einer Verlagerung der Prüfungskompetenz auf das Bundesverfassungsgericht haben die Landesverfassungsgerichte in Sachsen[196] und in Brandenburg[197] durch eine entsprechende Auslegung des Gesetzesbegriffs vermieden. Der Verfassungsgerichtshof Nordrhein-Westfalen legt den Begriff des „Landesrechts" i.S.v. § 52 Abs. 1 NRWVerfGHG zunehmend weit aus, um so eine mit der Zielsetzung der Kommunalverfassungsbeschwerde unvereinbare Regelungslücke zu vermeiden.[198] Den Auffassungen dieser Landesverfassungsgerichte ist der Vorzug zu geben, da die Problematik die Letztverbindlichkeit von Entscheidungen der Landesverfassungsgerichte in einem Bereich betrifft, in dem es in besonderem Maße um die Eigenstaatlichkeit der Länder geht.

---

192 *Pestalozza*, Verfassungsprozessrecht, S. 396.

193 LVerfGE 4, 401, 406.

194 BVerfGE 26, 228, 236; 76, 106, 114.

195 BVerfGE 107, 1, 9: Das Gericht begründet nunmehr auch für Sachsen-Anhalt seine Zuständigkeit damit, dass ansonsten „eine mit der Funktion des Art. 93 Abs. 1 Nr. 4b GG unvereinbare Lücke im verfassungsgerichtlichen Rechtsschutz" entstünde.

196 SächsVerfGH SächsVBl. 1994, 280, 281.

197 BbgVerfG NJ 1995, 529.

198 NRWVerfGH NWVBl. 1990, 51, 52; NWVBl. 1991, 371; NVwZ 1992, 875; NVwZ-RR 1993, 542; NWVBl. 1995, 126, 127; NWVBl. 1995, 373, 374; zur Weiterentwicklung dieser Tendenz vgl. NRWVerfGH, NWVBl. 1997, 333, 334 (Garzweiler II); vgl. auch *M. Dietlein*, in: FS 50 Jahre Verfassungsgerichtshof Nordrhein-Westfalen, S. 119 f.

In Bayern ergibt sich die Besonderheit, dass zwar die Gemeinden mit der Popularklage als „Jedermann“ eine Verletzung ihrer kommunalen Selbstverwaltungsgarantie rügen können[199], dieses Recht den Gemeindeverbänden allerdings nicht eingeräumt wird[200].

3. Doppelspurigkeit des Rechtsschutzes bei der abstrakten Normenkontrolle[201]

In unterschiedlicher Ausgestaltung sehen die Länderverfassungen das Verfahren der abstrakten Normenkontrolle vor.[202] Eine Besonderheit gegenüber dem Grundgesetz ist die in einigen Landesverfassungen vorgesehene bzw. von einigen Landesverfassungsgerichten aus generalsklauselartig formulierten Zuständigkeitsregelungen abgeleitete Möglichkeit der präventiven Normenkontrolle, die insbesondere im Hinblick auf Verfassungsänderungen ermöglicht wird.[203] Die abstrakte Normenkontrolle vor dem Landesverfassungsgericht kann nur zur Überprüfung von Landesgesetzen erfolgen. Aufgrund des Fehlens einer Subsidiaritätsklausel im Grundgesetz ist eine „Doppelspurigkeit“ des Rechtsschutzes bei dieser Verfahrensart prinzipiell gegeben: Nach dem Grundgesetz schließt ein früher oder gleichzeitig eingelegtes Normenkontrollverfahren vor dem Landesverfassungsgericht ein Verfahren nach Art. 93 Abs. 1 Nr. 2 GG vor dem Bundesverfassungsgericht nicht aus.[204] Hat das Bundesverfassungsgericht oder das Landesverfassungsgericht die Landesnorm für verfassungswidrig erklärt, entfällt für das andere Verfahren das Klarstellungsinteresse und damit die Zulässigkeit.[205] Das Bundesverfassungsgericht hat die Aufgabenparallelität bei der abstrakten Normenkontrolle unter dem Aspekt der „Wahrung der Rechtseinheit“ – wohl auch aus diesem Grunde – bislang nicht problematisieren müssen.[206]

---

199 BayVerfGH BayVBl. 1976, 589, 592.

200 BayVGHGE 65, 143.

201 Vgl. grundsätzlich *Schlaich / Korioth*, Das Bundesverfassungsgericht, S. 93.

202 Art. 113 Nr. 2 BbgVerf, Art. 53 Nr. 2 M-VVerf, Art. 54 Nr. 3 NdsVerf, Art. 81 Nr. 2 SächsVerf, Art. 75 Nr. 3 SaAnhVerf, Art. 80 ThürVerf; vgl. auch *Ulsamer*, in: Starck / Stern, Landesverfassungsgerichtsbarkeit II, S. 49.

203 Art. 64 Abs. 1 Satz 3 BaWüVerf, Art. 75 Abs. 3 BayVerf, Art. 140 BremVerf, Art. 65 Abs. 2 Nr. 1 HambVerf, Art. 52, 101 Abs. 3 SaarVerf; vgl. auch *Menzel*, Landesverfassungsrecht, S. 532.

204 *Pestalozza*, Verfassungsprozessrecht, S. 376; *Schlaich / Korioth*, Das Bundesverfassungsgericht, S. 238; *Tjarks*, Zur Bedeutung der Landesgrundrechte, S. 123.

205 *Pestalozza*, Verfassungsprozessrecht, S. 376.

206 Vgl. aber zur Prüfung von „Landesgesetzen anhand der Landesverfassung“, vgl. dazu unter 2. Teil, I. 5. a) aa) (2).

4. Konkurrenzprobleme bei der konkreten Normenkontrolle[207]

Mit Art. 100 Abs. 1 GG enthält das Grundgesetz im Bereich der konkreten Normenkontrolle eine unmittelbare Zuweisung an die Landesverfassungsgerichte.[208] In einigen Landesverfassungen wird diese Zuweisung ausdrücklich wiederholt und in den Zuständigkeitskatalog der Landesverfassungsgerichte aufgenommen.[209] Die Zuständigkeitsregelung in der Thüringer Verfassung entspricht inhaltlich dem Art. 100 Abs. 1 GG.[210] Wie bei der abstrakten Normenkontrolle ist auch bei dieser Verfahrensart eine Konkurrenz zwischen der landes- und der bundesverfassungsgerichtlichen Normenkontrolle denkbar, wenn die zur Überprüfung stehende Landesnorm sowohl mit der Landesverfassung als auch mit dem Grundgesetz unvereinbar erachtet wird. Dass beide Verfahren nebeneinander möglich sind[211], ergibt sich wie bei der abstrakten Normenkontrolle aus dem Fehlen einer Subsidiaritätsregelung.[212] Ein wesentlicher Unterschied zur abstrakten Normenkontrolle besteht darin, dass ein Gericht, das eine entscheidungserhebliche Norm für verfassungswidrig hält, vorlegen *muss*, selbst wenn andere Gerichte dieselbe Norm schon vorgelegt haben.[213] Aus dieser Verpflichtung wird zum Teil eine Pflicht zur Doppelvorlage an das Bundesverfassungsgericht und an das jeweilige Landesverfassungsgericht abgeleitet.[214] Aus dem Wortlaut des Art. 100 Abs. 1 GG kann auf eine derartige Verpflichtung nicht geschlossen werden. Die Festlegung auf eine Doppelvorlage würde zudem dem selbstständigen Nebeneinander der Verfassungsgerichte auf der Bundes- und der Landesebene widersprechen.[215] Mit dem Hinweis auf die prinzipielle Gleichordnung der Verfassungsgerichte ist auch eine Auffassung abzulehnen, die den Vorrang der Bundesvorlage damit begründet wissen will, dass das Bundesverfassungsgericht bei divergierenden Auffassungen zwischen ihm und einem Landesverfassungsgericht ohnehin über Art. 100 Abs. 3 GG das letzte Wort haben würde und es deshalb „praktischer“ sei, von vornherein einen Vorlagevorrang für das Bundesverfassungsgericht anzunehmen.[216] Ebenso wenig kann ein Vorlagevorrang zum jeweiligen Landesverfassungsgericht überzeugen. Das Argu-

---

207 Vgl. grundsätzlich zur Richtervorlage *Schlaich / Korioth*, Das Bundesverfassungsgericht, S. 102.

208 *Menzel*, Landesverfassungsrecht, S. 530.

209 Art. 113 Abs. 3 BbgVerf, Art. 53 Abs. 5 M-VVerf, Art. 54 Abs. 4 NdsVerf, Art. 81 Abs. 1 Nr. 3 SächsVerf, Art. 75 Nr. 5 SaAnhVerf.

210 Art. 80 Abs. 5 ThürVerf.

211 BVerfGE 2, 380, 388 f.; 17, 172, 180; 23, 353, 364 f.

212 *Tjarks*, Zur Bedeutung der Landesgrundrechte, S. 126.

213 *Schlaich / Korioth*, Das Bundesverfassungsgericht, S. 120; *Pieroth*, in: Jarass / Pieroth, GG-Kommentar, Art. 100 Rn. 3.

214 *Schäfer*, NJW 1954, S. 409 f.

215 In diesem Sinne auch *Tjarks*, Die Bedeutung der Landesgrundrechte, S. 127.

216 *Groschupf*, in Starck / Stern, Landesverfassungsgerichtsbarkeit II, S. 98 f.

ment, bei der konkreten Normenkontrolle gegen Landesrecht sei bereits die Entscheidungserheblichkeit der Bundesvorlage nicht gegeben[217], kann mit dem Hinweis auf die Unterschiedlichkeit des Prüfungsmaßstabs und der Zuständigkeit der Verfassungsgerichte für den jeweils eigenen Rechtskreis entkräftet werden.[218] Vielmehr ist von einer Wahlmöglichkeit des Landesgerichts auszugehen; diesem ist es vorbehalten, ob es dem Bundesverfassungsgericht, dem jeweiligen Landesverfassungsgericht oder beiden zugleich vorlegt.[219] Die Wahl trifft das vorlegende Gericht nach pflichtgemäßem Ermessen. Hierbei können prozessökonomische Aspekte eine Rolle spielen, so z.B. die geringere Belastung des Landesverfassungsgerichts. Berücksichtigung finden kann auch, dass die Bereinigung der Landesrechtsordnung von verfassungswidrigen Landesvorschriften als vordringliche Aufgabe der Landesverfassungsgerichte angesehen werden kann.[220] Mit der Vorlage an das Landesverfassungsgericht würde das vorlegende Landesgericht gewissermaßen die Eigenständigkeit der Länder unterstreichen.[221] Gegen diese Auffassung bestehen auch unter dem Aspekt der „Wahrung der Rechtseinheit" keine Bedenken; hält eines der Gerichte die Norm, gemessen an seinem Prüfungsmaßstab, für verfassungswidrig oder nichtig, wird die Vorlage an das andere Gericht gegenstandslos.[222]

5. Prüfungskompetenz der Landesverfassungsgerichte beim Wahlprüfungsverfahren

Die Landesverfassungen sehen durchweg besondere Wahlprüfungsverfahren vor.[223] In diesem Bereich besteht die Besonderheit, dass der verfassungsrechtliche Rechtsschutz bei der Vorbereitung und Durchführung von Wahlen nicht die Spitze des gerichtlichen Rechtsschutzes darstellt, sondern er ist der gerichtliche Rechtsschutz.[224] Ob die Länder verpflichtet sind, für die Überprüfung der Gültigkeit einer Wahl einen Rechtsweg zu einem Gericht i.S.v. Art. 92 GG einzurichten, hängt von der Anwendbarkeit der Rechtsweggarantie des Art. 19 Abs. 4 GG auf Landeswahlprüfungsverfahren ab; diese Frage gehört zu den umstrittenen Fragen des Wahlrechts[225]. Deren Beantwortung kann an dieser Stelle dahin-

---

217 *Schumann*, in: FS 25 Jahre Bayerischer Verfassungsgerichtshof, S. 281, 294 ff.; *Kratzer*, in: FS für Laforet, S. 107, 138.

218 *Tjarks*, Zur Bedeutung der Landesgrundrechte, S. 129 f.

219 *Tjarks*, Zur Bedeutung der Landesgrundrechte, S. 131; *Schlaich / Korioth*, Das Bundesverfassungsgericht, S. 238.

220 Vgl. dazu *Schumann*, in: FS 25 Jahre Bayerischer Verfassungsgerichtshof, S. 251, 297 f.

221 *Tjarks*, Zur Bedeutung der Landesgrundrechte, S. 131.

222 So auch *Schlaich / Korioth*, Das Bundesverfassungsgericht, S. 238.

223 Vgl. *Gensior*, in: Starck / Stern, Landesverfassungsgerichtsbarkeit II, S. 111.

224 *Schlink*, in: FS Verfassungsgerichtshof Nordrhein-Westfalen, S. 137.

225 *Puttler*, DÖV 2001, S. 850.

gestellt bleiben, weil in allen Ländern – mit Ausnahme von Schleswig-Holstein[226] – zur Wahlprüfung das jeweilige Landesverfassungsgericht bestimmt wurde, das entweder unmittelbar die Wahlprüfung vornimmt[227] oder nach Vorprüfung durch das Parlament[228] bzw. durch ein aus Abgeordneten und Richtern zusammengesetztes Gremium[229] entscheidet.

Zu Zuständigkeitsüberschneidungen kann es seit der Entscheidung des Bundesverfassungsgerichts vom 16. Juli 1998[230] nicht mehr kommen. Das Gericht verzichtete auf eine Überprüfung von Wahlprüfungsentscheidungen der Länder im Rahmen der Individualverfassungsbeschwerde und zog sich damit aus einem Rechtsprechungsbereich zurück, der im besonderen Maße die Länder betrifft.

6. Keine Zuständigkeitsüberschneidung beim Organstreitverfahren

Mit Ausnahme von Schleswig-Holstein sehen alle Landesverfassungen die Zuständigkeit der Landesverfassungsgerichte für das Organstreitverfahren vor.[231] Bezüglich der einzelnen Regelungen besteht eine deutliche Annäherung an die bundesrechtliche Regelung.[232] Die Frage der Zuständigkeitsüberschneidung zwischen Landes- und Bundesverfassungsgericht stellt sich in der Regel nicht, da vor dem Bundesverfassungsgericht nur Bundesorgane und vor dem Landesverfassungsgericht nur Landesorgane auftreten können.[233]

---

226 In Schleswig-Holstein entscheidet das Oberverwaltungsgericht, Art. 3 Abs. 3 SchlHVerf.

227 §§ 14 Nr. 2 und 3, 40 ff. BerlVerGHG.

228 Art. 31 BaWüVerf; Art. 33 BayVerf; Art. 63 BbgVerf; Art. 9 HambVerf; Art. 21 M-VVerf; Art. 11 NdsVerf; Art. 33 Abs. 1 und 3 NRWVerf; Art. 82 RhPfVerf; Art. 75 SaarlVerf; Art. 45 SachsVerf; Art. 44 VerfLSA; Art. 49 Abs. 3, 80 Abs. 1 Nr. 8 ThürVerf.

229 §§ 37, 39 BremWahlG.

230 BVerfGE 99, 1; vgl. dazu ausführlich unter 2. Teil, I. 5. a) aa) (4).

231 Vgl. dazu *Bethge*, in: Starck / Stern, Landesverfassungsgerichtsbarkeit II, S. 17 ff.; zur „Ersatzzuständigkeit" des Bundesverfassungsgerichts nach Art. 93 Abs. 1 Nr. 4, 3. Var. GG vgl. *Schlaich / Korioth*, Das Bundesverfassungsgericht, S. 82, 237.

232 Vgl. zu den Besonderheiten in den einzelnen Ländern *Menzel*, Landesverfassungsrecht, S. 525 f.; *Pestalozza*, Verfassungsprozessrecht, S. 372 ff.

233 Vgl. zu dem Ausnahmefall, dass eine Partei die Verletzung ihres verfassungsrechtlichen Status geltend macht, *Menzel*, Landesverfassungsrecht, S. 524; vgl. zu den Organstreitverfahren vor den Landesverfassungsgerichten der neuen Bundesländer *Finkelnburg*, NJ 2004, S. 2.

IV. Rechtsmaterien, die durch landesverfassungsgerichtliche Rechtsprechung geprägt sind

Der Überblick landesverfassungsrechtlicher Rechtsprechung zeigt, dass von einer Gefährdung der Rechtseinheit nicht die Rede sein kann.[234] In Bezug auf das Verfahren der Individualverfassungsbeschwerde haben die Landesverfassungsgerichte ihre Prüfungskompetenz größtenteils der Auffassung des Bundesverfassungsgerichts angepasst und auf dieser Grundlage eine verstärkte Rechtsprechungstätigkeit im Grundrechtsbereich entwickelt. Was den Arbeitsanfall bei den Landesverfassungsgerichten angeht, zeichnet sich ab, dass das Kommunalrecht zu einem beherrschenden Arbeitsfeld wird.[235] Die Integrationswirkung von Verfassungsrechtsprechung kommt hier besonders zum Tragen, weil die Entscheidungen im Bereich des Kommunalrechts ihren Inhalten nach die Lebensumstände der Bürger in weiten Bereichen bestimmen.[236] Aber auch anhand der Rechtsprechung zu weiteren Rechtsbereichen, die in einem besonderen Maße die Länder betreffen, lässt sich der gegenüber der Vergangenheit gesteigerte und veränderte Bedeutungsgehalt der Landesverfassungsgerichte festmachen. Insgesamt zeigt sich hier ein beachtliches (Rechtsprechungs-)Potenzial, bei dem es nicht ausgeschlossen ist, das auch auf die Entwicklung auf der Bundesebene Einfluss genommen wird.

1. Kommunalrecht

a) Kommunale Gebietsreform

Die Kommunalverfassungsbeschwerde hat für die neuen Bundesländer insbesondere im Rahmen der kommunalen Gebietsreformen eine gesteigerte Bedeutsamkeit erlangt.[237] In den seit 1990 entstandenen Verfassungen sind – mit Ausnahme Mecklenburg-Vorpommerns – ausdrückliche Regelungen zur Gebietreform geschaffen worden[238], die den Ergebnisstand der Verfassungsrechtsprechung der Reformwelle der 1960er und 1970er Jahre reflektieren.[239] Die aktuellen Entscheidungen der Landesverfassungsgerichte bewegen sich überwiegend

234 So auch *Schlaich / Korioth*, Das Bundesverfassungsgericht, S. 247.

235 *Löwer / Menzel*, ZG 1997, S. 91; *Hoppe*, DVBl. 1995, S. 180; *Menzel*, Landesverfassungsrecht, S. 530; *M. Dietlein*, in: FS 50 Jahre Verfassungsgerichtshof Nordrhein-Westfalen, S. 117.

236 Zur Bedeutung in Nordrhein-Westfalen vgl. *M. Dietlein*, in: FS 50 Jahre Verfassungsgerichtshof Nordrhein-Westfalen, S. 118.

237 Zur Neugliederungswelle in den 1960er und 1970er Jahren vgl. *Knemeyer*, in: Starck / Stern, Landesverfassungsgerichtsbarkeit III, S. 143.

238 Art. 98 BbgVerf, Art. 88 SächsVerf, Art. 92 ThürVerf.

239 Vgl. *Löwer / Menzel*, ZG 1997, S. 92; *Scheer*, SächsVBl. 1993, S. 126; *Knemeyer*, in: Starck / Stern, Landesverfassungsgerichtsbarkeit III, S. 143; *M. Dietlein*, in: Kontinuität und Wandel, S. 129.

in den gewohnten Bahnen[240]; sie sind als Fortsetzung und Weiterentwicklung des Kurses der westdeutschen Rechtsprechung anzusehen.[241]

In mehreren Entscheidungen befasste sich das Landesverfassungsgericht Sachsen-Anhalt mit den Anforderungen an die Durchführung von Kreisgebietsreformen und traf dabei auch Aussagen zu der Betroffenheit und Beteiligung von kreisangehörigen Gemeinden.[242] Zu der traditionell streitträchtigen Frage der Festlegung des Kreissitzes äußerten sich das Verfassungsgericht Brandenburg[243] und der Thüringische Verfassungsgerichtshof[244]. Beide Gerichte erachteten Gemeinden im Hinblick auf den Verlust ihrer Kreissitz-Funktion nicht für beschwerdebefugt. In Sachsen-Anhalt[245] wird die Festlegung des Kreissitzes dagegen unter dem Gesichtpunkt des – im konkreten Fall allerdings nicht verletzten – Willkürverbots geprüft. Aufmerksamkeit erregte das Urteil des Verfassungsgerichts Brandenburg vom 15. September 1994[246], in dem sich dieses die Frage stellte, ob durch Volksgesetzgebung festgelegt werden kann, dass der Kreistag zur Festlegung des Kreissitzes zuständig ist.[247] Nicht unkommentiert geblieben ist die Entscheidung des Brandenburgischen Verfassungsgerichts vom 15. Mai 2002[248], die die Abschaffung des sog. Amtsmodells 2 in Brandenburg betraf. Das Gericht legte die bundesrechtliche Ermächtigung zur Aufgabenübertragung auf Verbandsgemeinden, Verwaltungsgemeinschaften oder vergleichbare gesetzliche Zusammenschlüsse von Gemeinden nach § 203 Abs. 2 BauGB anhand landesverfassungsrechtlicher Vorgaben restriktiv aus, ohne dass die Konfliktvermeidungsregelung in Art. 31 GG Berücksichtigung fand.[249]

b) *Planungshoheit*

Von besonderer Bedeutung ist das Urteil des Verfassungsgerichts Brandenburg vom 1. Juni 1995[250] zur Abgrabung der Gemeinde Horno im Rahmen des Braunkohleabbaus. Die kommunale Verfassungsbeschwerde richtete sich gegen die Rechtsverordnung der brandenburgischen Landesregierung über die Verbindlichkeit des streitigen Braunkohlenplanes. Nach dieser Verordnung, die auf das

---

240 *Löwer / Menzel*, ZG 1997, S. 92.

241 *Püttner*, SächsVBl. 1994, S. 221.

242 LVerfGE 2, 227; 2, 275; 2, 323; vgl. *Bernat*, LKV 1993, S. 393; *Pfeifer*, LKV 1993, S. 405; *Kluth*, JöR (n.F.) 51 (2003), S. 470; *Löwer / Menzel*, ZG 1997, S. 92 f.

243 BbgVerfG LKV 1995, 222.

244 ThürVerfGH ThürVBl. 1996, 209.

245 SachsAnhVerfG LKV 1995, 236.

246 BbgVerfG NJ 1995, 236.

247 Vgl. dazu *Löwer / Menzel*, ZG 1997, S. 93.

248 BbdVerfG LKV 2002, 515.

249 Vgl. dazu *Rademacher / Janz*, LKV 2002, S. 508, 510.

250 BbgVerfG DVBl. 1996, S. 37.

„Gesetz zur Einführung der Regionalplanung und der Braunkohlen- und Sanierungsplanung im Lande Brandenburg" vom 13. Mai 1993[251] gestützt war, sollte das gesamte Gemeindegebiet der Beschwerdeführerin für den Tagebau in Anspruch genommen werden. Die Bevölkerung sollte sozialverträglich und bei Wahrung der dörflichen Strukturen und Bindungen geschlossen umgesiedelt werden. Die Gemeinde sah darin eine Verletzung ihres Selbstverwaltungsrechts und war mit diesem Vorbringen vor dem Landesverfassungsgericht erfolgreich. Das „Horno"-Urteil erregte einige Aufmerksamkeit in der Öffentlichkeit.[252]

Auf Erfahrungen mit überörtlichen Gebietsentwicklungsplänen kann auch der Verfassungsgerichtshof Nordrhein-Westfalen verweisen. Seitdem er mit Urteil vom 15. Dezember 1989[253] erstmals einen Gebietsentwicklungsplan als mit der Kommunalverfassungsbeschwerde angreifbares Landesrecht einstufte, nahm die Zahl der Verfahren vor dem Verfassungsgerichtshof in diesem Bereich deutlich zu. Den zur verfassungsrechtlichen Überprüfung gestellten Gebietsentwicklungsplänen war gemeinsam, dass sie entweder auf dem Gebiet der beschwerdeführenden Gemeinde selbst oder einer unmittelbar angrenzenden Nachbargemeinde unter Berufung auf überörtliche Interessen Standorte für Großvorhaben vorsahen, wie etwa Zentral- oder Sondermülldeponien[254], ein Müllheizkraftwerk[255], eine Müllverbrennungsanlage[256] oder – wie im Falle „Garweiler II"[257] – einen großräumigen Bereich der Gemeinde als Braunkohleabbaugebiet. Nach der bisherigen Rechtsprechung des Verfassungsgerichtshofes hängt die Möglichkeit der Verletzung der gemeindlichen Planungshoheit maßgeblich vom Grad und dem Stadium der konkreten Planungsvorstellungen einer Gemeinde ab, sofern infolge überörtlicher Gebietentwicklungspläne nicht wesentliche Teile des Gemeindegebiets einer durchsetzbaren Planung entzogen werden: Je konkreter die Plaunungsvorstellungen einer Gemeinde und je stärker sie förmlich Ausdruck gefunden haben, umso höher ist die Hürde für den überörtlichen Plangeber, die Planungshoheit der Gemeinde zu überwinden. Umgekehrt wächst das Gewicht der überörtlichen Planungsinteressen gegenüber gemeindlichen Planungsbelangen, je weiter regionale Bedeutung und Auswirkungen eines überörtlichen Planungsanliegens reichen.[258]

---

251 GVBl. I S. 170.

252 Vgl. ausführlich zu dieser Entscheidung *Löwer / Menzel*, ZG 1997, S. 95 ff.; *Degenhart*, DVBl. 1996, S. 773; *Postier*, NJ 1995, S. 511.

253 NRWVerfGHG NRWVBl. 1990, 51.

254 NRWVerfGHG NRWVBl. 1991, 371.

255 NRWVerfGHG NRWVBl. 1995, 126.

256 NRWVerfGHG NRWVBl. 1995, 373.

257 NRWVerfGHG NRWVBl. 1997, 333.

258 Vgl. z.B. NRWVerfGH NRWVBl. 1993, S. 170; *M. Dietlein*, in FS 50 Jahre Verfassungsgerichtshof Nordrhein-Westfalen, S. 134.

c) *Eigenverantwortliche Aufgabenerfüllung*

Als Folge der kommunalen Gebietsreform wurde es in einigen Bundesländern erforderlich, das Geschäftsgebiet kommunaler Sparkassen an das neu gegliederte Gebiet kommunaler Gewährträger anzupassen. Wichtig ist in diesem Zusammenhang das Urteil des Verfassungsgerichts Brandenburg vom 19. Mai 1994[259]: Das Verfassungsgericht stellte fest, dass das Betreiben einer Sparkasse in eigener Gewährträgerschaft als Aufgabe der Daseinsvorsorge grundsätzlich der verfassungsrechtlich geschützten kommunalen Selbstverwaltungsgarantie unterfalle. Die Entziehung dieser Aufgabe greife daher in den verfassungsrechtlichen Status der Gemeinde ein. Das Gericht ging dabei argumentativ über die Ausführungen des Bundesverfassungsgerichts in der Rastede-Entscheidung[260] hinaus, wonach die Verlagerung einer Aufgabe von der Gemeinde- auf die Kreisebene nur zulässig ist, wenn die Gemeinde zur Aufgabenerfüllung nicht in der Lage ist, und zog ausdrücklich zur Begründung seiner Entscheidung das Subsidiaritätsprinzip im Sinne eines prinzipiellen Zuständigkeitsvorrangs der Gemeinden für die Wahrnehmung der örtlichen Angelegenheiten heran. Der Verfassungsgerichtshof Nordrhein-Westfalen sah ausgehend vom Subsidiaritätsprinzip in der Bildung eines Sparkassenzweckverbandes einen unmittelbaren Eingriff in das Selbstverwaltungsrecht der Gemeinden.[261]

Als weitere Beispiele für Entscheidungen der Landesverfassungsgerichte, die Eingriffe in den Aufgabenbestand der Gemeinden betrafen, sind das Urteil des Verfassungsgerichts Brandenburg zur Verlagerung von Aufgaben des Brandschutzes von der amtsangehörigen Gemeinde auf das Amt[262] und das Urteil des Sächsischen Verfassungsgerichtshofes zur Übertragung von Personalkosten und Personal im Bereich der Horterziehung von den Landkreisen auf die Gemeinden[263] zu nennen. Nicht unerwähnt bleiben soll die Entscheidung des Verfassungsgerichtshofes Nordrhein-Westfalen vom 26. Juni 2001[264] zur Verstaatli-

---

259 BbgVerfG DÖV 1994, 955: Eine ehemals kreisfreie Stadt hatte durch den Verlust ihrer Kreisfreiheit die Gewährträgerschaft für die Sparkassen verloren, denn das als Landesrecht fortgeltende Sparkassengesetz der ehemaligen DDR sieht vor, dass die Gewährträgerschaft nur bei den Kreisen und kreisfreien Städten liegen kann. In dem Verlust der Gewährträgerschaft sah die beschwerdeführende Gemeinde eine Verletzung ihres kommunalen Selbstverwaltungsrechts; vgl. auch *Menzel/Löwer*, ZG 1997, S. 100 f.

260 BVerfGE 79, 127, 150.

261 NRWVerfGH DÖV 1980, 691, 693; vgl. *Blümel*, DÖV 1980, S. 693; *Löwer*, JA 1981, S. 123; *Stober*, in: FS für Stern, S. 799; *J. Dietlein*, JöR (n.F.) 51 (2003), S. 365; *M. Dietlein*, in: FS 50 Jahre Verfassungsgerichtshof Nordrhein-Westfalen, S. 128.

262 BbgVerfG LKV 1995, 192.

263 SächsVerfGH SächsVBl. 1994, 280.

264 DVBl. 2001, 1595; die Entscheidung betraf u.a. die Frage des verfassungsrechtlichen Schutzes von Gemeindeverbänden gegen den gesetzlichen Entzug einer kommunalisierten Aufgabe; vgl. auch die kritische Anmerkung von *Henneke*, ZG 2002, S. 72.

chung der Straßenbauverwaltung, die für die bundesweite Weiterentwicklung des kommunalen Verfassungsrechts von Bedeutung sein dürfte.

d) *Organisationshoheit*

Die Einwirkung auf die kommunale Selbstverwaltung durch die Pflicht zur Einstellung von Gleichstellungsbeauftragten beschäftigte neben dem Landesverfassungsgericht Sachsen-Anhalt[265] das Bundesverfassungsgericht[266], den Niedersächsischen Staatsgerichtshof[267] und den Verfassungsgerichtshof Nordrhein-Westfalen. Die Pflicht zur Einrichtung einer Gleichstellungsbeauftragten stellt nach Ansicht des Landesverfassungsgerichts Sachsen-Anhalt eine zulässige Beschränkung der Selbstverwaltungsgarantie dar. Dies wurde vor allem damit begründet, dass das Amt nicht mit Entscheidungsbefugnissen ausgestattet sei.[268] Auch der Verfassungsgerichtshof Nordrhein-Westfalen sah durch die Pflicht zur Bestellung hauptamtlicher Gleichstellungsbeauftragten das von der kommunale Selbstverwaltungsgarantie umfasste Recht zur eigenverantwortlichen Organisationsgestaltung berührt. Er erachtete die Regelung dennoch für verfassungsgemäß, weil diese keine näheren Vorgaben bezüglich des Tätigkeitsumfangs der Gleichstellungsbeauftragten enthielt und den Gemeinden weiterhin vielfältige Möglichkeiten der organisatorischen Umsetzung im Allgemeinen und der Ausgestaltung des Amtes im Besonderen verblieben.[269]

e) *Finanzhoheit*

Erstmals der Verfassungsgerichtshof Nordrhein-Westfalen stellte in seiner Entscheidung zum Flüchtlingsaufnahmegesetz in der Fassung des Zweiten Änderungsgesetzes[270] fest, dass auch in der Übertragung von Aufgaben eine mittelbare Beschränkung des gemeindlichen Selbstverwaltungsrechts liegen kann:[271] Der Landesgesetzgeber habe bei der Übertragung neuer Aufgaben auf die Gemein-

---

265 LVerfGE 7, 285.

266 BVerfGE 91, 228; vgl. dazu auch *Berlit*, DVBl. 1995, S. 293; *Mayer*, NVwZ 1995, S. 663.

267 NdsStGH NVwZ 1997, 58; NWVBl. 2002, 101; vgl. *Fritsche / Wankel*, NVwZ 1997, S. 43; zur Prüfungskompetenz des NdsStGH *Koll*, DöD 1994, S. 221; *J. Dietlein*, JöR (n.F.) 51 (2003), S. 367.

268 Vgl. *Kluth*, JöR (n.F.) 51 (2003), S. 472.

269 NRWVerfGH NWVBl. 2002, 101.

270 GV NRW S. 13.

271 NRWVerfGH DVBl. 1993, 197 f.: Die beschwerdeführenden Gemeinden wandten sich gegen die Kostenerstattungsregelungen im Zusammenhang mit der ihnen übertragenen Aufgabe der Unterbringung und Versorgung von ausländischen Flüchtlingen; vgl. *Brossok*, in: FS 50 Jahre Verfassungsgerichtshof Nordrhein-Westfalen, S. 442; vgl. zur bundesgesetzlichen Aufgabenübertragung an die kommunale Ebene *Mückl*, ZG 1998, S. 197.

den den unantastbaren Kernbereich und außerhalb dessen das verfassungsrechtliche Aufgabenverteilungsprinzip ebenso zu beachten wie bei unmittelbaren Eingriffen in die Selbstverwaltung.[272] In seinem Urteil vom 9. Dezember 1996[273] entschied der Verfassungsgerichtshof in Bezug auf das in Nordrhein-Westfalen geltende „Konnexitätsprinzip", dass die Übertragung von Aufgaben auf die Kommunen ohne Erstattung der zusätzlichen Kosten zu einer Aushöhlung der finanziellen Basis der Selbstverwaltung führen könnte, da die Übertragung zu Lasten der Erfüllung der (freiwilligen) Selbstverwaltungsaufgaben gehe, weil sich die finanziellen Mittel für diese minderten.[274] Mit seiner Entscheidung machte der Verfassungsgerichtshof deutlich, dass der Landesgesetzgeber bei der Normierung von Kostenerstattungsregelungen klaren verfassungsrechtlichen Grenzen unterliegt[275]: Das Land darf die Gemeinden zur Finanzierung übertragener Aufgaben weder an den Bund noch an die Kreise verweisen. Der Landesgesetzgeber muss die Aufgabenfinanzierung selbst regeln und darf sie nicht dem Belieben der Exekutive überlassen. Bei der Höhe der Erstattungen darf der Landesgesetzgeber zwar Pauschalierungen und Typisierungen vornehmen, er muss aber der Prognose für Kostenerstattungen realistische Kostenrechnungen zugrunde legen und darf für Aufgaben mit gleich hohem Aufwand grundsätzlich keine unterschiedlichen Erstattungen vorsehen, insbesondere ist ihm der Verweis auf den allgemeinen Finanzausgleich verwehrt. Entgegen einer in der Literatur vertretenen Auffassung, dass eine Aufgabenübertragung ohne Kostendeckungsregelung stets verfassungswidrig sei[276], ging der Verfassungsgerichtshof Nordrhein-Westfalen in seinem Urteil vom 13. Juni 2000[277] zum Fünften Änderungsgesetz zum Flüchtlingsaufnahmegesetz allerdings nicht von der „Gesamtnichtigkeit"[278] der aufgabenübertragenden Vorschrift aus.

Der Verfassungsgerichtshof Rheinland-Pfalz vertrat in seinem Urteil vom 16. März 2001 die Auffassung, dass ein Eingriff in die kommunale Selbstverwaltungsgarantie nicht nur bei der Übertragung staatlicher Aufgaben als Auftragsangelegenheiten, sondern auch „im eigenen Wirkungskreis" bei einer Zuweisung neuer Pflichtaufgaben der Selbstverwaltung anzunehmen sei.[279] Ein Verstoß gegen die kommunale Finanzhoheit könne aber in Abweichung zu der

272 NRWVerfGH DVBl. 1993, 197, 198; vgl. auch NRWVerfGH NRWVBl. 1996, 97, 98.

273 NRWVerfGH DVBl. 1997, 483.

274 NRWVerfGH DVBl. 1997, 483, 484; vgl. auch BbgVerfG LKV 1998, 195; NdsStGH NVwZ-RR 1998, 529.

275 *Henneke*, DVBl. 1997, S. 490.

276 *Schliesky*, DÖV 2001, S. 720.

277 NRWVerfGH DVBl. 2000, 1286; vgl. zum verfassungsprozessualen „Dilemma", das diese Entscheidung des Verfassungsgerichtshofes heraufbeschworen hat, *Ehlers*, DVBl. 2000, S. 1521.

278 Vgl. *J. Dietlein*, JöR (n.F.) 51 (2003), S. 379.

279 RhPfVerfGH DÖV 2001, 601, 602.

Rechtsprechung der Verfassungsgerichte anderer Länder[280] nicht gesehen werden, weil eine „strenge Konnexität" zwischen staatlicher Aufgabenübertragung auf die Kommunen und Kostendeckung in Rheinland-Pfalz nach geltendem Verfassungsrecht nicht geboten sei.[281]

2. Rechtsprechung zum Wahl-, Parlaments- und Abgeordnetenrecht

Das deutsche Verfassungsrecht verdankt der Rechtsprechungstätigkeit der Landesverfassungsgerichte in dem Bereich des Wahl-, Parlaments- und Abgeordnetenrechts ebenfalls wichtige Impulse.

a) 5%-Klausel im Kommunalwahlrecht

Zu nennen sind hier die Entscheidungen des Verfassungsgerichtshofes Nordrhein-Westfalen zur 5%-Klausel im Kommunalwahlrecht, die die langjährige, flächendeckende Beschränkung der Erfolgswertigkeit bzw. des demokratischen Erfolgswerts des Wahlrechts in Frage gestellt[282] und Maßstäbe über die Landesgrenzen hinaus gesetzt haben.[283]

Jahrzehnte nach der Entscheidung des Bundesverfassungsgerichts vom 23. Januar 1957[284] und des Bayerischen Verfassungsgerichthofes vom 18. März 1952[285] unterzog der Verfassungsgerichtshof Nordrhein-Westfalen als erstes Landesverfassungsgericht die 5%-Klausel in seinem Urteil vom 29. September 1994[286] einer erneuten Überprüfung. In Übereinstimmung mit dem Bundesverfassungsgericht deutete der Verfassungsgerichtshof die Wahlrechtsgrundsätze im Sinne einer strengen und formellen Gleichheit, die dem Gesetzgeber einen lediglich eng bemessenen Spielraum für Differenzierungen belasse. Die Erforderlichkeit einer Sperrklausel dürfe jedoch nicht auf unabsehbare Zeit abstrakt und schematisch beurteilt werden, sondern sei – jedenfalls sofern eine Überprüfungsbedürftigkeit eindeutig erkennbar sei – darauf zu kontrollieren, ob die ursprünglichen Verhältnisse unverändert fortbestehen oder sich so geändert haben,

---

280 Vgl. BadWürttStGH NVwZ-RR 1999, 93, 94; SachsAnhVerfG NVwZ-RR 1999, 96, 98.

281 RhPfVerfGH DÖV 2001, 601, 602.

282 NRWVerfGH OVGE 44, 301; NRWVBl. 1996, 58; DVBl. 1999, 1271; vgl. *Ehlers*, in: FS 50 Jahre Verfassungsgerichtshof Nordrhein-Westfalen, S. 273; *H. Meyer*, DVBl. 1999, S. 1276; *Heinig*, NRWVBl. 2000, S. 121; *Heinig/Morlok*, ZG 2000, 371.

283 *Ehlers*, in: FS 50 Jahre Verfassungsgerichtshof Nordrhein-Westfalen, S. 275.

284 BVerfGE 6, 104.

285 BayVGHE 5, 66; im Gegensatz zum Bundesverfassungsgericht kam der Verfassungsgerichtshof zu dem Ergebnis, dass Bestand und Funktion der gemeindlichen Verwaltungsorgane auch gesichert seien, wenn die „Splitterparteien" nicht durch eine Sperrklausel ferngehalten werden.

286 NRWVerfGH OVGE 44, 301.

dass eine Korrektur erforderlich werde.[287] Eine erhebliche Änderung der rechtlichen Verhältnisse hat der Verfassungsgerichtshof Nordrhein-Westfalen in der umfassenden Reform der Kommunalverfassung des Jahres 1994 gesehen.[288] Der Verfassungsgerichtshof legte dem Landesgesetzgeber im Rahmen der von ihm vorgenommenen Prognoseentscheidung die Verpflichtung auf, Erfahrungen zu erheben und auszuwerten, die in Ländern ohne Sperrklausel im Kommunalrecht gemacht worden sind. In seinem Urteil vom 21. November 1995[289] übertrug der Verfassungsgerichtshof seine Argumentation auf die für die Wahlen zu den nordrhein-westfälischen Landschaftsverbänden geltende 5%-Klausel. Diese beiden Urteile belebten die Diskussion über die Zulässigkeit der Sperrklausel neu und waren Auslöser für verfassungsgerichtliche Überprüfungsverfahren in anderen Ländern[290]. Mit Urteil vom 17. März 1997 erklärte der Verfassungsgerichtshof Berlin die für die Wahlen zu den Bezirksverordnetenversammlungen bis dahin geltende 5%-Klausel für verfassungswidrig.[291] Zu einem anderen Ergebnis kamen der Saarländische Verfassungsgerichthof und das Verfassungsgericht Hamburg. In seinem Urteil vom 14. Juli 1998[292] konnte der Saarländische Verfassungsgerichtshof nicht feststellen, dass die fortdauernde Hinnahme der Sperrklausel im Saarländischen Kommunalwahlrecht gegen die Landesverfassung verstoße. Das Verfassungsgericht Hamburg sah in seinem Urteil vom 30. September 1998[293] ebenfalls die 5%-Klausel bei den Wahlen zu den Bezirksversammlungen als gültig an. Da Funktionsbeeinträchtigungen bei Wegfall der Sperrklausel nicht ausgeschlossen werden könnten, sei die Entscheidung für die Beibehaltung verfassungsrechtlich nicht zu beanstanden.

In seinem Urteil vom 6. Juli 1999[294] stellte der Verfassungsgerichtshof Nordrhein-Westfalen im Rahmen eines Organstreitverfahrens fest, dass der Landtag das Recht der antragstellenden Parteien auf Gleichheit der Wahl und auf Chancengleichheit im politischen Wettbewerb dadurch verletzt habe, dass er bei der Verabschiedung des Zweiten Änderungsgesetzes zum Kommunalwahlgesetz die 5%-Klausel nicht aufgehoben oder abgemildert, sondern ohne hinreichende Begründung beibehalten habe. Der Landesgesetzgeber reagierte prompt und strich bereits acht Tage nach der Urteilsverkündung die Sperrklausel im Kommunalwahlgesetz ersatzlos.[295] Das Urteil beeinflusste nachhaltig die Rechtsentwick-

---

287 Vgl. BVerfGE 1, 208, 247; 82, 322, 328; 95, 408, 418.

288 Vgl. *J. Dietlein*, JöR (n.F.) 51 (2003), S. 359.

289 NRWVerfGH NRWVBl. 1996, 58.

290 *Ehlers*, in: FS 50 Jahre Verfassungsgerichtshof Nordrhein-Westfalen, S. 286.

291 BerlVerfGH JR 1998, 140.

292 LV 4/97 (unveröffentl.).

293 HambVerfG DÖV 1999, 296.

294 NRWVerfG DVBl. 1999, 1271.

295 *Ehlers*, in: FS 50 Jahre Verfassungsgerichtshof Nordrhein-Westfalen, S. 289.

lung in Hessen. Dort wurde unter ausdrücklicher Bezugnahme auf die Rechtsprechung des Verfassungsgerichtshofes Nordrhein-Westfalen mit dem „Gesetz zur Stärkung der Bürgerbeteiligung und kommunalen Selbstverwaltung“ vom 23. Dezember 1999[296] die Sperrklausel gestrichen.[297] Als Bestätigung der Rechtsprechung des Verfassungsgerichtshofes Nordrhein-Westfalen ist auch das Urteil des Verfassungsgerichts Mecklenburg-Vorpommern vom 14. Dezember 2000[298] anzusehen.[299]

Vor dem Urteil des Verfassungsgerichtshofes Nordrhein-Westfalen vom 6. Juli 1999 gab es bereits sechs Bundesländer, die im Kommunalwahlrecht auf die Aufnahme einer 5%-Klausel verzichteten (Baden-Württemberg, Bayern, Brandenburg, Niedersachsen, Sachsen, Sachsen-Anhalt); nach dem Urteil sind zwei weitere Bundesländer hinzugekommen (Nordrhein-Westfalen, Hessen).[300] In Rheinland-Pfalz reichen derzeit 3% der Stimmen aus, um bei der Zuteilung der Sitze in den kommunalen Volksvertretungen berücksichtigt zu werden. Auch Mecklenburg-Vorpommern verzichtet zwischenzeitlich auf eine für die Kommunalwahlen geltende 5%-Klausel. Keine Sperrklauseln gelten für die Wahlen zu den Bezirksversammlungen in Berlin und Bremen, die ähnliche Aufgaben wie die kommunalen Volksvertretungen wahrzunehmen haben.

b) Beschränkungen des passiven Wahlrechts

Der Thüringische Verfassungsgerichtshof gab im Bereich des passiven Wahlrechts Anstoß für ein Umdenken, das mittlerweile über den konkreten Anlass des passiven Wahlrechts hinaus weit in das gesamte öffentliche Dienstrecht hinein ausstrahlt. In der Rechtsstreitigkeit „Schuster“[301] hat er ebenso Neuland betreten, wie in der Rechtsstreitigkeit „Beck“[302], in der es um den Mandatsverlust wegen einer nach der Wahl bekannt gewordenen Verstrickung eines Abgeordneten mit der MfS / ANS ging.

Mit seinem Urteil vom 27. März 2001[303] setzte das Landesverfassungsgericht Sachsen-Anhalt deutliche Akzente bei der Frage, aus welchen Gründen bei der Kommunalwahl Unterschriftenquoren verlangt werden können und an welchen Vorschriften diese zu messen sind. Das Landesverfassungsgericht ging bei der Bürgermeisterwahl bewusst einen anderen Weg als das Bundesverfassungsge-

---

296 GVBl. 2000 S. 9.

297 Vgl. *Ehlers*, in: FS 50 Jahre Verfassungsgerichtshof Nordrhein-Westfalen, S. 289.

298 LVerfG M-V LKV 2001, 270.

299 Vgl. *Ehlers*, in: FS 50 Jahre Verfassungsgerichtshof Nordrhein-Westfalen, S. 290.

300 Vgl. zur Beibehaltung der 5%-Klausel im Kommunalrecht von Schleswig-Holstein: BVerfGE 107, 286.

301 ThürVerfGH ThürVBl. 1997, 204.

302 ThürVerfGH ThürVBl. 2000, 180.

303 SachsAnhVerfG DÖV 2001, 556.

richt, das es als legitim erachtet, wenn der Gesetzgeber mit einem Unterschriftenquorum erreichen wolle, dass der Wähler sich auf wirklich ernsthafte Bewerber konzentriere und seine Stimme wegwerfe.[304] Eine derartige Bevormundung des Wählers sah das Landesverfassungsgericht als verfehlt an, weil es zur Freiheit der Wahl gehöre, dem Wähler auch die Beurteilung der Eignung und Ernsthaftigkeit der Kandidaten zu überlassen. Im Ergebnis erachtete es die Einführung eines Unterschriftenquorums aber ebenfalls für zulässig[305].

In mehreren Entscheidungen befasste sich das Verfassungsgericht Sachsen-Anhalt mit Inkompatibilitätsregelungen. Das Urteil vom 3. Juli 1997[306] betraf die Unvereinbarkeit des Landtagsmandats mit dem Amt als hauptamtlicher Bürgermeister und Landrat. Die Regelung wurde für verfassungswidrig erklärt, allerdings ausschließlich wegen der fehlenden Übergangsfristen. Der Grundsatz der Chancengleichheit im Wahlkampf gebiete es bei Gesetzen, die für die Kandidaten einschneidende Statusänderungen zum Inhalt haben, Übergangsfristen vorzusehen. Ein weiteres Urteil vom 27. Oktober 1994[307] betraf die Unvereinbarkeit von kommunalen Mandaten mit der Tätigkeit in einer Verwaltungsgemeinschaft; das Verfassungsgericht erklärte die getroffenen Regelungen wegen Gleichheitsverstoßes für verfassungswidrig. Auch eine Regelung, nach der nicht gewählt werden kann, wer mit dem Bürgermeister oder Landrat verwandt ist, ist nach Auffassung des Verfassungsgerichts Sachsen-Anhalt verfassungswidrig.[308]

c) Öffentlichkeitsarbeit der Landesregierung und der Fraktionen

Die Landesverfassungsgerichte äußerten sich wiederholt zu den Grenzen der Öffentlichkeitsarbeit der Landesregierung in zeitlicher Nähe zu Wahlen.[309] Hervorzuheben ist eine neuere Entscheidung des Verfassungsgerichts Sachsen-Anhalt vom 22. Februar 1996[310]. Deutlich herausgearbeitet wird die grundsätzliche Neutralitätspflicht der Regierung, die auch außerhalb der Wahlkampfzeit zu wahren sei.

---

304 BVerfGE, 5, 77, 81; 12, 10, 27.

305 Vgl. *Kluth*, JöR (n.F.) 51 (2003), S. 462 f.

306 LVerfGE 7, 261.

307 LVerfGE 2, 346.

308 LVerfGE 2, 379; a.A. BaWüStGH ESVGH 31, 167, 169; BayVerfGH BayVBl. 1976, 751, 752; beide Gerichte haben sich zur Rechtfertigung entsprechender Regelungen ausdrücklich auf eine kommunalverfassungsrechtliche Tradition bzw. das Gebot der Vermeidung von „Vetternwirtschaft" berufen, vgl. auch *Löwer / Menzel*, ZG 1997, S. 107 f.

309 NRWVerfGH NVwZ 1992, 467; BaWüStGH ESVGH 31, 81; BremStGH DVBl. 1984, 221; HessStGH NVwZ 1992, 465; SaarlVerfGH NJW 1980, 2181; vgl. auch BVerfGE 44, 125.

310 LVerfGE 3, 261; siehe auch Anmerkung *M.J. Hahn*, JZ 1996, S. 726.

Trotz einiger Entscheidungen des Bundesverfassungsgerichts[311] zur Öffentlichkeitsarbeit der Fraktionen ist noch nicht abschließend geklärt, inwieweit diese berechtigt sind, nicht nur Sachstandsberichte zur parlamentsinternen Fraktionsarbeit zu veröffentlichen, sondern auch für ihre eigene Fraktionspolitik oder für die Inhaber von Fraktionsämtern zu werben.[312] In seinem Urteil vom 19. August 2002[313] beschäftigte sich der Verfassungsgerichtshof Rheinland-Pfalz mit dem Umfang und den Grenzen zulässiger Öffentlichkeitsarbeit der Fraktionen und trug dadurch zur Erarbeitung einer angemessenen Lösung von Streitfällen auf diesem Gebiet bei.

d) *Oppositionsbegriff*

Auch die Entscheidung des Landesverfassungsgerichts Sachsen-Anhalt vom 29. Mai 1997[314] zum Oppositionsbegriff in Art. 48 Abs. 1 VerfLSA[315] erlangte über die Landesgrenzen hinaus Bedeutung. Als einzige enthält die Verfassung Sachsen-Anhalts eine Definition des Oppositionsbegriffs. Zwischenzeitlich sehen zehn weitere Landesverfassungen Regelungen über parlamentarische Oppositionen vor.[316]

3. Rechtsprechung zu plebiszitären Elementen in den Landesverfassungen

Eines der Kernanliegen der mit der Wiedervereinigung einsetzenden Verfassungsbewegung[317] war die Ausweitung plebiszitärer Elemente in den Landesverfassungen. Inzwischen besteht in sämtlichen Bundesländern die Möglichkeit der Volksinitiative, des Volksbegehrens und des Volksentscheides.[318] Durchweg

---

311 BVerfGE 72, 330; 79, 311.

312 Vgl. *Kretschmer*, ZG 2003, S. 2.

313 RhPfVerfGH DÖV 2002, 992: Der Fraktions- und Parteivorsitzende der rheinland-pfälzischen CDU beauftragte eine Werbeagentur mit der Erstellung eines neuen gemeinsamen Erscheinungsbildes von Landesverband und Landtagsfraktion. Die Plakate mit dem Bild des Fraktions- und Parteivorsitzenden wurden bei Veranstaltungen und Pressenkonferenzen ausgestellt; vgl. ausführlich zu dieser Enscheidung *Kretschmer*, ZG 2003, S. 1.

314 LVerfGE 6, 281; Urteilsanmerkung: *Cancik*, AöR 123 (1998), S. 621.

315 „Die Fraktionen und die Mitglieder des Landtages, die die Landesregierung nicht stützen, bilden die parlamentarische Opposition."

316 Art. 16a BayVerf, Art. 38 BerlVerf, Art. 55 BbgVerf, Art. 78 BremVerf, Art. 23a HmbVerf, Art. 26 M-VVerf, Art. 19 NdsVerf, Art. 40 SächsVerf, Art. 12 SchlHVerf, Art. 59 ThürVerf; zur Rechtsprechung des Bundesverfassungsgerichts vgl. z.B. E 2, 1, 13; 60, 53, 66; 70, 324; zur Rechtsprechung der Landesverfassungsgerichte vgl. SächsVerfGH LKV 1996, 295; SächsVBl. 1995, 227; HambVerfGH HambJVBl. 1973, 282, 286, 291; 1978, 11, 15; vgl. auch *Kluth*, JöR (n.F.) 51 (2003), S. 464 f.

317 Vgl. dazu auch unter 3. Teil, I.

318 Vgl. *Jung*, ZG 1998, S. 295; *ders.*, JöR (n.F.) 41 (1993), S. 29; *Henneke*, ZG 1996, S. 1.

sind die Landesverfassungsgerichte zur Überprüfung der Rechtmäßigkeit der Inanspruchnahme plebiszitärer Entscheidungsinstrumente berufen.[319] Alle Verfassungen der „neuen" Bundesländer[320] und einige Verfassungen der „alten" Bundesländer[321] sehen seit 1990 diese Verfahrensart in der Landesverfassung vor. In den übrigen Ländern finden sich entsprechende einfachgesetzliche Bestimmungen.[322]

Die plebiszitären Formen der Gesetzgebung sind bislang eine ausschließliche Domäne der Landesverfassungsgerichte gewesen. Seit der Entscheidung des Hessischen Staatsgerichtshofes zur „Startbahn-West"[323] und deren Bestätigung durch das Bundesverfassungsgericht[324] hat sich die Prüfung der Volksbegehren in der Praxis der Landesverfassungsgerichte allgemein durchgesetzt. Diese haben in den vergangenen Jahren beachtliche Akzente gesetzt. Anzuführen ist hier z.B. die Rechtsprechung des Bayerischen Verfassungsgerichtshofes zu den Antrags- und Zustimmungsquoren. In seinem Urteil vom 17. September 1999[325] zum „Gesetz zur Abschaffung des Bayerischen Senats" vom 20. Februar 1998[326] vertrat der Verfassungsgerichtshof erstmals unter Aufgabe seiner bisherigen Rechtsprechung die Auffassung, dass bei Verfassungsänderungen im Wege der Volksgesetzgebung beim Volksentscheid ein Quorum erforderlich sei. Dass ein solches Quorum in der Verfassung nicht ausdrücklich vorgeschrieben ist, stelle eine planwidrige Unvollständigkeit des Verfassungstextes dar, die im Wege der Auslegung zu schließen sei. In seinem Urteil vom 31. März 2001[327] befasste sich der Verfassungsgerichtshof ein weiteres Mal mit den gesetzlichen Voraussetzungen für die Zulassung eines Volksbegehrens zur Änderung der Bayerischen Verfassung und des Landeswahlgesetzes und führte in Fortschreibung seiner Rechtsprechung aus, dass die von den demokratischen Grundgedanken geforderte demokratische Legitimation und Dignität ein (ausdrückliches) Quorum verlange. Es könne die Funktionsfähigkeit des parlamentarischen Systems schwächen, wenn Verfassungsänderungen, die auf parlamentarischem Wege nur beim Zusammenwirken von politischer Mehrheit und politischer Minderheit möglich seien, im Volksgesetzgebungsverfahren durch verhältnismäßig kleine Minder-

---

319 Vgl. auch *Menzel*, Landesverfassungsrecht, S. 527.

320 Art. 77 Abs. 2 BbgVerf; Art. 53 Abs. 1 Nr. 3 M-VVerf; Art. 71 Abs. 2 Satz 3 SächsVerf.

321 Art. 48 Abs. 2, 54 Abs. 2 NdsVerf; Art. 68 Abs. 1 Satz 4 NRWVerf; Art. 99 SaarlVerf; Art. 82 Nr. 5, 42 Abs. 1 Satz 2 SchlHVerf

322 Baden-Württemberg: Volksabstimmungsgesetz; Bayern: Landeswahlgesetz; Bremen: VVG; Hessen: Volksabstimmungsgesetz; Rheinland-Pfalz: Landeswahlgesetz.

323 HessStGH ESVGH 32, 20.

324 BVerfGE 60, 175.

325 BayVerfGH BayVBl. 1999, 719; vgl. auch *Pestalozza*, JöR (n.F.) 51 (2003), S. 191.

326 GVBl. S. 42, BayRS 100-4-S.

327 BayVerfGH BayVBl. 2000, 397.

heiten durchsetzbar wären.[328] In dieser Konsequenz hat der Verfassungsgerichtshof Art. 74 Abs. 4 BayVerf für verfassungswidrig erklärt. In seinem Urteil vom 13. April 2000[329] äußerte er sich zum kommunalen Bürgerentscheid und führte aus, dass eine Regelung, die kleinen Minderheiten schon beim Sammeln der Stimmen Möglichkeiten der Mitbestimmung und der Verhinderung eröffne, die Funktionsfähigkeit der kommunalen Vertretungsorgane gefährde und dadurch zu einer Aushöhlung der kommunalen Selbstverwaltung führen könne.[330] Mit den verfassungsrechtlichen Grenzen der Ausgestaltung des Verfahrens bei der Volksgesetzgebung befasste sich der Sächsische Verfassungsgerichtshof in seinem Urteil vom 15. März 2001[331]. Konkret ging es um die äußeren Umstände der Unterschriftsleistung.[332] Der Berliner Verfassungsgerichtshof beschäftigte sich z.B. mit Beschluss vom 18. Mai 2000[333] mit den Auslegungsstellen und Auslegungszeiten für die Eintragung im Rahmen eines Volksbegehrens und erkannte sich diesbezüglich nur eine eingeschränkte Prüfungskompetenz zu.

Von besonderer Bedeutsamkeit ist die Rechtsprechung der Landesverfassungsgerichte[334] zum Haushaltsvorbehalt.[335] Kritisch betrachtet werden insbesondere die Begründungsansätze in der Entscheidung des Verfassungsgerichts Brandenburg vom 20. September 2001[336] zur Zulässigkeit eines Gesetzesentwurfs der Volksinitiative „Für unsere Kinder – Volksinitiative zur Sicherung des Rechtsanspruchs aller Kinder auf Erziehung, Bildung und Betreuung in Kindertagesstätte". Mit diesem Urteil knüpfte das Gericht zwar zunächst an die Rechtsprechung des Bundesverfassungsgerichts[337] an, entwickelte dann aber einen eigenen Ansatz, der als nicht unproblematisch anzusehen ist.[338] Eine Volksinitiative, die ggf. Auswirkungen auf die Haushaltslage habe, dürfe nur für den Fall als unzulässig behandelt werden, dass sie zu gewichtigen staatlichen Ausgaben führe und sich unter Berücksichtigung der Auswirkungen auf das Gesamtgefüge des Haushalts und der weiteren Umstände des Falles als eine wesentliche Beeinträchtigung des Budgetrechts des Landtages darstelle. Wann dies der Fall sei, hänge von einer wertenden Gesamtbetrachtung ab. Das Verfassungsgericht Brandenburg vertrat die Auffassung, dass die Volksinitiative dem Haushaltsvor-

---

328 BayVerfGH BayVBl. 2000, 397, 399.

329 BayVerfGH NVwz-RR 2000, 735.

330 BayVerfGH NVwZ-RR 2000, 735, 739.

331 SächsVerfGH LKV 2001, 459.

332 SächsVerfGH LKV 2001, 459, 461.

333 BerlVerfGH LKV 2001, 121.

334 BayVerfGHE 47, 276; BremStGH NVwZ 1998, 388; ThürVerfGH LKV 2002, 83; NWVerfGH NVwZ 1982, 188.

335 Vgl. *P.M. Huber*, ThürVBl. 2003, S. 74; *Finkelnburg*, NJ 2004, S. 2.

336 BbgVerfG NJ 2002, 86.

337 BVerfGE 102, 176, 191.

338 *Janz*, LKV 2002, S. 67.

behalt unterfällt. Ausschlaggebend sei, dass ein enger zeitlicher und sachlicher Zusammenhang mit einer bewussten haushaltspolitischen Entscheidung bestehe. Diesen bejahte das Verfassungsgericht mit der Begründung, dass der Landtag mit dem Haushaltsstrukturgesetz 2000 auch eine Einschränkung des Rechtsanspruchs auf einen Kita-Platz in dem Bemühen beschlossen habe, die Haushaltsprobleme des Landes in den Griff zu bekommen. Bereits in einem Sondervotum zu der Entscheidung wurde die Auffassung vertreten, dass eine derart weite Auslegung gegen die landesverfassungsrechtlich festgelegte Gleichrangigkeit von parlamentarischem Gesetzgeber und Volksgesetzgeber verstoße. Unter den Begriff des Landeshaushalts seien nur das Haushaltsgesetz und der Haushaltsplan des Landes zu fassen.

Auch wenn die beispielhaft angeführten Entscheidungen nicht auf ungeteilte Zustimmung gestoßen sind, trägt die Rechtsprechung der Landesverfassungsgerichte in der Summe doch dazu bei, länderübergreifende Maßstäbe für die Volksgesetzgebung zu entwickeln, die das deutsche Verfassungsrecht in diesem wichtigen Anwendungsbereich des Demokratieprinzips weiterentwickeln. Hier dürfte sich eine Entwicklung abzeichnen, an der man auch auf Bundesebene nicht ohne weiteres vorbeigehen kann.[339]

V. Die vom Grundgesetz gesetzten Rahmenbedingungen für ein Tätigwerden der Landesverfassungsgerichte

Die Situation in den einzelnen Bundesländern verdeutlicht, dass diese in unterschiedlichster Weise von ihrem Recht Gebrauch gemacht haben, den Landesverfassungsgerichten Entscheidungs- und Prüfungskompetenzen zuzuerkennen. Eine wesentliche Rolle spielt dabei das Selbstverständnis der Länder und der Landesverfassungsgerichte.

Um die generelle Reichweite der Prüfungskompetenz der Landesverfassungsgerichte bestimmen zu können, bedarf es eines Blickes auf die Rahmenbedingungen, die das Grundgesetz für ein Tätigwerden der Landesverfassungsgerichte setzt. Im Folgenden werden die Faktoren untersucht, die aus bundesstaatlicher Perspektive die Kompetenz der Landesverfassungsgerichte – unter besonderer Berücksichtigung des Verfassungsbeschwerdeverfahrens – im Sinne einer Beschränkung oder eines Ausschlusses zu determinieren vermögen.

---

339 *P.M. Huber*, ThürVBl. 2003, S. 74.

1. Die Verfassungsautonomie der Länder nach Art. 28 Abs. 1 GG

a) *Befugnis zur Errichtung eigener Landesverfassungsgerichte*

Die Befugnis zur Errichtung von Landesverfassungsgerichten – einschließlich der Befugnis, diese mit den entsprechenden Kompetenzen zu versehen – ergibt sich aus der Verfassungsautonomie der Länder[340]; in ihr findet die Verfassungsautonomie eine wichtige Ausdrucksform.[341] Das Recht der Länder zur Verfassungsgebung resultiert unmittelbar aus der Eigenstaatlichkeit der Länder und wird in Art. 28 Abs. 1 GG ausdrücklich anerkannt. Die Länder haben die Befugnis zur Gestaltung einer verfassungsgemäßen Ordnung im Land[342] und damit auch das Recht, ihre Verfassungsgerichtsbarkeit selbst zu ordnen.[343] Eine Landesverfassungsgerichtsbarkeit setzt das Grundgesetz mit Art. 100 Abs. 1 und Abs. 3 GG voraus.[344] Ebenso wie der Gesamtstaat haben die Gliedstaaten das Recht, in eigener Verantwortung für ihren Verfassungsraum die für wichtig erachteten Staatsfundamentalnormen zu artikulieren.[345] Dabei liefe es dem Recht der Länder zur eigenverantwortlichen Verfassungsgestaltung zuwider, wenn sie gezwungen wären, sich strikt an die Gewährleistungen und Institutionen der überwölbenden Bundesverfassung zu orientieren.[346] Dazu gehört auch die Befugnis – wie in Schleswig-Holstein –, von der Errichtung eines eigenen Verfassungsgerichts abzusehen.[347] Abgesehen von der konkreten Normenkontrolle, die eine Mindestzuständigkeit des jeweiligen Landesverfassungsgerichts begründet[348], können die Länder den Zuständigkeitskanon des Grundgesetzes für das Bundesverfassungsgericht nachahmen, sie können aber auch bei der Ausgestaltung des Zuständigkeitskatalogs eigene Akzente setzen.[349] Die Aussage des Bundesverfassungsgerichts in seiner Entscheidung vom 16. Juli 1998 zum Anwendungsbereich der speziellen wahlrechtlichen Gleichheitssätze, wonach es der Bedeutung des subjektiven Wahlrechts entsprechen möge, insoweit verfassungsgerichtlichen subjektiven Rechtsschutz im Land einzuführen[350], kann z.B. nicht im Sinne

---

340 *Leisner*, in: FS 25 Jahre Bayerischer Verfassungsgerichtshof, S. 189 f.; *Starck*, in: Starck / Stern, Landesverfassungsgerichtsbarkeit I, S. 157; *Pestalozza*, Verfassungsprozessrecht, § 21 Rn. 4.

341 *Dreier*, GG-Kommentar II, Art. 28 Rn. 52; *Wahl*, AöR 112 (1987), S. 28.

342 Vgl. BVerfGE 1, 14, 34; 60, 175, 207; vgl. zur Rechtsprechung des Bundesverfassungsgerichts auch unter 2. Teil, I. 2.

343 Vgl. BVerfGE 96, 345, 369.

344 BVerfGE 96, 345, 369.

345 BVerfGE 36, 342, 360.

346 *Wolfrum*, DÖV 1982, S. 679; vgl. unter 2. Teil, I. 2.

347 Vgl. dazu *Menzel*, Landesverfassungsrecht, S. 285.

348 *Pestalozza*, Verfassungsprozessrecht, § 21 Rn 1.

349 *Menzel*, Landesverfassungsrecht, S. 286.

350 BVerfGE 99, 1, 18 f.; vgl. unter 2. Teil, I. 5. a) aa) (4).

einer Verpflichtung der Länder zur Etablierung eines Wahlprüfungsverfahrens angesehen werden.[351] Das Bundesverfassungsgericht selbst lehnte dies unter Hinweis auf die Reichweite des Art. 19 Abs. 4 GG, der keinen subjektiven Verfassungsrechtsschutz verbürge[352], ab.[353]

b) Grundrechtshoheit der Länder – zur Bedeutung eines umfassenden Grundrechtsschutzes auf Länderebene

Die Länder besitzen eine originäre Grundrechtshoheit.[354] Die Verfassungsautonomie der Länder beinhaltet das Recht, Grundrechte als verbindliche Normen für die Landesstaatsgewalt zu erlassen, die Prüfungsmaßstäbe der Landesverfassungsgerichte im Rahmen der Individualverfassungsbeschwerde sein können. Vorausgesetzt wird die Grundrechtshoheit der Länder in Art. 142 GG, der das Verhältnis zu den Bundesgrundrechten regelt.[355] Eine Verpflichtung zur Grundrechtsetzung besteht allerdings nicht;[356] dies ist auch nicht erforderlich, da die Grundrechte des Grundgesetzes ohnehin über Art. 1 Abs. 3 GG alle Staatsgewalt binden.

An dieser Stelle stellt sich die Frage nach dem Sinn und Zweck umfangreicher Kataloge selbst formulierter oder aus dem Grundgesetz übernommener Grundrechtsgarantien in den Länderverfassungen, wenn das Grundgesetz den Bürgern gegen alle belastenden Maßnahmen der öffentlichen Gewalt lückenlosen Grundrechtsschutz, der durch die Möglichkeit eines Verfassungsbeschwerdeverfahrens vor dem Bundesverfassungsgericht auch organisatorisch – institutionell – abgesichert ist, gewährt. Dieses auf den ersten Blick als diffus und überflüssig erscheinende Nebeneinander verschiedener Grundrechtsgarantien lässt sich nur unter Würdigung der unterschiedlichen Funktionen von Landesverfassungen korrekt einschätzen. Diesen kommt als wichtigste Aufgabe zu, die staatliche Existenz eines Gliedstaates hervorzuheben und diesen gegenüber dem Gesamtstaat als „Verfassungsstaat“ darzustellen. Damit stützt die Landesverfassung die Wahrung und Darstellung der Identität des Landes gegenüber anderen Ländern und

351 So auch *Menzel*, Landesverfassungsrecht, S. 286.

352 Vgl. auch BVerfGE 1, 332, 344.

353 BVerfGE 99, 1, 19; vgl. unter 2. Teil, I. 5. a) aa) (4).

354 Vgl. *Wermeckes*, Der erweiterte Grundrechtsschutz in den Landesverfassungen, S. 50; *J. Dietlein*, JURA 1994, S. 57.

355 *J. Dietlein*, JURA 1994, S. 57; *März*, Bundesrecht bricht Landesrecht, S. 195; *Franke*, in: FS für Mahrenholz, S. 930.

356 Vgl. *Storr*, Verfassungsgebung in den Ländern, S. 182; *v. Olshausen*, Landesverfassungsbeschwerde und Bundesrecht, S. 122; *O. Müller*, Landesgrundrechte und Bundesgrundrechte, S. 127 ff.; *Wermeckes*, Der erweiterte Grundrechtsschutz in den Landesverfassungen, S. 51 ff.; vgl. zu den Verfassungen von Hamburg und Schleswig-Holstein, die weder einen Grundrechtskatalog noch eine Rezeptionsklausel enthalten, unter 3. Teil, II.

gegenüber dem Gesamtstaat.[357] Diese Aufgabe von landesverfassungsrechtlichen Grundrechten kann als sinn- und identitätstiftende Funktion bezeichnet werden.[358] Die Landesverfassung erfüllt, nach innen gewandt, eine Ordnungs-[359], Befriedungs-[360] und Integrationsfunktion[361] als essenzielle Aufgabe des durch Landesverfassungen rechtlich zu Gewährleistenden. Landesverfassungen sind „instruments of governments“[362], indem sie den Prozess staatlicher Willensbildung, insbesondere den Rechtsetzungsprozess, regeln und durch seine Formalisierung Rechtssicherheit bieten.[363] Sie müssen zeigen, wie die politische Macht verantwortet und kontrolliert wird.[364] In diesem Zusammenhang kommen die Gewährleistung von Grundrechten und die Rechtsschutzmöglichkeiten vor einem Landesverfassungsgericht besonders zum Tragen. Den Vollzug ihrer Funktionen kann eine Verfassung nur dann sicherstellen, wenn sie sich als „Werteverfassung“[365] darstellt. Dem Bürger müssen Werte mitgeteilt werden, die ihm im gesellschaftlichen Leben zu Akzeptanz von Frieden, Ordnung und Integration anhalten. Was für Bund und Länder im übergeordneten Rahmen gilt, muss innerhalb eines Landes zwischen Land und Landesbevölkerung gelten: dieses muss das Land und die Landesverfassung wollen; erst dann entsteht ein Rückkopplungseffekt zwischen Landeskultur, also Kultur der Bürger, und Verfassung zur Verfassungskultur in einem wechselseitigen Beziehungsgeflecht.[366] Art. 28 Abs. 1 GG eröffnet die Möglichkeit, verfassungsrechtliche Alternativen zur Bundesverfassung zu schaffen[367] und damit die verfassungsrechtliche und

---

357 *Storr*, Verfassungsgebung in den Ländern, S. 172; *E. Klein*, DVBl. 1993, S. 1331; *Franke / Kneifel-Haverkamp*, JöR (n.F.) 42 (1994), S. 116; *Sachs*, KritV 1996, S. 131 ff.; *Berlit*, KritV 1992, S. 446; *Will*, KritV 1993, S. 488.

358 *E. Klein*, DVBl. 1993, S. 1331; *Franke / Kneifel-Haverkamp*, JöR (n.F.) 42 (1994), S. 116; *Sachs*, KritV 1996, S. 131 ff.; *Berlit*, KritJ 1992, S. 446; *v. Mangoldt*, SächsVBl. 1993, S. 32; *Will*, KritV 1993, S. 488; *Erbguth / Wiegand*, DÖV 1992, S. 772.

359 *Schmitt*, Verfassungslehre, S. 42.

360 Dieser Funktion des Staates liegt insbesondere die Staatslehre *Thomas Hobbes* zugrunde, vgl. *Fetscher* (Hrsg.), Leviathan, S. 131: „Die Menschen führten die Selbstbeschränkung unter der sie in Staaten leben, letztendlich alleine mit dem Ziel und der Absicht ein, dadurch dem elenden Kriegszustand zu entkommen, der aus den natürlichen Eigenschaften der Menschen notwendig folgt, wenn es keine sichtbare Gewalt gibt.“

361 *Smend*, Staatsrechtliche Abhandlungen, S. 187 ff.; ausführlich zur Integrationslehre Smends: *Korioth*, Integration und Bundesstaat, S. 92 ff., 111 ff.; *Heller*, Staatslehre, S. 249 ff.

362 *Schmidt*, VVDStRL 46 (1988), S. 92 ff.

363 *Schmidt-Jortzig*, VVDStRL 46 (1988), S. 120 ff.

364 *Herdegen*, in: HdbStR IV, S. 479.

365 Zu diesem Begriff vgl. *Erbguth / Wiegand*, DÖV 1992, S. 772.

366 *Erbguth / Wiegand*, DÖV 1992, S. 772.

367 *Pestalozza*, Popularvorbehalt, S. 14.

verfassungspolitische Diskussion auch auf der Gesamtstaatsebene zu beleben.[368] Durch landesverfassungsrechtliche Grundrechte können Mängel des Grundgesetzes, die von vornherein bestanden haben oder sich erst im Laufe der Zeit herauskristallisiert haben, auf der Länderebene ausgeglichen werden. Den Grundrechten kommt insoweit eine Ergänzungsfunktion zu.[369] Die Funktion und Bedeutung landesstaatlicher Grundrechte wird auch in der besseren Möglichkeit, auf neue soziale Probleme und Freiheitsbedrohungen reagieren zu können[370], in einer Ventil- und Ausgleichsfunktion[371] sowie in der hiermit verbundenen Belebung einer eigenen Landesverfassungsgerichtsbarkeit gesehen[372], mit der eine Entlastung des Bundesverfassungsgerichts[373] und eine weitere und schnellere Möglichkeit für den Bürger, sein Recht zu verteidigen bzw. zu erlangen, verbunden ist.[374] Insbesondere die Etablierung eines gegenüber dem Grundgesetz erweiterten landesverfassungsrechtlichen Grundrechtsschutzes wird als „Impulsgeber" für die Bundesverfassung angesehen.[375]

2. Die Begrenzungen der Verfassungsautonomie und der Grundrechtshoheit der Länder

Das in Art. 28 Abs. 1 GG normierte Homogenitätserfordernis setzt der Ausgestaltung des Grundrechtsschutzes auf Länderebene grundsätzlich keine Grenzen.[376] Dies gilt auch für die in einigen Landesverfassungen enthaltenen sozialen Grundrechte.[377] Jedoch können weder die Verfassungsautonomie noch die Grundrechtshoheit losgelöst von der „überwölbenden" gesamtstaatlichen Verfassungsordnung des Grundgesetzes betrachtet werden.

---

368 *E. Klein*, DVBl. 1993, S. 1327.

369 Vgl. *Wahl*, AöR 112 (1987), S. 28.

370 *Schneider*, DÖV 1987, S. 750.

371 *Pestalozza*, NVwZ 1987, S. 747; *Berlit*, KritJ 1992, S. 446.

372 *Gallwas*, JA 1981, S. 536 f.; ähnlich bereits BayVerfGH NJW 1975, 302 f.; *Kratzer*, in: FS für Laforet, S. 107, 136, 140.

373 *Grawert*, NJW 1987, S. 2334; *Berlit*, NVwZ 1994, S. 17; *Klein*, in: Festgabe für Graßhof, S. 367 ff.; *Danter*, DÖV 1998, S. 239 ff.; *Schneider*, NJW 1996, S. 2630 ff.; *Schulte*, DVBl. 1996, S. 1017 f.; *Jutzi*, KritV 1996, S. 143.

374 *Fuchs*, Landesverfassungsrecht im Umbruch, S. 283; *Grawert*, NJW 1987, S. 2334; *Jutzi*, KritV 1996, S. 143; *Kopp*, in: Novak / Sutter / Hasiba, Der Föderalismus und die Zukunft der Grundrechte, S. 57.

375 *Wermeckes*, Der erweiterte Grundrechtsschutz in den Landesverfassungen, S. 6.

376 *Sacksofsky*, NVwZ 1993, S. 236.

377 *Dreier*, GG-Kommentar II, Art. 28 Rn. 52; vgl. dazu auch *Riepe*, Soziale Grundrechte in den Verfassungen der Länder Brandenburg, Mecklenburg-Vorpommern, Sachsen, Sachsen-Anhalt und Thüringen, S. 14 ff.; *Brenne*, Soziale Grundrechte in den Landesverfassungen.

Bestand und Funktion eines Bundesstaates erfordern ein adäquates Regelwerk zur Ausgestaltung des Verhältnisses von Gesamtstaat und Gliedstaat sowie der Gliedstaaten untereinander. Diese Aufgabe ist ausschließlich durch die die Gliedstaaten verbindende Gesamtverfassung zu erfüllen.[378] Das Grundgesetz enthält für die Materie „Landesverfassungen" eine Vielzahl von Bestimmungen. Hinsichtlich ihrer Wirksamkeit und Entfaltungsmöglichkeit unterliegen die Landesgrundrechte den bundesstaatlichen Geltungsbedingungen des Grundgesetzes, was wiederum unmittelbare Auswirkung auf die Prüfungskompetenz der Landesverfassungsgerichte hat.

a) Das Homogenitätsgebot des Art. 28 Abs. 1 GG

Die der Ewigkeitsgarantie des Art. 79 Abs. 3 GG unterfallende Vorschrift des Art. 28 Abs. 1 GG hat eine Doppelfunktion.[379] Einerseits erkennt sie die Verfassungsautonomie der Länder ausdrücklich an, andererseits legt sie mit dem Homogenitätsgebot auch Begrenzungen derselben fest. Das Homogenitätsgebot verlangt, dass die verfassungsmäßige Ordnung in den Ländern den Grundsätzen des republikanischen, demokratischen und sozialen Rechtsstaates im Sinne dieses Grundgesetzes entspricht. Der Sinn dieses Grundsatzes ist in der Konfliktvermeidung zu sehen. Bei grundlegenden Unterschieden zwischen den Gliedstaaten untereinander und gegenüber dem Bund können Meinungsverschiedenheiten über das staatliche Zusammenleben leicht aufkommen. Dies wiederum kann die staatliche Einheit in der Bundesrepublik Deutschland gefährden. Deshalb sollen bestimmte, im Grundgesetz festgelegte, für alle Länder geltende Bestimmungen denkbare Konflikte gar nicht erst entstehen lassen.[380] Art. 28 Abs. 1 GG soll im bundesstaatlichen System die Rolle einnehmen, die organisatorisch institutionellen und materiell funktionellen Voraussetzungen dafür zu schaffen, einen möglichen Ansatz von Konflikten auszuschalten, der aus der bundesstaatlichen Idee des „duplex regimen", der „two centers of government" hervorzugehen droht.[381] Verlangt wird ein „Mindestmaß an Homogenität"[382], nicht aber Konformität oder gar Uniformität.[383] Ausbalanciert werden soll die föderale Vielfalt und Eigenstaatlichkeit der Länder auf der einen Seite und das Prinzip der bündischen Einheit und die bundesstaatliche Geschlossenheit auf der ande-

---

378 Vgl. auch unter 2. Teil, I. 1.

379 *Dreier*, GG-Kommentar II, Art. 28 GG Rn. 47.

380 Vgl. dazu *Schmitt*, Verfassungslehre, S. 376; *Maunz*, in: Maunz / Dürig / Herzog / Scholz, GG-Kommentar, Art. 28 Rn. 1; *Lerche*, VVDStRL 21, S. 66, 86; *Stern*, in: Bonner Kommentar zum GG, Art. 28 Rn. 7; *Harbich*, Der Bundesstaat und seine Unantastbarkeit, S. 137; *Bothe*, in: Alternativkommentar, Art. 28 Rn. 1; *Philipp*, ZRP 1992, S. 433, 436; *J. Dietlein*, Die Grundrechte in den Verfassungen der neuen Bundesländer, S. 9.

381 *Roters*, in: v. Münch, GG-Kommentar, Art. 28 Rn. 4.

382 BVerfGE 24, 367, 390; 36, 342, 361; 60, 175, 207 f.; 90, 60, 85.

383 BVerfGE 9, 268, 279; 41, 88, 119; 90, 60, 84 f.

ren Seite. Das Grundgesetz erkennt die Gestaltungsfreiheit der Länder im verfassungsrechtlichen Bereich an und legitimiert sonach auch potenziell unterschiedliche Ausformungen gliedstaatlichen Verfassungsrechts.[384] Das Homogenitätsgebot will eine gewisse Gleichartigkeit von Bundesstaat und Ländern im Strukturellen, nicht aber bis ins Detail.[385] Die Vorschrift belässt den Ländern einen weiten Spielraum. Innerhalb dieser Grenzen können sie ihre verfassungsgemäße Ordnung frei gestalten.[386] Die von Art. 28 Abs. 1 Satz 1 GG aufgestellten Prinzipien sind im Sinne der Strukturvorgaben für den Bund, die sich in Art. 20 Abs. 1, 2 und 3 GG finden und durch das grundgesetzliche Staatsorganisationsrecht ausgestaltet werden, zu interpretieren. Art. 28 Abs. 1 GG steht vom Grundgesetz abweichenden grundrechtlichen Gewährleistungen in den Länderverfassungen nicht entgegen. Unabhängig davon, ob ein Landesgrundrecht inhaltlich mit dem entsprechenden Grundrecht auf Bundesebene identisch ist, ob es mehr oder weniger oder etwas anderes verbürgt, an Art. 28 Abs. 1 GG würde es nur dann scheitern, wenn es gegen die verfassungsgestaltenden Grundentscheidungen verstößt, was kaum vorstellbar ist. Im Bereich der klassischen Freiheitsrechte, die dem Einzelnen einen staatsgerichteten Abwehranspruch geben, vermögen „zu enge" oder „zu weite" Verbürgungen der Landesverfassungen einem Bundesland nicht die Qualität als Rechtsstaat zu nehmen, eine Republik nicht in eine Monarchie umzuwandeln, eine Demokratie nicht zur Diktatur zu deformieren oder in vergleichbarer Weise die in Art. 28 Abs. 1 GG garantierten Prinzipien anzugreifen. Gleiches gilt im Bereich der Wahlrechtsgrundrechte, der Gleichheitsrechte und grundsätzlich auch bei den Teilhaberechten.[387]

b) *Verhältnis des Art. 28 Abs. 1 GG zu sonstigen homogenitätssichernden Vorschriften*

Der den Ländern durch Art. 28 Abs. 1 GG belassene Verfassungsraum steht unter dem Vorbehalt anderer grundgesetzlicher Vorschriften.[388] Mit Hilfe eines gefächerten Instrumentariums trägt die Bundesverfassung dem Anliegen des Gesamtstaates Rechnung, in gewissem Umfang Einfluss auf die Verfassungsordnung der Länder zu nehmen. Die Eingriffsmöglichkeiten des Bundes sind aber auf dieses Instrumentarium begrenzt. Da das Grundgesetz aus Gründen der Bun-

384 *Sachs*, DVBl. 1987, S. 864; *Grawert*, NJW 1987, S. 2329, 2338; *Hufen*, BayVBl. 1987, S. 520; *Kersten*, DÖV 1993, S. 898.

385 *Dreier*, GG-Kommentar II, Art. 28 Rn. 53.

386 BVerfGE 4, 178, 189; 64, 301, 317; 90, 60, 84 f.; 96, 345, 368 f.

387 *v. Coelln*, Anwendung von Bundesrecht nach Maßgabe der Landesgrundrechte?, S. 165.

388 *Nierhaus*, in: Sachs, GG-Kommentar, Art. 28 Rn. 1; *Rozek*, Das Grundgesetz als Prüfungs- und Entscheidungsmaßstab der Landesverfassungsgerichte, S. 40; *v. Coelln*, Anwendung von Bundesrecht nach Maßgabe der Landesgrundrechte?, S. 156; BVerfGE 2, 380, 403; 4, 115, 135.

desstaatlichkeit und der damit verbundenen vertikalen Gewaltenteilung eine eigenständige Verfassungsordnung der Länder voraussetzt, darf der Bund nur so weit in die Verfassungsautonomie der Länder eingreifen, wie das Grundgesetz dies ausdrücklich bestimmt und zulässt.[389] Im Übrigen ist der Bereich der Länderstaatlichkeit „zugriffsresistent".[390] Berührungspunkte zum Verfassungsraum der Länder enthält das Grundgesetz in Gestalt von Normativbestimmungen, Durchgriffs- und Bestandteilsnormen.

Normativbestimmungen sind Vorschriften des Bundesverfassungsrechts, die bei der Gestaltung der den Gliedstaaten eigenen Ordnung einzuhalten sind.[391] Das Homogenitätsgebot in Art. 28 Abs. 1 GG setzt als Normativbestimmung[392] in den Länder nicht unmittelbar verbindlich geltendes Recht, sondern stellt eine „normative" Vorgabe für die Länder dar. Die Vorschrift soll nicht in den Ländern, sondern *für die Länder gelten*.[393] Das Grundgesetz enthält daneben sog. „Durchgriffsnormen", also Bestimmungen, die ihrem Wortlaut nach alle Staatsgewalt binden, und damit nicht allein auf die Bundes-, sondern auch auf die Landesstaatsgewalt Anwendung finden. Dazu zählen u.a. Art. 1 Abs. 3, 31, 142 GG und nach überwiegender Auffassung auch Art. 20 Abs. 2 und 3 GG.[394] Nicht außer Betracht bleiben können des Weiteren die Bestimmungen zur Gesetzgebungskompetenzverteilung. Diese Durchgriffsnormen binden die Staatsgewalt der Länder unmittelbar und ohne Transformation.[395] Sie gehören zur „verfassungsrechtlichen Konkordanzmasse" des Grundgesetzes, die den Staat insgesamt, in seiner funktionellen und institutionellen Vielfalt, angeht.[396]

Für die Beurteilung der Wirkungs- und Entfaltungsmöglichkeit von Landesgrundrechten und damit auch für die Beurteilung des Prüfungsumfangs der Landesverfassungsgerichte im Rahmen der Individualverfassungsbeschwerde kommt es

---

389 BVerfGE 11, 77, 85 f.

390 *v. Coelln*, Anwendung von Bundesrecht nach Maßgabe der Landesgrundrechte?, S. 157; *Maunz / Scholz*, in: Maunz / Dürig, GG-Kommentar, Art. 28 Rn. 1.

391 *Maunz / Scholz*, in: Maunz / Dürig, GG-Kommentar, Art. 28 Rn. 2.

392 BVerfGE 4, 178, 189; zum Begriff vgl. *Dreier*, GG-Kommentar II, Art. 28 Rn. 53; *Stern*, Staatsrecht I, S. 705 f.; *Kersten*, DÖV 1993, S. 896, 898 f.

393 BVerfGE 6, 104, 111; vgl. auch *Friesenhahn*, in: Festgabe 25 Jahre Bundesverfassungsgericht I, S. 760.

394 Eine Auflistung der unterschiedlichen Durchgriffsnormen findet sich bei *Kersten*, DÖV 1993, S. 897; *Sachs*, ThürVBl. 1993, S. 121; *Nierhaus*, in: Sachs, GG-Kommentar, Art. 28 Rn. 3 ff.; *Stern*, Staatsrecht I, S. 704; *Stiens*, Chancen und Grenzen der Landesverfassungen im deutschen Bundesstaat des Gegenwart, S. 29 f.; *Franke*, in: FS für Mahrenholz, S. 928; *Franke / Kneifel-Haverkamp*, JöR (n.F.) 42 (1994), S. 141; *März*, Bundesrecht bricht Landesrecht, S. 179; *Starck*, Die Verfassungen der neuen deutschen Länder, S. 14 f.

395 *Nierhaus*, in: Sachs, GG-Kommentar, Art. 28 Rn. 4.

396 *Grawert*, NJW 1987, S. 233.

entscheidend auf das Normengeflecht zwischen Homogenitätsklausel, Durchgriffsnormen und Kompetenznormen an.[397]

c) *Die Grundrechtsbindung nach Art. 1 Abs. 3 GG*

Zu den homogenitätssichernden Vorschriften gehört als Durchgriffsnorm die den Bereich der Grundrechte betreffende Regelung des Art. 1 Abs. 3 GG. Die Grundrechte des Grundgesetzes binden Gesetzgebung, vollziehende Gewalt und Rechtssprechung nicht nur des Bundes, sondern auch der Länder als unmittelbar geltendes Recht. Art. 1 Abs. 3 GG betrifft in der Eigenschaft als Durchgriffsnorm die gesamte Staatlichkeit auf Bundes- und Landesebene. Der Adressatenkreis ist sonach nicht länderspezifisch, sondern ganzheitlich zu sehen, sodass sowohl die Bundes- als auch die Landesebene der Rechtswirkung der Vorschrift unterworfen ist.[398]

aa) *Bindung des Verfassungsgebers in den Ländern an Art. 1 Abs. 3 GG*

Was Art. 20 Abs. 3 GG für die Verfassungsbindung der „Gesetzgebung" im Allgemeinen anordnet, schreibt Art. 1 Abs. 3 GG als lex specialis im Hinblick auf die Grundrechte fest, indem diese die „Gesetzgebung" als unmittelbar geltendes Recht binden.[399] Die Frage nach der Reichweite dieser Durchgriffsnorm wird in Bezug auf die landesverfassungsrechtlichen Grundrechtsgewährleistungen relevant, insbesondere bei den Landesgrundrechten, die nicht dem vom Bundesgrundrecht vorgegebenen „Mindeststandard" entsprechen.[400] Von der Bindungswirkung des Art. 1 Abs. 3 GG ist nach überwiegender Auffassung[401]

---

397 *Wermeckes*, Der erweiterte Grundrechtsschutz in den Landesverfassungen, S. 54; *Franke*, in: FS für Mahrenholz, S. 927; *Steinberg*, in: FS 50 Jahre Hessische Verfassung, S. 361; *Denninger*, in: FS 50 Jahre Hessische Verfassung, S. 349; *Boehl*, Verfassungsgebung im Bundesstaat, S. 183 ff.; *Rozek*, Das Grundgesetz als Prüfungs- und Entscheidungsmaßstab der Landesverfassungsgerichte, S. 41, 100 ff.; *März*, Bundesrecht bricht Landesrecht, S. 179; vgl. zum grundsätzlichen Verhältnis von Art. 20 Abs. 2 und 3 GG zu Art. 28 Abs. 1 GG *Grimm*, in: Grimm / Papier, Nordrhein-Westfälische Staats- und Verwaltungsrecht, S. 16; *Jarass*, in: Jarass / Pieroth, GG-Kommentar, Art. 20 Rn. 23 ff.; *Kersten*, DÖV 1993, S. 901; BVerfGE 83, 37, 50 ff.; 83, 60, 70, 76.

398 *März*, Bundesrecht bricht Landesrecht, S. 179.

399 *Dreier*, GG-Kommentar I, Art. 1 Abs. 3 Rn. 63; *Stern*, Staatsrecht III, S. 1195; *Hesse*, Grundzüge des Verfassungsrechts, Rn. 195; *Pieroth / Schlink*, Staatsrecht II, Rn. 164.

400 Vgl. auch *Wermeckes*, Der erweiterte Grundrechtsschutz in den Landesverfassungen, S. 55 ff.; der sich zur der Bedeutung des Art. 1 Abs. 3 GG bei den Mehrgewährleistungen äußert.

401 *Starck*, in: v. Mangoldt / Klein, GG-Kommentar I, Art. 1 Abs. 3 Rn. 141; *Stern*, Staatsrecht III, S. 1269; *Dreier*, GG-Kommentar I, Art. 1 Abs. 3 Rn. 23; *März*, Bundesrecht bricht Landesrecht, S. 200, Fn. 405; *Kanther*, Die neuen Landesverfassungen im Lichte der Bundesverfassung, S. 139; *J. Dietlein*, JURA 1994, S. 59; *Martina*, Die Grundrechte

auch der Landesverfassungsgeber erfasst, weil der Begriff „Gesetzgebung" auch die Verfassungsgebung und Verfassungsänderung meint.[402] Insbesondere Art. 1 Abs. 1 Satz 2 GG gebietet es, „alle" staatliche Gewalt in die Grundrechtsbindung zu zwingen. Zu der gebotenen lückenlosen Erfassung sämtlicher Betätigung von Staatsgewalt benutzt Art. 1 Abs. 3 GG die historische Gewaltenteilung. Nach dem Grundgesetz kann es keine Betätigung von Staatsgewalt geben, die sich nicht dieser historisch vorgefundenen dreifachen Funktionseinteilung unterordnen ließe.[403] Die Grundrechtsbindung auch der Parlamente ist als eine eindeutige Absage an den positivistischen Glauben, an die Allmacht des Gesetzgebers anzusehen, wozu natürlich auch der Verfassungsgeber gehört. Es handelt sich dabei um einen höchst bedeutsamen Wandel im Vergleich zur Weimarer Republik.[404]

Die Regelung des Art. 1 Abs. 3 GG bewirkt ein Ineinandergreifen von Bundes- und Landesverfassungsrecht, das in dogmatischer Hinsicht nicht unerhebliche Probleme aufwirft.[405] Durch die unmittelbar bindende Wirkung des Art. 1 Abs. 3 GG wird den Bundesländern ein eigener verfassungsgestalterischer Spielraum genommen. Dies wird teils als zu der Eigenstaatlichkeit und der Verfassungsautonomie der Länder im Widerspruch stehend angesehen.[406] Der unzweifelhaft anzunehmende Einbruch der bundesstaatlichen Zentralgewalt in die Eigenstaatlichkeit der Länder findet seine innere Legitimation in der Wesensart des bundesstaatlichen Gefüges. Mit dem Prinzip der Bundesstaatlichkeit sind Schranken der Verfassungsautonomie und letztlich Grenzen der landesstaatlichen Souveränität „wesenhaft" verbunden.[407] Abgesehen von äußeren Bedrohungen stellt der mögliche „innere" Zerfall, d.h. das Auseinanderdriften der verschiedenen staatlichen Grundordnungen, eine der Grundbedrohungen des föderativen Staates dar. Deshalb müssen der grundsätzlichen Verfassungsautonomie der Länder um

---

der nordrhein-westfälischen Landesverfassung im Verhältnis zu den Grundrechten des Grundgesetzes, S. 23; *Bethge*, AöR 110 (1985), S. 173.

402 A.A. *Wermeckes*, Der erweiterte Grundrechtsschutz in den Landesverfassungen, S. 55 ff.: dieser erachtet eine Bindung an Art. 1 Abs. 3 GG aufgrund der bundesstaatlich geforderten Homogenität im Grundrechtsbereich für nicht erforderlich. Verfassungsgebung und Verfassungsänderung in den Ländern seien an das Homogenitätsgebot des Art. 28 Abs. 1 Satz 1 GG sowie an die Grundrechtssicherungsklausel des Art. 28 Abs. 3 GG gebunden; *Discher*, Die Landesverfassungsgerichte in der bundesstaatlichen Rechtsprechungskompetenzordnung des Grundgesetzes, S. 61: Nach *Discher* wird der Begriff „Gesetzgebung" in Art. 1 Abs. 3 GG im Gegensatz zum Begriff „Verfassungsgebung" verwendet. Daraus sei zu schlussfolgern, dass die inhaltliche Beschränkung des Bundesverfassungsgebers in Art. 79 Abs. 3 GG und des Landesverfassungsgebers in Art. 28 Abs. 1 GG normiert ist.

403 *Dürig*, in: *Maunz / Dürig*, GG-Kommentar I, Art. 1 Abs. 3 Anm. 100.

404 *Krüger*, Grundgesetz- und Kartellgesetzgebung, S. 12.

405 *J. Dietlein*, Die Grundrechte in den Verfassungen der neuen Bundesländer, S. 9.

406 Vgl. *Wermeckes*, Der erweiterte Grundrechtsschutz in den Landesverfassungen, S. 58 ff.

407 *J. Dietlein*, Die Grundrechte in den Verfassungen der neuen Bundesländer, S. 9.

der inneren Verbundenheit willen Grenzen gesetzt werden.[408] Das setzt voraus, dass das Grundgesetz den Ländern bei der Ausgestaltung ihrer Verfassungen „Mindestvorgaben“[409] macht und setzt sich im Bereich der Grundrechte als subjektive[410] Werteordnung des Grundgesetzes in der Gewährleistung eines „Mindeststandards“[411] fort.[412]

Daraus wird teils geschlussfolgert, dass Landesgrundrechte, die hinsichtlich des durch sie vermittelten Schutzes hinter dem Schutz des Bundesgrundrechts zurückbleiben, durch die weitergehende Gewährleistung des Bundesgrundrechts derogiert werden.[413] Dem ist nicht zuzustimmen.

bb) Rechtswirkung der Grundrechtsbindung nach Art. 1 Abs. 3 GG bei den sog. Mindergewährleistungen

Eine unmittelbare und zweifelsfreie Aussage über die Rechtsfolgen kann Art. 1 Abs. 3 GG nicht entnommen werden. Aus dem Wortlaut der Vorschrift lässt sich nicht ohne weiteres auf eine grundsätzliche Nichtigkeit der „Mindergewährleistung“ ex tunc schließen.[414] Bei einem Verstoß des Landesgrundrechts gegen das Bundesgrundrecht folgt die Nichtigkeit bzw. Vernichtbarkeit des Landesgrundrechts ausschließlich über die (zwischengeschaltete) Kollisionsnorm des Art. 31 GG. Der sog. „Ergänzungslehre“[415], wonach defizitäre Landesgewährleistungen durch die Geltungsanordnung des Art. 1 Abs. 3 GG unmittelbar bis auf das notwendige Mindestniveau „aufgefüllt“ oder „ergänzt“ werden, ist nicht zu folgen.[416] Die Auffassung einer unmittelbaren – wenn auch nur teilweisen – Gel-

---

408 *Stern*, Staatsrecht I, S. 704 ff.; *Katz*, Staatsrecht, Rn. 244; *J. Dietlein*, Die Grundrechte in den Verfassungen der neuen Bundesländer, S. 9.

409 BVerfGE 36, 342, 361.

410 *Alexy*, Theorie der Grundrechte, S. 159.

411 BVerfGE 1, 264; *v. Doemning / Füßlein / Matz*, Entstehungsgeschichte der Artikel des Grundgesetzes, JöR (n.F.) 1 (1951), S. 911.

412 Vgl. dazu auch *J. Dietlein*, Die Grundrechte in den Verfassungen der neuen Bundesländer, S. 10; *ders.*, AöR 1995 (120), S. 2; *Böckenförde / Grawert*, DÖV 1971, S. 119, 126; *Domcke*, FS 25 Jahre Bayerischer Verfassungsgerichtshof, S. 318; *Graf Vitzthum*, VVDStRL 46, (1988), S. 32; *Isensee*, DÖV 1978, S. 235; *Rozek*, Das Grundgesetz als Prüfungs- und Entscheidungsmaßstab der Landesverfassungsgerichte, S. 206.

413 *Stern*, Staatsrecht III, S. 1144; *Jarass*, in: Jarass / Pieroth, GG-Kommentar, Art. 20 Rn. 33; *Sachs*, GG-Kommentar, Art. 20 Rn. 95; *Schunck / De Clerck / Guthardt*, Allgemeines Staatsrecht und Staatsrecht des Bundes und der Länder, S. 137.

414 Vgl. dazu auch *Wermeckes*, Der erweiterte Grundrechtsschutz in den Landesverfassungen, S. 64.

415 So etwa *Kiefersauer*, JR 1952, S. 513; *Dennewitz*, DÖV 1949, S. 342; *Holtkötter*, in: Bonner Kommentar zum GG, Art. 142, Erl. I 4, II 4; vgl. auch zur Lehre von der „partiellen Übereinstimmung“ i.S.v. § 142 GG: *Sacksofsky*, NVwZ 1993, S. 238.

416 *J. Dietlein*, Die Grundrechte in den Verfassungen der neuen Bundesländer, S. 11.

tung der Grundrechte des Grundgesetzes als Landesverfassungsrecht widerspricht bereits dem bundesstaatlichen Prinzip der grundsätzlichen Trennung der bundes- und landesstaatlichen Verfassungsräume.[417]

cc) *Auswirkungen der Bindungswirkung des Art. 1 Abs. 3 GG auf die Prüfungskompetenz der Landesverfassungsgerichte*

Dies hat unmittelbar Auswirkung auf die Prüfungskompetenz der Landesverfassungsgerichte. Die über Art. 1 Abs. 3 GG vermittelte Bindung der landesstaatlichen Gewalt führt nicht dazu, dass die Grundrechte des Grundgesetzes zu unmittelbar verbindlichem Landesverfassungsrecht „mutieren“[418]; diese „wirken in die Verfassungsordnung der Länder hinein“, ohne zugleich die Qualität von Landesverfassungsrecht anzunehmen.[419] Hieraus folgt, dass die Landesverfassungsgerichte die Grundrechte des Grundgesetzes zwar zu beachten haben, diese aber nicht unter Bezugnahme auf die universale Bindungswirkung des Art. 1 Abs. 3 GG zum Kontrollmaßstab ihrer Entscheidung machen können. Davon zu unterscheiden ist die „inzidente“ Prüfung. Für die Tätigkeit der Landesverfassungsgerichte hat eine derartige „Bindung“ an die Grundrechte des Grundgesetzes zur Konsequenz, dass sie die Landesgrundrechte als den für sie allein in Betracht kommenden Prüfungsmaßstab auf ihre Vereinbarkeit mit dem entsprechenden Bundesgrundrecht überprüfen müssen.[420] Die Legitimation für eine Inzidenzprüfung folgt sonach nicht nur aus Art. 100 Abs. 1 GG[421], sondern unmittelbar auch aus Art. 1 Abs. 3 GG. Die systematische Differenzierung zwischen *prinzipaler* und *inzidenter* Prüfungskompetenz verkennt der Berliner Verfassungsgerichtshof in seiner „Honecker-Entscheidung“, wenn er davon ausgeht, dass die Menschenwürdegarantie des Grundgesetzes aufgrund ihrer Verbindlichkeit für alle Träger bundes- und landesstaatlicher Hoheitsgewalt zugleich die Qualität von Landesverfassungsrecht annimmt.[422]

dd) *Bindung der Landesverfassungsgerichte an die Justizgrundrechte des Grundgesetzes*

Die Landesverfassungsgerichte sind an die Justizgrundrechte in Art. 19 Abs. 4 GG, Art. 100 Abs. 1 Satz 1 GG, Art. 101 Abs. 1 Satz 2 GG und Art. 103 Abs. 1

---

417 Vgl. dazu *Sachs*, DÖV 1985, S. 474.

418 *J. Dietlein*, Die Grundrechte in den Verfassungen der neuen Bundesländer, S. 11, der zudem ausführt, dass den Rezeptionsklauseln ansonsten nur deklaratorische Bedeutung zukäme.

419 Vgl. zur Rechtsprechung des Bundesverfassungsgerichts zum „in die Landesverfassung hineinwirkenden“ unter 2. Teil, 5. I. a) bb) (2).

420 Vgl. zur inzidenten Prüfung unter 2. Teil, I. 5. a) bb) (1).

421 So aber das Bundesverfassungsgericht, vgl. dazu unter 2. Teil, I. 5. a) bb) (1).

422 BerlVerfGH NJW 1993, 516; vgl. dazu *J. Dietlein*, Die Grundrechte in den Verfassungen der neuen Bundesländer, S. 12.

GG sowie an das vom Bundesverfassungsgericht entwickelte Willkürverbot gebunden.[423] Zudem besteht eine Bindung an die aus dem Rechtsstaatsprinzip, der Rechtsweggarantie und dem Menschenwürdesatz gewonnenen Anforderungen an die gerichtliche Verfahrensgestaltung.[424] Die aus Art. 90 BVerfGG folgende grundsätzliche Befugnis des Bundesverfassungsgerichts zur Überprüfung landesverfassungsgerichtlicher Entscheidung auf die Verletzung von Prozessgrundrechten hat jüngst eine Einschränkung erfahren. Das Bundesverfassungsgericht selbst nimmt nunmehr seinen Überprüfungsanspruch insoweit zurück, als es sich bei rein landesverfassungsrechtlichen Streitigkeiten nicht mehr für befugt erachtet.[425]

d) Die grundgesetzlichen Kompetenzbestimmungen der Art. 30, 70 ff. GG

aa) Freistellung des Landesverfassungsrechts von der grundgesetzlichen Kompetenzordnung

Insbesondere im Bereich der Grundrechte und grundrechtähnlichen Gewährleistungen werden in den Landesverfassungen Aussagen auf Gebieten getroffen, die ganz oder teilweise der Gesetzgebungskompetenz des Bundes unterliegen und in denen bereits ein weitgehendes bundesrechtliches Regelungsgeflecht vorzufinden ist.[426]

Im Hinblick auf die gliedstaatliche Verfassungs- und Grundrechtshoheit folgt daraus die in jüngerer Zeit wieder thematisierte Frage, ob die Länder nicht nur im Bereich der einfachen Gesetzgebung, sondern auch in den Bereichen der Verfassungsgebung und Verfassungsänderung an die vom Grundgesetz vorgegebene Ordnung der Gesetzgebungskompetenzen gebunden sind, und ob ein Verstoß gegen die Kompetenzordnung zur Nichtigkeit des kompetenzwidrig erlassenen Landesverfassungsrechts führt[427]. Eine Antwort auf diese Frage lässt

---

423 *Dreier*, GG-Kommentar I, Art. 1 Abs. 3 GG Anm. 58; dazu kritisch *Wank*, JuS 1980, S. 545, 551; *Höfling*, JZ 1991, S. 955 ff.; *Kirchhof*, in: FS für Geiger, S. 82 ff.

424 Vgl. zur rechtsstaatlichen Verfahrensgestaltung BVerfGE 52, 203, 207; 54, 117, 124 f.; 81, 242, 253; vgl. zur Verfahrenskomponente als „Vorposten der materiellen Grundrechtspositionen" und „Hilfsfunktionen" BVerfGE 35, 79; 53, 30; 56, 216; 57, 295; 63, 131, 143; 65, 1; 69, 315, 355; 73, 280; 84, 34; 84, 59; *Häberle*, VVDStRL 30 (1972), S. 42 ff., 86 ff.; *Hesse*, EuGRZ 1978, S. 427, 434 ff.; *Görlich*, Grundrechte als Verfahrensgarantien; *Bethge*, NJW 1982, S. 1 ff.; *Denninger*, in: HdbStR V, § 113 Rn. 5 ff., 19 ff.; Sondervotum von *Simon* und *Heußner* zu BVerfGE 53, 30, 69 ff.; *Jarass*, in: Jarass/Pieroth, GG-Kommentar, Vorbem. zu Art. 1 Rn. 13.

425 Vgl. dazu unter 2. Teil, I. 5. a) aa) (4).

426 Vgl. *Wermeckes*, Der erweiterte Grundrechtsschutz in den Landesverfassungen, S. 73; *J. Dietlein*, Die Grundrechte in den Verfassungen der neuen Bundesländer, S. 44, Fn. 192; *Poscher*, NJ 1996, S. 354.

427 Vgl. dazu *Wermeckes*, Der erweiterte Grundrechtsschutz in den Landesverfassungen, S. 73 ff.; *v. Coelln*, Anwendung von Bundesrecht nach Maßgabe der Landesgrundrechte,

sich weder dem Grundgesetz entnehmen, noch hat sich das Bundesverfassungsgericht bisher dazu ausdrücklich geäußert. Im Schrifttum besteht Uneinigkeit.[428]

Zum Teil wird vertreten, dass dem Grundgesetz eine grundlegende Unterscheidung zwischen einfacher Gesetzgebung und Verfassungsgebung bzw. Verfassungsänderung nicht zu entnehmen und der Landesverfassungsgeber deshalb an die Verteilung der Gesetzgebungskompetenzen gebunden sei.[429] Dies unterstreiche der Wortlaut und die systematische Stellung des Art. 79 GG, der die Verfassungsgesetzgebung als besonderen Fall der Gesetzgebung regele und sie im Übrigen den Bestimmungen der Art. 70 ff. GG unterwerfe.[430] Daneben erfordere das Wesen des grundgesetzlichen Bundesstaates und das Bedürfnis nach *Rechtseinheit* eine eindeutige Zuordnung staatlicher Kompetenzen zwischen Bund und Ländern auch auf der Ebene des Verfassungsrechts.[431] Mit dem vom Grundgesetz postulierten Neben- und Miteinander bundes- und gliedstaatlicher Rechtsordnungen sei es nicht zu vereinbaren, wenn die Länder auf der Ebene ihrer Verfassungen Sachbereiche regeln dürften, die nach den Art. 70 ff. GG der Rechtsetzungsbefugnis des Bundes unterfallen und deshalb einer einfachgesetzlichen Konkretisierung durch den Landesgesetzgeber entzogen seien.[432] Eines Rückgriffs auf Art. 70 ff. GG bedürfe es deshalb, um die ansonsten vorprogrammierte, dem Grundgesetz grundsätzlich fremde Doppelzuständigkeiten zu vermeiden.[433] Bei Anwendung der grundgesetzlichen Kompetenzbestimmungen auf das Verfassungsrecht hätte ein Verstoß die Nichtigkeit des kompetenzwidrigen Landesverfassungsrechts zur Konsequenz. Diese Rechtsfolge wird teilweise als unbefriedigend empfunden, da sie die Verfassungsautonomie der Länder nicht aus-

---

S. 173 ff.; *Sachs*, in: FS für Stern, S. 492 ff.; *ders.*, ThürVBl. 1993, S. 122 f.; *Lemhöfer*, NJW 1996, S. 1716 f.; *Uerpmann*, Der Staat 35 (1996), S. 428 ff.; *Denninger*, in: FS 50 Jahre Hessische Verfassung, S. 351.

428 Vgl. ausführlich dazu *Storr*, Verfassungsgebung in den Ländern, S. 209 ff.; *Lemhöfer*, NJW 1996, S. 1716 ff.

429 *Uerpmann*, Der Staat 35 (1996), S. 430 f.; vgl. auch *Vitzthum*, VVDStRL 46 (1988), S. 12; *v. Mutius*, VerwArch 66 (1975), S. 164; *Classen*, in: Manssen / Schütz, Staats- und Verwaltungsrecht Mecklenburg-Vorpommern, S. 23; *März*, Bundesrecht bricht Landesrecht, S. 183, 193; *Rozek*, Das Grundgesetz als Prüfungs- und Entscheidungsmaßstab der Landesverfassungsgerichte, S. 133, Fn. 342; *Starck*, ThürVBl. 1992, S. 10; *Lemhöfer*, NJW 1996, S. 1717 f.; *Sachs*, in: FS für Stern, S. 494 ff.; *Franke*, in: FS für Mahrenholz, S. 929; *Krause*, JuS 1975, S. 164; *Erbguth / Wiegand*, DÖV 1992, S. 776.

430 Vgl. z.B. *Uerpmann*, Der Staat 35 (1996), S. 431; *Wiederin*, Bundesrecht und Landesrecht, S. 344.

431 *März*, Bundesrecht bricht Landesrecht, S. 186; *Wiederin*, Bundesrecht und Landesrecht, S. 345; *Lemhöfer*, NJW 1996, S. 1717.

432 *März*, Bundesrecht bricht Landesrecht, S. 86; *Lemhöfer*, NJW 1996, S. 1717; *Rozek*, Das Grundgesetz als Prüfungs- und Entscheidungsmaßstab der Landesverfassungsgerichte, S. 131 ff.

433 *Sachs*, ThürVBl. 1993, S. 123.

reichend berücksichtige und große Lücken in den Grundrechtskatalog der Landesverfassungen reiße.[434] Es wird deshalb im Hinblick auf die Landesgrundrechte vertreten, dass diese nicht zwingend nichtig seien, soweit sie eine Bundeskompetenz berührten. Der Regelungsanspruch einer Landesverfassung sei von vornherein auf die Bereiche begrenzt, die der landesrechtlichen Regelung offen stehen.[435] Insoweit sei im Zweifel von einem beschränkten Geltungsanspruch der Landesgrundrechte auszugehen, der eine Kollision mit Bundesrecht vermeide. Das derart zurücktretende Landesgrundrecht behalte eine Reservefunktion.[436] Eine weitere Auffassung relativiert die strikte Bindung des Landesverfassungsrechts an die grundgesetzliche Kompetenzordnung dadurch, dass sowohl die Normen des Landesverfassungsrechts als auch das Bundesrecht jeweils in Bezug zueinander kompetenzkonform interpretiert werden müssten.[437] Nach einer anderen Auffassung sei zwar das formelle Landesverfassungsrecht an die grundgesetzliche Kompetenzordnung gebunden. Es bestehe aber eine in den Art. 70 ff. GG nicht ausdrücklich festgelegte Kompetenz der Länder zur Verfassungsgebung. Diese folge aus der „Natur der Sache", nämlich der Eigenstaatlichkeit, verknüpft mit der Verfassungsautonomie der Länder.[438] Diese Kompetenz sei inhaltlich zu bestimmen und umfasse das materielle Landesverfassungsrecht. Zum Begriff der Landesverfassung im „materiellen" Sinne werden dabei auch die Grundrechte gezählt. Einen anderen Weg geht diejenige Auffassung, die dem Landesverfassungsgeber vermittelt durch Art. 142 GG eine Sonderkompetenz zuerkennt, abweichend von Art. 70 ff. GG Grundrechte in die Landeverfassung aufzunehmen.[439] Auch *Kanther* vertritt unter Differenzierung verschiedener Normtypen die Ansicht, dass die Landesgrundrechte aufgrund der Ratio des Art. 142 GG von der Bindung an Art. 70 ff. GG ausgenommen seien.[440]

All diese Auffassungen vermögen nicht zu überzeugen. Vielmehr ist von einer generellen Freistellung des Landesverfassungsrechts von der grundgesetzlichen Kompetenzordnung auszugehen.[441] Die Verfassungsgebung bzw. Verfassungs-

---

434 *Franke*, in: FS für Mahrenholz, S. 929.

435 *Uerpmann*, Der Staat 35 (1996), S. 436, 440.

436 *Uerpmann*, Der Staat 35 (1996), S. 440.

437 *Wiederin*, Bundesrecht und Landesrecht, S. 351 f.; eine bundesrechtskonforme Auslegung vertritt auch *Lemhöfer*, NJW 1996, S. 1718.

438 *Sacksofsky*, NVwZ 1993, S. 239.

439 *März*, Bundesrecht bricht Landesrecht, S. 195; *Vaulont*, Grundrechte und bundesstaatliches Homogenitätsprinzip, S. 119, 123.

440 *Kanther*, Die neuen Landesverfassungen im Lichte der Bundesverfassung, S. 135 f.

441 *Wermeckes*, Der erweiterte Grundrechtsschutz in den Landesverfassungen, S. 79, Fn. 443 m.w.N.; *v. Olshausen*, Landesverfassungsbeschwerde und Bundesrecht, S. 157; *Jutzi*, Landesverfassungsrecht und Bundesrecht, S. 21, 38; *Storr*, Verfassungsgebung in den Ländern, S. 210; *J. Dietlein*, Die Grundrechte in den Verfassungen der neuen Bundeslän-

änderung in den Ländern vollzieht sich auf einer anderen Ebene als die einfache Gesetzgebung und weist dieser gegenüber einen besonderen Charakter auf. Das Verfassungsrecht der Länder kann wesensmäßig nicht – wie das einfache Recht – einer Differenzierung nach einzelnen Sachgebieten unterworfen werden. Grundrechtsbestimmungen lassen sich nicht ausschließlich einzelnen Sachmaterien zuordnen, sondern erstrecken sich gleichzeitig auf unterschiedliche in Art. 72 ff. GG geregelte Materien. Als wichtigstes Argument gegen eine Einbeziehung der Verfassungsgebung in den Kompetenzrahmen der Art. 70 ff. GG ist die Eigenstaatlichkeit der Länder anzuführen. Die Kompetenz der Länder im Bereich des Verfassungsrechts resultiert unmittelbar aus ihrer Staatsqualität und der damit verbundenen Verfassungshoheit. Weil die Staatsqualität der Länder nicht vom Bund abgeleitet, sondern von ihm anerkannt bzw. respektiert ist, bedarf es keiner ausdrücklichen oder ungeschriebenen Kompetenzgrundlage im Grundgesetz. Der breite Gestaltungsspielraum gliedstaatlichen Verfassungsrechts, der durch die Homogenitätsklausel des Art. 28 Abs. 1 GG nicht nur begrenzt, sondern auch gesichert werden soll, würde durch eine Bindung an die Detailvorgaben der Art. 70 ff. GG konterkariert werden. Die Homogenitätsklausel macht deutlich, dass dem Landesverfassungsgeber durch das Grundgesetz nur wenige Vorgaben gemacht werden sollen. Gefordert wird lediglich ein Mindestmaß an Homogenität.[442] Damit wäre eine Bindung der Landesverfassung an die Kompetenzverteilung des Grundgesetzes unvereinbar. Die Länder sind also prinzipiell befugt, in ihren Verfassungen auch Aussagen zu treffen, für die die Gesetzgebungszuständigkeit ganz oder teilweise – etwa im Rahmen der Rahmengesetzgebung – beim Bund liegt oder die für den Bereich der konkurrierenden Gesetzgebung vom Bund schon erschöpfend geregelt sind.[443] Es zeigt sich in kompetenzieller Hinsicht eine weitgehende Freiheit, ja sogar Bindungslosigkeit des Landesverfassungsgebers.[444] Verständlich ist dies nur, wenn man sich auch hier des Wesensgehalts von Bundesstaatlichkeit bewusst wird. Dieser liegt bei Erhaltung regionaler und historisch geprägter Vielfalt in einem gemeinschaftlichen Zusammenwirken zur Förderung gemeinsamer, staatlicher Ziele[445]. Die Verwirklichung dieser Ziele bedarf nicht der Bindung an vorgelagerte Kollisionsvermeidungsnormen in Gestalt der Kompetenzbestimmungen.[446]

---

der, S. 44, 48; *Englisch*, Die verfassungsrechtliche Gewährleistung kommunalen Eigentums im Geltungskonflikt von Bundes- und Landesverfassung, S. 43, 51 f.

442 Vgl. dazu auch unter 3. Teil, V. 2. a).

443 *Wermeckes*, Der erweiterte Grundrechtsschutz in den Landesverfassungen, S. 86; *v. Olshausen*, Landesverfassungsbeschwerde und Bundesrecht, S. 157; *Boehl*, Verfassungsgebung im Bundesstaat, S. 208.

444 *V. Coelln*, Anwendung von Bundesrecht nach Maßgabe der Landesgrundrechte?, S. 176.

445 *Sachs*, GG-Kommentar, Art. 20 Rn. 56.

446 *Wermeckes*, Der erweiterte Grundrechtsschutz in den Landesverfassungen, S. 86.

bb) *Das „gerichtliche Verfahren" i.S.v. Art. 74 Abs. 1 Nr. 1 GG – bundesrechtliche Prozessordnung und landesverfassungsgerichtliche Kassation fachgerichtlicher Entscheidungen*

Die bundesrechtlichen Prozessordnungen stehen der Kassation einer fachgerichtliche Entscheidung, die in dem jeweiligen bundesrechtlichen Verfahren ergangen ist, durch die Landesverfassungsgerichte nicht entgegen. Der Bund hat die ihm nach Art. 74 Abs. 1 Nr. 1 GG verliehene Kompetenz zur Regelung des gerichtlichen Verfahrens zwar ausgeschöpft.[447] Das hat zur Konsequenz, dass die bundesrechtlichen Prozessordnungen als abschließend zu betrachten sind; sie lassen so betrachtet keine landesrechtlichen Sonderregelungen für weitere Rechtsmittel zu. Vor allem in der älteren Literatur wurde daraus abgeleitet, dass mangels einer entsprechenden Regelungskompetenz der Länder ein landesverfassungsgerichtlicher Eingriff in Entscheidungen, die nach Bundesverfahrensrecht ergangen sind, von vornherein ausgeschlossen ist.[448] Diese Auffassung ist nach der Entscheidung des Bundesverfassungsgerichts vom 15. Oktober 1997 nicht mehr haltbar: Die Reichweite der Kompetenz aus Art. 74 Abs. 1 Nr. 1 GG ist von vornherein durch die Berechtigung der Länder zur Regelung des Verfahrens der Individualverfassungsbeschwerde begrenzt.[449] Es würde dem das Grundgesetz durchziehenden Konzept effektiven Rechtsschutzes widersprechen, wenn den Ländern nicht die Möglichkeit gegeben wäre, den Entscheidungen ihrer Landesverfassungsgerichte Durchsetzungskraft gegenüber den Urteilen der Fachgerichte zu sichern. Der Bund würde in unverhältnismäßiger, sachlich nicht gerechtfertigter Weise die Gestaltungsfreiheit der Länder zur Entfaltung eines eigenständigen Verfassungssystems einengen, wenn ihnen nicht die Befugnis zustünde, ihrem Landesverfassungsgericht die Prüfung des Landesrechts und seiner Anwendung auf ihre Vereinbarkeit mit der Landesverfassung zuzuweisen.[450] Eine Einschränkung erfährt die Kompetenz der Länder zur Gewährleistung der Landesverfassungsbeschwerde nur insoweit, als der Landesgesetzgeber nicht berechtigt ist, die Landesverfassungsbeschwerde bereits vor Erschöpfung des bundesrechtlichen (abschließend) geregelten Rechtsweges zuzulassen.[451]

cc) *Zwischenergebnis*

Da die Normen des Landesverfassungsrechts von den Kompetenzregelungen nicht erfasst werden, sind Art. 31 und Art. 142 GG die maßgeblichen Regelun-

---

447 *Berg*, in: Starck / Stern, Landesverfassungsgerichtsbarkeit II, S. 532.

448 Vgl. *Schumann*, in: Starck / Stern, Landesverfassungsgerichtsbarkeit II, S. 207 f.; *Lemhöfer*, NJW 1996, S. 1719; *Clausen*, Landesverfassungsbeschwerde und Bundesstaatsgewalt, S. 56.

449 BVerfGE 96, 345, 370.

450 *Lemhöfer*, NJW 1996, S. 1720.

451 BVerfGE 96, 345, 371.

gen zur Bestimmung der Reichweite der Prüfungskompetenz der Landesverfassungsgerichte. Die Frage nach der landesverfassungsgerichtlichen Überprüfbarkeit einer Entscheidung eines Landesgerichts, die eine Anwendung von Bundesrechts zum Gegenstand hat, anhand der Landesverfassung ist keine kompetenzrechtliche, sondern vielmehr eine solche der in Art. 31 und 142 GG geregelten Normenhierarchie.[452]

e) *„Bundesrecht bricht Landesrecht" – die Kollisionsvorschrift des Art. 31 GG*

Art. 31 GG ist eine Grundsatznorm des föderalen Systems[453], die das grundlegende Verhältnis von Landes- und Bundesrecht wiedergibt.[454] Die Vorschrift ist eingefügt in einen „Kranz homogenitätssichernder Vorschriften"[455]. Regelungsinhalt des Art. 31 GG ist in Zusammenschau mit Art. 1 Abs. 3 GG, Art. 28 Abs. 1 GG und Art. 70 ff. GG zu ermitteln. Dabei erweist sich die Norm als Kollisions- und nicht als Kompetenznorm.[456] Eine Kollisionsentscheidung ist dann nicht erforderlich, wenn eine Kollision von vornherein vermieden wird.[457] Der Regelungsinhalt des Art. 31 GG kann auf die Kurzformel gebracht werden: Kompetenzgemäßes Bundesrecht bricht entgegenstehendes kompetenzgemäßes Landesrecht.[458] Die Kompetenzfrage ist der Kollisionsfrage stets vorgeschaltet.[459] Normenkompetenzkonflikte sind in erster Linie über die Gesetzgebungszuständigkeit nach Art. 70 ff. GG zu lösen.[460] Aus dem Verstoß gegen Art. 30, 70 ff. GG folgt die Nichtigkeit des Landesgesetzes, ohne dass Raum für eine Kollision und damit für die Anwendung von Art. 31 GG bliebe.[461]

---

452 *Schlaich / Korioth*, Das Bundesverfassungsgericht, S. 244; in diesem Sinne auch der Bayerische Verfassungsgerichtshof, siehe dazu unter 3. Teil, III. 1. a) bb); a.A. der Berliner Verfassungsgerichtshof, der die Auffassung vertritt, dass Art. 31 GG „keine Kollisionsvorschrift für die Rechtsprechung" darstellt, siehe dazu unter 3. Teil, III. 1. c) bb).

453 BVerfGE 36, 342, 362, 365.

454 *März*, Bundesrecht bricht Landesrecht, S. 206; *Storr*, Verfassungsgebung in den Ländern, S. 200.

455 Vgl. zum Begriff: *Roters*, in: v. Münch, GG-Kommentar, Art. 28 Rn. 4.

456 BVerfGE 26, 116, 135; 36, 342, 363; BVerfG NJW 1996, 2497, 2498.

457 *Storr*, Verfassungsgebung in den Ländern, S. 200.

458 *V. Münch*, Staatsrecht I, Rn. 580 ff.

459 *Böckenförde / Grawert*, DÖV 1971, S. 122; *Uerpmann*, Der Staat 35 (1996), S. 434; *Boehl*, Verfassungsgebung im Bundesstaat, S. 191; *v. Coelln*, Anwendung von Bundesrecht nach Maßgabe der Landesgrundrechte?, S. 173.

460 *Barbey*, DÖV 1960, S. 566 ff.; *März*, Bundesrecht bricht Landesrecht, S. 116 f., 169 f.

461 So noch *Maunz*, in: Maunz/Dürig, GG-Kommentar, Art. 31 GG Rn. 1.

aa) Bedeutung des Art. 31 GG für das Verhältnis von Bundes- und Landesverfassungsrecht

Das grundsätzliche Verhältnis von Bundes- und Landesverfassungsrecht unterfällt dem Anwendungsbereich des Art. 31 GG.[462] Das Homogenitätsgebot des Art. 28 Abs. 1 GG normiert zwar die Bindungen des Landesverfassungsgebers[463], sodass gegen diese Vorschrift verstoßende Landesverfassungsvorschriften nichtig sind, ohne dass es eines Rückgriffs auf Art. 31 GG bedarf. Das Bundesverfassungsgericht entzog in seinem Beschluss vom 29. Januar 1974[464] Landesverfassungsrecht dem Anwendungsbereich des Art. 31 GG, soweit dessen Verhältnis zum Grundgesetz bereits in anderen Grundgesetznormen – im entschiedenen Fall Art. 28 Abs. 1 GG – geregelt ist.[465] Im Rahmen einer Divergenzvorlage nach Art. 100 Abs. 3 GG hatte der Niedersächsische Staatsgerichtshof eine Entscheidung darüber eingeholt, ob Art. 31 GG dahingehend auszulegen ist, dass – abgesehen von Art. 142 GG – sonstiges, mit Bundes(verfassungs)recht inhaltlich übereinstimmendes Landes(verfassungs)recht unwirksam sei. Das Bundesverfassungsgericht hat seine Erkenntnisse zur Interpretation des Art. 31 GG ausgehend von einer systematischen, ganzheitlichen und theologisch-funktionalen Verfassungsinterpretation, im Wesentlichen aus der bundesstaatlichen Struktur des Grundgesetzes und der Homogenitätsbestimmung des Art. 28 Abs. 1 GG gezogen. Im maßgeblichen Satz heißt es: Soweit das Grundgesetz den Gliedstaaten die Freiheit gebe, in ihre Verfassungen Bestimmungen aufzunehmen, unterscheiden sie sich von einer Regel des Grundgesetzes oder stimmen sie mit ihr überein, könne Art. 31 GG nicht die Kraft haben, diese landesverfassungsrechtlichen Vorschriften wieder zu „brechen". Angesichts dieser Ausführungen des Bundesverfassungsgerichts könnte auf einen Geltungsvorrang des Art. 28 Abs. 1 GG gegenüber Art. 31 GG geschlussfolgert werden. Dem ist allerdings entgegenzuhalten, dass es auch im Anwendungsbereich des Art. 28 Abs. 1 GG zu Kollisionslagen zwischen den Rechtsordnungen des Bundes und der Länder kommen kann, die angesichts der bundesstaatlichen Struktur der

---

462 Vgl. *Storr*, Verfassungsgebung in den Ländern, S. 200 ff.; *Wermeckes*, Der erweiterte Grundrechtsschutz in den Landesverfassungen, S. 93; *Menzel*, Landesverfassungsrecht, S. 184, der bei der Bestimmung des Anwendungsbereichs des Art. 31 GG u.a. den Wortlaut des Art. 142 GG heranzieht, aber über die Verneinung einer „Kollisionslage" letztlich den Anwendungsbereich der Vorschrift im Bereich Bundes- und Landesverfassungsrecht sehr eng zieht.

463 Vgl. dazu auch *Gubelt*, in: v. Münch/Kunig, GG-Kommentar II, Art. 31 Rn. 23; *E. Klein*, DVBl. 1993, S. 1330; *Schneider*, DÖV 1987, S. 749, 752, der von einer grundsätzlichen Subsidiarität des Art. 31 GG gegenüber Art. 28 Abs. 1 GG ausgeht und das Verhältnis zwischen einfachem Bundesrecht und Landesverfassungsrecht ebenfalls nicht dem Anwendungsbereich des Art. 31 GG unterstellt.

464 BVerfGE 36, 342 ff.

465 *Kronisch*, Aufgabenverlagerung und gemeindliche Aufgabengarantie, S. 28.

Bundesrepublik Deutschland zwingend einer Auflösung bedürfen. Der Landesverfassungsgeber ist grundsätzlich allzuständig zur Setzung formellen Verfassungsrechts.[466] Die Länder können in ihre Verfassungen nicht nur Staatsfundamentalnormen aufnehmen, die das Grundgesetz nicht kennt, sondern auch Staatsfundamentalnormen, die mit den entsprechenden Normen des Grundgesetzes nicht übereinstimmen.[467] Dabei sind die Länder nicht auf das „klassische materielle Verfassungsrecht" beschränkt, sondern sie können selbst festlegen, welche Normen für ihren Staat fundamental sind. Die Landesverfassungen können deshalb neben dem Staatsorganisationsrecht und den Grundrechten auch Grundsätze über den öffentlichen Dienst oder Staatszielbestimmungen enthalten.[468] In diesem gesteckten Rahmen kommt eine Kollision im Verhältnis zum Bundesverfassungsrecht in der Praxis äußerst selten vor, dürfte aber durchaus denkbar sein.

Eine Kollision scheidet von vornherein aus, wenn sich die grundgesetzliche Regelung nur auf den Rechtskreis des Bundes, die landesverfassungsrechtliche Regelung nur auf den Rechtskreis des Landes bezieht. Eine grundsätzlich kollisionsfreie Regelungsparallelität findet sich z.B. im Bereich des Staatsorganisationsrechts als „Domäne der Verfassungsautonomie der Länder".[469] Als Beispiel für eine Kollisionslage ist z.B. Art. 36 ThürVerf anzuführen, der das Staatsziel der Volksbeschäftigung enthält, dabei jedoch nicht auf das Erfordernis des gesamtwirtschaftlichen Gleichgewichts (Art. 109 Abs. 2, 4 GG) eingeht.[470] Allein dieses Beispiel zeigt schon deutlich, dass es für die bundesstaatliche Rechtsordnung unerträglich und als Verstoß gegen die Grundsätze der *Rechtssicherheit* und *Rechtsklarheit* anzusehen ist, wenn zwei Rechtsnormen mit derart widersprüchlichen Rechtsfolgen nebeneinander bestehen könnten.[471] Die Eigenstaatlichkeit und die Verfassungsautonomie der Länder steht der Anwendbarkeit des Art. 31 GG auf Landesverfassungsrecht nicht entgegen. Die Unterwerfung des Landesverfassungsrechts unter den Anwendungsbereich dieser Konfliktvermeidungsvorschrift ist vielmehr unter Berücksichtigung der hier zu Art. 1 Abs. 3[472], 30, 70 ff. GG[473] und zu Art. 142 GG[474] vertretenen Auffassungen der länderfreundliche Weg. Denn dadurch, dass das Landesverfassungsrecht nicht den

466 *P.M. Huber*, ThürVBl. 1993, Sonderheft, B 4, B 5.

467 Vgl. auch *Storr*, Verfassungsgebung in den Ländern, S. 201.

468 *V. Mutius*, VerwArch 1975, S. 161, 167.

469 Vgl. *Menzel*, Landesverfassungsrecht, S. 186.

470 Vgl. Beispiel bei *Storr*, Verfassungsgebung in den Ländern, S. 202; vgl. zum Begriff des „gesamtwirtschaftlichen Gleichgewichts" *Jarass*, in: Jarass / Pieroth, GG-Kommentar, Art. 109 Rn. 6.

471 *Storr*, Verfassungsgebung in den Ländern, S. 202.

472 Vgl. unter 3. Teil, V. c).

473 Vgl. unter 3. Teil, V. d).

474 Vgl. unter 3. Teil, V. f).

Kompetenzregelungen des Grundgesetzes unterworfen wird, wird verhindert, dass ohne zwingende Notwendigkeit, gleichsam präventiv dem Bundesrecht der Vorrang gegeben wird.[475] Die erforderliche Sicherung der bundesstaatlichen Struktur erfolgt im ausreichendem Maße über die exzeptionelle Regelung des Art. 31 GG, der nur im Falle einer „echten Kollision"[476] zwischen Landesverfassungsrecht und Bundesrecht greift.

bb) Nichtanwendbarkeit auf inhaltsgleiche und weitergehende Landesgrundrechte

Für die Landesgrundrechte hätte eine uneingeschränkte Anwendung des Art. 31 GG zur Konsequenz, dass sie auch durch unterverfassungsrechtliche Bundesnorm, sogar durch eine Bundesrechtsverordnung, außer Kraft gesetzt werden könnten.[477] Im Bereich der Bundeskompetenz würden dann die Landesgrundrechte durch einfache Bundesgesetze nach und nach überlagert und ausgehöhlt werden, sodass schließlich nur noch „Normruinen" übrig blieben.[478] *Tjarks* erachtet bei dieser Konstellation bereits die Grundvoraussetzung für die Anwendbarkeit des Art. 31 GG für nicht gegeben. Eine Kollisionslage zwischen einfachem Bundesrecht und abweichenden Landesgrundrechten sei nur denkbar, wenn sich gültige Landesgrundrechte und gültiges Bundesrecht gegenüberstünden. Das Grundgesetz entfalte insoweit eine doppelte Filterwirkung. Es setze Gültigkeitsbedingungen und Maßstäbe für die Bundes- sowie die Landesebene. Brechungswirkung gegenüber Landesrecht und damit auch gegenüber Landesgrundrechten könne nur gültiges Bundesrecht entfalten. In Bezugnahme auf die Normenhierarchie müsse ein einfaches Bundesgesetz mit dem Grundgesetz, niederrangigeres Bundesrecht mit höherrangigerem Bundesrecht und dieses wiederum mit dem Grundgesetz vereinbar sein. Umgekehrt müsse das fragliche Landesgrundrecht gültig sein, also i.S.v. Art. 142 GG in „Übereinstimmung" mit dem Grundgesetz stehen. Unter dem Postulat der Verfassung sei es nicht denkbar, dass nach dem Grundgesetz gültige Landesgrundrechte und gültiges einfaches Bundesrecht nebeneinander stehen, wenn sie miteinander unvereinbare Rechtsfolgen statuieren. Entweder würde dann keine „Übereinstimmung" i.S.v. Art. 142 GG vorliegen oder das Bundesrecht sei grundgesetzwidrig.[479]

---

475 In diesem Sinne auch *Wermeckes*, Der erweiterte Grundrechtsschutz in den Landesverfassungen, S. 94

476 Vgl. *Schlaich / Korioth*, Das Bundesverfassungsgericht, S. 244.

477 *Tjarks*, Zur Bedeutung der Landesgrundrechte, S. 72; *Jutzi*, Landesverfassungsrecht und Bundesrecht, S. 14; *Gallwas*, JA 1981, S. 537; a.A. *Menzel*, Landesverfassungsrecht, S. 190 ff.; *Wermeckes*, Der erweiterte Grundrechtsschutz in den Landesverfassungen, S. 93 ff.

478 *V. Olshausen*, Landesverfassungsbeschwerde und Bundesrecht, S. 130 f., 124 ff.

479 *Tjarks*, Zur Bedeutung der Landesgrundrechte, S. 76 f.

Zuzustimmen ist *Tjarks* insoweit, dass es der Anordnung des Art. 142 GG[480] widerspräche, wenn dem einfachen Bundesrecht Brechungswirkung gegenüber den Landesgrundrechten zukommt. Durch nachrangiges Bundesrecht kann nicht das wieder aufgehoben werden, was durch höchstrangiges Bundesrecht, nämlich durch Art. 142 GG, dem Landesverfassungsgeber gewährt wird.[481] Art. 142 GG macht die Landesgrundrechte nicht zu höherrangigem Bundesrecht, sondern ordnet als grundgesetzliche Norm bei Vorliegen seiner Voraussetzung die Fortgeltung an und garantiert so den Bestand der Grundrechte auf der Ebene des Landesverfassungsrechts. Die Rechtsfolge der Vorschrift tritt aber dann nicht ein, wenn ein Landesgrundrecht weniger Schutz bietet als ein Bundesgrundrecht. Ein weniger weitgehendes Landesgrundrecht stimmt nicht mit dem Bundesgrundrecht i.S.v. Art. 142 GG überein. Der Tatbestand der Vorschrift ist daher nicht erfüllt; zur Anwendung kommen muss Art. 31 GG. Verstoßen landesverfassungsrechtliche Bestimmungen gegen das Grundgesetz oder gegen einfaches Bundesrecht, so sind sie bereits nach Art. 28 Abs. 1 GG oder nach Art. 31 GG nichtig. Ein Grund dafür, warum für Landesgrundrechte, die nicht dem Anwendungsfall des Art. 142 GG unterfallen, etwas anderes gelten soll, ist nicht ersichtlich. Vielmehr wäre es widersprüchlich, wenn bei einem einfachen Landesgesetz, das sich im Rahmen der grundgesetzlichen Schranken hält und sonach dem grundgesetzlichen Mindeststandard entspricht, ein Verstoß gegen ein zurückbleibendes Landesgrundrecht angenommen werden müsste. Dieses wäre vom Ergebnis her wenig überzeugend. Umgekehrt muss ein einfaches Landesgesetz, das mit einem weiteren landesverfassungsrechtlichen Schrankenvorbehalt im Einklang steht, nichtig sein, wenn es mit dem entsprechenden engeren bundesverfassungsrechtlichen Schrankenvorbehalt unvereinbar ist.

Voraussetzung ist jedoch in jedem Falle das Vorliegen einer Kollisionslage. Das Bundesverfassungsgericht hat eine Kollision wie folgt beschrieben: „Die Kollisionsnorm hinweggedacht müssen beiden Normen auf einen Sachverhalt anwendbar sein und bei ihrer Anwendung zu verschiedenen Ergebnissen führen".[482] Vor Annahme eines Kollisionsfalls ist zu prüfen, ob sich durch Anwendung der tradierten Auslegungsregeln (canones der Auslegung) eine Möglichkeit zur Harmonisierung der beiden miteinander kollidierenden Rechtsnormen ergibt.[483] Ei-

---

480 Vgl. zu Art. 142 GG auch *Wermeckes*, Der erweiterte Grundrechtsschutz in den Landesverfassungen, S. 86 ff.; *Menzel*, Landesverfassungsrecht, S. 190; beide lediglich von einer deklaratorischen Funktion der Vorschrift ausgehen und Kollisionen in Bezug auf Landesgrundrechte über Art. 31 GG lösen.

481 *Leisner*, in: FS 25 Jahre Bayerischer Verfassungsgerichtshof, S. 183; *Schneider*, DÖV 1987, S. 752.

482 BVerfGE 36, 342, 363; BVerfG NVwZ 1990, 356, 357.

483 *Bernhardt*, in: Bonner Kommentar zum GG, Art. 31 Rn. 23; *Gubelt*, in: v. Münch/Kunig, GG-Kommentar II, Art. 31 Rn. 21; *Pietzcker*, in: HdbStR IV, § 99 Rn. 32 ff.; *Sachs*, in: FS für Stern, S. 503 ff.

ne Kollision setzt die Anwendbarkeit zweier Rechtsnormen auf einen Sachverhalt und damit einen zumindest teilidentischen Regelungsgegenstand voraus.[484] Teils werden identische Adressaten verlangt.[485] Nach der Formel von den unvereinbaren Normenbefehlen[486] genügt es nicht, wenn das Landesrecht weiter reicht als das Bundesrecht oder hinter ihm zurückbleibt; vielmehr muss die Anwendung der einen Norm tatsächlich zu Ergebnissen führen, die mit denen der Anwendung der anderen Norm inkompatibel sind. Liegt ein echter Kollisionsfall vor, wird das Landesrecht „gebrochen". In Art. 31 GG ist damit die endgültige Beseitigung entgegenstehenden Landesrechts im Sinne einer Derogation und nicht im Sinne einer Suspension gemeint. Diese Rechtsfolge betrifft bei Erlass des Bundesrechts bereits bestehendes Landesrecht ebenso wie Landesrecht, das erst nachträglich zustande kommt. Auch heute noch gilt die klassische Formulierung „nach rückwärts als Aufhebung, nach vorwärts als Sperre".[487] Auch nach Wegfall des entgegenstehenden Bundesrechts lebt das gebrochene Landesrecht nicht wieder auf.[488] Ziel des Art. 31 GG ist Schaffung von *Rechtsklarheit*. Dem entspricht es, dass das entgegenstehende Landesrecht nicht „suspendiert", sondern „derogiert" wird.

cc) *Landesverfassungsrecht (mit Ausnahme der inhaltsgleichen und weitergehenden Grundrechte) und unterverfassungsrechtlichen Bundesnormen*

Außerhalb des Verhältnisses von Bundesverfassungsrecht und inhaltsgleichen und weitergehenden Landesgrundrechten gilt uneingeschränkt der Satz „Bundesrecht bricht Landesrecht".[489] Das gesamte von Organen des Bundes gesetzte

---

484 *Pietzcker*, in: HdbStR IV, § 99 Rn. 33.

485 BVerfGE 36, 342, 369 f. – Sondervotum *Geiger*.

486 *Pietzcker*, in: HdbStR IV, § 99 Rn. 34; *Bernhardt / Sacksofsky*, in: Bonner Kommentar zum GG, Art. 31 Rn. 53. In diesem Sinne auch BVerfG NJW 1996, 2497, 2498 und insbesondere BVerfGE 96, 345, 365.

487 *Anschütz*, Verfassung des Deutschen Reiches vom 11.8.1919 (WRV), Art. 31 Anm. 3, S. 103; vgl. dazu auch *Maunz*, in: Maunz / Dürig, Art. 31 Rn. 7; *Stern*, Staatsrecht I, S. 721; siehe dazu auch unter 1. Teil, VI. 1.

488 *Maunz*, in: Maunz / Dürig, GG-Kommentar, Art. 31 Rn. 2; *Bernhardt*, in: Bonner Kommentar zum GG, Art. 31 Rn. 29; *Gubelt*, in: v. Münch / Kunig, GG-Kommentar II, Art. 31 Rn. 20; *Pieroth*, in: Jarass / Pieroth, GG-Kommentar, Art. 31 Rn. 5; *Stern*, Staatsrecht I, S. 721; *Degenhart*, Staatsrecht I, Rn. 119; *Wiederin*, Bundesrecht und Landesrecht, S. 362 ff.; nicht zu folgen ist der These, wonach aus Gründen der Schonung der Verfassungsautonomie der Länder Art. 31 GG lediglich Suspensivwirkung entfalte, vgl. dazu *v. Olshausen*, Landesverfassungsbeschwerde und Bundesrecht, S. 125 ff.; *Erbguth / Wiegand*, DÖV 1992, S. 778; *Sacksofsky*, NVwZ 1993, S. 238 ff.; *Berlit*, KritJ 28 (1995), S. 274, 277; *Endter*, EuGRZ 1995, S. 228.

489 *Tjarks*, Zur Bedeutung der Landesgrundrechte, S. 71; *Graf Vitzthum*, VVDStRL 46, S. 7, 32; *E. Klein*, DVBl. 1993, S. 1329, 1331.

Recht jeglicher Rangstufe hat Vorrang vor Landesrecht jeder Stufe. Vom „Bundesrecht" erfasst sind Vorschriften des Grundgesetzes, einfache förmliche Gesetze, Rechtsverordnungen, aber auch die Europäische Menschenrechtskonventionen (EMRK) und die allgemeinen Regeln des Völkerrechts. Verwaltungsvorschriften, Einzelfallentscheidungen und Tarifverträge sind nicht umfasst. Verträge zwischen Bund und Ländern und noch weniger solche zwischen den einzelnen Ländern fallen unter den Begriff des Bundesrechts.[490] Landesrecht umfasst alle von Landesorganen erzeugten Rechtssätze, also die Landesverfassungen, einfache Landesgesetze, Rechtsverordnungen, und zwar auch solche, die aufgrund bundesgesetzlicher Ermächtigung erlassen werden.[491]

f) Inkraftbleiben von Grundrechten der Landesverfassungen – Art. 142 GG

Die Zulässigkeit von eigenen Grundrechtsgewährleistungen in den Landesverfassungen wird in Art. 142 GG ausdrücklich anerkannt:

„Ungeachtet der Vorschrift des Art. 31 GG bleiben Bestimmungen der Landesverfassungen auch insoweit in Kraft, als sie in Übereinstimmung mit den Art. 1 bis 18 GG Grundrechte gewährleisten." Art. 142 GG trifft im Verhältnis zu Art. 31 GG für die Grundrechtsverbürgung der Länderverfassungen eine Sonderregelung.[492] Art. 142 GG ist als „Bekräftigung" des Rechts der Länder zur Verfassungsgebung im Grundrechtsbereich zu begreifen.[493] In einer speziellen Regelung wird das bereits aus Art. 28 Abs. 1 GG folgende Recht zur Festlegung eigener Grundrechte anerkannt.[494] Die aus der Verfassungsautonomie folgende „Grundrechtshoheit" kommt in Art. 142 GG (erneut) zum Ausdruck.[495]

Die Vorschrift ist das Produkt einer Auseinandersetzung im Parlamentarischen Rat über die Bedeutung des in Art. 31 GG enthaltenen Satzes „Bundesrecht bricht Landesrecht".[496] Bei der Schaffung des Grundgesetzes konnte keine Einigung darüber erzielt werden, ob durch Art. 31 GG nur entgegenstehendes oder – in Anlehnung an eine unter der Weimarer Reichsverfassung vertretene An-

---

490 *Dreier*, GG-Kommentar II, Art. 31 Rn. 32 ff.

491 BVerfGE 18, 407, 414; *Stern*, Staatsrecht I, S. 723; *Pietzcker*, in: HdbStR IV, § 9 Rn. 24; *Gubelt*, in: v. Münch / Kunig, GG-Kommentar II, Art. 31 Rn. 6.

492 Vgl. *Tjarks*, Zur Bedeutung der Landesgrundrechte, S. 18, m.w.N.

493 *Dreier*, GG-Kommentar III, Art. 142 Rn. 31.

494 *Maurer*, in: Maurer / Hendler, Baden-Württembergisches Staats- und Verwaltungsrecht, S. 27 f.

495 *J. Dietlein*, JURA 1994, S. 57; vgl. auch *Boehl*, Verfassungsgebung im Bundesstaat, S. 206; *Bernhardt / Sacksofsky*, in: Bonner Kommentar zum GG, Art. 31.

496 Vgl. *v. Brentano*, in: Parlamentarischer Rat, Schriftlicher Bericht 1948/49, S. 78; *v. Doemming / Füsslein / Matz*, JöR (n.F.) 1 (1951), S. 673, 912; *Boehl*, Verfassungsgebung im Bundesstaat, S. 187 f.

sicht[497] – auch inhaltsgleiches Landesrecht gebrochen wird.[498] Übereinstimmung herrschte jedoch darüber, dass mit Bundesgrundrechten übereinstimmende Grundrechtsverbürgungen der Landesverfassungen in Kraft bleiben und nicht der Rechtsfolge des Art. 31 GG anheim fallen sollten. Vor diesem Hintergrund wurde „zur Klarstellung" der jetzige Art. 142 GG eingefügt. Der unklare Wortlaut des Art. 142 GG hat vermehrt Anlass dazu gegeben, über die Auslegung der Vorschrift nachzudenken.

aa) Art. 142 GG als Sonderregelung

Die einleitende Passage des Art. 142 GG spricht das Verhältnis des Art. 142 GG zu Art. 31 GG an. Mit der Formulierung „ungeachtet der Vorschrift des Artikels 31" wird ausgedrückt, dass Art. 142 GG die Vorschrift des Art. 31 GG nicht vollständig verdrängen kann und soll, sondern nur dort, wo Übereinstimmung zwischen Grundrechten auf Bundes- und Landesebene besteht.[499] Soweit dieses nicht der Fall ist, findet Art. 31 GG auch auf Landesgrundrechte Anwendung. Unter Hinweis auf diese Eingangsformulierung wird Art. 142 GG zum Teil als gegenstandslos betrachtet.[500] Indem die Vorschrift das Inkraftbleiben von Bestimmungen der Landesverfassungen „ungeachtet der Vorschrift des Art. 31" GG anordne, wende sie sich gegen deren Außerkrafttreten nach Art. 31 GG. Art. 142 GG sei sonach nur anwendbar, wenn ansonsten Art. 31 GG zur Anwendung käme.[501] Als Hauptargument für diese Auffassung wird angeführt, dass nicht kollidierendes Landesrecht bereits durch Art. 31 GG nicht gebrochen werde. Folglich könne Art. 31 GG auch Landesgrundrechte, die nicht im Widerspruch zu Bundesrecht stehen, nicht tangieren. Seit dem Beschluss des Bundesverfassungsgerichts vom 29. Januar 1974[502] gelte zudem als gesichert, dass Landesverfassungsrecht, das mit Bundesverfassungsrecht übereinstimme bzw. inhaltsgleich sei, mangels notwendiger Normenkollision nicht von Art. 31 GG gebrochen werde, mithin Art. 31 GG im Falle der Übereinstimmung von Bundesverfassungsrecht und Landesverfassungsrecht nicht zur Anwendung kommen könnte. Wegen der tatbestandlichen Anknüpfung an Art. 31 GG scheide eine iso-

---

497 Vgl. *Sachs*, DÖV 1985, S. 470, Fn. 15, m.w.N.; *Böckenförde / Grawert*, Rechtsgutachten (1970), S. 20 f.

498 *V. Doemming / Füsslein / Matz*, JöR (n.F.) 1 (1951), S. 299 f., 911 f.

499 *V. Coelln*, Anwendung von Bundesrecht nach Maßgabe der Landesgrundrechte?, S. 197.

500 *Sachs*, DÖV 1985, S. 471; *Gallwas*, JA 1981, S. 538; *Pietzcker*, HdbStR IV, § 99 Rn. 43; *Sacksofsky*, NVwZ 1993, S. 237; *Tilch*, in: Starck / Stern, Landesverfassungsgerichtsbarkeit II, S. 554; *Hain*, JZ 1998, S. 622; *Pieroth*, in: Jarass / Pieroth, GG-Kommentar, Art. 142 Rn. 1; *Wermeckes*, Der erweiterte Grundrechtsschutz in den Landesverfassungen, S. 86; *v. Coelln*, Anwendung von Bundesrecht nach Maßgabe der Landesgrundrechte?, S. 201.

501 *Wermeckes*, Der erweiterte Grundrechtsschutz in den Landesverfassungen, S. 87.

502 BVerfGE 36, 342.

lierte, von Art. 31 GG losgelöste Anwendung des Art. 142 GG aus. Die Vorschrift sei damit als gegenstandslos anzusehen, da ihr darüber hinaus kein weiterer Aussagegehalt zu entnehmen sei.[503]

Dem ist nicht zuzustimmen. Wenn Art. 142 GG das Fortgelten landesstaatlicher Grundrechtsverbürgungen „ungeachtet von Art. 31“ GG unter bestimmten Voraussetzungen anordnet, wird hiermit keine Entscheidung zugunsten einer bestimmten Interpretation des Art. 31 GG getroffen, sondern der angesprochene Regelungskomplex lediglich von möglichen nachteiligen Rechtsfolgewirkungen des Art. 31 GG freigestellt. Art. 142 GG trifft mithin „vorgreifend“ gegenüber der allgemeinen Vorrangregelung des Art. 31 GG eine spezielle Anordnung für die genannten Landesverfassungsbestimmungen, ohne dass hierdurch eine bestimmte Interpretation des Art. 31 GG präjudiziert würde.[504] Aus diesem Spezialitätscharakter des Art. 142 GG folgt, dass die Geltungsanordnung, gleich welche Interpretation man dem Art. 31 GG angedeihen lässt, niemals als „obsolete Klarstellung“ deklaratorischer Art[505] verstanden werden kann.[506] Denn selbst wenn Art. 31 GG – wie vom Bundesverfassungsgericht im Beschluss vom 29. Januar 1974 angenommen[507] – das mit dem Bundesverfassungsrecht übereinstimmende Landesverfassungsrecht unangetastet lässt, ist die Entscheidung über den Fortbestand jener landesverfassungsrechtlicher Bestimmungen, die in Übereinstimmung mit den Art. 1 bis 18 GG Grundrechte gewähren, durch Art. 142 GG spezialgesetzlich geregelt. Die theoretische Möglichkeit, ein gleiches Ergebnis auch ohne die Regelung des Art. 142 GG durch Anwendung des Art. 31 GG zu erzielen, steht nicht zur Diskussion. Der Geltungsbereich von Art. 31 GG beginnt erst dort, wo Bestimmungen in den Landesverfassungen nicht in Übereinstimmung mit den Art. 1 bis 18 GG Grundrechte gewähren.[508] Mag Art. 142 GG – auch unter Berücksichtigung des historischen Hintergrunds – als „Klarstellung“ gemeint sein, methodisch erfolgt diese durch eine spezialgesetzliche Regelung, deren Verbindlichkeit durch die Wendung „ungeachtet

---

503 *Wermeckes*, Der erweiterte Grundrechtsschutz in den Landesverfassungen, S. 88 f; *Sachs*, DÖV 1985, S. 471; *Sacksofsky*, NVwZ 1993, S. 237; *Kunig*, NJW 1994, S. 687; *Jachmann*, JuS 1994, S. 82; *Gallwas*, JA 1981, 538; *Pestalozza*, NVwZ 1987, S. 749, Fn. 66; so wohl auch *Friesenhahn*, Zum Verhältnis von Bundes- und Landesverfassungsgerichtsbarkeit, S. 79; *Tilch*, in: Starck / Stern, Landesverfassungsgerichtsbarkeit II, S. 554.

504 *Böckenförde / Grawert*, DÖV 1971, S. 125; *J. Dietlein*, Die Grundrechte in den Verfassungen der neuen Bundesländer, S. 27; *ders.*, Der Schutz nichtehelicher Lebensgemeinschaften in den Verfassungen und Verfassungsentwürfen der neuen Länder, DtZ 1993, S. 137.

505 So u.a. *Sachs*, DÖV 1985, S. 469.

506 *J. Dietlein*, Die Grundrechte in den Verfassungen der neuen Bundesländer, S. 27.

507 Vgl. unter 3. Teil, V. e) aa).

508 *J. Dietlein*, Die Grundrechte in den Verfassungen der neuen Bundesländer, S. 27; *Schneider*, DÖV 1987, S. 752.

des Art. 31 GG" ausdrücklich von dessen Interpretation abgekoppelt ist. Aus dieser Interpretation folgt zugleich, dass ein mögliches Außerkrafttreten von Landesgrundrechten, die nicht mit den Art. 1 bis 18 GG übereinstimmen, nicht im „Umkehrschluss" aus Art. 142 GG abgeleitet werden kann.[509] Eine selbstständige Vernichtungsanordnung des Art. 142 GG ist weder dem Wortlaut der Vorschrift zu entnehmen, noch mit der Entstehungsgeschichte der Vorschrift in Einklang zu bringen.[510] Insgesamt kann festgehalten werden, dass der Regelungsbereich des Art. 142 GG – ungeachtet der Interpretation des Art. 31 GG – selbstständig zu bestimmen ist.[511]

bb) Zeitliche Geltung des Art. 142 GG

Aus der Formulierung des Art. 142 GG, wonach Landesgrundrechte unter bestimmten Umständen „in Kraft bleiben", wird zum Teil gefolgert, die Vorschrift habe lediglich den Fortbestand der bei Inkrafttreten des Grundgesetzes am 24. Mai 1949 bereits geltenden Grundrechte sichern sollen und sei daher auf nachkonstitutionelle Landesverfassungsnormen nicht anwendbar. Für diese Deutung könnte die systematische Stellung der Vorschrift im 11. Abschnitt des Grundgesetzes sprechen, der mit der Überschrift „Übergangs- und Schlussvorschriften" umschrieben ist.[512] Gegen diese „übergangsrechtliche" Bedeutung der Vorschrift bestehen jedoch Bedenken: Für eine Anwendbarkeit der Vorschrift auch auf solche Grundrechte, die nach dem 24. Mai 1949 Eingang in die Landesverfassung gefunden haben, spricht u.a. Art. 28 Abs. 3 GG. Wenn der Bund für eine den Grundrechten und den Grundsätzen des Art. 28 Abs. 1 und 2 GG entsprechende Verfassungsordnungen in den Ländern Gewähr zu leisten hat, zeigt dies, dass die in Art. 142 GG angesprochene Frage des Mindestmaßes an „Grundrechtshomogenität" zwischen Bundes- und Landesgrundrechten in einem Spannungsverhältnis der Bundesstaatlichkeit strukturell angelegt ist und auch ein nachkonstitutionell bedeutsames Problem darstellt. Bei Art. 142 GG handelt es sich um eine bundesstaatliche Grundsatznorm; das mit ihm verfolgte Anliegen kann sich nicht einfach „erledigen".[513] Eine derart einschränkende Auslegung des Art. 142 GG würde dem objektiven Sinn und Zweck der Norm widersprechen, den Ländern im Grundrechtsbereich eigene Gestaltungsmöglichkeiten zu belassen.[514]

---

509 So aber *Holtkotten*, in: Bonner Kommentar zum GG, Art. 142 Erl. II 2a; *Böckenförde / Grawert*, DÖV 1971, S. 122.

510 Vgl. dazu auch *Wermeckes*, Der erweiterte Grundrechtsschutz in den Landesverfassungen, S. 92.

511 *J. Dietlein*, Die Grundrechte in den Verfassungen der neuen Bundesländer, S. 28.

512 *J. Dietlein*, Die Grundrechte in den Verfassungen der neuen Bundesländer, S. 25.

513 *J. Dietlein*, Die Grundrechte in den Verfassungen der neuen Bundesländer, S. 26.

514 *Dreier*, GG-Kommentar III, Art. 142 Rn. 35.

cc) „Grundrechte“ i.S.d. Art. 142 GG

Nach seinem Wortlaut entfaltet Art. 142 GG seine Garantiewirkung lediglich für Landesgrundrechte, soweit sie in Übereinstimmung „mit den Artikeln 1 bis 18 GG“ stehen. Die Vorschrift ist jedoch extensiv dahingehend auszulegen, dass Art. 142 GG auch jene Landesgrundrechte umfasst, die mit den grundrechtsähnlichen Rechten außerhalb des ersten Abschnitts des Grundgesetzes übereinstimmen.[515] Das stärkste Argument für ein extensives Verständnis der Vorschrift ist der Normtext selbst, indem er von der Gewährleistung von „Grundrechten“ spricht.[516] Im Hinblick auf die auch den Grundrechtsbereich umfassende Verfassungsautonomie der Länder wäre eine Einschränkung der Vorschrift auf den Katalog der Art. 1 bis 18 GG nur schwer verständlich. Jedoch bedarf es wegen des zentralen Bezuges auf die Grundrechte einer interpretatorischen Begrenzung des Art. 142 GG insoweit, als dass die Art. 1 bis 18 GG nicht nur Grundrechte enthalten. Im Ergebnis sind also die im gesamten Grundgesetz garantierten, subjektiv öffentlichen Individualrechtsgewährleistungen sowie deren objektiv rechtlichen Gehalte erfasst. Nicht außer Betracht bleiben darf, dass die in den Grundrechten enthaltenen Ordnungsprinzipien die Verwirklichung der durch die Grundrechte als Abwehrrechte eingeräumten Freiheiten ermöglichen sollen. Der objektive und der subjektive Inhalt eines Grundrechts ergänzen sich. Institutionelle Garantien fallen unter die Spezialbestimmung des Art. 142 GG, sofern sie mit subjektiven Rechten untrennbar verknüpft sind. Geschützt sind des Weiteren Mitwirkungs-, Teilhabe- und Leistungsrechte.[517] Soziale Grundrechte fallen nur dann in den Anwendungsbereich des Art. 142 GG, wenn sie konkrete, einklagbare, subjektive Ansprüche begründen; in der Regel wird es sich dabei jedoch um bloße Staatszielbestimmungen handeln.[518]

---

515 BVerfGE 22, 267, 271; 96, 345, 364; HessStGH ESVGH 21, 1, 3; a.A. nach BayVerfGHE 11, 11, 14; *Körner*, DÖV 1962, S. 296; *Hamann / Lenz*, Das Grundgesetz, Art. 142 Anm. 5; *Sachs*, DÖV 1985, S. 470: Unter Hinweis auf den Wortlaut und darauf, dass Art. 142 GG als Ausnahmevorschrift eng auszulegen sei und deshalb keine ausdehnende Interpretation dulde, wird der Garantiebereich des Art. 142 GG auf die Übereinstimmung mit den in Art. 1 bis 18 GG genannten Grundrechten beschränkt.

516 *J. Dietlein*, JURA 1994, S. 58 f.

517 *Pietzcker*, in: HdbStR IV, § 99 Rn. 41; *Jarass*, in: Jarass / Pieroth, GG-Kommentar, Art. 142 Rn. 2; einschränkend dagegen *J. Dietlein*, JURA 1994, S. 58.

518 Vgl. für das Recht auf Wohnung und auf Arbeit (Art. 106 Abs. 1, 166 Abs. 2 BayVerf.) BayVerfGH: E 20, 62, 72; 42, 28, 32; für das Recht auf Arbeit (Art. 45 Satz 2 SaarlVerf.) SaarlVerfGH LVerfGE 3, 233, 235; für das Recht auf angemessene Wohnung (Art. 47 Abs. 1 BbgVerf.) BbgVerfG LVerfGE 2, 105, 111. Zu den neuartigen Grundrechten in den Landesverfassungen der neuen Länder vgl. insgesamt *Kanther*, Die neuen Landesverfassungen im Lichte der Bundesverfassung, S. 155; *Riegler*, Konflikte zwischen Grundgesetz und Länderverfassungen, S. 178; *Riepe*, Soziale Grundrechte in den Verfassungen der Länder Brandenburg, Mecklenburg-Vorpommern, Sachsen, Sachsen-Anhalt und Thüringen, S. 170; *Brenne*, Soziale Grundrechte in den Landesverfassungen.

dd) „Übereinstimmung" i.S.d. Art. 142 GG

Maßgeblich für den Anwendungsbereich des Art. 142 GG ist die über den Fortbestand der Landesgrundrechte entscheidende Frage, welche Landesgrundrechte sich „in Übereinstimmung" mit den Grundrechten und grundrechtsgleichen Grundrechten des Grundgesetzes befinden. Einigkeit besteht darüber, dass bei dem Begriff der „Übereinstimmung" nicht auf die Wortgleichheit der jeweiligen grundrechtlichen Bestimmungen abzustellen ist. Maßgeblich ist der Rechtsgehalt bzw. Anspruchsinhalte des in Rede stehenden Grundrechts.[519] Eine „Übereinstimmung" setzt zudem nicht voraus, dass der Landesverfassungsgeber subjektiv das Gleiche gewollt hat wie der Bundesgesetzgeber. Diese Überlegung scheitert bereits daran, dass schon vor Entstehung des Grundgesetzes Landesverfassungen mit Landesgrundrechten bestanden haben und den Verfassungsgebern der Länder sonach der Wille des späteren Bundesverfassungsgebers von vornherein nicht bekannt sein konnte.[520] Nach der im Parlamentarischen Rat vorherrschenden Definition des Abgeordneten *Laforet* soll eine Übereinstimmung i.S.v. Art. 142 GG gegeben sein, „soweit die Landesverfassung den gleichen Gegenstand im gleichen Sinne, mit gleichem Inhalt und gleichem Umfang" regelt.[521] Diese Formulierung legt den Schluss nahe, dass Art. 142 GG eine Übereinstimmung dahingehend verlangt, dass objektiv eine Übereinstimmung des Rechtsgehalts in jeder Hinsicht vorhanden sein muss. Die Berufung auf diese Formel ist ubiquitär[522], wobei allerdings oft unerwähnt bleibt, dass sie sich auf Art. 31 GG bezog und von daher nicht ohne Weiteres für Art. 142 GG als maßgeblich angesehen werden kann. Dies ergibt sich erst aus der weiteren, im Kern freilich richtigen Annahme, dass zwischen „Übereinstimmung" i.S.v. Art. 142 GG und dem Erfordernis eines „Nichtwiderspruchs" i.S.v. Art. 31 GG kein Unterschied besteht.[523] Wenn „Widerspruch" zugleich „Kollision" gemäß Art. 31 GG bedeutet, ist „Übereinstimmung" nach Art. 142 GG gleichbedeutend mit dem Fehlen einer Kollision gemäß Art. 31 GG.[524] Nach der von *Maunz* entwickelten Lehre bedarf es zur Feststellung der geforderten „Übereinstimmung" einer Gegenüberstellung der einzelnen Normelemente. Als solche werden der Rechtsgehalt (Anspruchsinhalt) der Norm, die Beschränkungsmöglichkeiten des Rechts, die Festlegung des Grundrechtsträgers und die Festlegung des Grundrechtsadressaten genannt.

---

519 *Böckenförde / Grawert*, DÖV 1971, S. 119 ff.; *Tjarks*, Zur Bedeutung der Landesgrundrechte, S. 46.

520 *Maunz*, in: Maunz / Dürig / Herzog / Scholz, GG-Kommentar, Art. 142 Rn. 12.

521 *Laforet*, Parlamentarischer Rat, 6. Sitzung des Hauptausschusses (19.11.1948), Sten.Prot. S. 75.

522 BVerfGE 96, 345, 365; *Böckenförde / Grawert*, DÖV 1971, S. 121; *Dreier*, GG-Kommentar III, Art. 142 Rn. 40.

523 *Winkelmann*, DVBl. 1991, S. 793; offengelassen von *Sachs*, DÖV 1985, S. 470.

524 *Pietzcker*, in: HdbStR IV, § 99 Rn. 42; *v. Coelln*, Anwendung von Bundesrecht nach Maßgabe der Landesgrundrechte?, S. 200.

Nur soweit sich Bundes- und Landesgrundrechte in diesen Normelementen decken, soll die allgemeine Regel des Art. 31 GG von der Spezialregelung des Art. 142 GG verdrängt sein.[525]

(1) Identische Landesgrundrechte

Identität und damit „Übereinstimmung" liegt zweifelsohne vor bei vollständiger normtextlicher Übereinstimmung zwischen Bundesgrundrecht und Landesgrundrecht. Es handelt sich dann um „identische" Landesgrundrechte. Diese Landesgrundrechte bleiben auf jeden Fall nach Art. 142 GG parallel zu den Bundesgrundrechten in Kraft. Auf den Sonderfall der inhaltlichen Entsprechungen bei den Grundrechtsrezeptionen ist bereits an anderer Stelle eingegangen worden[526] und soll hier nicht weiter vertieft werden. In beiden Konstellationen liegen eigenständige Landesgrundrechte und nicht lediglich zwei separate normtextliche Sicherungen eines identischen Grundrechts vor.[527]

(2) Abweichungen der Normelemente – der erweiterte landesverfassungsrechtliche Grundrechtsschutz

Abweichungen in den Normelementen können sich ergeben, wenn das Landesgrundrecht gegenüber dem Bundesgrundrecht „mehr" oder „weniger"[528] garantiert. Ein weiterer Fall der Inkongruenz ist gegeben, wenn das Landesgrundrecht gegenüber dem Bundesgrundrecht ein „aliud" gewährleistet.[529] Unter den Begriff der Mehrgewährleistungen fallen u.a. diejenigen Landesgrundrechte, die gegenüber den Grundrechten des Grundgesetzes eine Erweiterung des Gewährleistungsgehalts vorsehen.[530]

Die Geltungskraft von Grundrechten, die hinsichtlich ihres Schutzbereichs über den Wirkungsbereich der Bundesgrundrechte hinausreichen oder die diese auch nur ergänzen, ist verfassungsrechtlich unproblematisch. Durch die Normierung eines Mindeststandards[531] an Grundrechtsverbürgungen im Grundgesetz soll ein „Mehr" an Grundrechtsverbürgungen auf der Ebene der Länder nicht untersagt werden.[532] Dafür, dass solche weitergehenden Grundrechtsbestimmungen eben-

---

525 *Maunz*, in: Maunz / Dürig, GG-Kommentar, Art. 142 Rn. 12.

526 Vgl. dazu unter 2. Teil, II.

527 Vgl. zur Identitätstheorie: BVerfGE 22, 267, 271; BerlVerfGH NJW 1993, 513, 514; *Geiger*, in: FS für Laforet, S. 259.

528 Vgl. zu den Mindergewährleistungen unter 3. Teil, V. 2. c) bb).

529 Vgl. zu dieser Dreiteilung *J. Dietlein*, Die Grundrechte in den Verfassungen der neuen Bundesländer, S. 37.

530 Vgl. ausführlich zu unterschiedlichen Formen von „Mehrgewährleistungen" *Wermeckes*, Der erweiterte Grundrechtsschutz in den Landesverfassungen, S. 121 ff.

531 Siehe unter 3. Teil, V. 2. c) aa).

532 *Dreier*, GG-Kommentar III, Art. 142 Rn. 49.

so wie die inhaltsgleichen Grundrechtsbestimmungen grundsätzlich bei Bestand bleiben, spricht neben der Andeutung im Wort des Art. 142 GG („auch") vor allem die Entstehungsgeschichte: Der Vorsitzende des Hauptausschusses formulierte seine Auffassung dahingehend, dass der Grundrechtskatalog des Grundgesetzes nur einen „Mindeststandard" darstelle, durch den „Rechte" die „in einem Land [...] darüber hinaus gewährt werden, [...] nicht aufgehoben werden", und zwar ebenso wenig wie die über die Individualgrundrechte hinausgehende Ordnung sonstiger „Lebensgebiete".[533]

Der Spielraum der Länder zur Schaffung von neuen und weitergehenden Grundrechtsgewährleistungen ist demnach als weit anzusehen. Beschränkungen ergeben sich allerdings, wenn das Grundgesetz Höchstschranken für einen Grundrechtsschutz vorgibt.[534] Zu nennen ist hier zum Beispiel Art. 9 Abs. 2 GG. Das Grundrecht auf Vereinigungsfreiheit ist insoweit beschränkt, als Vereinigung, deren Zweck oder Tätigkeit den Strafgesetzen zuwiderläuft, oder die sich gegen die verfassungsgemäße Ordnung oder den Grundgedanken der Völkerverständigung richten, verboten sind.[535] Landesgrundrechte auf Vereinigungsfreiheit dürfen hier nicht weitergehen. Andere Maßgaben, die Höchstschranken von Grundrechten darstellen, sind beispielsweise in Art. 5 Abs. 3 Satz 2, Art. 8 Abs. 2, 18, 21 GG formuliert.[536] Eine Unzulässigkeit von weiter gewährenden Landesgrundrechten ist auch dort anzunehmen, wo das Grundgesetz zu erkennen gibt, dass kein Grundrechtsschutz bestehen soll, damit er woanders nicht beeinträchtigt wird. Dies wird bei der abstrakten Grundrechtskonkurrenz[537] der Fall sein. Nimmt man die bundesverfassungsrechtlich gesicherten Grundrechtspositionen Dritter in den Blick, so ergeben sich zahlreiche Möglichkeiten von Grundrechtsverkürzungen infolge einer Erweiterung von Landesgrundrechten.[538] Der bundesrechtliche Mindeststandard bezeichnet zugleich den zulässigen Maximalstandard, wenn ihm Abwägungsentscheidungen zwischen verschiedenen Grundrechtsträgern zugrunde liegen.[539] Hinzukommt, dass der Landesverfassungsgeber keine neuen Grundrechte schaffen kann, die Abwehrrechte des Bürgers ge-

---

533 Abgeordneter *Dr. Schmid*, 6. Sitzung des Hauptausschusses des Parlamentarischen Rates am 19.11.1948, Sten.Prot. S. 75.

534 Vgl. *Wermeckes*, Der erweiterte Grundrechtsschutz in den Landesverfassungen, S. 98 f.

535 Vgl. *Jarass*, in: Jarass / Pieroth, GG-Kommentar, Art. 9 Rn. 15 ff.

536 Vgl. dazu ausführlich *Sacksofsky*, NVwZ 1993, S. 237; *Jutzi*, Landesverfassungsrecht und Bundesrecht, S. 37; *Domcke*, Fortgeltung der Grundrechte, S. 323; *Böckenförde / Grawert*, DÖV 1971, S. 121; *Menzel*, Landesverfassungsrecht, S. 195.

537 Vgl. zur Begriffsbestimmung *Heß*, Grundrechtskonkurrenzen, S. 49, 57.

538 Vgl. zum Beispiel BVerfGE 97, 298, 314 f.: die landesverfassungsrechtliche Begründung der Grundrechtsträgerschaft der Landesmedienanstalt (Art. 111a BayVerf.) findet ihre Grenzen im Bundesgrundrecht des privaten Rundfunkveranstalters aus Art. 5 Abs. 1, 2 GG; vgl. weitere Beispiele bei *Menzel*, Landesverfassungsrecht, S. 194.

539 *Böckenförde / Grawert*, DÖV 1971, S. 121.

gen den Staat und die nicht durch das Grundgesetz gewährleistet sind. Indem Art. 2 Abs. 1 GG die allgemeine Handlungsfreiheit schützt und immer dann eingreift, wenn bestimmte Lebensbereiche sonst grundsätzlich nicht geschützt sind, werden alle denkbaren Eingriffe durch den Staat dadurch grundgesetzlich aufgefangen.[540] In all diesen Fällen entfaltet Art. 31 GG seine Wirkung. Grundrechte, die dagegen im oben angeführten Sinne in „Übereinstimmung" mit den Bundesgrundrechten stehen, bleiben gemäß Art. 142 GG in Kraft. Die nachfolgende beispielhafte Darstellung[541] wird zeigen, dass die Landesverfassungsgeber in ganz unterschiedlichen Lebens- und Gesellschaftsbereichen Grundrechte geschaffen haben, die auf den ersten Blick ein „Mehr" gewähren, letztendlich aber normentextliche Ausgestaltungen der Interpretation der Grundrechte des Grundgesetzes durch das Bundesverfassungsgericht auf der Landesebene sind und sich meist in Übereinstimmung mit dem einfachgesetzlichen Bundesrecht befinden.[542] Echte Kollisionsfälle kommen dagegen selten vor. Dabei sind insbesondere diejenigen Bereiche der Grundrechtsetzung in den Blick zu nehmen, die zukünftig für die Rechtsprechung der Landesverfassungsgerichte von Bedeutung sein werden. Nach der Entscheidung des Bundesverfassungsgerichts vom 15. Oktober 1997[543] soll dieses in einem besonderen Maße für die Justizgrundrechte gelten.[544]

(a) Justizgrundrechte

Eine Vielzahl von Landesverfassungen sehen als Ergänzung zu den grundrechtsgleichen Rechten der Art. 101, 103 und 104 GG weitere Bestimmungen für die Gestaltung gerichtlicher Verfahren vor.[545] In den meisten Fällen kommt es zu einer Besserstellung des Grundrechtsträgers.[546] Sechs der 16 Landesverfassungen enthalten in unterschiedlicher Formulierung den Grundsatz der Unschuldsvermutung[547]. Zwar enthält das Grundgesetz keine ausdrückliche Fest-

540 Vgl. grundlegend zum Auffanggrundrecht des Art. 2 Abs. 1 GG: BVerfGE 6, 32 (Elfes-Urteil).

541 Umfassende Darstellungen zu den Grundrechten der Länder sind zu finden bei *Wermeckes*, Der erweiterte Grundrechtsschutz in den Landesverfassungen, S. 121 ff.; *Menzel*, Landesverfassungsrecht, S. 474 ff.

542 Vgl. zur ausdrücklichen landesverfassungsrechtlichen Selbstbeschränkung und zum ungeschriebenen Geltungsvorbehalt entgegenstehenden Bundesrechts *Wermeckes*, Der erweiterte Grundrechtsschutz in den Landesverfassungen, S. 109, 11.

543 BVerfGE 96, 345.

544 Vgl. unter 2. Teil, I. 5. a) bb) (3).

545 Vgl. die Aufzählung bei *Wermeckes*, Der erweiterte Grundrechtsschutz in den Landesverfassungen, S. 122, Anhang 1–14.

546 *Wermeckes*, Der erweiterte Grundrechtsschutz in den Landesverfassungen, S. 123.

547 Art. 9 Abs. 2 BerlVerf, Art. 53 Abs. 2 BbgVerf, Art. 6 Abs. 3 BremVerf, Art. 20 Abs. 2 Satz 1 HessVerf, Art. 6 Abs. 4 Satz 2 RhPfVerf, Art. 14 Abs. 2 SaarlVerf; vgl. auch

schreibung der Unschuldsvermutung, jedoch hat das Bundesverfassungsgericht dieses Recht – abgeleitet aus dem Rechtsstaatsprinzip bzw. aus Art. 2 GG i.V.m. Art. 104 GG – als bundesverfassungsrechtlich abgesichert angesehen.[548] Festgeschrieben ist die Unschuldsvermutung u.a. in Art. 6 Abs. 2 EMRK mit der Folge, dass sie gemäß Art. 59 Abs. 2 GG Eingang in das positive einfache Recht gefunden hat.[549] In den Verfassungen der Länder Brandenburg, Hessen, Rheinland-Pfalz und dem Saarland gilt die Unschuldsvermutung – entsprechend der Rechtsprechung des Bundesverfassungsgerichts – nicht nur bis zum tatrichterlichen Ausspruch, sondern bis zur Rechtskraft des strafrechtlichen Urteils.[550] Nicht eindeutig sind diesbezüglich die entsprechenden Bestimmungen in den Verfassungen von Berlin und Bremen. In Betracht zu ziehen ist hier eine bundesrechtskonforme Auslegung in dem Sinne, dass auch hier eine rechtskräftige gerichtliche Entscheidung zu verlangen ist.[551] Im Gegensatz zum Grundgesetz garantieren einige Landesverfassungen ausdrücklich einen Anspruch auf Rechts- bzw. Verteidigerbeistand[552]. Nahezu wortgleich zu § 137 Abs. 1 Satz 1 StPO bestimmen die Verfassungen von Berlin, Brandenburg und Bremen,[553] dass sich ein Beschuldigter in jeder Lage des Verfahrens des Beistandes eines Verteidigers bedienen kann.[554] Auf der Ebene des Bundesverfassungsrechts wird das Recht auf den Beistand eines Verteidigers im Strafverfahren aus dem Anspruch auf rechtliches Gehör bzw. aus dem Rechtsstaatsprinzip abgeleitet.[555] Auch Art. 6 Abs. 3 c) EMRK gewährleistet entsprechende Rechte. Während das Grundgesetz in Art. 104 Abs. 1 Satz 2 GG bestimmt, dass festgehaltene Personen lediglich weder seelisch noch körperlich misshandelt werden dürfen, enthalten fünf Landesverfassungen weitergehende Modifikationen im Rahmen der

Pfennig, in: Pfennig / Neumann, Verfassung von Berlin, Art. 65 Rn. 2; *Schrodt*, Die Rechtsprechung des Hessischen Staatsgerichtshofes, S. 141.

548 BVerfGE 74, 358, 370 f.; 82, 106, 114 ff.; vgl. auch *Niemöller / Schuppert*, AöR 107 (1982), S. 470 f.

549 *Seidel*, Handbuch der Grund- und Menschenrechte, S. 303, 310.

550 *Schranil*, Das Recht des Saarlandes, Art. 14 Anm. 3.

551 *Pfennig*, in: Pfennig / Neumann, Verfassung von Berlin, Art. 65 Rn. 1; *Böckenförde / Grawert*, Rechtsgutachten, S. 45; *Iwers*, Landesverfassung Brandenburg II, S. 706.

552 Art. 91 Abs. 2 BayVerf, Art. 9 Abs. 1 BerlVerf, Art. 9 Abs. 2 Satz 2, 53 Abs. 4 BbgVerf, Art. 5 Abs. 4 BremVerf, Art. 20 Abs. 2 Satz 2 HessVerf, Art. 14 Abs. 3 SaarlVerf, Art. 78 Abs. 3 Satz 1 SächsVerf, Art. 88 Abs. 1 Satz 2 und 3 ThürVerf; in der Thüringischen Verfassung wird das Recht, sich eines rechtlichen Beistandes zu bedienen, nicht nur für das strafrechtliche Verfahren, sondern für alle gerichtlichen Verfahren gewährt.

553 Art. 9 Abs. 1 BerlVerf, Art. 53 Abs. 4 BbgVerf, Art. 5 Abs. 6 BremVerf.

554 Vgl. dazu auch *Kanther*, Die neuen Landesverfassungen im Lichte der Bundesverfassung, S. 195; *Iwers*, Landesverfassung Brandenburg II, S. 706; *Meder*, Die Verfassung des Freistaates Bayern, Art. 91 Rn. 25; a.A. *Böckenförde / Grawert*, Rechtsgutachten, S. 43, 45; *Neumann*, Die Verfassung der Freien Hansestadt Bremen, Art. 5 Rn. 12.

555 *Degenhart*, in: Sachs, GG-Kommentar, Art. 103 Rn. 24; BVerfGE 39, 156, 163; 66, 313, 319; 68, 237, 255; *Niemöller / Schuppert*, AöR 107 (1982), S. 428.

„Habeas-corpus-Rechte".[556] Art. 8 Abs. 3 BbgVerf und Art. 16 Abs. 2 SächsVerf bestimmen nahezu wortgleich und in Übereinstimmung mit Art. 3 EMRK, dass niemand grausamer, unmenschlicher oder erniedrigender Behandlung oder Strafe unterworfen werden darf. Ein entsprechendes Verbot folgt auf der Ebene des Grundgesetzes aus Art. 1 Abs. 1 GG, sodass auch hier im Ergebnis kein erweiterter Grundrechtsschutz festzustellen ist.[557] Das in einigen Landesverfassungen enthaltene Verbot von Zwangsversuchen wird auch auf Bundesebene durch entsprechende Auslegung der Art. 1 und 2 GG anerkannt.[558] Ohne ausdrückliche grundgesetzliche Entsprechung steht gemäß Art. 9 Abs. 2 Satz 3 BbgVerf bei Freiheitsentziehung von Jugendlichen den Erziehungsberechtigten ein Recht auf Verfahrensbeteiligung zu. Ein entsprechendes Recht folgt aus Art. 6 Abs. 2 GG oder aus dem in Art. 6 Abs. 1 GG geregelten und auch als Grundrecht zu klassifizierenden Schutz von Ehe und Familie.[559] Auf einfachgesetzlicher Ebene räumt § 67 JGG den Erziehungsberechtigten ein vergleichbares Recht ein. Anders als Art. 104 Abs. 4 GG, der nur für den Festgenommenen und nicht auch für den Auskunftsadressaten ein subjektives Recht beinhaltet, gewährt Art. 8 Abs. 2 Satz 2 BerlVerf ausdrücklich auch den nächsten Angehörigen das Recht auf Auskunft über die Freiheitsentziehung. Ferner ist nach Art. 8 Abs. 2 Satz 3 BerlVerf auf Verlangen des Verhafteten oder Festgenommenen auch anderen Personen unverzüglich von der Verhaftung oder Festnahme Kenntnis zu geben. Nach Art. 104 Abs. 4 GG ist dagegen nicht von jeder Verhaftung oder Festnahme, sondern nur von der richterlichen Entscheidung über die Anordnung oder Fortdauer einer Freiheitsentziehung Nachricht zu geben.[560] Für den Fall, dass ein geistig oder körperlich Kranker durch seinen Zustand seine Mitmenschen erheblich gefährdet und deshalb in eine Anstalt eingewiesen wird, gewährt ihm Art. 23 Satz 2 HessVerf das Recht, gegen diese Maßnahme den Richter anzurufen. Dieses als Konkretisierung zu Art. 104 Abs. 2 Satz 1 und 2 GG einzustufende Grundrecht ist in Ermangelung eines Widerspruchs zu Bundesverfassungsrecht wirksam.[561] Art. 19 Abs. 2 Satz 1 HessVerf verkürzt gegen-

---

556 Art. 8 Abs. 2 und 3 BerlVerf, Art. 8 Abs. 3, Art. 9 Abs. 2 Satz 3 und Abs. 3, 4 BbgVerf, Art. 5 Abs. 4 Satz 2 und 3, Abs. 5 Satz 1 und 2 BremVerf, Art. 19 Abs. 2 Satz 1, Art. 21 Abs. 3 und Art. 23 Satz 2 HessVerf, Art. 16 Abs. 2 SächsVerf, Art. 4 Abs. 3 Satz 2 ThürVerf.

557 BVerfGE 45, 187, 228; 6, 389, 493; 75, 1,16.

558 *Riegler*, Konflikte zwischen Grundgesetz und Länderverfassungen, S. 181; *Stiens*, Chancen und Grenzen der Landesverfassungen im deutschen Bundesstaat der Gegenwart, S. 239 f.

559 *Schmitt-Kammler*, in: Sachs, GG-Kommentar, Art. 6 Rn. 20.

560 Vgl. *Schwan*, in: Pfennig / Neumann, Verfassung von Berlin, Art. 9 Rn. 4, 13, 15.

561 Zweifel an der Grundrechtsqualität hat der Hessische Staatsgerichtshof, vgl. *Schrodt*, Die Rechtsprechung des Hessischen Staatsgerichtshofes, S. 142; *Stein*, in: Zinn / Stein, Hessische Verfassung, Art. 23, Erl. 1, unterwirft Art. 23 Satz 2 HessVerf den Rechtsfolgen des Art. 31 GG.

über Art. 104 Abs. 2 Satz 2 und 3 GG die Frist, innerhalb derer ein Festgenommener dem Richter vorzuführen ist, auf 24 Stunden. Dagegen muss ein wegen des Verdachts einer strafbaren Handlung vorläufig Festgenommener gemäß Art. 104 Abs. 3 Satz 1 GG erst gegen Ende des Tages nach seinem Ergreifen dem Richter vorgeführt werden und könnte demnach im Unterschied zur insoweit günstigeren hessischen Regelung im Extremfall 24 Stunden länger in Gewahrsam behalten werden. Die Ausgestaltung durch den einfachen Gesetzgeber in Form der §§ 128 Abs. 1 Satz 1, 115 Abs. 2, 115a StPO entspricht der grundgesetzlichen Regelung. Der erweiterte – weil für den Festgenommenen günstigere – landesverfassungsrechtliche Grundrechtsschutz steht nicht in einem inhaltlichen Widerspruch zum Bundes(verfassungs)recht. Art. 104 Abs. 2 GG ist nicht so zu verstehen, dass er es dem Gesetzgeber untersagt, die Maximalfrist des Grundgesetzes zu verkürzen. Die Vorschrift soll lediglich eine Maximalfrist setzen, die nicht überschritten werden darf.[562]

(b) Bildungswesen

Dem Bereich des Bildungswesens ist in den Landesverfassungen zumeist in selbstständigen Gliederungsabschnitten umfassende Aufmerksamkeit gewidmet worden. Das Bildungswesen ist Bestandteil der „Kulturhoheit der Länder", die das Bundesverfassungsgericht bereits in einer frühen Entscheidung als Kernstück ihrer Eigenstaatlichkeit bezeichnet hat.[563] Es handelt sich hierbei um einen Schwerpunkt der Entfaltungsmöglichkeiten der Länder außerhalb des Staatsorganisationsrechts.[564]

In unterschiedlicher Ausgestaltung enthalten zehn Länderverfassungen ein Recht auf (Schul-)Bildung bzw. Ausbildung.[565] Ein ausdrückliches „Recht auf Bildung" kennt das Grundgesetz nicht. Grundgesetzliche Grundrechtsgewährleistungen (Art. 2, 3, 5–7, 12 GG) betreffen Elemente und Ausschnitte eines umfassend verstandenen Rechts auf Bildung und sind als subjektive Rechte einzustufen.[566] Trotz der Formulierung ist problematisch, ob das „Recht auf Bildung" in den einzelnen Landesverfassungen überhaupt ein subjektives Recht dar-

562 *Pietzcker*, JuS 1988, S. L 11.

563 BVerfGE 6, 309, 346; 37, 314, 322; 43, 291, 348; *Stiens*, Chancen und Grenzen der Landesverfassungen im deutschen Bundesstaat der Gegenwart, S. 252; *Häberle*, AöR 124 (1999), S. 549 ff.

564 *Menzel*, Landesverfassungsrecht, S. 498.

565 Art. 11 Abs. 1 Satz 1 BaWüVerf, Art. 128 Abs. 1 BayVerf, Art. 20 Abs. 1 Satz 1 BerlVerf, Art. 29 Abs. 1 BbgVerf, Art. 27 Abs. 1 BremVerf, Art. 4 Abs. 1 NdsVerf; Art. 8 Abs. 1 Satz 1 NWVerf, Art. 102 Abs. 1 Satz 1 SächsVerf, Art. 25 Abs. 1 SachsAnhVerf, Art. 20 Satz 1 ThürVerf.

566 BVerfGE 47, 201, 206; 56, 155, 158.

stellt.[567] Aufgrund seiner Weite und Unschärfe kann kein Anspruch auf eine konkrete staatliche Maßnahmen abgeleitet werden.[568] Allerdings lässt sich der objektiv-rechtlichen Bestimmung die Verpflichtung des jeweiligen Landes entnehmen, im Rahmen seiner Möglichkeiten entsprechende Bildungseinrichtungen zu schaffen und zu betreiben.[569] Aus dem Recht auf Bildung lässt sich zudem ein einklagbarer Anspruch auf Zugang zu den geschaffenen Bildungseinrichtungen und auf Teilhabe an den Bildungsmaßnahmen entnehmen, der allerdings unter dem Vorbehalt des Möglichen steht.[570] Auf der Ebene des Bundesverfassungsrechts wird ein entsprechendes Teilhaberecht aus Art. 1 Abs. 3 GG i.V.m. Art. 12 Abs. 1 GG und dem Sozialstaatsprinzip bzw. durch Heranziehung des Art. 2 Abs. 1 GG abgeleitet.[571] Die landesverfassungsrechtlichen Gewährleistungen eines Rechts auf Bildung stellen so betrachtet keinen erweiterten Grundrechtsschutz dar.[572]

Für den Bereich der Universitäten bzw. Hochschulen enthält das Grundgesetz keine ausdrücklichen Vorgaben. Die in Art. 5 Abs. 3 GG verankerte Wissenschaftsfreiheit erstreckt sich auch auf diesen Bereich.[573] In der überwiegenden Zahl von Landesverfassungen wird den Hochschulen das Recht auf Selbstverwaltung eingeräumt.[574] Teils ist vorgesehen, dass an der Selbstverwaltung alle Mitglieder[575] bzw. die Studenten oder Lehrenden[576], andere Beschäftigte und Studierende[577] zu beteiligen sind. In Mecklenburg-Vorpommern wird das Recht auf Selbstverwaltung auch anderen wissenschaftlichen Einrichtungen im Rahmen der Gesetze gewährt.[578] Art. 7 Abs. 3 Satz 3 M-VVerf enthält die konkreti-

567 Vgl. dazu *Wermeckes*, Der erweiterte Grundrechtsschutz in den Landesverfassungen, S. 141 f.

568 *J. Dietlein*, Die Grundrechte in den Verfassungen der neuen Bundesländern, S. 151, 153.

569 *Tettinger*, in: Starck / Stern, Landesverfassungsgerichtsbarkeit III, S. 300.

570 *P.M. Huber*, LKV 1994, S. 125 f.; *Martina*, Die Grundrechte der nordrhein-westfälischen Landesverfassung im Verhältnis zu den Grundrechten des Grundgesetzes, S. 96 f.; *Rüfner*, in: Starck / Stern, Landesverfassungsgerichtsbarkeit III, S. 254; *Burmeister*, ZG 1995, S. 308.

571 BVerfGE 33, 303, 331 ff.; 45, 400, 417.

572 *Wermeckes*, Der erweiterte Grundrechtsschutz in den Landesverfassungen, S. 143.

573 *Jarass*, in: Jarass / Pieroth, GG-Kommentar, Art. 5 Rn. 99.

574 Art. 20 Abs. 2 BaWüVerf, Art. 138 Abs. 2 Satz 1 BayVerf, Art. 32 Abs. 1 BbgVerf, Art. 60 Abs. 1 Satz 2 HessVerf, Art. 7 Abs. 3 Satz 2 M-VVerf, Art. 5 Abs. 3 NdsVerf, Art. 16 Abs. 1 NWVerf, Art. 39 Abs. 1 Satz 1 RhPfVerf, Art. 33 Abs. 2 Satz 1 SaarVerf, Art. 107 Abs. 2 Satz 1 SächsVerf, Art. 31 Abs. 2 SachsAnhVerf, Art. 28 Abs. 1 Satz 2 ThürVerf; *Kühne*, DÖV 1997, S. 1 ff.; *Classen*, in: Manssen / Schütz, Staats- und Verwaltungsrecht für Mecklenburg-Vorpommern, S. 28.

575 Art. 28 Abs. 1 Satz 2 ThürVerf.

576 Art. 60 Abs. 1 Satz 2 HessVerf, Art. 107 Abs. 2 Satz 2 SächsVerf.

577 Art. 32 Abs. 1 BbgVerf.

578 Art. 7 Abs. 4 M-VVerf.

sierende Bestimmung, dass die Hochschulen in akademischen Angelegenheiten weisungsfrei sind.[579] Die Verfassung von Baden-Württemberg enthält ein Vorschlagsrecht der Hochschulen, durch dessen Ausübung sie bei der Ergänzung ihres Lehrkörpers mitwirken.[580] Das Recht auf Selbstverwaltung besagt, dass die Hochschulen ihre eigenen Angelegenheiten, die mit Forschung und Lehre sachlich näher zusammenhängen, in eigener Verantwortung und weisungsfrei regeln dürfen.[581] Bei dem Recht auf Selbstverwaltung handelt es sich nicht nur um eine objektiv-rechtliche Bestimmung, sondern um ein subjektives Recht, auf das sich die Hochschulen als Grundrechtsberechtigte zur Abwehr unzulässiger Eingriffe in den Kernbestand akademischer Selbstverwaltung berufen können.[582] Für Sachsen wird dieses durch die Aufnahme des Art. 107 SächsVerf in den Katalog der Grundrechte i.S.v. Art. 81 Abs. 1 Nr. 4 SächsVerf deutlich, auf deren Verletzung eine Verfassungsbeschwerde gestützt werden kann. Das gleiche gilt für Mecklenburg-Vorpommern durch die Erstreckung des Art. 53 Nr. 7 M-VVerf auch auf Art. 7 M-VVerf. Auf der Ebene des Bundesverfassungsrechts leitet sich ein Recht auf Selbstverwaltung aus der Wissenschaftsfreiheit nach Art. 5 Abs. 3 GG ab.[583] Die Verfassungen der Länder Brandenburg, Sachsen und Thüringen gewährleisten auch das Recht zur Errichtung von Hochschulen in freier Trägerschaft.[584] Die Wissenschaftsfreiheit des Art. 5 Abs. 3 Satz 1 GG gewährleistet ein Recht auf Gründung privater wissenschaftlicher Hochschulen bzw. Universitäten; die genannten Bestimmungen der Landesverfassungen ermöglichen dagegen auch die Errichtung privater nichtwissenschaftlicher Hochschulen.[585] Art. 39 Abs. 4 RhPfVerf sieht das Recht der Studenten vor, sich an den Hochschulen zu Vereinigungen zusammenzuschließen. Es handelt sich dabei um eine spezielle Ausprägung des Grundrechts auf Vereinigungsfreiheit, das bereits in Art. 13 Abs. 1 RhPfVerf enthalten und auch grundgesetzlich durch Art. 9 GG gewährt wird. Dieses Landesgrundrecht geht insoweit über die grundgesetzliche Vereinigungsfreiheit hinaus, als es den studentischen Vereinigungen erlaubt, als solche im Hochschulleben in Erscheinung zu treten und sonach verbietet, dass studentische Vereinigungen unter Berufung auf eine besondere „Hochschuldisziplin" beschränkt werden.[586]

---

579 Art. 7 Abs. 3 Satz 3 M-VVerf.

580 Art. 20 Abs. 3 BaWüVerf.

581 *Pirsch*, in: Thiele / Pirsch / Wedemeyer, Die Verfassung des Landes Mecklenburg-Vorpommern, Art. 7 Rn. 12.

582 *Wermeckes*, Der erweiterte Grundrechtsschutz in den Landesverfassungen, S. 144, m.w.N.

583 BVerfGE 85, 360, 384 f.

584 Art. 32 Abs. 2 BbgVerf, Art. 107 Abs. 4 Satz 1 SächsVerf, Art. 28 Abs. 2 ThürVerf, Art. 16 Abs. 3 Satz 2 M-VVerf.

585 *Wermeckes*, Der erweiterte Grundrechtsschutz in den Landesverfassungen, S. 146, m.w.N.

586 *Wermeckes*, Der erweiterte Grundrechtsschutz in den Landesverfassungen, S. 146, m.w.N.

Ohne grundgesetzliche Entsprechung sehen eine Vielzahl von Landesverfassungen die Unentgeltlichkeit des Schulunterrichts bzw. Schulgeldfreiheit und teils auch eine Lehr- und Lernmittelfreiheit vor.[587] Bei den Bestimmungen der Landesverfassungen handelt es sich jeweils um subjektive Rechte.[588] Die Verfassungen der Länder Baden-Württemberg, Bremen, Hessen und Sachsen sehen darüber hinaus vor, dass Lern- bzw. in Bremen zusätzlich Lehrmittel unentgeltlich sind.[589] Einen Widerspruch zu Grundrechten des Grundgesetzes sehen diese Landesgrundrechte nicht.

(c) Familie, Jugendliche und Kinder / Lebensgemeinschaften

Dem Bereich der Familie und auch anderen auf Dauer angelegten Lebensgemeinschaften sowie Kindern und Jugendlichen haben die Länder zahlreiche Bestimmungen gewidmet. Auch hierbei handelt es sich um einen „Kernbereich" des landesverfassungsrechtlichen Grundrechtsschutzes.[590] Die Verfassungen von Brandenburg, Mecklenburg-Vorpommern und Thüringen sehen z.B. besondere Rechte für Kinder vor, die im Grundgesetz nicht niedergeschrieben sind und die die Priorität des Kindes bei der Ausgestaltung der Eltern-Kind-Beziehung unterstreichen sollen.[591] Es handelt sich dabei um Konkretisierungen auch im Grundgesetz enthaltener Grundrechtsbestimmungen, die auch Kindern als grundrechtsberechtigten Personen zuteil werden und deshalb im Ergebnis zu keinem erweiterten Grundrechtsschutz führen.[592] Art. 27 Abs. 7 BbgVerf schreibt fest, dass jedes Kind – nach Maßgabe des Gesetzes – einen Anspruch auf Erziehung, Bildung, Betreuung und Versorgung in einer Kindertagesstätte hat. Im Gegensatz zu den rein objektiv-rechtlich ausgestalteten Förderaufträgen[593] oder Hinwirkungsklauseln[594] in den Verfassungen von Sachsen, Thüringen, Mecklenburg-Vorpommern und Sachsen-Anhalt ist der in Brandenburg

---

587 Art. 14 Abs. 2 Satz 1, 2 BaWüVerf, Art. 129 Abs. 2 BayVerf, Art. 30 Abs. 5 Satz 2, 3 BbgVerf, Art. 31 Abs. 2, 3 BremVerf, Art. 59 Abs. 1 Satz 1, 2 HessVerf, Art. 9 Abs. 1 NWVerf, Art. 102 Abs. 4 Satz 1 SächsVerf, Art. 26 Abs. 4 SachsAnhVerf, Art. 24 Abs. 3 Satz 1, 2 ThürVerf.

588 *Götz*, in: Starck / Stern, Landesverfassungsgerichtsbarkeit III, S. 398; *Pfaff*, Die Landesverfassungsbeschwerde in den neuen Bundesländern, S. 172; *Tettinger*, in: Starck / Stern, Landesverfassungsgerichtsbarkeit III, S. 302.

589 Art. 14 Abs. 2 Satz 1 BaWüVerf, Art. 31 Abs. 3 BremVerf, Art. 59 Abs. 1 Satz 2 HessVerf, Art. 102 Abs. 4 Satz 1 SächsVerf.

590 *Menzel*, Landesverfassungsrecht, S. 495.

591 Art. 27 Abs. 1, 5, 7 BbgVerf, Art. 14 Abs. 1 MVVerf, Art. 19 Abs. 1 Satz 1 ThürVerf; vgl. dazu auch *Sachs*, LKV 1993, S. 246; *Stiens*, Chancen und Grenzen der Landesverfassungen im deutschen Bundesstaat der Gegenwart, S. 274 ff.

592 *Wermeckes*, Der erweiterte Grundrechtsschutz in den Landesverfassungen, S. 154.

593 Art. 9 Abs. 3 SächsVerf, Art. 19 Abs. 3 ThürVerf.

594 Art. 24 Abs. 2 Satz 2 SachsAnhVerf, Art. 14 Abs. 2 MVVerf.

normierte Anspruch eines jeden Kindes auf einen Platz in einer Kindertagesstätte als subjektives Recht einzustufen.[595] Dieser Anspruch entspricht dem seit 1993 auf der Ebene des einfachen Bundesrechts bestehenden Anspruch eines jeden Kindes vom vollendeten dritten Lebensjahr bis zum Schuleintritt auf den Besuch eines Kindergartens (§ 24 SGB VIII). Der Anspruch auf einen Platz in einer Kindertagesstätte in der Brandenburgischen Verfassung geht über diesen Anspruch hinaus, da er nicht der Einschränkung im Hinblick auf das Lebensalter unterliegt. Art. 19 Abs. 1 Satz 2 ThürVerf regelt den Schutz von Kindern und Jugendlichen vor körperlicher und seelischer Vernachlässigung, Misshandlung, Missbrauch und Gewalt. Während Satz 1 der Bestimmung, wonach Kinder und Jugendliche das Recht auf eine gesunde geistige und körperliche Entwicklung haben, lediglich einen objektiv-rechtlichen Charakter besitzt und das Land verpflichtet, entsprechende Bedingungen zu schaffen[596], ist Satz 2 als subjektives Recht einzuordnen.[597] Das Gleiche gilt für Art. 27 Abs. 5 Satz 1 BbgVerf, wonach Kinder und Jugendliche vor körperlicher und seelischer Vernachlässigung und Misshandlung zu schützen sind. Bei Art. 19 Abs. 1 Satz 2 ThürVerf und Art. 27 Abs. 5 Satz 1 BbgVerf handelt es sich um eine Konkretisierung der in Art. 1 Abs. 1 und 2 Abs. 2 Satz 1 GG enthaltenen Schutzgehalte. Die ähnlich ausgestaltete Bestimmung des Art. 14 Abs. 1 M-VVerf ist bereits aufgrund ihrer systematischen Stellung im Abschnitt der Staatszielbestimmungen nicht als subjektives verfassungsmäßiges Recht anzusehen.[598]

(d) Arbeit, Wirtschaft und soziale Sicherung

Die Verfassungen von Berlin, Bremen und Nordrhein-Westfalen sehen „ein Recht auf Arbeit“ vor.[599] In der Hessischen und Saarländischen Verfassung wird jeweils das Recht auf Arbeit jedem „nach seinen Fähigkeiten“ zuerkannt.[600] Auch die Verfassung Bayerns stellt auf eine „seinen Anlagen und seiner Ausbildung entsprechende Arbeit im Dienste der Allgemeinheit“ ab, die jeder nur nach näherer Bestimmung der Gesetze frei wählen kann.[601] Darüber hinaus gewährt die Verfassung Bayerns jedermann das Recht, sich durch Arbeit eine auskömm-

---

595 *Kanther*, Die neuen Landesverfassungen im Lichte der Bundesverfassung, S. 175; *Stiens*, Chancen und Grenzen der Landesverfassungen im deutschen Bundesstaat der Gegenwart, S. 276; *Riepe*, Soziale Grundrechte in den Verfassungen der Länder Brandenburg, Mecklenburg-Vorpommern, Sachsen, Sachsen-Anhalt und Thüringen, S. 211.

596 *Wermeckes*, Der erweiterte Grundrechtsschutz in den Landesverfassungen, S. 155.

597 *Wermeckes*, Der erweiterte Grundrechtsschutz in den Landesverfassungen, S. 155.

598 *Pirsch*, in: Thiele / Pirsch / Wedemeyer, Die Verfassung des Landes Mecklenburg-Vorpommern, Art. 14 Rn. 3 f.

599 Art. 18 Satz 1 BerlVerf, Art. 8 Abs. 1 BremVerf, Art. 24 Abs. 1 Satz 3 NWVerf.

600 Art. 28 Satz 2 HessVerf, Art. 45 Satz 2 SaarlVerf.

601 Art. 166 Abs. 3 BayVerf.

liche Existenz zu schaffen.[602] Trotz seiner positiven Formulierung gewährt dieses soziale Grundrecht[603] bereits wegen fehlender staatlicher Verfügungsgewalt über den Anspruchsinhalt weder im Verhältnis zum Staat noch im Gleichordnungsverhältnis auf der Ebene des Privatrechts einen subjektiven Leistungs- und Teilhabeanspruch auf Zurverfügungstellung von Arbeit oder eines Arbeitsplatzes.[604] Es handelt sich dabei um eine Vorschrift mit lediglich objektiv-rechtlichem Charakter. Die Einordnung als Staatszielbestimmung käme am ehesten in Betracht.[605] Angesichts des eindeutigen Wortlauts und der systematischen Stellung sind die entsprechenden Bestimmungen in den Verfassungen von Brandenburg, Niedersachen, Sachsen, Sachsen-Anhalt und Thüringen, die ein Recht auf Arbeit vorsehen[606], von vornherein als Staatszielbestimmungen einzuordnen.[607] Die Verfassungen von Bayern, Bremen, Hessen, Nordrhein-Westfalen, Rheinland-Pfalz und des Saarlandes sehen ohne grundgesetzliche Entsprechung in unterschiedlicher Formulierung jeweils ein Recht auf Lohngleichheit vor. Frauen bzw. Frauen und Jugendliche haben danach einen Anspruch auf gleiche Vergütung wie Männer. Auf der grundgesetzlichen Ebene wird der Anspruch der Frauen auf Lohngleichheit bei gleicher Arbeit aus Art. 3 Abs. 2 GG abgeleitet. Auf der Ebene des einfachen Bundesrechts ist in § 612 Abs. 3 BGB ein solches geschlechtsbezogenes Benachteiligungsverbot hinsichtlich der Vergütung bei gleicher und gleichwertiger Arbeit festgeschrieben. Die landesverfassungsrechtlichen Bestimmungen über die Lohngleichheit gewähren als Ausprägung des allgemeinen Gleichheitssatzes ein entsprechendes subjektives Recht. Es handelt sich hierbei um einen erweiterten landesverfassungsrechtlichen Grundrechtsschutz in Gestalt einer „Aliud-Bestimmung", der mit Bundes(verfassungs)recht übereinstimmt. Ohne grundgesetzliche Entsprechung gewähren die Verfassungen von Bayern, Berlin und Bremen jeweils einen Anspruch bzw. Recht auf eine angemessene Wohnung bzw. angemessenen Wohnraum. Wie das Recht auf Arbeit gewährt auch dieses soziale „Grundrecht" kein einklagbares subjektives Leistungs- oder Teilhaberecht. Es ist vielmehr als Staatszielbestimmung einzuordnen.

602 Art. 166 Abs. 2 BayVerf.

603 Vgl. ausführlich zum „Recht auf Arbeit" *Brenne*, Die sozialen Grundrechte in den Landesverfassungen, S. 51 ff.

604 *Wermeckes*, Der erweiterte Grundrechtsschutz in den Landesverfassungen, S. 160.

605 *J. Dietlein*, Die Grundrechte in den Verfassungen der neuen Bundesländer, S. 127 ff.; *Riepe*, Soziale Grundrechte in den Verfassungen der Länder Brandenburg, Mecklenburg-Vorpommern, Sachsen, Sachsen-Anhalt und Thüringen, S. 156 ff.

606 Art. 48 Abs. 1 BbgVerf, Art. 6a NdsVerf, Art. 7 Abs. 1 SächsVerf, Art. 36 ThürVerf.

607 *Wermeckes*, Der erweiterte Grundrechtsschutz in den Landesverfassungen, S. 160, Fn. 966.

(e) *Kirchen, Religions- und Weltanschauungsgemeinschaften*

Im Landesverfassungsrecht nehmen religiöse Fragen einen breiten Raum ein. Alle Landesverfassungen mit eigenen Grundrechtskatalogen enthalten in diesem Bereich Regelungen.[608] Trotz ihrer Vielfältigkeit halten sich auch diese Regelungen im Rahmen dessen, was auf bundesverfassungsrechtlicher Ebene gewährt wird.

Die Materie Schule und Religion erfährt in einigen Landesverfassungen eine über den Wortlaut des Art. 7 Abs. 2 und 3 GG hinausgehende Regelung.[609] Die Verfassungen von Bayern, Bremen und Hessen statuieren eine Verpflichtung zur Achtung religiöser Empfindungen. Gemäß Art. 136 Abs. 1 BayVerf sind in allen Schulen beim Unterricht die religiösen Empfindungen aller zu achten. Die Bremische und die Hessische Verfassung beschränken diese Verpflichtung auf Lehrer. Art. 33 Satz 2 BremVerf und Art. 56 Abs. 3 Satz 2 HessVerf sehen vor, dass der Lehrer in jedem Fach auf die religiösen und weltanschaulichen Empfindungen aller Schüler Rücksicht zu nehmen hat. Diese Bestimmungen sind als subjektive Rechte einzustufen.[610]

Ein großer Teil der Landesverfassungen gewährt den Kirchen und Religionsgemeinschaften das Recht, für die Ausbildung ihrer Geistlichen bzw. ihrer Religionsdiener eigene Hochschulen, Konvikte und Seminarien zu errichten.[611] Diese subjektiven Rechte stellen eine landesverfassungsrechtliche Konkretisierung des auch durch Art. 140 GG i.V.m. Art. 137 Abs. 3 WRV garantierten Selbstbestimmungsrechts der Kirchen sowie der kollektiven Glaubensfreiheit des Art. 4 Abs. 1 GG dar, sodass im Ergebnis kein weitergehender Grundrechtsschutz auf der Landesebene anzunehmen ist.[612]

(f) *Datenschutzrechte*

Die Verfassungen der neuen Bundesländer und die Verfassungen von Berlin, Bremen, Nordrhein-Westfalen und des Saarlandes sehen ein „Datenschutzgrundrecht“ vor. Das Recht bzw. den Anspruch eines jeden auf den Schutz seiner personenbezogenen Daten gewähren die Verfassungen von Mecklenburg-Vorpom-

---

608 *Menzel*, Landesverfassungsrecht, S. 492.

609 Art. 136 Abs.1, 5 BayVerf, Art. 33 Satz 2 BremVerf, Art. 56 Abs. 3 2. HS HessVerf, Art 13, 14 Abs. 3 NRWVerf, Art. 36 Satz 6 RhPfVerf, Art. 29 Abs. 1 Satz 3 SaarVerf, Art. 29 Abs. 2 Satz 2 SaarlVerf.

610 *Wermeckes*, Der erweiterte Grundrechtsschutz in den Landesverfassungen, S. 209.

611 Art. 9, 10 BaWüVerf, Art. 19 Abs. 2 BaWüVerf, Art. 150 Abs. 1 BayVerf, Art. 32 Abs. 4 Satz 1–3 BbgVerf, Art. 9 Abs. 3 Satz 1 MVVerf, Art. 16 Abs. 2 NRWVerf, Art 42 Satz 1 RhPfVerf, Art. 36 Abs. 1 Satz 1, 2 SaarlVerf, Art. 36 Abs. 2 SaarlVerf, Art. 111 Abs. 1, 2 SächsVerf, Art. 28 Abs. 3 Satz 1 ThürVerf.

612 *Wermeckes*, Der erweiterte Grundrechtsschutz in den Landesverfassungen, S. 208.

mern, Sachsen-Anhalt und Thüringen sowie die Verfassungen von Bremen, Nordrhein-Westfalen und des Saarlandes.[613] Das Recht eines jeden, über die Preisgabe und Verwendung seiner persönlichen Daten zu bestimmen, sichern die Verfassungen von Berlin, Brandenburg und Thüringen.[614] Die Verfassungen von Rheinland-Pfalz und Sachsen sprechen jedem Menschen das Recht zu, über die Erhebung sowie in Sachsen auch die Verwendung und Weitergabe und in Rheinland-Pfalz zusätzlich die weitere Verarbeitung seiner personenbezogenen Daten selbst zu bestimmen.[615] Darüber hinaus schreiben die Brandenburgische und die Sächsische Verfassung fest, dass personenbezogene Daten nur mit freiwilliger und ausdrücklicher Zustimmung des Berechtigten erhoben, gespeichert, verarbeitet, weitergegeben oder sonst verwendet werden dürfen.[616] Auf der Ebene des Grundgesetzes wird der Schutz personenbezogener Daten durch das aus Art. 2 Abs. 1 i.V.m. Art. 1 Abs. 1 GG abgeleitete allgemeine Recht auf informationelle Selbstbestimmung abgesichert.[617] Die datenschutzrechtlichen Bestimmungen in den einzelnen Länderverfassungen lehnen sich im Wesentlichen an die Formulierungen des Bundesverfassungsgerichts an. Ihr Charakter als subjektive Rechte ist unproblematisch.[618]

f) Zwischenergebnis

Die Ausgestaltung des Grundrechtsschutzes auf der Länderebene zeigt deutlich, dass sich die befürchtete Gefährdung der Rechtseinheit auch angesichts der Zurückhaltung der Länder bei der Grundrechtsetzung als nicht sehr wahrscheinlich erweist.[619] Die Grundrechte in den Landesverfassungen, die nach ihrem Wortlaut über den Schutzbereich des Bundesgrundrechts hinausgehen, erweisen sich größtenteils als textliche Ausgestaltung der Judikatur des Bundesverfassungsgerichts. Der viel gepriesenen wiederentdeckten[620] Bedeutung und Funktion landesverfassungsrechtlichen Grundrechtsschutzes können – insbesondere die weitergehenden – Landesgrundrechte deshalb wohl nicht gerecht werden.[621]

---

613 Art. 12 Abs. 3 Satz 1 BremVerf, Art. 6 Abs. 1 MVVerf, Art. 4 Abs. 2 NRWVerf, Art. 2 Satz 2, 3 SaarlVerf, Art. 6 Abs. 1 Satz 1 SachsAnhVerf, Art. 6 Abs. 2 Satz 1 ThürVerf.

614 Art. 33 Satz 1 BerlVerf, Art. 11 Abs. 1 Satz 1 BbgVerf, Art. 6 Abs. 2 Satz 2 ThürVerf.

615 Art. 4a Abs. 1 Satz 1 RhPfVerf, Art. 33 Satz 1 SächsVerf.

616 Art. 11 Abs. 1 Satz 2 BbgVerf, Art. 33 Satz 2 SächsVerf.

617 BVerfGE 65, 1, 64; 78, 77, 84; 84, 192, 194; *Jarass*, in Jarass / Pieroth, GG-Kommentar, Art. 2 Rn. 32; *Rosenbaum*, JURA 1988, S. 178.

618 Vgl. umfassend zu den grundrechtlichen Bestimmungen in den Landesverfassungen *Wermeckes*, Der erweiterte Grundrechtsschutz in den Landesverfassungen, S. 190 ff.

619 Vgl. zur Zurückhaltung bei der Rechtsprechung S. 215.

620 Vgl. unter 3. Teil, II.

621 Vgl. auch *Wermeckes*, Der erweiterte Grundrechtsschutz in den Landesverfassungen, S. 245 f.

Aus den Art. 31 und Art. 142 GG lässt sich kein Argument dafür entnehmen, warum die Landesverfassungsgerichte nicht befugt sein sollten, ihre Prüfungskompetenz auf Grundrechte auszudehnen, die in ihren Gewährleistungen über den Schutz des Bundesgrundrechts hinausgehen. Über das „Prinzip des Vorrangs des Bundesrechts" wird im *Einzelfall* sichergestellt, dass nur Landesgrundrechte als Prüfungsmaßstab im Verfahren der Individualverfassungsbeschwerde herangezogen werden, die in Übereinstimmung mit der Werteordnung des Grundgesetzes stehen und die den durch die Bundesgrundrechte vorgegebenen Mindeststandard wahren.

Es kann keine plausible Begründung dafür gefunden werden, warum die vom Bundesverfassungsgericht in seine Entscheidung vom 15. Oktober 1997[622] entwickelte Konzeption nur auf Verfahrensrecht des Bundes und nicht auch auf materielles Recht des Bundes Anwendung finden kann. Aus Art. 31 und Art. 142 GG lässt sich dies jedenfalls nicht entnehmen. Die Regelungen des Grundgesetzes über Normenkollisionen gelten einheitlich für das gesamte Gesetzesrecht.[623]

Unter Berücksichtigung der hier vertretenen Auffassung zu Art. 31 und 142 GG ist es nicht nachvollziehbar, warum die Landesverfassungsgerichte im Verfahren der Individualverfassungsbeschwerde an der Auslegung von Bundesrecht am Maßstab der Landesverfassung gehindert sein sollen, wenn in dem Verfahren bereits ein Bundesgericht „in der Sache" befasst war.[624] Wenn nach den Kollisionsregelungen des Grundgesetzes die Landesgrundrechte als Prüfungsmaßstab heranzuziehen sind, geschieht dies unabhängig von der Instanz, in der sich der Rechtsstreit befindet.[625] Die Landesverfassungsgerichte können als Organe des Landes immer nur Landesstaatsgewalt, niemals jedoch Bundesstaatsgewalt ausüben.[626]

Mit den Verfahren der Richtervorlage nach Art. 100 Abs. 1 und Abs. 3 GG hält das Grundgesetz ein ausreichendes Instrumentarium bereit, um der Einheitlichkeit der Rechtsauslegung im Bundesstaat durch Verfassungsinterpretation auf der Bundes- sowie auf der Landesebene durch unterschiedliche Verfassungsgerichte Rechnung zu tragen.

---

622 BVerfGE 96, 345.

623 *Schlaich/Korioth*, Das Bundesverfassungsgericht, S. 245.

624 Vgl. insbesondere zur Rechtsprechung des Bayerischen Verfassungsgerichtshofes unter 3. Teil, III. 1. a) cc).

625 *Schlaich/Korioth*, Das Bundesverfassungsgericht, S. 245.

626 So auch *J. Dietlein*, JURA 2000, 21 f.

3. Die Verpflichtung der Landesverfassungsgerichte zur Vorlage nach Art. 100 Abs. 1 und 3 GG

Art. 100 Abs. 1 GG gilt auch für Landesverfassungsgerichte.[627] Ein Landesverfassungsgericht hat das Ausgangsverfahren auszusetzen und die Entscheidung des Bundesverfassungsgerichts einzuholen, wenn es ein Bundesgesetz, auf dessen Gültigkeit es bei der Entscheidung ankommt, für verfassungswidrig hält. Die Auffassung, dass den Landesverfassungsgerichten die Kompetenz zur Anwendung bzw. Prüfung auch materiellen Bundesrechts zukommt, wird durch den Anwendungsbereich dieser Vorschrift gestützt. Das Grundgesetz hat sich mit Art. 100 Abs. 1 GG für das Normprüfungsrecht eines jeden Richters[628], also auch des Verfassungsrichters, entschieden und meint damit die „inzidente" Normenkontrolle aus Anlass einer konkreten Fallentscheidung.[629] Die Vorlageverpflichtung setzt das Normprüfungsrecht voraus, erkennt es an und bestätigt es.[630] Vorzulegen ist „ein Gesetz, auf dessen Gültigkeit es bei der Entscheidung ankommt". Entscheidungserheblich ist die Norm nur dann, wenn das Gericht im Ausgangsverfahren bei Ungültigkeit der Norm anders entscheiden müsste als bei deren Gültigkeit.[631] An die Überzeugungsbildung des vorlegenden Richters von der Verfassungswidrigkeit der Norm sind nach der Rechtsprechung des Bundesverfassungsgerichts erhöhte Anforderungen zu stellen: Gefordert wird eine möglichst umfassende normgerechte „Gesetzesauslegung", die die verfassungskonforme Auslegung einschließt, sowie die Auseinandersetzung mit den Ergebnissen des einschlägigen Schrifttums und der Rechtsprechung.[632] Dass dies zwingend die Anwendung der bundesrechtlichen Vorschrift voraussetzt, auch wenn sich der Richter letztendlich nicht für eine Vorlage an das Bundesverfassungsgericht entscheidet, ergibt sich von selbst. Das konkrete Normenkontrollverfahren erfüllt die Funktion, die *Rechtseinheit* zu sichern und *Rechtszersplitterung* vorzubeugen, indem es dem Bundesverfassungsgericht sowohl das Verwerfungsmonopol bei Verstoß gegen das Grundgesetz als auch das Monopol zur allgemein verbindlichen Klärung verfassungsrechtlicher Fragen zuerkennt.[633] Dem Verfahren kommt insbesondere für den Schutz der Grundrechte eine entscheidende Bedeutung zu.[634]

Bezüglich der Vorlageverpflichtung nach Art. 100 Abs. 3 GG kann auf das bereits Gesagte verwiesen werden.[635]

---

627 BVerfGE 69, 112, 119; LVerfGE 9, 413, 429; *Pieroth*, in: Jarass / Pieroth, GG-Kommentar, Art. 100 Rn. 5.

628 Vgl. zu der Situation in der ehemaligen DDR unter 3. Teil, IX.

629 *Schlaich / Korioth*, Das Bundesverfassungsgericht, S. 103.

630 *Zierlein*, in: FS für Benda, S. 463.

631 BVerfGE 7, 171, 173; 65, 265, 277; 74, 182, 193; 79, 240, 243 f.

632 BVerfGE 79, 240, 243 f.; vgl. auch *Zierlein*, in: FS für Benda, S. 458.

633 BVerfGE 54, 47, 51; 63, 131, 141; 63, 312, 323.

634 *Schlaich / Korioth*, Das Bundesverfassungsgericht, S. 110.

635 Vgl. unter 2. Teil, I. 5. a) bb) (3) (b).

Schlussbetrachtung /Ausblick

Das Bundesverfassungsgericht wird – trotz einer Neubestimmung seiner Kompetenzen gegenüber den Verfassungsgerichten der Länder – weiterhin seiner Rolle als „Hüter der Bundesstaatlichkeit" gerecht. Das Bundesverfassungsgericht hat sich bewusst aus der früher von ihm beanspruchten Kontrolle von Verfassungsangelegenheiten, die in einem besonderen Maße die Länder betreffen, zurückgezogen. Die Landesverfassungsgerichte können, sofern sie diese ihnen zugedachte Rolle annehmen, einen Bedeutungsgewinn erlangen, ohne dass sich die Befürchtung einer Rechtszersplitterung durch Grundrechtsinterpretation auf der Bundes- und auf der Landesebene realisiert. Allerdings ist das neu definierte Verhältnis innerhalb der Verfassungsgerichtsbarkeit dadurch geprägt, dass das Bundesverfassungsgericht durch die Erweiterung der Vorlageverpflichtung nach Art. 100 Abs. 3 GG in signifikanter Weise Einfluss auf die Grundrechtsinterpretation der Landesverfassungsgerichte nimmt. Das, was den Landesverfassungsgerichten durch eine Erweiterung der Kompetenzen auf der einen Seite gegeben wird, wird ihnen auf der anderen Seite im Bereich der Grundrechtsinterpretation wieder genommen. Durch die Bindung der Landesverfassungsgerichte an die Rechtsprechung des Bundesverfassungsgerichts bei der Auslegung ihrer Landesgrundrechte wirkt das Bundesverfassungsgericht gestaltend im Bereich der Länder und legt die Landesverfassungsgerichte zusätzlich zu den homogenitätssichernden Vorschriften, die den Prüfungsmaßstab bestimmen, auf seine autoritative Auslegung des Grundgesetzes fest. Die „Macht" und „Autorität" des Bundesverfassungsgerichts bringt es mit sich, dass seine immer weiter ausgreifende Rechtsprechung und sich immer feiner ausdifferenzierte Judikatur geradezu die (Verfassungs-)Normen ersetzt, die sie interpretiert.[1] Rein faktisch gesehen, nimmt das Bundesverfassungsgericht durch diese Strategie der „Wahrung der Rechtseinheit" nicht nur Einfluss auf die Rechtsprechung der Landesverfassungsgerichte, sondern auf die Verfassungsgebung selbst und damit auch auf die Eigenstaatlichkeit der Länder.

Ein Blick in die Zukunft zeigt, dass in erster Linie nicht mehr die Frage nach den Grenzen des Funktions- und Kompetenzbereichs des Bundesverfassungsgerichts die Diskussion bestimmen wird. Im Vordergrund wird stehen, wie das Bundesverfassungsgericht auf die avisierten Verfassungsänderungen reagieren und durch seine Methode der Verfassungsauslegung das Verhältnis von Bund und Ländern auf einer neu geschaffenen Grundlage im Interesse einer funktionsfähigen Rechtsgemeinschaft zum Ausgleich bringen wird.

---

1 *Isensee*, Verfassungsgerichtsbarkeit in Deutschland, S. 18.

Literatur

Achterberg, Norbert, Bundesverfassungsgericht und Zurückhaltungsgebot, DÖV 1977, S. 649 ff.

Alternativkommentar zum Grundgesetz für die Bundesrepublik Deutschland, Hrsg. Wassermann, Robert, 2. Aufl., Neuwied, Darmstadt 1989 (zit.: Bearbeiter, in: Alternativkommentar)

Alexy, Robert, Theorie der Grundrechte, Frankfurt a.M. 1985

Alshut, Jörg, Der Staat in der Rechtsprechung des Bundesverfassungsgerichts, Berlin 1999

Amelung, Knut, Sitzblockaden, Gewalt und Kraftentfaltung – Zur dritten Sitzblockaden-Entscheidung des Bundesverfassungsgerichts, NJW 1995, S. 2584 ff.

Andreas, W., Geschichte der badischen Verfassungsorganisation und Verfassung in den Jahren 1802–1818, Weimar 1913

Angerer, Hans, Popularklage und Normenkontrolle durch das Bundesverfassungsgericht, BayVBl. 1969, S. 274 ff.

Angermeier, Heinz (Hrsg.), Saekulare Aspekte der Reformationszeit, München 1983 (zit.: Bearbeiter, in: Angermeier)

Anschütz, Gerhard, Verfassung des Deutschen Reichs vom 11. August 1919, 14. Aufl., Berlin 1933

— in: Isensee, Josef / Kirchhof, Paul (Hrsg.), Handbuch des Staatsrechts der Bundesrepublik Deutschland, Band 1, 1. Aufl., Heidelberg 1987, S. 296 ff. (zit.: Anschütz, in: HdbStR I)

Anschütz, Gerhard / *Thoma*, Richard (Hrsg.), Handbuch des Deutschen Staatsrechts, Band 1, 1. Aufl., Tübingen 1930, unveränderter Nachdruck 1998

Arndt, Hans-Wolfgang / *Schumacher*, Andreas, Die verfassungsrechtlich zulässige Höhe der Steuerlast – Fingerzeig des Bundesverfassungsgericht an den Gesetzgeber?, NJW 1995, S. 2603 ff.

Bachof, Otto, Der Staatsgerichtshof für das Land Baden-Württemberg, in: FS für Stern (1968), S. 1 ff.

— Die Bedeutung gliedstaatlichen Verfassungsrechts in der Gegenwart, VVDStRL 46 (1988), S. 141 ff.

Bayer, Detlef, Die Konstituierung der Bundesländer Brandenburg, Mecklenburg-Vorpommern, Sachsen, Sachsen-Anhalt und Thüringen, DVBl. 1991, S. 1014 ff.

Barbey, Günther, Bundesrecht bricht Landesrecht – Eine Betrachtung zu den Kommentierungen des Art. 31 GG in den Kommentaren von v. Mangoldt-Klein und Maunz-Dürig, DÖV 1960, S. 566 ff.

Bartlsperger, Richard, Einstellung des Strafverfahrens von Verfassung wegen – Zum Strafverfahren Erich Honecker, DVBl. 1993, S. 333 ff.

Barschel, Uwe / *Gebel*, Volkram, Landessatzung für Schleswig-Holstein vom 13. Dezember 1949, in der Fassung vom 12. Dezember 1969, Kommentar, Neumünster 1976

Bauer, Hartmut, Die Bundestreue: Zugleich ein Beitrag zur Dogmatik des Bundesstaatsrechts und zur Rechtsverhältnislehre, Tübingen 1992

Bauschke, Erhard, Bundesstaatsprinzip und Bundesverfassungsgericht – eine systematische Darstellung föderalistischer und zentralistischer Tendenzen in der Rechtsprechung des Bundesverfassungsgerichts, Berlin 1970

Becker, Josef / *Stammen*, Theo / *Waldmann*, Peter (Hrsg.), Vorgeschichte der Bundesrepublik Deutschland, 1. Auflage, München 1979

Benda, Ernst, Bundesverfassungsgericht und Gesetzgeber im 3. Jahrzehnt des Grundgesetzes, DÖV 1979, S. 465 ff.

— Wirklich Götterdämmerung in Karlsruhe?, NJW 1995, S. 2470 ff.

— Entlastung des Bundesverfassungsgerichts – Vorschläge der Entlastungskommission, Vortrag vor der Potsdamer Gesellschaft am 28. Januar 1998 in Potsdam, Baden-Baden 1998

Benda, Ernst / *Klein*, Eckart, Verfassungsprozessrecht, 2. Aufl., Heidelberg 2001

Benda, Ernst / *Maihofer*, Werner / *Vogel*, Hans-Jochen (Hrsg.), Handbuch des Verfassungsrechts der Bundesrepublik Deutschland, 2. Aufl., Berlin 1994

Bentler, Bengt, Die Länderverfassungen in der gegenwärtigen Verfassungsdiskussion, JöR 26 (1977), S. 1 ff.

Berg, Wilfried, Kassation gerichtlicher Urteile, die in bundesrechtlich geordneten Verfahren ergangen sind, in: Starck, Christian / Stern, Klaus (Hrsg.), Landesverfassungsgerichtsbarkeit, Band 2: Zuständigkeiten und Verfahren der Landesverfassungsgerichte, Baden-Baden 1983, S. 532 ff.

Bericht der vom Bundesministerium der Justiz eingesetzten Kommission „Entlastung des Bundesverfassungsgerichts", hrsg. vom Bundesministerium der Justiz, Bonn 1997

Berkemann, Jörg, Ein Landesverfassungsgericht als Revisionsgericht – Der Streitfall Honecker, NVwZ 1993, S. 409 ff.

Berlit, Uwe, Verfassungsgebung in den fünf neuen Bundesländern – ein Zwischenbericht, KritJ 1992, S. 437 ff.

— Die neue Niedersächsische Verfassung – Zur Ablösung eines provisorischen Organisationsstatuts, NVwZ 1994, S. 11 ff.

— Buchbesprechung zu Wilhelm Kanther, Die neuen Landesverfassungen im Lichte der Bundesverfassung (1993) und zu Christian Starck, Die Verfassungen der neuen deutschen Länder. Eine vergleichende Untersuchung (1994), in: KritJ 28 (1995), S. 269 ff.

— Die Reform des Grundgesetzes nach der staatlichen Einigung Deutschlands, JöR (n.F.) 44 (1996), S. 17 ff.

Bernat, Wolfgang, Zu Grundfragen der kommunalen Gemeindeverwaltung- und Gebietsreform in den neuen Bundesländern, LKV 1993, S. 393 ff.

Bertrams, Michael, Verfassungsgeschichtliche Grenzüberschreitungen, in: Verfassungsstaatlichkeit, Festschrift für Klaus Stern zum 65. Geburtstag, hrsg. von Joachim Burmeister, München 1997, S. 1027 ff.

Bethge, Herbert, Grundrechtsverwirklichung und Grundrechtssicherung durch Organisation und Verfahren, NJW 1982, S. 1 ff.

— Verfassungsgerichtsbarkeit im Bundesstaat, BayVBl. 1985, S. 257 ff.

— Grundrechtssicherung im föderativen Bereich, AöR 110 (1985), S. 196 ff.

— Organstreitigkeiten des Landesverfassungsrechts, in: Starck, Christian / Stern, Klaus (Hrsg.), Landesverfassungsgerichtsbarkeit, Band 2: Zuständigkeiten und Verfahren der Landesverfassungsgerichte, Baden-Baden 1983, S. 30 ff.

Bettermann, Karl August, Der gesetzliche Richter in der Rechtsprechung des Bundesverfassungsgericht, AöR 94 (1969), S. 263 ff.

Beutler, Bengt, Die Länderverfassungen in der gegenwärtigen Verfassungsdiskussion, JöR (n.F.) 26 (1977), S. 23 ff.

Biehler, Gernot, Zur Bindungswirkung von Urteilen des Bundesverfassungsgerichts, DVBl. 1991, S. 1237 ff.

Bleckmann, Albert, Zur Bindung der Länder an die Ziele der Bundespolitik, DÖV 1986, S. 125 ff.

Bloem, Tilman, Verfassungsgerichtliche Probleme von 1945 bis 1806, Augsburg 1969

Blümel, Willi, Anmerkung zum Urteil des Verfassungsgerichtshofes Nordrhein-Westfalen vom 11.7.1980 zu den Zweckverbandszusammenschlüssen, DÖV 1980, S. 693 f.

Blumenwitz, Dieter, Judical self-restraint und verfassungsgerichtliche Überprüfung von Akten der auswärtigen Gewalt, DVBl. 1976, S. 464 ff.

— Der Einsatz der Streitkräfte nach der Entscheidung des Bundesverfassungsgerichts vom 12.7.1994, BayVBl. 1994, S. 641 ff.

Bock, Christina / *Bock*, Werner, Zur Verfassungsgerichtsbarkeit der Länder, LKV 1991, S. 182 ff.

Boehl, Henner Jörg, Landesverfassungsgebung im Bundesstaat – Zur Neukonstituierung der Länder im beigetretenen Teil Deutschlands, Der Staat 31 (1992), S. 573 ff.

— Verfassungsgebung im Bundesstaat – Ein Beitrag zur Verfassungslehre des Bundesstaates und der konstitutionellen Demokratie, Berlin 1997 (zit.: Boehl, Verfassungsgebung im Bundesstaat)

Böckenförde, Ernst-Wolfgang, Die Methoden der Verfassungsinterpretation – Bestandsaufnahme und Kritik, NJW 1976, S. 2089 ff.

— Zur Lage der Grundrechtsdogmatik nach 40 Jahren Grundgesetz, erweiterte Fassung eines Vortrages, gehalten in der Carl Friedrich von Siemens Stiftung am 19. Oktober 1989, München 1990

— Verfassungsgerichtsbarkeit: Strukturfragen, Organisation, Legitimation, NJW 1999, S. 9 ff.

Böckenförde, Ernst-Wolfgang / *Grawert*, Rolf, Rechtsgutachten zu der Frage, inwieweit Bestimmungen der Bremischen Landesverfassung durch das Grundgesetz oder anderes Bundesrecht außer Kraft getreten sind (18. März 1970), erstattet für die Bremische Bürgerschaft (zit.: Böckenförde / Grawert, Rechtsgutachten (1970))

— Kollisionsfälle und Geltungsprobleme im Verhältnis von Bundesrecht und Landesverfassung, DÖV 1971, S. 119 ff.

Böhm, Monika, Frauenbeauftragte und kommunale Organisationshoheit, NVwZ 1999, S. 721 ff.

Boldt, Hans, Deutsche Verfassungsgeschichte: Politische Strukturen und ihr Wandel, Band 1: Von den Anfängen bis zum Ende des älteren deutschen Reiches 1806, München 1984 (zit.: Boldt, Deutsche Verfassungsgeschichte I)

— Reich und Länder, Texte zur deutschen Verfassungsgeschichte 19. und 20. Jahrhundert, München 1987 (zit.: Boldt, Texte zur deutschen Verfassungsgeschichte)

Booms, Hans, Die Kabinettsprotokolle der Bundesregierung, hrsg. für das Bundesarchiv von Hans Booms, Band 1, Boppard am Rhein 1949, beteiligt: Ulrich Enders, Boppard am Rhein 1982

Brandt, Hartwig, Parlamentarismus in Württemberg (1819–1870) – Anatomie eines deutschen Landestages, in: Ritter, Gerhard A. (Hrsg.), Handbuch der Geschichte des deutschen Parlamentarismus im Auftr. d. Komm. für Geschichte d. Parlamentarismus u.d. Polit. Parteien, Düsseldorf 1987

Brenne, Anke, Soziale Grundrechte in den Landesverfassungen, Frankfurt a.M. 2002

Bryde, Brun-Otto, Verfassungsentwicklung, Stabilität und Dynamik im Verfassungsrecht der Bundesrepublik Deutschland, Baden-Baden 1982

Brossok, Heike, Das Flüchtlingsaufnahmegesetz und seine Änderungen vor dem Verfassungsgerichtshof, in: Verfassungsgerichtsbarkeit in Nordrhein-Westfalen, Festschrift zum 50-jährigen Bestehen des Verfassungsgerichtshofs für das Land Nordrhein-Westfalen, hrsg. v. Präsidenten des Verfassungsgerichtshofs für das Land Nordrhein-Westfalen, Stuttgart u.a. 2002, S. 431 ff.

Brox, Hans, Zur Zulässigkeit der erneuten Überprüfung einer Norm durch das Bundesverfassungsgericht, in: Menschenwürde und freiheitliche Rechtsordnung, Festschrift für Willi Geiger zum 65. Geburtstag, hrsg. von Gerhard Leibholz / Hans Joachim Faller / Paul Mikat, Tübingen 1974, S. 82 ff.

Büsing, Otto, Das Staatsrecht von Mecklenburg-Schwerin, Mecklenburg-Strelitz, Oldenburg, Braunschweig, Anhalt, Waldeck, Schaumburg-Lippe, Lippe, Freiburg i.B. 1884

Bull, Hans Peter, Vom Eigentums- zum Vermögensschutz – ein Irrweg zur Bewertung der Einheitsbeschlüsse des Bundesverfassungsgerichts, NJW 1996, S. 281 ff.

Bullinger, Martin, Der Anwendungsbereich der Bundesaufsicht – Zum Konkordatsurteil des Bundesverfassungsgerichts, AöR 83 (1958), S. 279 ff.

— Ungeschriebene Kompetenzen im Bundesstaat – Die Rechtsprechung des Bundesverfassungsgerichts zur Zuständigkeit von Bund und Ländern kraft Sachzusammenhang und kraft Natur der Sache, AöR 96 (1971), S. 237 ff.

Bumke, Christian, Der Grundrechtsvorbehalt – Untersuchungen über die Begrenzung und Ausgestaltung der Grundrechte, Baden-Baden 1998

Burmeister, Joachim, Die kommunale Verfassungsbeschwerde im System der verfassungsgerichtlichen Verfahrensarten, JA 1980, S. 17 ff.

— Vorlagen an das Bundesverfassungsgericht nach Art. 100 Abs. 3 GG, in: Starck, Christian / Stern, Klaus (Hrsg.), Landesverfassungsgerichtsbarkeit, Band 2: Zuständigkeiten und Verfahren der Landesverfassungsgerichte, Baden-Baden 1983, S. 399 ff. (zit.: Burmeister, in: Starck / Stern, Landesverfassungsgerichtsbarkeit II)

— Von der Kunst der Verfassungsgebung. Betrachtungen im Lichte der neuen niedersächsischen Verfassung, ZG 1995, S. 289 ff.

Bursche, Die Bindung an das Beamtenurteil des Bundesverfassungsgerichts, DVBl. 1954, S. 597 ff.

Calliess, Christian, Die Justitiabilität des Art. 72 Abs. 2 GG vor dem Hintergrund von kooperativem und kompetitivem Föderalismus, DÖV 1997, S. 889 ff.

Campenhausen, Axel v., Zur Kruzifix-Entscheidung des Bundesverfassungsgerichts, AöR 121 (1996), S. 448 ff.

Cancik, Pascale, Oppositionszugehörigkeit als Anspruchsvoraussetzungen: Das Definitionsproblem der neuen Oppositionsregelungen – Zur Entscheidung des Landesverfassungsgerichts Sachsen-Anhalt zu Art. 48 LVerf-LSA, AöR 123 (1998), S. 621 ff.

— Die Verfassungsentwicklung in Hessen, JöR (n.F.) 51 (2003), S. 271 ff.

Classen, Claus Dieter, Anmerkung zum Beschluss des BGH vom 30.1.1991 – 2 BGs 38/91, JZ 1991, S. 717 f.

— Die Drittwirkung der Grundrechte in der Rechtsprechung des Bundesverfassungsgerichts, AöR 122 (1997), S. 65 ff.

— Landesverfassungsrecht, in: Manssen, Gerrit / Schütz, Hans-Joachim (Hrsg.), Staats- und Verwaltungsrecht für Mecklenburg-Vorpommern, Baden-Baden 1999, S. 23 ff. (zit.: Classen, in: Manssen / Schütz, Staats- und Verwaltungsrecht Mecklenburg-Vorpommern)

Clausen, Harald, Landesverfassungsbeschwerde und Bundesstaatsgewalt, Baden-Baden 1998

Coelln, Christian v., Anwendung von Bundesrecht nach Maßgabe der Landesgrundrechte? – Zur Kontrolle bundesrechtlich determinierter Akte der Länder durch die Landesverfassungsgerichte, Baden-Baden 2000

Conrad, Hermann, Deutsche Rechtsgeschichte, Band 1: Frühzeit und Mittelalter, Karlsruhe 1962; Band 2: Neuzeit bis 1806, Karlsruhe 1966 (zit.: Conrad, Deutsche Rechtsgeschichte I bzw. II)

Czermak, Gerhard, Der Kruzifix-Beschluss des Bundesverfassungsgerichts, seine Ursachen und seine Bewertungen, NJW 1995, S. 3348 ff.

Danter, Kai, Entlastung des Bundesverfassungsgerichts durch Regionalisierung von Kompetenzen zu den Landesverfassungsgerichten, DÖV 1998, S. 239 ff.

Degenhart, Christoph, Staatsrecht I: Staatszielbestimmungen, Staatsorgane, Staatsfunktionen, 12. Aufl., Heidelberg 1996 (zit.: Degenhart, Staatsrecht I)

— Braunkohleplanung unter Gesetzesvorbehalt – Zum „Horno-Urteil" des Verfassungsgerichts Brandenburg, DVBl. 1996, S. 773 ff.

Degenhart, Christoph / *Meissner*, Claus, Handbuch der Verfassung des Freistaates Sachsen, Stuttgart 1997

Dennewitz, Bodo, Der Föderalismus: Sein Wesen und seine Geschichte, Hamburg 1947

Denninger, Erhard, Zum Verhältnis von Landesverfassung und Bundesstaat, in: Festschrift 50 Jahre Verfassung des Landes Hessen, hrsg. von Hans Eichel / Klaus Möller, Wiesbaden 1997, S. 349 ff. (zit.: Denninger, in: FS 50 Jahre Hessische Verfassung)

— Staatliche Hilfe zur Grundrechtsausübung durch Verfahren, Organisation und Finanzierung, in: Isensee, Josef / Kirchhof, Paul (Hrsg.), Handbuch des Staatsrechts der Bundesrepublik Deutschland, Band 5, 2. Aufl., Heidelberg 2000 (zit.: Denninger, in: HdbStR V)

Deuerlein, Ernst / *Schmidt-Brentano*, Antonio, Föderalismus – Die historischen und philosophischen Grundlagen des föderativen Prinzips, München 1972

Diestelkamp, Zur Krise des Reichsrechts im 16. Jahrhundert, in: Angermeier, Heinz (Hrsg.), Saekulare Aspekte der Reformationszeit, München 1983, S. 49 ff.

Dietlein, Johannes, Der Schutz nichtehelicher Lebensgemeinschaften in den Verfassungen und Verfassungsentwürfen der neuen Länder, DtZ 1993, S. 137 ff.

— Die Grundrechte in den Verfassungen der neuen Bundesländer: zugleich ein Beitrag zur Auslegung der Art. 31 und 142 GG, München 1993 (zit.: J. Dietlein, Die Grundrechte in den Verfassungen der neuen Bundesländer)

— Landesverfassungsbeschwerde und Einheit des Bundesrechts – Zu den Kontrollbefugnissen der Landesverfassungsgerichte im Rahmen des „Urteilsverfassungsbeschwerdeverfahrens“, NVwZ 1994, S. 6 ff.

— Landesgrundrechte im Bundesstaat, JURA 1994, S. 58 ff.

— Die Rezeption von Bundesgrundrechten durch Landesverfassungsrecht, Zum Verhältnis der Bundesgrundrechte zu den durch Rezeption geschaffenen Grundrechten der Länder, AöR 120 (1995), S. 6 ff.

— Die Kontrollbefugnis der Landesverfassungsgerichte, JURA 2000, S. 19 ff.

Dietlein, Max, Kommunale Verfassungsbeschwerden vor dem Verfassungsgerichtshof, in: Verfassungsgerichtsbarkeit in Nordrhein-Westfalen, Festschrift zum 50-jährigen Bestehen des Verfassungsgerichtshofes für das Land Nordrhein-Westfalen, hrsg. v. Präsidenten des Verfassungsgerichtshofs für das Land Nordrhein-Westfalen, Stuttgart u.a. 2002, S. 117 ff. (zit.: M. Dietlein, in: FS 50 Jahre Verfassungsgerichtshof Nordrhein-Westfalen)

— Die Landesverfassung und der Verfassungsgerichtshof für das Land Nordrhein-Westfalen, in: Kontinuität und Wandel, Schriften des Landtages Nordrhein-Westfalen, hrsg. durch den Präsidenten des Landtags Nordrhein-Westfalen, Band 3, Düsseldorf 1990, S. 129 (zit.: M. Dietlein, in: Kontinuität und Wandel)

Dilcher, Gerhard, Der Protest der Göttinger Sieben. Zur Rolle von Recht und Ethik, Politik und Geschichte im Hannoverschen Verfassungskonflikt, Hannover 1988 (zit.: Dilcher, Protest der Göttinger Sieben)

— (Hrsg.), Rechtserfahrung: sozialistische Modernisierung oder Entrechtlichung der Gesellschaft?, Berlin 1997 (zit.: Bearbeiter, in: Dilcher, Rechtserfahrung)

Dippel, Horst, Das Paulskirchenparlament 1848/1849: Verfassungskonvent oder Konstituierende Nationalversammlung?, JöR (n.F.) 51 (2003), S. 1 ff.

Discher, Thomas, Die Landesverfassungsgerichte in der bundesstaatlichen Rechtsprechungskompetenzordnung des Grundgesetzes – Zugleich ein Beitrag zur bundesstaatlichen Stufung des Rechts, Berlin 1997

Doemmling, Klaus-Berto / *Füsslein*, Rudolf Werner / *Matz*, Werner, Entstehungsgeschichte der Artikel des Grundgesetzes des Parlamentarischen Rates, JöR (n.F.) 1 (1951), S. 669 ff.

Dokumente zur Geschichte von Staat und Gesellschaft in Bayern. Kommentar für Bayerische Landesgeschichte bei der Bayerischen Akademie der Wissenschaften, Band 1: Der moderne bayerische Staat – eine Verfassungsgeschichte vom aufgeklärten Absolutismus bis zum Ende der Reformepoche, bearb. von Karl *Möckl*, München 1979; Band 2: Die bayerische Staatlichkeit, bearb. von Rolf *Kiessling* und Anton *Schmid*, München 1976 (zit.: Bearbeiter, in: Dokumente zur Geschichte von Staat und Gesellschaft in Bayern, I bzw. II)

Domcke, Hans, Zur Fortgeltung der Grundrechte der Bayerischen Verfassung, in: Bayerischer Verfassungsgerichtshof, Verfassung und Verfassungsrecht, Festschrift zum 25jährigen Bestehen des Bayerischen Verfassungsgerichtshofes, hrsg. vom Bayerischen Verfassungsgerichtshof, Schriftleitung: Hans Domcke, Mitarbeiter: Theodor Maunz, München 1972, S. 311 ff. (zit.: Verfasser, in: FS 25 Jahre Bayerischer Verfassungsgerichtshof)

Dreier, Horst, Einheit und Vielfalt der Verfassungsordnung im Bundesstaat, in: Schmidt, Karsten (Hrsg.), Vielfalt des Rechts – Einheit der Rechtsordnung, Berlin 1994, S. 113 ff. (zit.: Dreher, in: K. Schmidt)

— (Hrsg.), Grundgesetz, Kommentar, Band 1: Art. 1–19, Tübingen 1996; Band 2: Art. 20–82, Tübingen 1998 (zit.: Dreier, GG-Kommentar)

— Grundrechtsschutz durch Landesverfassungsgerichte: Vortrag gehalten vor der Juristischen Gesellschaft zu Berlin am 8. September 1999, Berlin 2000 (zit.: Dreier, Grundrechtsschutz durch Landesverfassungsgerichte)

Driehaus, Hans-Joachim, Die neue Verfassung von Berlin im Spiegel der Rechtsprechung des Verfassungsgerichts, Berlin 1996

Dux, Günter, Bundesrat und Bundesaufsicht, Berlin 1963

Ebersperger, Christian, Die Bayerische Verfassungsbeschwerde, München 1995

Ehmke, Horst, Die Prinzipien der Verfassungsinterpretation, VVDStRL 20 (1963), S. 53 ff.

Ehlers, Dirk, Anmerkung zum Urteil des Verfassungsgerichtshofs Nordrhein-Westfalen vom 13.6.2000 zum kommunalverfassungsrechtlichen Konnexitätsprinzip, DVBl. 2000, S. 1521 f.

— Die Rechtsprechung des Verfassungsgerichtshofs für das Land Nordrhein-Westfalen zur 5%-Klausel im Kommunalwahlrecht, in: Verfassungsgerichtsbarkeit in Nordrhein-Westfalen, Festschrift zum 50-jährigen Bestehen des Verfassungsgerichtshofes für das Land Nordrhein-Westfalen, hrsg. v. Präsidenten des Verfassungsgerichtshofs für das Land Nordrhein-Westfalen, Stuttgart u.a. 2002, S. 273 ff. (zit.: Ehlers, in: FS 50 Jahre Verfassungsgerichtshof Nordrhein-Westfalen)

Eichel, Hans / *Möller*, Klaus, Festschrift 50 Jahre Verfassung des Landes Hessen, Wiesbaden 1997 (zit.: Verfasser, in: FS 50 Jahre Hessische Verfassung)

Eller, Horst, Die Bindung der Landesverfassungsgerichte an die Entscheidungen des Bundesverfassungsgerichts und der anderen Landesverfassungsgerichte, Bonn 1963

Enders, Ulrich / *Reiser*, Konrad, Aufgaben, Handlungsspielräume und Tätigkeit der Bundesregierung im Jahre 1949, in: Die Kabinettsprotokolle der Bundesregierung, hrsg. für das Bundesarchiv von Hans Booms, Band 1, Boppard am Rhein 1949 (1982), S. 23 f.

Endter, Stefan, Zum Verhältnis von Bundesrecht und Landesverfassungsrecht und zur Reichweite der Prüfungskompetenz der Landesverfassungsgerichte, EuGRZ 1995, S. 228 ff.

Engelberg, Ernst, Bismarck, Urpreuße und Reichsgründer, 5. Aufl., Berlin 1989

Englisch, Lutz, Die verfassungsrechtliche Gewährleistung kommunalen Eigentums im Geltungskonflikt von Bundes- und Landesverfassung. Eine Untersuchung zu Grundrechtskollision und Grundrechtssubjektivität am Beispiel der Eigentumsgarantie von Grundgesetz und Bayerischer Verfassung, Berlin 1994

Erath, H.N., Der Beschluss des Bundesverfassungsgerichts vom 8.12.1952, NJW 1954, S. 1310 ff.

Erbguth, Wilfried / *Wiegand*, Bodo, Über Möglichkeiten und Grenzen von Landesverfassungen im Bundesstaat – Der Entwurf einer Verfassung für das Land Mecklenburg-Vorpommern, DÖV 1992, S. 770 ff.

Faller, Hans Joachim (Hrsg.), Verantwortlichkeit und Freiheit – die Verfassung als wertbestimmte Ordnung, Festschrift für Willi Geiger zum 80. Geburtstag, Tübingen 1989 (zit.: Verfasser, in: FS für Geiger)

Feddersen, Christoph, Die Verfassungen in den neuen Ländern: Grundrechte, Staatsziele, Plebiszite, DÖV 1992, S. 989 ff.

Festgabe für Otto Mayer, zum 70. Geburtstag dargebracht von Freunden, Verehrern und Schülern am 29. März 1916, Tübingen 1916 (zit.: Verfasser, in: Festgabe für Otto Mayer)

Feuchte, Paul, Die bundesstaatliche Zusammenarbeit in der Verfassungswirklichkeit der Bundesrepublik Deutschland, AöR 98 (1973), S. 473 ff.

Fiedler, Wilfried, Die Entstehung der Landesverfassungsgerichtsbarkeit nach dem Zweiten Weltkrieg, in: Starck, Christian / Stern, Klaus (Hrsg.), Landesverfassungsgerichtsbarkeit, Band 1: Geschichte, Organisation, Rechtsvergleichung, Baden-Baden 1983, S. 104 ff.

Finkelnburg, Klaus, Zehn Jahre Verfassungen der neuen Bundesländer, NJ 2004, S. 1 ff.

Flume, W., Der Beschluss des Bundesverfassungsgerichts vom 8.12.1952, DVBl. 1953, S. 65 ff.

Franke, Dietrich, Verfassungsgerichtsbarkeit der Länder – Grenzen und Möglichkeiten, in: Däubler-Gmelin, Herta / Kinkel, Klaus / Meyer, Hans / Simon, Helmut (Hrsg.), Gegenrede. Aufklärung – Kritik – Öffentlichkeit, Festschrift für Ernst Gottfried Mahrenholz, Baden-Baden 1994, S. 927 ff.

Franke, D. / *Kneifel-Haverkamp*, R., Die brandenburgische Landesverfassung – Verfassungsgebung in den neuen Bundesländern als Teil der gesamtdeutschen Verfassungsdiskussion, JöR (n.F.) 42 (1994), S. 111 ff.

Friesenhahn, Ernst, Zur Zuständigkeitsabgrenzung zwischen Bundesverfassungsgerichtsbarkeit und Landesverfassungsgerichtsbarkeit, in: Starck, Christian (Hrsg.), Bundesverfassungsgericht und Grundgesetz, Festgabe aus Anlass des 25jährigen Bestehens des Bundesverfassungsgerichts, Band 1, Tübingen 1976, S. 748 ff. (zit.: Friesenhahn, in: Festgabe 25 Jahre Bundesverfassungsgericht I)

— Verfassungsgerichtsbarkeit, JURA 1982, S. 517 ff.

— Die Verfassungsgerichtsbarkeit in der Bundesrepublik Deutschland, Köln 1963

Friesenhahn, Ernst, Zum Verhältnis von Bundes- und Landesverfassungsgerichtsbarkeit. Referat für die Konferenz der Präsidenten und Vizepräsidenten der Landesverfassungsgerichte mit den Mitgliedern des Bundesverfassungsgerichts am 20. April 1956 in Karlsruhe, Karlsruhe 1956

Fritsche, Ulrike / *Wankel*, Sybille, Verpflichtung der Kommunen zur Bestellung einer hauptamtlichen Frauenbeauftragten, NVwZ 1997, S. 43 ff.

Frowein, Jochen, Änderungen der Rechtsprechung des Bundesverfassungsgerichts als Rechtsproblem, DÖV 1971, S. 793 ff.

Fuchs, Jochen, Landesverfassungsrecht im Umbruch. Probleme und Aufgaben einer modernen Landesverfassungsgebung, Vieselbach/Erfurt 1994

Gall, Lothar, Bismarck. Der weiße Revolutionär, Frankfurt a.M. 1980

Gallwas, Hans-Ulrich, Konkurrenz von Bundes- und Landesgrundrechten, JA 1981, S. 536 ff.

Gebauer, Klaus-Eckart, Interessenregelungen im föderalistischen System, in: Grundrechte, soziale Ordnung und Verfassungsgerichtsbarkeit, Festschrift für Ernst Benda zum 70. Geburtstag, hrsg. von Eckart Klein / Klaus-Eckart Gebauer / Ernst Benda, Heidelberg 1995, S. 67 ff.

Gehb, Jürgen, Bricht Berliner Landesrecht Bundesrecht?, DÖV 1993, S. 470 ff.

Geiger, Willi, Die Bundesverfassungsgerichtsbarkeit in ihrem Verhältnis zur Landesverfassungsgerichtsbarkeit und ihre Einwirkung auf die Verfassungsordnung der Länder, in: Süsterhenn, Adolf (Hrsg.), Verfassung und Verwaltung in Theorie und Wirklichkeit, Festschrift für Herrn Geheimrat Professor Dr. Wilhelm Laforet anlässlich seines 75. Lebensjahres, München 1952, S. 251 ff. (zit.: Geiger, in: FS für Laforet)

— Einige Probleme der Bundesverfassungsgerichtsbarkeit, DÖV 1952, S. 481 ff.

— Das Bund-Länder-Verhältnis in der Rechtsprechung des Bundesverfassungsgerichts, BayVBl. 1957, S. 301 ff.

— Die wechselseitige Treupflicht zwischen Bund und Ländern, in: Süsterhenn, Adolf (Hrsg.), Foederalistische Ordnung: Ansprachen und Referate der vom Bund Deutscher Föderalisten und vom Institut für Staatslehre und Politik am 9. und 10. März 1961 in Mainz veranstalteten staatswissenschaftlichen Arbeitstagung, Koblenz 1962

— Verfassungsbeschwerde nach Bundes- und Landesrecht, DRiZ 1969, S. 139 ff.

— Das Bundesverfassungsgericht im Spannungsfeld zwischen Recht und Politik, EuGRZ 1985, S. 402 ff.

Geis, Max-Emanuel / *Lorenz*, Dieter (Hrsg.), Staat, Kirche, Verwaltung, Festschrift für Hartmut Maurer zum 70. Geburtstag, München 2001 (zit.: Verfasser, in: FS für Maurer)

Gensior, Walter, Wahlprüfungs- und ähnliche Beschwerden vor Landesverfassungsgerichten, in: Starck, Christian / Stern, Klaus (Hrsg.), Landesverfassungsgerichtsbarkeit, Band 2: Zuständigkeiten und Verfahren der Landesverfassungsgerichte, Baden-Baden 1983, S. 105 ff.

Gönner, Nikolaus Thaddeus, Teutsches Staatsrecht, Landshut 1804

Görlich, Helmut, Grundrechte als Verfahrensgarantien, Baden-Baden 1981

Götz, Volkmar, Allgemeines Polizei- und Ordnungsrecht, 12. Aufl., Göttingen 1995

— Die Gleichheitsgarantie in der Rechtsprechung der Landesverfassungsgerichte, in: Starck, Christian / Stern, Klaus (Hrsg.), Landesverfassungsgerichtsbarkeit, Band 3: Verfassungsauslegung, Baden-Baden 1983, S. 398 ff.

Gramm, Christof, Gewaltverschiebung im Bundesstaat – Zu Möglichkeiten und Grenzen der Verfassungsrechtsdogmatik, AöR 124 (1999), S. 212 ff.

Grawert, Rolf, Die Bedeutung gliedstaatlichen Verfassungsrechts in der Gegenwart, NJW 1987, S. 2329 ff.

Grimm, Dieter / *Papier*, Hans-Jürgen, Nordrhein-Westfälisches Staats- und Verwaltungsrecht, Frankfurt a.M. 1986

Großfeld, Bernhard, Götterdämmerung – Zur Stellung des Bundesverfassungsgerichts, NJW 1995, S. 1719 ff.

Groschupf, Otto, Richtervorlagen zu den Landesverfassungsgerichten, in: Starck, Christian / Stern, Klaus (Hrsg.), Landesverfassungsgerichtsbarkeit, Band 2: Zuständigkeiten und Verfahren der Landesverfassungsgerichte, Baden-Baden 1983, S. 85 ff.

Grotewohl, Otto, Deutsche Verfassungspläne, Berlin 1947

Grzeszick, Bernd, Vom Reich zur Bundesstaatsidee – Zur Herausbildung der Föderalismusidee als Element des modernen deutschen Staatsrechts, Berlin 1996

Gusy, Christoph, Richterrecht und Grundgesetz, DÖV 1992, S. 461 ff.

— Anmerkung zur Sitzblockaden-Entscheidung des Bundesverfassungsgerichts vom 10.1.1995 – 1 BvR 718789, JZ 1995, S. 782 f.

Gusy, Christoph / *Wagner*, Edgar, Die verfassungsrechtliche Entwicklung in Rheinland-Pfalz von 1996–2001, JöR (n.F.) 51 (2003), S. 383 ff.

Häberle, Peter, Grundrechte im Leistungsstaat, VVDStRL 30 (1972), S. 42 ff.

— Deutschlands aktuelle Verfassungslage, VVDStRL 49 (1990), S. 156 ff.

— Der Entwurf der Arbeitsgruppe „Neue Verfassung der DDR“ des Runden Tisches, JöR (n.F.) 39 (1990), S. 319 ff.

— Die Verfassungsbewegung in den fünf neuen Bundesländern, JöR (n.F.) 41 (1993), S. 70 ff.

— Die Verfassungsbewegung in den fünf neuen Bundesländern 1991–1992, JöR (n.F.) 42 (1994), S. 149 ff.

— Die Verfassungsbeschwerde im System der bundesdeutschen Verfassungsgerichtsbarkeit, JöR (n.F.) 45 (1997), S. 89 ff.

— Kulturhoheit im Bundesstaat – Entwicklung und Perspektiven, AöR 124 (1999), S. 549 ff.

Haeberlin, Karl-Friedrich, Handbuch des teutschen Staatsrechts nach dem System des Herrn Pütter / Zum gemeinnützigen Gebrauch der gebildeten Stände in Teutschland, mit Rücksicht auf die neuesten merkwürdigsten Ereignisse, bearbeitet vom Hofrath und Professor Haeberlin zu Helmstedt, Band 2, Berlin 1797

Hahn, Michael J., Anmerkung zum Urteil des Landesverfassungsgerichts Sachsen-Anhalt vom 22.2.1996 – LVG 8/95, JZ 1996, S. 726 f.

Hahn, Karl-Eckhard, Anmerkung zur Entscheidung des Bundesverfassungsgerichts vom 15.10.1997, JZ 1998, S. 622 f.

— Die Zukunft der Länder in Deutschland und Europa sichern, ZG 2002, S. 374 ff.

Hamann, Andreas / *Lenz*, Helmut, Das Grundgesetz für die BRD vom 23.5.1949, 3. Aufl., Berlin 1970

Hammerstein, Christian von, Das Verhältnis zwischen Bundes- und Landesverfassungsgerichtbarkeit, Göttingen 1960

Harbich, Jürgen, Der Bundesstaat und seine Unantastbarkeit, Berlin 1965

Harms, Katharina, Verfassungsrecht in Umbruchsituationen, Baden-Baden 1999

Hartung, Fritz, Deutsche Verfassungsgeschichte vom 15. Jahrhundert bis zur Gegenwart, Stuttgart 1969

Hasskarl, Hans, Die Rechtsprechung des Bundesverfassungsgerichts zu Art. 80 Abs. 1 Satz 2 GG, AöR 94 (1969), S. 108 ff.

Heckel, Martin, Das Kreuz im öffentlichen Raum – Zum Kruzifix-Beschluss des Bundesverfassungsgerichts, DVBl. 1996, S. 453 ff.

Heimann, Hans Markus, Die Entstehung der Verfassungsgerichtsbarkeit in den neuen Ländern und in Berlin, München 2001

Heinig, Hans Michael, Gleichheit trotz(t) Funktionalität, NWVBl. 2000, S. 121 ff.

Heinig, Hans Michael / *Morlok* Martin, Konkurrenz belebt das Geschäft, Zur Problematik der 5%-Klausel im Kommunalwahlrecht, ZG 2000, S. 369 ff.

Heintzen, Markus, Die Beidseitigkeit der Kompetenzverteilung im Bundesstaat, DVBl. 1997, S. 689 ff.

Held, Jürgen, Die Verfassungsbeschwerde zum Verfassungsgerichtshof Rheinland-Pfalz – Zugleich ein Beitrag zu Umfang und Grenzen landesverfassungsgerichtlicher Jurisdiktionsgewalt im Bundesstaat, NVwZ 1995, S. 534 ff.

Heller, Hermann, Staatslehre (1934), Neudruck Leiden 1963

Henneke, Hans-Günter, Das richtige Maß der Unmittelbarkeit und Distanz bei kommunalen Bürgerbegehren und -entscheiden, ZG 1996, S. 1 ff.

— Anmerkung zum Urteil des Verfassungsgerichtshofes Nordrhein-Westfalen vom 9.12.1996 zu kommunalen Kostenerstattungen bei staatlichen Aufgabenübertragungen, DVBl. 1997, S. 490 f.

— Verfassungsrechtlicher Schutz der Gemeindeverbände vor gesetzlichem Aufgabenentzug im dualistischen und monistischen Aufgabenmodell – Zur Entscheidung des Verfassungsgerichthofes Nordrhein-Westfalen vom 26. Juni 2001, ZG 2002, S. 72 ff.

Herdegen, Matthias, Strukturen und Institute des Verfassungsrechts der Länder, in: Isensee, Josef / Kirchhof, Paul (Hrsg.), Handbuch des Staatsrechts der Bundesrepublik Deutschland, Band 4, 1. Aufl., Heidelberg 1990, S. 479 ff. (zit.: Herdegen, in: HdbStR IV)

Hermes, Georg / *Walther*, Susanne, Schwangerschaftsabbruch zwischen Recht und Unrecht – Das zweite Abtreibungsurteil des Bundesverfassungsgericht und seine Folgen, NJW 1993, S. 2337 ff.

Herzog, Roman, Bundes- und Landesgewalt im demokratischen Bundesstaat, DÖV 1962, S. 81 ff.

— Offene Fragen zwischen Verfassungsgericht und Gesetzgeber, ZG 2 (1987), S. 290 ff.

Heß, Reinhold, Grundrechtskonkurrenzen – Zugleich eine Beitrag zur Normstruktur der Freiheitsrechte, Berlin 1999

Hesse, Konrad, Der unitarische Bundesstaat, Karlsruhe 1962 (zit.: Hesse, Der unitarische Bundesstaat)

— Bestand und Bedeutung der Grundrechte in der Bundesrepublik Deutschland, EuGRZ 1978, S. 427 ff.

— Die Vereinigung Deutschlands und die gesamtdeutsche Verfassung (1991), JöR (n.F.) 44 (1996), S. 1 ff.

— Verfassungsrechtsprechung im geschichtlichen Wandel, JZ 1995, S. 265 ff.

— Stufen der Entwicklung der deutschen Verfassungsgerichtsbarkeit, JöR (n.F.) 45 (1997), S. 1 ff.

Heuer, Uwe-Jens (Hrsg.), Die Rechtsordnung der DDR: Anspruch und Wirklichkeit, Baden-Baden 1995 (zit.: Bearbeiter, in: Heuer, Rechtsordnung der DDR)

Heun, Werner, Funktionell-rechtliche Schranken der Verfassungsgerichtsbarkeit – Reichweite und Grenzen einer dogmatischen Argumentationsfigur, Baden-Baden 1992

— Anmerkung zur Entscheidung des Bundesverfassungsgerichts vom 12.7.1994 zum Auslandseinsatz der Bundeswehr, 2 BvE 2/92, JZ 1994, S. 1073 f.

Hillgruber, Christian, Richterliche Rechtsfortbildung als Verfassungsproblem, JZ 1996, S. 121 ff.

Hobbes, Thomas, Leviathan oder Stoff, Form und Gewalt eines kirchlichen und bürgerlichen Staates, hrsg. v. Iring Fetscher, übers. von Walter Euchner, 4. Aufl., Frankfurt a.M. 1991

Hoffmann-Riem, Wolfgang / *Koch*, Hans-Joachim (Hrsg.), Hamburgisches Staats- und Verwaltungsrecht, 1. Aufl., Frankfurt a.M. 1988 (zit.: Bearbeiter, in: Hoffmann-Riem / Koch)

Hoppe, Werner, Die kommunale Verfassungsbeschwerde zu den Landesverfassungsgerichten, in: Starck, Christian / Stern, Klaus (Hrsg.), Landesverfassungsgerichtsbarkeit, Band 2: Zuständigkeiten und Verfahren der Landesverfassungsgerichte, Baden-Baden 1983, S. 257 ff. (zit.: Hoppe, in: Landesverfassungsgerichtsbarkeit II)

— Probleme des verfassungsrechtlichen Schutzes der kommunalen Selbstverwaltung, DVBl. 1995, S. 179 ff.

Höfling, Wolfram, Das Verbot prozessualer Willkür – Zum dogmatischen Gehalt einer bundesverfassungsgerichtlichen Argumentationsfigur, JZ 1991, S. 955 ff.

Hoffmann-Riem, Wolfgang, Beharrung oder Innovation – Zur Bindungswirkung verfassungsgerichtlicher Entscheidungen, Der Staat 1974, S. 341 ff.

Hoke, Rudolf, Verfassungsgerichtsbarkeit in den deutschen Ländern in der Tradition der deutschen Staatsgerichtsbarkeit, in: Starck, Christian / Stern, Klaus (Hrsg.), Landesverfassungsgerichtsbarkeit, Band 1: Geschichte, Organisation, Rechtsvergleichung, Baden-Baden 1983, S. 25 ff.

Hölscheidt, Sven, Grundlagen und Entwicklung der Verfassungsberatungen in Mecklenburg-Vorpommern, DVBl. 1991, S. 1066 ff.

Hopmann, Landesrechtlicher Grundrechtsschutz und Kompetenzordnung, Der Staat 35 (1996), S. 431 ff.

Huber, Peter M., Die neue Verfassung des Freistaates Thüringen, LKV 1994, S. 121 ff.

— Die Landesverfassungsgerichtsbarkeit zwischen Anspruch und Wirklichkeit, ThürVBl. 2003, S. 73 ff.

Huber, Ernst Rudolf, Verfassungsrecht des Großdeutschen Reichs, 2. Aufl., Hamburg 1939 (zit.: E.R. Huber, Verfassungsrecht des Großdeutschen Reichs)

— in: Dokumente zur Geschichte von Staat und Gesellschaft in Bayern. Kommentar für Bayerische Landesgeschichte bei der Bayerischen Akademie der Wissenschaften, Band 1: Der moderne bayerische Staat – eine Verfassungsgeschichte vom aufgeklärten Absolutismus bis zum Ende der Reformepoche, München 1979; Band 2: Die bayerische Staatlichkeit, bearb. von Rolf *Kiessling* und Anton *Schmid*, München 1976 (zit.: E.R. Huber, in: Dokumente zur Geschichte von Staat und Gesellschaft in Bayern, I bzw. II)

— Deutsche Verfassungsgeschichte seit 1789, Band 1: Reform und Restauration 1789 bis 1830, 2. Aufl., Stuttgart 1990; Band 2: Der Kampf um Einheit und Freiheit 1830 bis 1850, Aufl., Stuttgart 1988; Band 3: Bismarck und das Reich, 3. Aufl., Stuttgart 1988; Band 4: Struktur und Krisen des Kaiserreichs, 2. Aufl., Stuttgart 1969; Band 5: Weltkrieg, Revolution und Reichserneuerung 1914–1919, 1. Aufl., Stuttgart 1978; Band 6: Die Weimarer Reichsverfassung, Stuttgart 1981 (zit.: E.R. Huber, Verfassungsgeschichte I, II, III, IV, V bzw. VI)

— in: Isensee, Josef / Kirchhof, Paul (Hrsg.), Handbuch des Staatsrechts der Bundesrepublik Deutschland, Band 1, 1. Aufl., Heidelberg 1987, S. 35 ff. (zit.: E.R. Huber, in: HdbStR I)

Hufeld, Ulrich, Die Verfassungsdurchbrechung. Rechtsprobleme der Deutschen Einheit und der europäischen Einigung. Ein Beitrag zur Dogmatik der Verfassungsänderung, Berlin 1997

Hufen, Friedhelm, Die Bedeutung gliedstaatlichen Verfassungsrechts in der Gegenwart, BayVBl. 1987, S. 513 ff.

Ipsen, Hans Peter, Über das Grundgesetz, Gesammelte Beiträge seit 1949, Tübingen 1988

Ipsen, Jörn, Verfassungsrechtliche Schranken des Richterrechts, DVBl. 1984, S. 1102 ff.

— Die Bedeutung gliedstaatlichen Verfassungsrechts in der Gegenwart, VVDStRL 46 (1988), S. 164 ff.

— Die kommunale Verfassungsbeschwerde nach Art. 54 Ziff. 5 der Niedersächsischen Verfassung, NdsVBl. 1994, S. 9 ff.

Isensee, Josef, Fortgeltung des saarländischen Sozialisierungs-Artikels unter dem Grundgesetz – Eine bundesstaatliche Normenkollision – DÖV 1978, S. 233 ff.

— Der Föderalismus und der Verfassungsstaat der Gegenwart, AöR 115 (1990), S. 248 ff.

— Bildersturm durch Grundrechtsinterpretation – Der Kruzifix-Beschluss des Bundesverfassungsgerichts, ZRP 1996, S. 10 ff.

— (Hrsg.), Vorbehalt der Verfassung – Das Grundgesetz als abschließende und als offene Norm, in: Freiheit und Eigentum, Festschrift für Walter Leisner zum 70. Geburtstag, Berlin 1999, S. 391 ff. (zit.: Verfasser, in: FS für Leisner)

— Der Bundesstaat – Bestand und Entwicklung, in: Badura, Peter / Dreier, Horst (Hrsg.), Festschrift 50 Jahre Bundesverfassungsgericht, 2. Band: Klärung und Fortbildung des Verfassungsrechts, Tübingen 2001, S. 719 ff. (zit.: Isensee, FS 50 Jahre Bundesverfassungsgericht II)

Isensee, Josef / *Kirchhof*, Paul (Hrsg.), Handbuch des Staatsrechts der Bundesrepublik Deutschland, zehn Bände, Band 1: Grundlagen von Staat und Verfassung, 1. Aufl., Heidelberg 1987; Band 4: Finanzverfassung, bundesstaatliche Ordnung, 1. Aufl., Heidelberg 1990; Band 5: Allgemeine Grundrechtslehren, 2. Aufl., Heidelberg 2000 (zit.: Bearbeiter, in: HdbStR I, IV bzw. V)

Iwers, Steffen Johann, Entstehung, Bindungen und Ziele der materiellen Bestimmungen der Landesverfassung Brandenburg, Band 2, Aachen 1998

Jachmann, Monika, Bundesrecht (insbesondere Bundesverfassungsrecht) und Landesverfassungen, JuS 1994, S. 81 ff.

Janz, Norbert, Volksinitiativen versus Haushaltsvorbehalt – Eine kritische Anmerkung zur Kita-Entscheidung des Verfassungsgerichts des Landes Brandenburg, LKV 2002, S. 67 f.

Jarass, Hans D. / *Pieroth*, Bodo, Grundgesetz für die Bundesrepublik Deutschland, 6. Aufl., München 2002

Jestaedt, Matthias, Grundrechtsentfaltung im Gesetz – Studien zur Interdependenz von Grundrechtsdogmatik und Rechtsgewinnungstheorie, Tübingen 1999 (zit.: Jestaedt, Grundrechtsentfaltung im Gesetz)

— Und er bewegt sie doch! Der Wille des Verfassungsgesetzgebers in der verfassungsgerichtlichen Auslegung des Grundgesetzes, in: Recht im Pluralismus, Festschrift für Walter Schmitt Glaeser zum 70. Geburtstag, hrsg. von Hans-Detlef Horn, Berlin 2003, S. 270 ff. (zit.: Jestaedt, in: FS für Schmitt Glaeser)

Juhle, Dietrich, Die Gegenstände der Landesverfassungsgerichtsbarkeit, Göttingen 1963

Jung, Otmar, Jüngste plebiszitäre Entwicklungstendenzen in Deutschland auf Landesebene, JöR (n.F.) 41 (1993), S. 29 ff.

— Die Praxis direkter Demokratie unter den neuen Landesverfassungen, ZG 1998, S. 295 ff.

Jutzi, Siegfried, Landesverfassungsrecht und Bundesrecht, Berlin 1982 (zit.: Jutzi, Landesverfassungsrecht und Bundesrecht)

— Zum Verhältnis von Landesverfassungsrecht und Bundesrecht sowie der Durchsetzungskraft bundesverfassungsrechtlicher Grundrechte, ThürVBl. 1993, Sonderheft S. B 18 ff.

— Gestaltungsräume der Landesverfassung gegenüber Bund und Europa, KritV 1996, S. 138 ff.

— Anmerkung zum Beschluss des Bundesverfassungsgerichts vom 9.7.1997, NJ 1997, S. 643 f.

— Anmerkung zum Beschluss des Bundesverfassungsgerichts vom 15.10.1997, NJ 1998, S. 252 f.

Kadenbach, Ernst, Zur bindenden Wirkung der Entscheidungen des Bundesverfassungsgerichts – Versuch einer abschließenden Betrachtung, AöR 80 (1955/1956), S. 25 ff.

Kägi, Werner, Die Verfassung als rechtliche Grundordnung des Staates: Untersuchungen über Entwicklungstendenzen im modernen Verfassungsstaat, Zürich 1945

Kanther, Wilhelm, Die neuen Landesverfassungen im Lichte der Bundesverfassung, Köln 1993

Katz, Alfred, Staatsrecht: Grundkurs im öffentlichen Recht, 14. Aufl., Heidelberg 1999

Kauke, Gerhard, Die Verfassungs- und Staatsgerichtsbarkeit in Bund und Ländern und ihr Verhältnis zueinander, Köln 1953

Kelsen, Hans, Allgemeine Staatslehre, 1. Aufl., Bad Homburg v.d. Höhe 1925 (zit.: Kelsen, Allgemeine Staatsrechtslehre)

— Wesen und Entwicklung der Staatsgerichtsbarkeit, VVDStRL Heft 5 (1929), S. 81 ff.

Kelsen, Hans / *Triepel*, Heinrich, Wesen und Entwicklung der Staatsgerichtsbarkeit: Berichte der Verhandlungen der Tagung der Deutschen Staatsrechtslehre zu Wien am 23. und 24.4.1928, Aalen 1929

Kerbusch, Hermann, Die Bindung an Entscheidungen des Bundesverfassungsgerichts, Köln 1982

Kersten, Jens, Homogenitätsgebot und Landesverfassungsrecht, DÖV 1993, S. 896 ff.

Kettler, Dietmar, Zur Subsidiarität der Kommunalverfassungsbeschwerde nach Bundesrecht gegenüber der nach Landesrecht für Gemeinden in den neuen Bundesländern, LKV 1995, S. 132 ff.

Kilian, Michael, Die neue Verfassung des Landes Sachsen-Anhalt, LKV 1993, S. 77 ff.

Kimminich, Otto, Deutsche Verfassungsgeschichte, Frankfurt a.M. 1970

Kirchberg, Christian, Was wird aus dem Bericht der Benda-Kommission?, NVwZ 1999, S. 375 ff.

Kirchhof, Ferdinand, Objektivität und Willkür, in: Verantwortlichkeit und Freiheit – die Verfassung als wertbestimmte Ordnung, Festschrift für Willi Geiger zum 80. Geburtstag, hrsg. von Hans Joachim Faller, Tübingen 1989, S. 82 ff. (zit.: Kirchhof, FS für Geiger)

— Die Rolle der Landesverfassungsgerichte im deutschen Staat, BaWüVBl. 2003, S. 137 ff.

Klatt, Hartmut, Deutsche Einheit und bundesstaatliche Ordnung – Das föderale System der Bundesrepublik Deutschland im Umbruch, VerwArch 82 (1991), S. 430 ff.

Klein, Eckhart, Landesverfassung und Landesverfassungsbeschwerde, DVBl. 1993, S. 1329 ff.

Klein, Eckart / *Gebauer*, Klaus-Eckart / *Benda*, Ernst (Hrsg.), Grundrechte, soziale Ordnung und Verfassungsgerichtsbarkeit, Festschrift für Ernst Benda zum 70. Geburtstag, Heidelberg 1995 (zit.: Verfasser, in: FS für Benda)

Klein, Hans H., Überlegungen zu einer Entlastung des Bundesverfassungsgerichts, in: Der verfasste Rechtsstaat, Festgabe für Karin Graßhof, hrsg. von Gerd Pfeiffer / Udo Burgermeister / Gerald Roth, Heidelberg 1998, S. 367 ff.

— Der Bundesrat im Regierungssystem der Bundesrepublik Deutschland, ZG 2002, 297 ff.

Kluth, Winfried, Zehn Jahre Verfassungsentwicklung in Sachsen-Anhalt – 1992 bis 2002, JöR (n.F.) 51 (2003), S. 459 ff.

Knemeyer, Franz-Ludwig, Kommunale Neugliederung vor den Landesverfassungsgerichten, in: Starck, Christian / Stern, Klaus (Hrsg.), Landesverfassungsgerichtsbarkeit, Band 3: Verfassungsauslegung, Baden-Baden 1983, S. 143 ff.

Knies, Wolfgang, Auf dem Weg in den „verfassungsgerichtlichen Jurisdiktionsstaat“? Das Bundesverfassungsgericht und die gewalteneilende Kompetenzordnung des Grundgesetzes, in: Verfassungsstaatlichkeit, Festschrift für Klaus Stern zum 65. Geburtstag, hrsg. von Joachim Burmeister, München 1997, S. 1155 ff.

Knöpfle, Franz, Verfassungsgerichtsbarkeit in Bayern, Entwicklung, Rechtsverständnis und heutige Bedeutung, BayVBl. 1984, S. 257 (1. Teil), S. 296 ff. (Fortsetzung und Schluss)

Körner, Gerhard, Bayerische Verfassungsbeschwerde und Bundesrecht, DÖV 1962, S. 295 ff.

Koll, Jürgen, Kommunale Frauenbeauftragte, Landesgesetzgebungskompetenz und die Prüfungskompetenz des Niedersächsischen Staatsgerichtshofes, DöD 1994, S. 221 ff.

Kommentar zum Bonner Grundgesetz, Band 4 (Art. 20–37); Band 8 (Art. 92–104); Band 13 (Art. 131–146), hrsg. von Rudolf Dolzer u.a., Heidelberg, Ergänzungslieferungen ab 1949 (zit.: Bearbeiter, in: Bonner Kommentar zum GG)

Kopp, Ferdinand O., Die Grundrechte der deutschen Landesverfassungen, in: Novak, R. / Sutter, B. / Hasiba, G.D. (Hrsg.), Der Föderalismus und die Zukunft der Grundrechte, Wien 1982, S. 57 ff.

Korioth, Stefan, Integration und Bundesstaat: ein Beitrag zur Staats- und Verfassungslehre Rudolf Smends, Berlin 1990

— Bundesverfassungsgericht und Rechtsprechung („Fachgerichte“), in: Badura, Peter / Dreier, Horst (Hrsg.), Festschrift 50 Jahre Bundesverfassungsgericht, 2. Band: Klärung und Fortbildung des Verfassungsrechts, Tübingen 2001, S. 55 ff. (zit.: Korioth, in: FS 50 Jahre Bundesverfassungsgericht II)

Kratzer, Jakob, Artikel 142 des Grundgesetzes und die Grundrechte in der Bayerischen Verfassung, in: Süsterhenn, Adolf (Hrsg.), Verfassung und Verwaltung in Theorie und Wirklichkeit, Festschrift für Herrn Geheimrat Professor Dr. Wilhelm Laforet anlässlich seines 75. Lebensjahres, München 1952, S. S. 107 ff.

Krause, Peter, Grenzen der Verfassungsautonomie der Länder – BVerfG, NJW 1974, 1181, in: JuS 1975, S. 160 ff.

— Verfassungsentwicklung im Saarland seit 1980, JöR (n.F.) 51 (2003), S. 403 ff.

Krey, Volker, Das Bundesverfassungsgericht in Karlsruhe – ein Gericht läuft aus dem Ruder – Kritische Anmerkung anlässlich des Sitzblockaden-Beschlusses des Ersten Senates vom 10.1.1995, JR 1995, S. 221 f.

Kretschmer, Gerald, Die Öffentlichkeitsarbeit der Fraktionen im Spannungsbogen von Idealtypik und Realitätsdruck, ZG 2003, S. 1 ff.

Kriele, Martin, § 218 StGB nach dem Urteil des Bundesverfassungsgerichts, ZRP 1975, S. 74 ff.

Kröger, Klaus, Einführung in die jüngere Verfassungsgeschichte (1806–1933): ein Grundriß über Entwicklungslinien, München 1988

Kronisch, Joachim, Aufgabenverlagerung und gemeindliche Aufgabengarantie, Baden-Baden 1993

Krüger, Herbert, Grundgesetz und Kartellgesetzgebung, Göttingen 1950

Kühne, Jörg-Detlef, Die Landesverfassungsgarantien hochschulischer Selbstverwaltung – ein unentfaltetes Autonomiepotential, DÖV 1997, S. 1 ff.

— 150 Jahre Revolution von 1848/1849 – ihre Bedeutung für den modernen Verfassungsstaat, NJW 1998, S. 1513 ff.

Kunig, Philip, Die rechtsprechende Gewalt in den Ländern und die Grundrechte des Landesverfassungsrechts, NJW 1994, S. 687 ff.

Laband, Paul, Das Staatsrecht des Deutschen Reichs, Band 1, 5. Aufl., Tübingen 1911

Lange, Klaus, Kontrolle bundesrechtlich geregelter Verfahren durch Landesverfassungsgerichte?, NJW 1998, S. 1278 ff.

— Das Bundesverfassungsgericht und die Landesverfassungsgerichte, in: Badura, Peter / Dreier, Horst (Hrsg.), Festschrift 50 Jahre Bundesverfassungsgericht, Band 1: Verfassungsgerichtsbarkeit, Verfassungsprozess, Tübingen 2001, S. 289 ff. (zit.: Lange, FS 50 Jahre Bundesverfassungsgericht I)

Laufer, Heinz, Verfassungsgerichtsbarkeit und politischer Prozess: Studien zum Bundesverfassungsgericht der Bundesrepublik Deutschland, Tübingen 1968

Lechner, Peter, Nochmals zur bindenden Wirkung verfassungsgerichtlicher Entscheidungen, NJW 1956, S. 443 ff.

Leibholz, Gerhard / *Faller*, Hans Joachim / *Mikat*, Paul (Hrsg.), Menschenwürde und freiheitliche Rechtsordnung, Festschrift für Willi Geiger zum 65. Geburtstag, Tübingen 1974 (zit.: Verfasser, in: FS für Geiger)

Leisner, Walter, Die bayerischen Grundrechte, Wiesbaden 1968 (zit.: Leisner, Die bayerischen Grundrechte)

— Landesverfassungsgerichtsbarkeit als Wesenselement des Föderalismus – Zur Theorie der Eigenstaatlichkeit der Länder, in: Verfassung und Verfassungsrechtsprechung, Festschrift zum 25jährigen Bestehen des Bayerischen Verfassungsgerichtshofes, hrsg. vom Bayerischen Verfassungsgerichtshof, Schriftleitung: Hans Domcke, Mitarbeiter: Theodor Maunz, München 1972, S. 183 ff. (zit.: Leisner, FS 25 Jahre Bayerischer Verfassungsgerichtshof)

— Steuer- und Eigentumswenden – die Einheitswert-Beschlüsse des Bundesverfassungsgerichts, NJW 1995, S. 2591 ff.

Lemhöfer, Bernt, Landesverfassungsgerichte als kleine Bundesverfassungsgerichte?, NJW 1996, S. 1714 ff.

Lenz, Christofer, Das Bundesverfassungsgericht zwischen Selbstentlastung und Selbstbelastung – Zum Ausschluss der Verfassungsbeschwerde bei Länderwahlen, NJW 1999, S. 34 ff.

Lerche, Peter, Föderalismus als nationales Ordnungsprinzip, VVDStRL 21 (1964), S. 66 ff.

— Probleme der Vorfragenkompetenz in der Judikatur des Bayerischen Verfassungsgerichtshofes, in: Verfassung und Verfassungsrechtsprechung, Festschrift zum 25jährigen Bestehen des Bayerischen Verfassungsgerichtshofes, hrsg. vom Bayerischen Verfassungsgerichtshof, Schriftleitung: Hans Domcke, Mitarbeiter: Theodor Maunz, München 1972, S. 255 ff. (zit.: Lerche, FS 25 Jahre Bayerischer Verfassungsgerichtshof)

— Koalitionsfreiheit und Richterrecht, NJW 1987, S. 2465 ff.

Limbach, Jutta, Das Bundesverfassungsgericht, München 2001

— Das Bundesverfassungsgericht und der Grundrechtsschutz in Europa, NJW 2001, S. 2913 ff.

Linck, Joachim, Die vorläufigen Verfassungen der neuen Bundesländer, DÖV 1991, S. 730 ff.

Lindemann, Helmut, Das antiquierte Grundgesetz, Hamburg 1966

Link, Christoph, Noch einmal: Der Hannoversche Verfassungskonflikt und die „Göttinger Sieben“, JuS 1979, S. 191 ff.

— Stat Crux? Die „Kruzifix“-Entscheidung des Bundesverfassungsgerichts, NJW 1995, S. 3353 ff.

Lipset, Seymour Martin, Soziologie der Demokratie, Neuwied 1962

Litzenburger, Wolfgang, Die kommunale Verfassungsbeschwerde in Bund und Ländern, Kiel 1985

Löwer, Wolfgang, Anmerkung zum Urteil des Verfassungsgerichtshofes Nordrhein-Westfalen vom 11.7.1980 – VerfGH 8/79 – zur Sparkassenneugliederung im Gefolge der Gebietsreform, JA 1981, S. 123 f.

— Kritische Anmerkungen zum Beschluss des Verfassungsgerichtshofes des Landes Berlin in Sachen Honecker, SächsVBl. 1993, S. 73 f.

Löwer, Wolfgang / *Menzel*, Jörg, Die Rechtsprechung der neuen Landesverfassungsgerichte zum Kommunalrecht, ZG 1997, S. 90 ff.

Loschelder, Wilhelm / *Salzwedel*, Jürgen, Verfassungs- und Verwaltungsrecht des Landes Nordrhein-Westfalen, Köln 1964

Lotz, Klaus Werner, Bayerische Verfassungsbeschwerde und Bundesrechtsordnung, in: Verfassung als Verantwortung und Verpflichtung, Festschrift zum 50jährigen Bestehen des Bayerischen Verfassungsgerichtshofes, hrsg. vom Bayerischen Verfassungsgerichtshof, München 1997, S. 115 ff.

Lücke, Jörg, Bundesfreundliches und bürgerfreundliches Verhalten – Zur bürgerbezogenen Ergänzungsbedürftigkeit des Grundsatzes des bundesfreundlichen Verhaltens, Der Staat 17 (1978), S. 341 ff.

Luhmann, Niklas, Politische Verfassungen im Kontext des Gesellschaftssystems (2. Teil), Der Staat 12 (1973), S. 165 ff.

Maasen, Hermann, Probleme der Selbstbindung des Bundesverfassungsgerichts, NJW 1975, S. 1343 ff.

Macke, Peter (Hrsg.), Verfassung und Verfassungsgerichtsbarkeit auf Landesebene – Beiträge zur Verfassungsstaatlichkeit in den Bundesländern, Baden-Baden 1998 (zit.: Bearbeiter, in: Macke, Verfassung und Verfassungsgerichtsbarkeit auf Landesebene)

März, Wolfgang, Bundesrecht bricht Landesrecht. Eine staatsrechtliche Untersuchung zu Art. 31 des Grundgesetzes, Berlin 1989

Mager, Ute, Meinungsfreiheit und Ehrenschutz von Soldaten – BVerfG vom 10.10.1995 – BvR 1476/91 u.a., JURA 1996, S. 405 ff.

Magiera, Siegfried, Verfassungsgebung der Länder als Gliedstaaten der Bundesrepublik Deutschland, in: Stern, Klaus (Hrsg.), Deutsche Wiedervereinigung, Band 3: Zur Entstehung von Landesverfassungen in den neuen Ländern der Bundesrepublik Deutschland, Köln 1992, S. 141 ff.

Mampel, Siegfried, Bericht: „Die Volksdemokratie" in Mitteldeutschland, Die Entwicklung der Verfassungsordnung im der Sowjetzone Deutschlands von 1945–1963, JöR (n.F.) 13 (1964), S. 508 ff.

— Die sozialistische Verfassung der Deutschen Demokratischen Republik, Kommentar, 2. Aufl., Frankfurt a.M. 1982 (zit.: Mampel, Die sozialistische Verfassung der Deutschen Demokratischen Republik)

Mangoldt, Hartmut v., Die Verfassungen der neuen Bundesländer, Einführung und synoptische Darstellung, 2. Aufl., Berlin 1997

Mangoldt, Hermann v. / *Klein*, Friedrich / *Starck*, Christian, Kommentar zum Grundgesetz, Band 1: 1-19, Band 2: Art. 20–82, 5. Aufl., München 2005 (zit.: Bearbeiter, in: v. Mangoldt / Klein / Starck, GG-Kommentar I bzw. II)

Manssen, Gerrit / *Schütz*, Hans-Joachim (Hrsg.), Staats- und Verwaltungsrecht für Mecklenburg-Vorpommern, Baden-Baden 1999 (zit.: Verfasser, in: Manssen / Schütz, Staats- und Verwaltungsrecht für Mecklenburg-Vorpommern)

Martina, Dietmar, Die Grundrechte der nordrhein-westfälischen Landesverfassung im Verhältnis zu den Grundrechten des Grundgesetzes, München 1999

Maunz, Theodor / *Dürig*, Günter / *Herzog*, Roman / *Scholz*, Rupert (Hrsg.), Grundgesetz, Kommentar, Loseblattausgabe, München, Stand: Februar 1999 (zit.: Bearbeiter, in: Maunz / Dürig)

Maunz, Theodor / *Schmidt-Bleibtreu*, Bruno / *Klein*, Franz / *Ulsamer*, Gerhard (Hrsg.), Bundesverfassungsgerichtsgesetz, Kommentar, Loseblattausgabe, München seit 1965 (zit.: Bearbeiter, in: Maunz / Schmidt-Bleibtreu / Klein / Ulsamer)

Maunz, Theodor / *Zippelius*, Reinhold, Deutsches Staatsrecht, 30. Aufl., München 1998

Maurer, Hartmut, Entstehung und Grundlagen der Reichsverfassung von 1871, in: Verfassungsstaatlichkeit, Festschrift für Klaus Stern zum 65. Geburtstag, hrsg. von Joachim Burmeister, München 1997, S. 32 ff.

Maurer, Hartmut / *Hendler*, Reinhard (Hrsg.), Baden-Württembergisches Staats- und Verwaltungsrecht, Frankfurt a.M. 1990 (zit.: Bearbeiter, in: Maurer / Hendler)

Mayer, Ingrid Alice, Verpflichtung der Gemeinden zur Bestellung einer Gleichstellungsbeauftragten, NVwZ 1995, S. 663 ff.

Meder, Theodor, Die Verfassung des Freistaates Bayern, Kommentar, 4. Aufl., Stuttgart 1992

Meyer, Georg / *Anschütz*, Gerhard, Lehrbuch des deutschen Staatsrechts, 7. Aufl., Leipzig 1919

Meyer, Hubert, Anmerkung zur Entscheidung des Verfassungsgerichtshofes Nordrhein-Westfalen vom 6.7.1999 zur 5%-Klausel im Kommunalwahlrecht, DVBl. 1999, S. 1276 f.

Menger, Christian-Friedrich, Deutsche Verfassungsgeschichte der Neuzeit: eine Einführung in die Grundlagen, 8. Aufl., Heidelberg 1993 (zit.: Menger, Deutsche Verfassungsgeschichte)

Merten, Detlef, Der Kruzifix-Beschluss des Bundesverfassungsgerichts aus grundrechtsdogmatischer Sicht, in: Verfassungsstaatlichkeit, Festschrift für Klaus Stern zum 65. Geburtstag, hrsg. von Joachim Burmeister, München 1997, S. 987 ff.

Meurer, Dieter, Der Verfassungsgerichtshof und das Strafverfahren – Zehn Bemerkungen zu der Kassationsentscheidung des Berliner Verfassungsgerichtshofes vom 12.1.1993 und zu dem Beschluss des Kammergerichts vom 13.1.1993, JR 1993, S. 89 ff.

Michael, Lothar, Die Wiedervereinigung und die europäische Integration als Argumentationstopoi in der Rechtsprechung des Bundesverfassungsgerichts – Zur Bedeutung der Art. 23 S. 2 a.F. und 23 Abs. 1 S. 1 n.F. GG, AöR 124 (1999), S. 583 ff.

Millecker, Erich, Kompetenzkonflikt zwischen Bundesverfassungsgericht und einem Landesverfassungsgericht im Rahmen der Verfassungsbeschwerde, DVBl. 1969, S. 132 ff.

Mitteis, Heinrich, Politische Prozesse des früheren Mittelalters in Deutschland und Frankreich, Heidelberg 1927

Möckl, Karl, in: Dokumente zur Geschichte von Staat und Gesellschaft in Bayern. Kommentar für Bayerische Landesgeschichte bei der Bayerischen Akademie der Wissenschaften, Band 1: Der moderne bayerische Staat – eine Verfassungsgeschichte vom aufgeklärten Absolutismus bis zum Ende der Reformepoche, München 1979

— Reservatrechte und föderale Ordnung – Bayerns Rolle im Deutschen Kaiserreich von 1870/71, in: Recht im Pluralismus, Festschrift für Walter Schmitt Glaeser zum 70. Geburtstag, hrsg. von Hans-Detlef Horn, Berlin 2003, S. 295 ff.

Münch, Ingo v., Grundgesetz-Kommentar, Band 2 (Art. 21–69), 2. Aufl., München a.M. 1983 (zit.: Bearbeiter, in: v.Münch, GG-Kommentar)

Münch, Ingo v. / *Kunig*, Philip, Grundgesetz-Kommentar, Band 2 (Art. 21–69), 3. Aufl., München 1995 (zit.: Bearbeiter, in: v.Münch / Kunig, GG-Kommentar II)

Mückl, Stefan, Bundesgesetzliche Aufgabenzuweisungen an die kommunale Ebene, ZG 1998, S. 197 ff.

Müller, Klaus, Verfassung des Freistaates Sachsen, Kommentar, Baden-Baden 1993 (zit.: K. Müller, Verfassung des Freistaates Sachsen)

Müller, Otto, Landesgrundrechte und Bundesgrundrechte, Heidelberg 1964 (zit.: O. Müller, Landesgrundrechte)

Müller-Volbehr, Jörg, Positive und negative Religionsfreiheit – Zum Kruzifix-Beschluss des Bundesverfassungsgerichts, JZ 1995, S. 996 ff.

Murswieck, Dietrich, Der Umfang der verfassungsgerichtlichen Kontrolle staatlicher Öffentlichkeitsarbeit, DÖV 1982, S. 529 ff.

Mutius, Albert v., Zum Verhältnis von gleichlautendem Bundes- und Landesverfassungsrecht, VerwArch 1975, S. 161 ff.

Nawiasky, Hans, Der Bundesstaat als Rechtsbegriff, Tübingen 1920

Neumann, Heinzgeorg, Die Verfassung der Freien Hansestadt Bremen, Kommentar, Stuttgart 1996

Neumann, Peter / *Tillmann*, Reiner (Hrsg.), Verfassungsrechtliche Probleme bei der Konstituierung der neuen Bundesländer, Berlin 1997 (zit.: Verfasser, in: Neumann / Tillmann)

Niedobitek, Matthias, Neuere Entwicklungen im Verfassungsrecht der deutschen Bundesländer, Speyer 1994

Niemöller, Martin / *Schuppert*, Gunnar Folke, Die Rechtsprechung des Bundesverfassungsgericht zum Strafverfahrensrecht, AöR 107 (1982), S. 387 ff.

Nierhaus, Michael / *Janz* Norbert, Aktuelle Probleme der Rechtsetzung des Bundes und der Länder – eine normenhierarchische Gemengelage?, ZG 1997, S. 320 ff.

Nipperdey, Thomas, Deutsche Geschichte 1800–1866, München 1994

— Deutsche Geschichte 1888–1918, Band 2, 3. Aufl., München 1995

Novak, R. / *Sutter*, B. / *Hasiba*, G.D. (Hrsg.), Der Föderalismus und die Zukunft der Grundrechte, Wien 1982 (zit.: Bearbeiter, in: Novak / Sutter / Hasiba)

Oeter, Stefan, Integration und Subsidiarität im deutschen Bundesstaatsrecht, Untersuchungen zur Bundesstaatstheorie unter dem Grundgesetz, Tübingen 1998

Olshausen, Henning v., Zur landesverfassungsrechtlichen Eröffnung des Rechtsweges gegen Grundentscheidungen der Länder und des Bundes, JZ 1974, S. 440 ff.

— Landesverfassungsbeschwerde und Bundesrecht – Zur Geltung und prozessualen Aktualisierung von Landesgrundrechten im Bundesstaat des Grundgesetzes, Baden-Baden 1980 (zit.: v. Ohlshausen, Landesverfassungsbeschwerde und Bundesrecht)

Ossenbühl, Fritz, Föderalismus nach 40 Jahren Grundgesetz, DVBl. 1989, S. 1230 ff.

— Föderalismus und Regionalismus in Europa, in: Schröder, Meinhard / Löwer, Wolfgang / Di Fabio, Udo / v. Danwitz, Thomas (Hrsg.), Freiheit, Verantwortung, Kompetenz, Köln 1994 (zit.: Ossenbühl, in: M. Schröder / Löwer, Freiheit, Verantwortung, Kompetenz)

— Abwägung im Verfassungsrecht, DVBl. 1995, S. 909 f.

— Bundesverfassungsgericht und Gesetzgebung, in: Badura, Peter / Dreier, Horst (Hrsg.), Festschrift 50 Jahre Bundesverfassungsgericht, Band 1: Verfassungsgerichtsbarkeit, Verfassungsprozess, Tübingen 2001, S. 33 ff. (zit.: Ossenbühl, in: FS 50 Jahre Bundesverfassungsgericht I)

Pauly, Walter, Das Wahlrecht in der neueren Rechtsprechung des Bundesverfassungsgerichts, AöR 123 (1998), S. 232 ff.

Pestalozza, Christian, Popularvorbehalt: direkte Demokratie in Deutschland; Vortrag, gehalten vor der Berliner Juristischen Gesellschaft am 21. Januar 1981, Berlin 1981

— Die Bedeutung gliedstaatlichen Verfassungsrechts in der Gegenwart, NVwZ 1987, S. 749 ff.

— Verfassungsprozessrecht: die Verfassungsgerichtsbarkeit des Bundes und der Länder, 3. Aufl., München 1991 (zit.: Pestalozza, Verfassungsprozessrecht)

— Ein Verfassungsgericht für Berlin!, JR 1991, S. 47 ff.

— „Der Honecker-Beschluss" des Berliner Verfassungsgerichtshofes, NVwZ 1993, S. 340 ff.

— Das Landesverfassungsgericht von Sachsen-Anhalt, LKV 1994, S. 11 ff.

— Art. 142 GG. Landesverfassungsbeschwerde nach Karlsruher Regie?, in: Macke, Peter (Hrsg.), Verfassung und Verfassungsgerichtsbarkeit auf Landesebene – Beiträge zur Verfassungsstaatlichkeit in den Bundesländern, Baden-Baden 1998 (zit.: Pestalozza, in: Macke, Verfassung und Verfassungsgerichtsbarkeit auf Landesebene)

— Aus dem Bayerischen Verfassungsleben 1989–2002, JöR (n.F.) 51 (2003), S. 121 ff.

Peters, Hans, Der Streit um die 131er-Entscheidung des Bundesverfassungsgerichts, JZ 1954, S. 589 ff.

Pfaff, Christian R., Die Landesverfassungsbeschwerden in den neuen Bundesländern – zwischen Landesverfassung und Bundesrecht, Diss., Potsdam 1999.

Pfeifer, Ernst-Ulrich, Die Kreisgebiets- und Gemeindeverwaltungsreform in Sachsen-Anhalt, LKV 1993, S. 405 ff.

Pfennig, Gero / *Neumann*, Manfred, Verfassung von Berlin, Kommentar, 2. Aufl., Berlin 1987

Philipp, Wolfgang, Ein dreistufiger Bundesstaat? Deutsche Einheit zwischen Europa und den Ländern, ZRP 1992, S. 433 ff.

Pieroth, Bodo, Der Rechtsstaat und die Aufarbeitung der vorrechtsstaatlichen Vergangenheit, VVDStRL 51 (1992), S. 104 ff.

Pieroth, Bodo / *Schlink*, Bernhard, Grundrechte, Staatsrecht II, 14. Aufl., Heidelberg 1998

Pietzcker, Jost, Bundesgrundrechte und Landesgrundrechte, JuS 1988, S L 9 ff.

— Zuständigkeitsordnung und Kollisionsrecht im Bundesstaat, in: Isensee, Josef / Kirchhof, Paul (Hrsg.), Handbuch des Staatsrechts der Bundesrepublik Deutschland, Band 4, 1. Aufl., Heidelberg 1990, S. 479 ff.

Poscher, Ralf, Landesgrundrechte und Bundesrecht, NJ 1996, S. 351 ff.

Posser, Herbert, Die Subsidiarität der Verfassungsbeschwerde, Berlin 1993

Postier, Rüdiger, Landesplanung und (außerordentlicher) Parlamentsvorbehalt – Zum Urteil des brandenburgischen Verfassungsgerichts über den Braunkohleplan, NJ 1995, S. 511 ff.

Püttner, Günter, Der schwierige Weg zur Verfassungsgerichtsbarkeit, in: Festschrift zum 125jährigen Bestehen der juristischen Gesellschaft zu Berlin, hrsg. von Dieter Wilke, Berlin 1984, S. 573 ff.

— Die sächsische Kreisreform im Spiegel der Verfassungsrechtsprechung, SächsVBl. 1994, S. 221 ff.

Puttler, Adelheid, Landeswahlprüfung durch ein Gericht: Art. 19 Abs. 4 GG, die Länderautonomie und die hessischen Wahlprüfungsbestimmungen, Stuttgart 2001

Rademacher, Sonja / *Janz*, Norbert, Das Verbot gemeinsamer Flächennutzungsplanung kraft Landesverfassungsrecht, LKV 2002, S. 506 ff.

Renck, Ludwig, Zum rechtlichen Gehalt der Kruzifix-Debatte, ZRP 1996, S. 16 ff.

Reich, Andreas, Verfassung des Landes Sachsen-Anhalt, Kommentar, 1. Aufl., Bad Honnef 1994

Reimann, Wolfgang, Zur Bedeutung des Gerichtsgebrauchs im Rahmen von Art. 31 GG, DVBl. 1969, S. 951 ff.

Richter, Ingo, Alternativen zur Kompetenzverschiebung im Bildungsföderalismus, DÖV 1979, S. 185 ff.

Riegler, Johannes-Jörg, Konflikte zwischen Grundgesetz und Landesverfassungen – Zur Bedeutung der Grundrechte und Staatszielbestimmungen in den Verfassungen der neuen Bundesländer, Würzburg 1996

Riepe, Hilmar, Soziale Grundrechte in den Verfassungen der Länder Brandenburg, Mecklenburg-Vorpommern, Sachsen, Sachsen-Anhalt und Thüringen. Ein Beitrag zur Verfassungsentstehung in den Ländern, Hamburg 1996

Rinken, Alfred, Der Verfassungsgerichtshof des Freistaates Sachsen, NVwZ 1994, S. 29 ff.

Robbers, Gerhard, Die historische Entwicklung der Verfassungsgerichtsbarkeit, JuS 1990, S. 257 ff.

Roellecke, Gerd, Prinzipien der Verfassungsinterpretation in der Rechtsprechung des Bundesverfassungsgerichts, in: Starck, Christian (Hrsg.), Bundesverfassungsgericht und Grundgesetz, Festgabe aus Anlass des 25jährigen Bestehens des Bundesverfassungsgerichts, Band 2, Tübingen 1976, S. 22 ff.

Roemer, Walter, Das Gesetz über das Bundesverfassungsgericht, JZ 1951, S. 198 ff.

Röper, Verfassungsgebung und Kontinuität in den östlichen Bundesländern, ZG 1991, S. 149 ff.

Rosenbaum, Christian, Der grundrechtliche Schutz vor Informationseingriffen, JURA 1988, S. 178 ff.

Rozek, Jochen, Das Grundgesetz als Prüfungs- und Entscheidungsspielraum der Landesverfassungsgerichte: zugleich ein Beitrag zum Phänomen der in die Landesverfassung hineinreichenden Bundesverfassung, Baden-Baden 1993 (zit.: Rozek, Das Grundgesetz als Prüfungs- und Entscheidungsspielraum der Landesverfassungsgerichte)

— Landesverfassungsgerichtsbarkeit, Landesgrundrechte und die Anwendung von Bundesrecht – landesverfassungsgerichtliche Kontrolle der Anwendung von Bundesrecht durch Landesgerichte am Maßstab der Landesgrundrechte, AöR 119 (1994), S. 458 ff.

Rudolf, Walter, Die Bundesstaatlichkeit in der Rechtsprechung des Bundesverfassungsgerichts, in: Starck, Christian (Hrsg.), Bundesverfassungsgericht und Grundgesetz, Festgabe aus Anlass des 25jährigen Bestehens des Bundesverfassungsgerichts, Band 2, Tübingen 1976, S. 233 ff. (zit.: Rudolf, Festgabe 25 Jahre Bundesverfassungsgericht II)

— Erneut: Probleme der Errichtung eines Verfassungsgerichts in Berlin – Bemerkungen zu dem Beitrag von Prof. Dr. Stern, DVBl. 1964, S. 251 ff.

— Zum System der staatlichen Rechtsordnung in der Bundesrepublik Deutschland, DÖV 1966, S. 74 ff.

— Bund und Länder im aktuellen deutschen Verfassungsrecht, Bad Homburg v.d.H. 1968 (zit.: Rudolf, Bund und Länder im aktuellen deutschen Verfassungsrecht)

Rüfner, Wolfgang, Ungeschriebene Bundeskompetenzen im Widerstreit – Die Entscheidung des Bundesverfassungsgerichts zum bayerischen Schwangerenhilfeergänzungsgesetz, ZG 1999, S. 366 ff.

— Die persönlichen Freiheitsrechte der Landesverfassungen in der Rechtsprechung der Landesverfassungsgerichte, in: Starck, Christian / Stern, Klaus

(Hrsg.), Landesverfassungsgerichtsbarkeit, Band 3: Verfassungsauslegung, Baden-Baden 1983, S. 247 ff.

Rupp, Hans G., Zur Bindungswirkung der Entscheidungen des Bundesverfassungsgerichts, Tübinger Festschrift für Eduard Kern, hrsg. von der Rechtswissenschaftliche Abteilung der Uni Tübingen, Tübingen 1968, S. 406 ff.

Ruthenberg, Otto, Verfassungsgesetze des Deutschen Reichs und der deutschen Länder nach dem Stande vom 1. Februar 1926, Berlin 1926

Rux, Johannes, Die Verfassungsentwürfe in den neuen Bundesländern, NJ 1992, S. 147 ff.

Rybak, Hubertus / *Hofmann*, Hans, Verteilung der Gesetzgebungsrechte zwischen Bund und Ländern nach der Reform des Grundgesetzes, NVwZ 1995, S. 230 ff.

Sachs, Michael, Bindung des Bundesverfassungsgerichts, München 1977 (zit.: Sachs, Bindung des Bundesverfassungsgerichts)

— Die kommunale Verfassungsbeschwerde im System der verfassungsgerichtlichen Verfahrensarten, BayVBl. 1982, S. 37 ff.

— Die Grundrechte im Grundgesetz und in den Landesverfassungen – zur Voraussetzung des Normenwiderspruchs im Bereich der Art. 31 und 142 GG, DÖV 1985, S. 469 ff.

— Ausländergrundrechte im Schutzbereich von Deutschengrundrechten, BayVBl. 1985, 323 ff.

— Die Bedeutung gliedstaatlichen Verfassungsrechts in der Gegenwart, DVBl. 1987, S. 857 ff.

— Zur Verfassung des Landes Brandenburg, LKV 1993, S. 241 ff.

— Die Landesverfassung im Rahmen der bundesstaatlichen Rechts- und Verfassungsordnung, ThürVBl. 1993, S. 123 ff.

— Anmerkung zum Urteil des Nordrhein-Westfälischen Verfassungsgerichtshofes vom 19.5.1992 – VerfGH 5/91 – zur kompetenzwidrigen Gesetzgebung zur Wahlkampfkostenpauschale im landesverfassungsgerichtlichen Organstreit, JuS 1993, S. 334 f.

— Entscheidung des Bundesverfassungsgerichts vom 19.4.1993 – BvR 744/91, JuS 1994, S. 797 ff.

— Was kann eine Landesverfassung heute leisten?, KritV 1996, S. 125 ff.

— Grundgesetz, Kommentar, 2. Aufl., München 1999 (zit.: Bearbeiter, in: Sachs, GG-Kommentar)

Sacksofsky, Ute, Landesverfassungen und Grundgesetz – am Beispiel der Verfassungen der neuen Bundesländer, NVwZ 1993, S. 236 ff.

Säcker, Horst, Die Rechtsmacht des Bundesverfassungsgerichts gegenüber dem Gesetzgeber, BayVBl. 1979, S. 193 ff.

Sander, Volker, Die Kompetenz des Bundesverfassungsgerichts zur Auslegung von Landesverfassungsrecht, NVwZ 2002, S. 45 ff.

Sante, Georg W., Geschichte der deutschen Länder, 2. Band, Die deutschen Länder vom Wiener Kongress bis zur Gegenwart, Darmstadt 1970

Sarcevic, Edin, Das Bundesstaatsprinzip – Eine staatsrechtliche Untersuchung zur Dogmatik der Bundesstaatlichkeit des Grundgesetzes, Tübingen 2000

Schäfer, Hans, Verfahrensfragen der konkreten Normenkontrolle nach Art. 100 Abs. 1 GG, NJW 1954, S. 409 ff.

— Gesetzeskraft und bindende Wirkung der Entscheidungen des Bundesverfassungsgerichts, NJW 1954, S. 1465 ff.

— Die Kassation gerichtlicher Entscheidungen durch den Bayerischen Verfassungsgerichtshof, in: Festschrift zum 25jährigen Bestehen des Bayerischen Verfassungsgerichtshofes, hrsg. vom Bayerischen Verfassungsgerichtshof, Schriftleitung: Hans Domcke, Mitarbeiter: Theodor Maunz, München 1972, S. 259 ff. (zit.: Schäfer, in: FS 25 Jahre Bayerischer Verfassungsgerichtshof)

Scheer, Ralph, Die kommunale Gebietsreform in der Rechtsprechung der Staats- und Verfassungsgerichtshöfe, SächsVBl. 1993, S. 126 ff.

Schenke, Wolf-Rüdiger, Der Umfang der bundesverfassungsgerichtlichen Überprüfung, NJW 1979, S. 1321 ff.

Scheuner, Ulrich, Die Rechtsprechung des Bundesverfassungsgerichts und das Verfassungsrecht der Bundesrepublik, DVBl. 1952, S. 617 ff.

— Verfassungsgerichtsbarkeit und Gesetzgebung – Zum ersten Thema der Staatsrechtslehrertagung 1980, DÖV 1980, S. 473 ff.

— Die Überlieferung der deutschen Staatsgerichtsbarkeit im 19. und 20. Jahrhundert, in: Starck, Christian (Hrsg.), Bundesverfassungsgericht und Grundgesetz, Festgabe aus Anlass des 25jährigen Bestehens des Bundesverfassungsgerichts, Band 2, Tübingen 1976, S. 15 ff. (zit.: Scheuner, in: Festgabe 25 Jahre Bundesverfassungsgericht II)

Schlaich, Klaus, Die Verfassungsgerichtsbarkeit im Gefüge der Staatsfunktionen, VVDStRL 39 (1981), S. 99 ff.

Schlaich, Klaus / *Korioth*, Stefan, Das Bundesverfassungsgericht: Stellung, Verfahren, Entscheidungen, 6. Aufl., München 2004

Schlichter, Otto, Die Zuständigkeit der Landesverfassungsgerichte bei gleichzeitiger Verletzung von sog. inhaltsgleichen Bundesgrundrechten und Landesgrundrechten, Münster 1957

Schliesky, Utz, Gemeindefreundliches Konnexitätsprinzip – Dogmatische und prozessuale Überlegungen zur Fundierung der Finanzhoheit als Bestandteil der kommunalen Selbstverwaltungsgarantie, DÖV 2001, S. 714 ff.

Schliesky, Utz / *Welti*, Felix, Das Konnexitätsprinzip in der Schleswig-Holsteinischen Verfassung als Schutz der kommunalen Selbstverwaltung, NordÖR 2001, S. 465 ff.

Schlink, Bernhard, Rechtsstaat und revolutionäre Vergangenheit, NJ 1994, S. 433 ff.

— Verfassungsgerichtlicher Rechtsschutz bei der Vorbereitung und Durchführung von Wahlen und Volksbegehren in Nordrhein-Westfalen, in: Verfassungsgerichtsbarkeit in Nordrhein-Westfalen, Festschrift zum 50-jährigen Bestehen des Verfassungsgerichtshofes für das Land Nordrhein-Westfalen, hrsg. v. Präsidenten des Verfassungsgerichtshofs für das Land Nordrhein-Westfalen, Stuttgart u.a. 2002, S. 137 ff. (zit.: Schlink, in: FS Verfassungsgerichtshof Nordrhein-Westfalen)

Schmalenbach, Kirsten, Föderalismus und Unitarismus in der Bundesrepublik Deutschland, Die Reform des Grundgesetzes von 1994, in: Schriften des Landtages Nordrhein-Westfalen, Band 10, Düsseldorf 1998

Schmitt-Glaeser, Walter / *Horn*, Hans-Detlef, Die Rechtssprechung des Bayerischen Verfassungsgerichtshofes – Anmerkungen zu ausgewählten Entscheidungen aus jüngster Zeit, BayVBl. 1992, S. 673 f.

Schmid, Gerhard, Die Bedeutung gliedstaatlichen Verfassungsrechts in der Gegenwart, VVDStRL 46 (1988), S. 92 ff.

Schmidt, Karsten, Vielfalt des Rechts – Einheit der Rechtsordnung, Berlin 1994 (zit.: Bearbeiter, in: K. Schmidt, Vielfalt des Rechts)

Schmidt, Walter, Das Verhältnis von Bund und Ländern im demokratischen Bundesstaat des Grundgesetzes, AöR 87 (1962), S. 254 ff.

Schmidt De Caluwe, Reinhard, Die kommunale Grundrechtsklage in Hessen, Baden-Baden 1996

Schmidt-Jortzig, Edzard, Die Bedeutung gliedstaatlichen Verfassungsrechts in der Gegenwart, VVDStRL 46 (1988), S. 120 ff.

Schmitt, Carl, Verfassungslehre, 6. Aufl., Berlin 1983

Schneider, Hans-Peter, Die Verbindlichkeit der Entscheidungen des Bundesverfassungsgerichts, DVBl. 1954, S. 186 ff.

— Prinzipien der Verfassungsinterpretation, VVDStRL 20 (1963), S. 1 ff.

— Verfassungsrecht der Länder – Relikt oder Rezept?, DÖV 1987, S. 749 ff.

— Die bundesstaatliche Ordnung im vereinten Deutschland, NJW 1991, S. 2448 ff.

— Verfassungsgerichte der Länder – „Filter" für Karlsruhe?, NJW 1996, S. 1517 ff.

— SOS aus Karlsruhe – das Bundesverfassungsgericht vor dem Untergang?, NJW 1996, S. 2630 ff.

Schoreit, Armin, Absolutes Strafverfahrenshindernis und absolutes U-Haftverbot bei begrenzter Lebenserwartung des Angeklagten? Bedeutung, Auswirkungen und Wirksamkeit des Beschlusses des Verfassungsgerichtshofes des Landes Berlin auf die im Verfahren gegen Erich Honecker eingelegte Verfassungsbeschwerde, NJW 1993, S. 881 ff.

Schranil, Rudolf, Das Recht des Saarlandes, Verfassung des Saarlandes mit Kommentar, Saarbrücken 1952

Schreckenberger, Waldemar, Föderalismus als politischer Handlungsstil, VerwArch. 69 (1978), S. 341 ff.

Schrodt, Dietrich, Die Rechtsprechung des Hessischen Staatsgerichtshofs zu den Grundrechten der hessischen Verfassung, Frankfurt a.M. 1984

Schröder, Hans, Entfaltung der Hessischen Verfassung durch die Rechtsprechung des Staatsgerichtshofes, in: 30 Jahre Hessische Verfassung: 1946–1976, hrsg. von Erwin Stein, Wiesbaden 1976, S. 293 ff.

Schroeder, Klaus-Peter, Das Reichskammergericht, JuS 1978, S. 371 ff.

Schröder, Meinhard, Fünfzig Jahre Verfassungsentwicklung in Rheinland-Pfalz, DÖV 1997, S. 309 ff.

Schröder, Meinhard / *Löwer*, Wolfgang / *Di Fabio*, Udo / *v. Danwitz*, Thomas (Hrsg.), Freiheit, Verantwortung, Kompetenz, Köln 1994 (zit.: Bearbeiter, in: M. Schröder / Löwer, Freiheit, Verantwortung, Kompetenz)

Schulte, Martin, Zur Lage und Entwicklung der Verfassungsgerichtsbarkeit, DVBl. 1996, S. 1009 ff.

Schultze-Fielitz, Helmut, Der Rechtsstaat und die Aufarbeitung der vorrevolutionären Vergangenheit, DVBl. 1991, S. 898 ff.

— Das Bundesverfassungsgericht in der Krise des Zeitgeists – Zur Metadogmatik der Verfassungsinterpretation, AöR 122 (1997), S. 1 ff.

Schulz, Uwe (Hrsg.), Die Geschichte Hessens, Stuttgart 1983 (zit.: Bearbeiter, in: Schulz, Die Geschichte Hessens)

Schumann, Ekkehard, Verfassungs- und Menschenrechtsbeschwerde gegen richterliche Entscheidungen, Berlin 1963

— Einwirkungen des Bundesrechts auf die Bayerische Verfassungsgerichtsbarkeit, in: Verfassung und Verfassungsrechtsprechung, Festschrift zum 25jährigen Bestehen des Bayerischen Verfassungsgerichtshofes, hrsg. vom Bayerischen Verfassungsgerichtshof, Schriftleitung: Hans Domcke, Mitarbeiter: Theodor Maunz, München 1972, S. 251 ff. (zit.: Schumann, FS 25 Jahre Bayerischer Verfassungsgerichtshof)

Schunck, Egon / *De Clerck*, Hans / *Guthardt*, Harald, Allgemeines Staatsrecht und Staatsrecht des Bundes und der Länder, 14. Aufl., Siegburg 1993

Schwabe, Jürgen, Verfassungsrecht, in: Hoffmann-Riem, Wolfgang / Koch, Hans-Joachim (Hrsg.), Hamburgisches Staats- und Verwaltungsrecht, 1. Aufl., Frankfurt a.M. 1988, S. 34 ff.

Seidel, Gerd, Handbuch der Grund- und Menschenrechte auf staatlicher, europäischer und universeller Ebene. Eine vergleichende Darstellung der Grund- und Menschenrechte des deutschen Grundgesetzes, der europäischen Menschenrechtskonvention von 1950 und des Internationalen Pakts über bürgerliche und politische Rechte von 1966 sowie der Entscheidungspraxis, Baden-Baden 1996

Seier, Hellmut, Der unbewältigte Konflikt: Kurhessen und sein Ende, 1803-1866, in: Schultz, Uwe (Hrsg.), Die Geschichte Hessens, Stuttgart 1983, S. 160 ff.

Seyfarth, Georg, Die Änderung der Rechtsprechung durch das Bundesverfassungsgericht, Berlin 1998

Sendler, Horst, Die neue Rechtsprechung des Bundesverfassungsgerichts zu den Anforderungen an die verwaltungsgerichtliche Kontrolle, DVBl. 1994, S. 1089 ff.

Simon, Helmut / *Franke*, Dietrich / *Sachs*, Michael, Handbuch der Verfassung des Landes Brandenburg, Dresden 1994 (zit.: Verfasser, in: Simon / Franke / Sachs)

Smend, Rudolf, Das Reichskammergericht, Weimar 1911

— Staatsrechtliche Abhandlungen und andere Aufsätze, Berlin 1955 (zit.: Smend, Staatsrechtliche Abhandlungen)

— Die Göttinger Sieben, 2. Aufl., Göttingen 1958 (zit.: Smend, Die Göttinger Sieben)

— Ungeschriebenes Verfassungsrecht im monarchischen Bundesstaat, in: Festgabe für Otto Mayer, zum 70. Geburtstag dargebracht von Freunden, Verehrern und Schülern am 29. März 1916, Tübingen 1916, S. 51 ff. (zit.: Smend, in: Festgabe für Otto Mayer)

Sobota, Katharina, Kompetenzen der Landesverfassungsgerichte im Bundesstaat: Zersplittert die Rechtseinheit, DVBl. 1994, S. 793 ff.

Sodan, Helge, Berliner Verfassungsgerichtsbarkeit – eine späte Errungenschaft, DVBl. 2002, S. 645 ff.

Sodan, Helge / *Blanke*, Hermann-Josef / *Aulehner*, Josef / *Ziekow*, Jan, Nomos-Kommentar zur Verwaltungsgerichtsordnung, Band 1, Baden-Baden 1996 (zit.: Bearbeiter, in: Sodan / Ziekow)

Starck, Christian (Hrsg.), Bundesverfassungsgericht und Grundgesetz, Festgabe aus Anlass des 25jährigen Bestehens des Bundesverfassungsgerichts, Band 1 und Band 2, Tübingen 1976 (zit.: Verfasser, in: Festgabe 25 Jahre Bundesverfassungsgericht I bzw. II)

— Der Rechtsstaat und die Aufarbeitung der vorrechtsstaatlichen Vergangenheit, VVDStRL 51 (1992), S. 34 ff.

— Verfassungsgebung in den Ländern, ZG 1992, S. 1 ff.

— Der verfassungsrechtliche Schutz des ungeborenen Lebens – Zum zweiten Abtreibungsurteil des Bundesverfassungsgerichts, JZ 1993, S. 816 ff.

— Der Honecker-Beschluss des Berliner Verfassungsgerichtshofes, Anwendung von Bundesprozessrecht durch Landesgerichte unter Kontrolle der Landesverfassungsgerichte?, JZ 1993, S. 232 ff.

— Praxis der Verfassungsauslegung, Baden-Baden 1994

— Die Verfassungen der neuen deutschen Länder: eine vergleichende Untersuchung, Heidelberg 1994

— Die neue Niedersächsische Verfassung von 1993, NdsVBl. 1995, S. 1 ff.

— „Grundversorgung" und Programmauftrag des öffentlich-rechtlichen Rundfunks, in: Verfassungsstaatlichkeit, Festschrift für Klaus Stern zum 65. Geburtstag, hrsg. von Joachim Burmeister, München 1997, S. 777 ff. (zit.: Starck, in: FS für Stern)

— Das Bundesverfassungsgericht in der Verfassungsordnung und im politischen Prozess, in: Badura, Peter / Dreier, Horst (Hrsg.), Festschrift 50 Jahre Bundesverfassungsgericht, Band 1: Verfassungsgerichtsbarkeit, Verfassungsprozess, Tübingen 2001, S. 1 ff. (zit.: Starck, in: FS 50 Jahre Bundesverfassungsgericht I)

— Neues zur Gesetzgebungskompetenz des Bundes kraft Sachzusammenhangs, in: Staat, Kirche, Verwaltung, Festschrift für Hartmut Maurer zum 70. Geburtstag, hrsg. von Max-Emanuel Geis / Dieter Lorenz, München 2001, S. 279 ff. (zit.: Starck, in: FS für Maurer)

Starck, Christian / *Stern*, Klaus, Landesverfassungsgerichtsbarkeit, Band 1: Geschichte, Organisation, Rechtsvergleichung; Band 2: Zuständigkeiten und

Verfahren der Landesverfassungsgerichte; Band 3: Verfassungsauslegung, sämtlich Baden-Baden 1983 (zit.: Bearbeiter, in: Starck / Stern, Landesverfassungsgerichtsbarkeit I, II bzw. III)

Stein, Ekkehart, Staatsrecht, 17. Aufl., Tübingen 2000

Stein, Erwin (Hrsg.), 30 Jahre Hessische Verfassung: 1946–1976, Wiesbaden 1976 (zit.: Verfasser, in: 30 Jahre Hessische Verfassung: 1946–1976)

Steinberg, Rudolf, Landesverfassungsgerichtsbarkeit und Bundesrecht, in: Festschrift 50 Jahre Verfassung des Landes Hessen, hrsg. von Eichel, Hans / Möller, Klaus, Wiesbaden 1997, S. 361 ff.

Steiner, Udo, Der Richter als Ersatzgesetzgeber – Richterliche Normenkontrolle – Erfahrungen und Erkenntnisse, NJW 2001, S. 2919 ff.

Stern, Klaus, Nahtstellen zwischen Bundes- und Landesverfassungsgerichtsbarkeit, BayVBl. 1976, S. 547 ff.

— Die Bedeutung gliedstaatlichen Verfassungsrechts in der Gegenwart, VVDStRL 46 (1988), S. 138 ff.

— Das Staatsrecht der Bundesrepublik Deutschland, sieben Bände, Band 1: Grundbegriffe und Grundlagen des Staatsrechts, Strukturprinzipien der Verfassung, 2. Aufl., München 1984; Band 2: Grundrechtstatbestand, Grundrechtsbeeinträchtigungen und Grundrechtsbegrenzungen, Grundrechtsverluste und Grundpflichten, Schutz der Grundrechte, Grundrechtskonkurrenzen, Grundrechtssystem, München 1994; Band 3: Grundlagen u. Geschichte, nationaler u. internationaler Grundrechtskonstitutionalismus, juristische Bedeutung d. Grundrechte, Grundrechtsberechtigte, Grundrechtsverpflichtete, München 1988; Band 5: Die geschichtlichen Grundlagen des deutschen Staatsrechts, München 2000 (zit.: Stern, Staatsrecht I, II, III bzw. V)

— in: Recht als Prozeß und Gefüge, Festschrift für Huber zum 80. Geburtstag, hrsg. von Peter Badura / Hans Huber, Bern 1981, S. 329 ff. (zit.: Stern, in: FS für Huber)

— (Hrsg.), Deutsche Wiedervereinigung, Band 1: Eigentum – Neue Verfassung – Finanzverfassung, Köln 1991; Band 3: Zur Entstehung von Landesverfassungen in den neuen Ländern der Bundesrepublik Deutschland, Köln 1992 (zit.: Bearbeiter, in: Stern, Deutsche Wiedervereinigung I bzw. III)

Stern, Klaus / *Schmidt-Bleibtreu*, Bruno (Hrsg.), Verträge und Rechtsakte zur Deutschen Einheit, Band 2: Einigungsvertrag und Wahlvertrag, München 1990 (zit.: Verfasser, in: Stern / Schmidt-Bleibtreu)

Streicher, Karl, Zur Entwicklung der Staatsgerichtsbarkeit in Bayern, in: Verfassung und Verfassungsrechtsprechung, Festschrift zum 25jährigen Bestehen des Bayerischen Verfassungsgerichtshofes, hrsg. vom Bayerischen Verfassungsgerichtshof, Schriftleitung: Hans Domcke, Mitarbeiter: Theodor Maunz, München 1972, S. 195 ff.

Stiens, Andrea, Chancen und Grenzen der Landesverfassungen im deutschen Bundesstaat der Gegenwart, Berlin 1997

Stober, Rolf, Kreisgebietsreform und Zwangsfusion von Sparkassenzweckverbänden, in: Verfassungsstaatlichkeit, Festschrift für Klaus Stern zum 65. Geburtstag, hrsg. von Joachim Burmeister, München 1997, S. 799 ff.

Stöber, Robert (= Schneider, Heinrich), Die saarländische Verfassung vom 15. Dezember 1947 und ihre Entstehung, Köln 1952

Stoerk, Felix / *Rauchhaupt*, Friedrich W. von, Handbuch der Deutschen Verfassungen. Die Verfassungsgesetze des Deutschen Reiches und seiner Bundesstaaten nachdem gegenwärtigen Gesetzesstande, 2. Aufl., München 1913

Stolleis, Michael, Geschichte des öffentlichen Rechts in Deutschland, Band 1: Reichspublizistik und Polizeiwissenschaften (1600–1800), München 1988; Band 2: Staatsrechtslehre und Verwaltungswissenschaft (1800–1914), München 1992 (zit.: Stolleis, Geschichte des öffentlichen Rechts in Deutschland I bzw. II)

Storr, Stefan, Verfassungsgebung in den Ländern – zur Verfassungsgebung unter den Rahmenbedingungen des Grundgesetzes, Dresden 1995

Süsterhenn, Adolf (Hrsg.), Verfassung und Verwaltung in Theorie und Wirklichkeit, Festschrift für Herrn Geheimrat Professor Dr. Wilhelm Laforet anlässlich seines 75. Lebensjahres, München 1952 (zit.: Bearbeiter, in: FS für Laforet)

— Foederalistische Ordnung: Ansprachen und Referate der vom Bund Deutscher Föderalisten und vom Institut für Staatslehre und Politik am 9. und 10. März 1961 in Mainz veranstalteten staatswissenschaftlichen Arbeitstagung, Koblenz 1962

Sydow, Gernot, Das Verhältnis von Landes- und Reichsgerichtsbarkeit im Heiligen Römischen Reich, Der Staat 41 (2002), S. 263 ff.

Tautz, Günter, Die Entstehung einer Verfassung im Freistaat Sachsen, in: Stern, Klaus (Hrsg.), Deutsche Wiedervereinigung, Band 1: Eigentum – Neue Verfassung – Finanzverfassung, Köln 1991, S. 26 ff.

Tettinger, Peter J., Die politischen und kulturellen Rechte der Landesverfassungen in der Rechtsprechung der Landesverfassungsgerichte, in: Starck, Christian / Stern, Klaus (Hrsg.), Landesverfassungsgerichtsbarkeit, Band 3: Verfassungsauslegung, Baden-Baden 1983, S. 27 ff.

Thiel, Markus, Der Reichstag zu Worms im Jahre 1945 und die Schaffung des Reichskammergerichts – Kompromiss eines kriegsbedrängten Kaisers oder friedensbringende Rechtssetzung?, Der Staat 41 (2003), S. 551 ff.

Thiele, Burkhard / *Pirsch*, Jürgen / *Wedemeyer*, Kai, Die Verfassung des Landes Mecklenburg-Vorpommern, Kommentar, Berlin 1995

Tietje, Christian, Die Stärkung der Verfassungsgerichtsbarkeit im föderalen System Deutschlands in der jüngeren Rechtsprechung des BVerfG, AöR 124 (1999), S. 287 ff.

Tilch, Horst, Inhaltsgleiches Bundes- und Landesverfassungsrecht als Prüfungsmaßstab, in: Starck, Christian / Stern, Klaus (Hrsg.), Landesverfassungsgerichtsbarkeit, Band 2: Zuständigkeiten und Verfahren der Landesverfassungsgerichte, Baden-Baden 1983, S. 551 ff.

Tjarks, Eric, Zur Bedeutung der Landesgrundrechte – Materielle und prozessuale Probleme der Grundrechte in den deutschen Landesverfassungen, Baden-Baden 1999

Triepel, Heinrich, Die Reichsaufsicht, Berlin 1917

Uerpmann, Robert, Landesrechtlicher Grundrechtsschutz und Kompetenzordnung, Der Staat 35 (1996), S. 431 ff.

— Vier Jahre Verfassungsrechtsprechung in Berlin, LKV 1996, S. 225 ff.

Ullmann, Wolfgang, in: Neumann, Peter / Tillmann, Reiner (Hrsg.), Verfassungsrechtliche Probleme bei der Konstituierung der neuen Bundesländer, Berlin 1997, S. 61 ff.

Ulsamer, Gerhard, Abstrakte Normenkontrolle vor den Landesverfassungsgerichten (einschließlich vorbeugender Normenkontrolle), in Starck, Christian / Stern, Klaus (Hrsg.), Landesverfassungsgerichtsbarkeit, Band 2: Zuständigkeiten und Verfahren der Landesverfassungsgerichte, Baden-Baden 1983, S. 43 ff.

Unruh, Peter, Der Verfassungsbegriff des Grundgesetzes, Tübingen 2002

Vitzthum, Wolfgang *Graf*, Zur Bedeutung gliedstaatlichen Verfassungsrechts in der Gegenwart, VVDStRL 46 (1988), S. 32 ff.

Vaulont, Nikolaus, Grundrechte und bundesstaatliches Homogenitätsprinzip. Eine Untersuchung zu Artikel 142 des Grundgesetzes, Bonn 1968

Vogel, Hans-Jochen, Das Vermächtnis der Paulskirche – einige Bemerkungen zur Bedeutung der Frankfurter Reichsverfassung von 1849 für unsere Zeit, NJW 1998, S. 1534 ff.

— Rechtskraft und Gesetzeskraft der Entscheidungen des Bundesverfassungsgerichts, in: Starck, Christian (Hrsg.), Bundesverfassungsgericht und Grundgesetz, Festgabe aus Anlass des 25jährigen Bestehens des Bundesverfassungsgerichts, Band 1, Tübingen 1976, S. 580 ff. (zit.: Vogel, in: Festgabe 25 Jahre Bundesverfassungsgericht I)

Vogel, Klaus, Anmerkung zum Erbschaftssteuer-Beschluss des Bundesverfassungsgerichts vom 22.6.1995, 2 BvR 552/91, JZ 1996, S. 43 f.

Vogel, Kurt, Das Bundesverfassungsgericht und die übrigen Verfassungsorgane – Bundesverfassungsgerichtliche Argumentationsfiguren zu den Grenzen der Verfassungsgerichtsbarkeit, Frankfurt a.M. 1988 (zit.: Kurt Vogel)

Vogels, Alois, Grundriß des neuen Landesstaatsrechts, Bonn 1922

Vogelgesang, Klaus, Die Verfassungsentwicklung in den neuen Bundesländern, DÖV 1991, S. 1045 ff.

Wahl, Rainer, Grundrechte und Staatszielbestimmungen im Bundesstaat, AöR 112 (1987), S. 26 ff.

Waller, Sybille, Die Entstehung der Landessatzung von Schleswig-Holstein vom 13.12.1949, Frankfurt a.M. 1988

Walter, Christian, Hüter oder Wandler der Verfassung? – Zur Rolle des Bundesverfassungsgerichts im Prozess des Verfassungswandels, AöR 125 (2000), S. 517 ff.

Wank, Rolf, Die verfassungsgerichtliche Kontrolle der Gesetzesauslegung und Rechtsfortbildung durch die Fachgerichte, JuS 1980, S. 545 ff.

Weber, Werner, Spannungen und Kräfte im westdeutschen Verfassungssystem, 3. Aufl., Berlin 1970 (zit.: Verfasser, in: Spannungen und Kräfte im westdeutschen Verfassungssystem)

Weber-Fas, Rudolf, Der Verfassungsstaat des Grundgesetzes. Entstehung, Prinzip, Gestalt, Tübingen 2002

Wedemeyer, Kai, Das Verfahren der Verfassungsgebung in Mecklenburg-Vorpommern, in: Stern, Klaus (Hrsg.), Deutsche Wiedervereinigung, Band 3: Zur Entstehung von Landesverfassungen in den neuen Ländern der Bundesrepublik Deutschland, Köln 1992, S. 3 ff.

Wenig, Roland, Zur Zulässigkeit einer erneuten Vorlage in Normenkontrollverfahren, DVBl. 1973, S. 345 ff.

Wermeckes, Bernd, Der erweiterte Grundrechtsschutz in den Landesverfassungen – Zu Erscheinungsformen, Wirksamkeit und Bestand weitergehender Landesgrundrechte im Bundesstaat des Grundgesetzes, Baden-Baden 2000 (zit.: Wermeckes, Der erweiterte Grundrechtsschutz in den Landesverfassungen)

— Landesgrundrechte – Bestandsicherung durch Kollisionsvermeidung, DÖV 2002, S. 110 ff.

Wiederin, Ewald, Bundesrecht und Landesrecht. Zugleich ein Beitrag zu Strukturproblemen der bundesstaatlichen Kompetenzverteilung in Österreich und Deutschland, Wien 1995

Wiggers, Julius, Das Verfassungsrecht im Großherzogtum Mecklenburg-Schwerin, Berlin 1860

Wilke, Dieter, Festschrift zum 125jährigen Bestehen der juristischen Gesellschaft zu Berlin, Berlin 1984 (zit.: Verfasser, in: FS 125 Jahre juristische Gesellschaft zu Berlin)

— Landesverfassungsgerichtsbarkeit und Einheit des Bundesrechts – Bemerkungen aus Anlass des Honecker-Beschlusses des Berliner Verfassungsgerichtshofes, NJW 1992, S. 887 ff.

— Die Verfassungsentwicklung in Berlin: Vom Ende der Teilung zum Aufstieg zur Bundeshauptsstadt, JöR 2003, S. 193 ff.

Will, Rosemarie, Die Grundrechtsgewährleistungen und die staatsorganisationsrechtlichen Regelungen der neuen Verfassungen im Vergleich, KritV 1993, S. 488 ff.

— Das Bundesverfassungsgericht und der Elitenwechsel in Ostdeutschland, NJ 1997, S. 513 ff.

Wille, Sebastian, Der Berliner Verfassungsgerichtshof, Berlin 1993

Winkelmann, Martin, Das Verhältnis der religionsrechtlichen Bestimmungen der nordrhein-westfälischen Landesverfassung zu den Regelungen des Grundgesetzes, DVBl. 1991, S. 791 ff.

Wittreck, Fabian, Das Bundesverfassungsgericht und die Kassationsbefugnis der Landesverfassungsgerichte – Anmerkung zu BVerfGE 96, 345, DÖV 1999, S. 634 f.

Wolf, Gilbert, Zur Auslegung des Art. 31 GG, BayVBl. 1956, S. 238 ff.

Wolf, Gilbert, Überschneidungen von Bundesverfassungsgerichtsbarkeit und Landesverfassungsgerichtsbarkeit, Frankfurt a.M. 1955

Wolfrum, Rüdiger, Indemnität im Kompetenzkonflikt zwischen Bund und Ländern, DÖV 1982, S. 674 ff.

Yang, Tzu-hui, Die Apellentscheidungen des Bundesverfassungsgerichts, Baden-Baden 2003

Zachariae, Heinrich Albert, Die deutschen Verfassungsgesetze der Gegenwart, Göttingen 1855

Zacher, Hans F., Soziale Gleichheit – Die Rechtsprechung des Bundesverfassungsgerichts zum Gleichheitssatz und Sozialstaatsprinzip, AöR 93 (1968), S. 341 ff.

Zeuner, Albrecht, Über die Geltungsdauer der Entscheidungen des Bundesverfassungsgerichts und die Möglichkeit späterer abweichender Entscheidungen, DÖV 1955, S. 335 ff.

Zerzschwitz, Friedrich v., Grundrechtsklagen ohne Grenzen nun auch in Hessen? – Die Leitentscheidung des HessStGH vom 9.9.1998 und ihre große Tragweite für den Verfassungsrechtsschutz in Hessen, NJW 1999, S. 17 ff.

Zierlein, Karl-Georg, Zur Prozessverantwortung der Fachgerichte im Lichte der Verwerfungskompetenz des Bundesverfassungsgerichts nach Art. 100 Abs. 1 GG, in: Grundrechte, soziale Ordnung und Verfassungsgerichtsbarkeit, Festschrift für Ernst Benda zum 70. Geburtstag, hrsg. von Eckart Klein / Klaus-Eckart Gebauer / Ernst Benda, Heidelberg 1995, S. 457 ff.

— Prüfungs- und Entscheidungskompetenz der Landesverfassungsgerichte bei Verfassungsbeschwerden gegen landesrechtliche Hoheitsakte, die im Bundesrecht beruhen oder in einem bundesrechtlich geregelten Verfahren ergangen sind, AöR 120 (1995), S. 205 ff.

Zinn, Schriftlicher Bericht über den Abschnitt IX „Rechtsprechung“, in: Parlamentarischer Rat, Bonn 1948/1949, Anlage zum stenographischen Bericht des Parlamentarischen Rates am 6.5.1949

Zinn, Georg August / *Stein*, Erwin, Verfassung des Landes Hessen, Kommentar, Loseblattsammlung, Baden-Baden (Stand: 1994) (zit.: Verfasser, in: Zinn / Stein)

Zippelius, Reinhold, Allgemeine Staatslehre. Politikwissenschaft, 13. Aufl., München 1999

Zoepfl, Heinrich, Grundsaetze des gemeinen deutschen Staatsrechts, mit bes. Rücks. auf d. allgemeine Staatsrecht u. auf d. neuesten Zeitverhaeltnisse, Kronberg/Ts. 1863

Zuck, Rüdiger, Political Question, Judicial self-restraint und das Bundesverfassungsgericht, JZ 1974, S. 361 ff.

FSC
www.fsc.org

MIX

Papier Fördert
gute Waldnutzung

FSC® C083411

Kolibri 360 GmbH
Ferdinand-Jühlke-Straße 7
99095 Erfurt, Deutschland
produktsicherheit@kolibri360.de

Druck:
CPI Druckdienstleistungen GmbH
im Auftrag der
Kolibri 360 GmbH
Ferdinand-Jühlke-Str. 7
99095 Erfurt